中国旅行社职业
经理人实战丛书

旅游产品设计与操作手册

(第4版)

张道顺　编著

北京·旅游教育出版社

修订说明

中国旅游业经过20多年的飞速发展,已经具备了庞大的产业基础。中国加入WTO以后,外资旅行社携巨资和先进的运营模式抢滩中国;中国旅行社企业面临着管理能力升级、产品结构调整、人力资源短缺等多重压力,如何应对这一危机,成为一个亟待破解的难题。

目前,“散、小、弱、差”依旧是中国旅行社界的主流,企业管理水平低下、产品结构单一,与发达国家旅游企业形成鲜明的对比。以产品创新开发为例,旅游产品创新风险大、没有知识产权保护、容易被后来者模仿和学习,是旅游企业不愿意开发新产品的理由之一。造成这一现象的根本原因,是企业没有完善的管理制度,没有形成有效的产品创新和质量管理机制,缺乏精通产品开发和企业管理的专业人才。

另外,由于旅游业的火爆,旅游管理专业也成了高校中的热门专业。据不完全统计,每年全国的旅游专业毕业生超过10万人,旅游专业毕业生面临着很大的就业压力。旅行社、景区、饭店等旅游企业的管理者普遍反映,目前的旅游专业毕业生存在着操作能力差、没有敬业精神、学习意愿不高、眼高手低、不愿从基层干起等问题。有的总经理宁肯接收没有任何专业背景的转业军人和下岗职工,也不愿接纳旅游专业毕业生就业。这就产生了旅游人力资源供应的结构性矛盾。一方面,大量的企业缺乏专业人才和业务能力强的员工;另一方面,旅游专业毕业生不能顺利地就业,发挥自己的专业特长。

笔者在中国民族旅行社有限责任公司工作期间,对于企业管理、产品创新、人力资源等问题有所思考,与旅游业专家、同人进行过交流、论证,对中国旅行社行业“集团化发展、网络化经营”的问题进行了探讨,并进而形成了企业发展思路的初步看法,同时积累了一定的实战经验和实际案例。后来笔者在业界同人的鼓励下,终于决定将积累下来的实战经验及从事管理咨询的实战成果有机结合,归纳总结出来,与广大旅行社同人分享。在这一背景下,笔者将这套丛书定位为对旅游产品开发、旅行社企业管理实战技巧的归纳、阐释和实证分析,对旅游从业者提升业务素质的实践指南。这一定位,应该说是来自于旅游企业经营管理实践过程中对理论的呼唤。

本套中国旅行社职业经理人实战丛书共分两册,包括《旅游产品设计与操作手册》和《现代旅行社管理手册》。丛书采用规范研究和实证研究相结合的方法,引入MBA案例教学法及大量经典案例，进行了画龙点睛式的归纳、分析，试图走出一条“实证、规范化、案例分析一体化”的研究途径。目前，采用案例分析法研究旅游产品开发和旅行社企业管理的书籍尚少，史晓明先生的《旅游产品设计与经营》给了我很大的启发。该套丛书中也引用了史先生的一些研究成果。为了增强该套丛书的实用性，还引用了大量国内外的实战案例和研究成果，尽量将旅游产品开发、旅行社管理等相关领域的最新成果奉献给大家。

修订后的《旅游产品设计与操作手册》分为四个部分：第一，简明扼要地介绍了旅游产品开发的理论知识；第二，归纳总结了国内游、出境游等观光旅游产品的开发操作技巧，为读者呈现了国内26条旅游专线及出境游的主要产品类型和形态；第三，分析了中国的商务旅游市场，指出了旅游企业进入商旅服务业的切入点和操作的关键环节，并且为读者提供了会议产品策划与操作手册、商务旅游服务建议书范本、企业外部培训三个实战案例；第四，也是产品手册的精华部分——主题旅游产品篇，该部分阐述了主题旅游产品的设计与操作流程，采用案例分析和理论归纳相结合的方法，为读者梳理了青少年教育旅游产品、老年旅游产品、婚庆旅游产品、体育旅游产品四个特色鲜明“主题旅游产品”的设计与操作技巧，并为读者奉献了大量最新的可供学习模仿和研究的实战案例。

本书既是旅行社一般员工的培训手册，也是旅行社经理、总经理的实用工具书。另外，由于本书具有大量的实证案例，也为旅游院校教师的案例教学提供了丰富的资料。

在本书第4版将要出版之际，我特别感谢上海财经大学的孙健硕士、华东师范大学的程艳博士、南京西美国际旅行社的张道利和赵磊，他们为此书做了大量的资料收集和初稿编写工作。在第1版书的编写过程中，孙健参与了产品手册理论篇和体育旅游产品等部分的初稿写作；程艳参与了老年旅游产品、婚庆旅游产品部分的初稿写作；张道利提供了国内观光旅游产品中旅游专线的案例资料；赵磊协助收集了出境游主要产品案例的大量资料。这四位年轻人的辛勤劳动保证了该套丛书的按时出版。本丛书第4版的修订工作主要由张道顺完成。

同时由衷地感谢张鸿庆、杨健威、谢鑫、成文、王战、桑郁等中国民族旅行社同人和王祖淦、郁宁、陈丽霜、李光健、吴峰、李志轩、黄泰山、朱晋、赵宇青、陈星高、尚永利、贺霞、吴志祥等广大旅游界同人。他们对于旅游业的热情和致力于实现旅游企业规范管理的认真态度感动了我，正是由于同他们的充分交流和认真讨论，才促成了这套丛书的出版。

本套丛书的顺利完成还凝结着许多前辈、同人和学术友人的关心和帮助。他们是上海春秋旅行社的王正华总经理、广州广之旅的郑烘总经理，他们的努力造就了上海春秋和广之旅等中国旅行社企业的典范；我的恩师李树德教授、何佳梅教授严谨认真、学以致用的治学风格，将是我一生中最大的财富。中企东方资产管理有限公司的王建军先生、赵大奇先生、王翔先生、许永春先生、雷驰先生，他们在咨询界的成就和对我的帮助，让我终身难忘。在此，一并向他们致以衷心的谢意！

最后，感谢我的太太陈秀娟博士和我远在山东的父母，他们无微不至的关爱和一如既往的支持，可以让我全身心地投入对旅游业的研究和工作中去，从而保证了这套丛书的顺利完成。

“小荷才露尖尖角，早有蜻蜓立上头。”笔者希望旅游界的学者同人和旅行社界的广大朋友，广开批评、交流、讨论之门，进一步推动旅游界的实战案例讨论研究之风，提升旅游学术研究的实战应用水平，从而加快中国旅游界与世界旅游发达国家接轨的步伐。欢迎通过电子邮箱 zhangdaoshun@yahoo.com 与笔者联系。

张道顺

2015 年 1 月 4 日

目录

第一篇　理论知识篇

第一篇

理论知识篇

第一章

旅游产品的基本知识

本章导读

本章首先介绍了旅游产品的概念及其分类，进而将本书所涉及的旅游产品从概念上加以界定，并使读者对不同的旅游产品分类有一个清晰的把握，最后，本章又用简明易懂的语言，将旅游产品的特点一一呈现给读者。

通过本章学习，您能够：

(1)明确旅游产品的概念。

(2)理解旅游产品的分类。

(3)对旅游产品的特点有一个清晰的把握。

一、旅游产品的概念

目前，关于旅游产品的定义还没有一个统一说法，但每次旅游活动，都是由多种要素组合而成的，主要包括食、住、行、游、购、娱等。因此，从这个层面上而言，旅游产品是一个整体概念，即一次旅游活动中，由一系列单项产品和服务有机组合而成的综合产品。这些旅游产品的各个组成部分，一般是由旅行社针对不同的目标市场将其组合起来，形成能满足不同旅游者不同需求的综合产品。例如，旅行社可在确定的景点之间进行线路组合，以满足不同消费者的需求，不同线路的相应的住宿、饮食及交通等方面的产品和服务，虽会有差异，但从整体上考察某一线路，就是一个综合产品。

其他关于旅游产品的概念，主要是从产品的不同角度进行阐述的。如从旅游产品供给者的角度来说，旅游产品，是指旅游经营者借助一定的旅游资源和旅游设施，为旅游者提供满足其在旅游过程中综合需要的服务。这样，旅游企业就在旅游产品生产和销售过程中达到了盈利的目的。另外，从需求者的角度来说，旅游产品，就是旅游者通过向旅游产品供应者购买，而在一次旅游活动中所消费的全部产品和服务的总和。旅游者通过对旅游产品的购买和消费，得到了心理上和精神上的满足。

二、旅游产品的分类

广义上，旅游产品大致可分为常规旅游产品和超常规旅游产品两类。其中，常规旅游产品，主要有观光旅游产品（以满足旅游者观赏游览自然风光、都市风光、名胜古迹等为目的，旅游节奏以“快旅慢游”更为恰当）；文化旅游产品（以了解旅游目的地风土人情为目的，主要针对一些历史文化名城展开游览）；商务旅游产品（以经营洽谈、会晤或交流信息等为主要目的，重点应体现便捷性）等。

超常规旅游产品，主要是指一些新兴的旅游产品。如满足年轻人寻求刺激心理的探险游——穿林海、跨高原、登高山、潜水、攀岩等；满足旅游者健康需求的体育旅游产品；满足旅游者发展和求知需求的修学旅游产品等。了解旅游产品体系，对于旅游从业者如何从旅游者的角度出发，开发出更多适合旅游市场的产品具有深远的意义（详见图1-1世界旅游产品体系）。

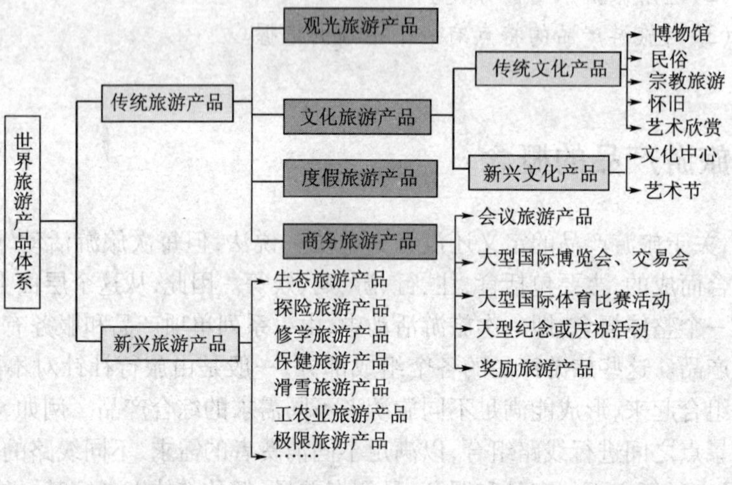

图1-1 世界旅游产品体系

旅游产品还可以根据产品要素的价格，分为豪华型、标准型和经济型产品。

豪华型产品，一般选取四星级以上的宾馆，餐饮以目的地的特色饮食为主，小交通为进口空调旅游车或国内生产的豪华旅游车，大交通以火车软卧、飞机头等舱为主。旅行社在提供豪华型产品时，一般要派出最好的导游，让游客获取最佳的旅游感受。

标准型产品，一般提供三星级宾馆双人标准间（或同档次宾馆），餐饮以标准餐八菜一汤为主，小交通一般选取国产空调旅游车，可以达到安全舒适的服务标准，大交通一般以火车硬卧或飞机的经济舱为主。

经济型产品，住宿标准一般为双人标准间（二星级宾馆或同级）或3人间或4人间，餐饮以游客吃饱为基本标准，小交通多采用普通大客车，大交通以火车硬座为主。目前，这种以价位为主要分类标准的分类方法被广泛采用。

三、旅游产品的特点

从旅游产品的概念可以发现，旅游产品是一种以服务为主的综合产品，与一般的物质产品存在着很大的差别。一般物质产品生产独立于产品消费之外，而旅游产品的生产，只有与消费过程相结合，完成对消费者的服务以后，才能算生产过程的最后完成。因此，旅游产品除具有一般服务产品的共同特性外，还有自己独具的产品特点。

（一）无形性

大多数产业的产品是有形的，看得见、摸得着，有时甚至可以闻到或尝出味道来。有形产品有重量，且占空间。一辆汽车、一双鞋以及一台洗衣机等，都是有形产品。但旅游产品是无形的，它们看不见、摸不着。虽然旅游产品构成中确有一部分物质产品供应，如乘飞机飞行、夜间住宾馆等，但这些只是作为旅游服务生产的条件而存在；其服务性的产品供应，如导游讲解，接待服务，旅游线路、日程、节目的设计安排等则占有很大比重。这些属于构成旅游产品的不可缺少的软件部分。也就是说，诸如飞机上的座位、宾馆客房中的床位、餐馆里的食物等有形物体，只是用来辅助创造整个旅游体验的，但绝不是旅游者所追求的目标。因而旅游者在进行旅游目的地的选择时，一般见不到旅游产品的形体，在旅游者心目中，旅游产品的概念只是一个通过媒介宣传和相关渠道介绍所得到的印象。

（二）生产与消费的同步性

无形的旅游产品，大都是以旅游者到达旅游目的地并进行消费为前提的，即旅游企业借助一定的旅游资源和旅游设施提供旅游服务，旅游者在消费的同时也参与了生产过程，因而旅游产品的生产和消费，具有高度的同步性。这样，大多数旅游产品所独具的特点是先推销，再同时生产和消费。正是由于旅游产品生产和消费的一致性，顾客和供应商必须相互联系，通过彼此之间的互动关系塑造出旅游体验。如旅游者不能将旅游景区（点）带回家，只能离开自己的住处，到景区（点）所在地进行旅游消费。因此，旅游消费虽发生在景区（点），而旅游者却不能购买景区（点），景区（点）的所有权仍属旅游产品供应商。

（三）季节性

旅游产品的季节性，主要是指旅游需求在一年中不同时段呈现的波动状态。这就是业内常说的淡季和旺季。旅游者一般选择温度适宜的时段出行,过冷、过热的季节则很少选择出游。在冬季,人们为了躲避寒冷的天气,会选择到阳光明媚、气候温暖的地方旅游,使南方一些旅游城市对宾馆客房和度假胜地等旅游产品的需求量上升;反之在夏季,北方人更多选择待在自己的家乡,享受凉爽的气候,这样,就会使南方城市旅游产品的需求量下降。

上述季节性,一般指的是旅游产品受气候影响的结果,但也涉及一天、一周内的需求波动。航空公司的短周期波动特别明显,星期五或星期一对航班的需求量要远远高于星期二到星期四的需求量。同样在每日不同时段内,对航班的需求量也明显不同,尤其是早晨和下午4:00~5:00之间的需求量明显高于夜间。同时,节假日也会影响旅游产品的需求,如"黄金周"期间对旅游产品的需求就特别大。

(四)替代性

当今旅游度假虽然已成为人们现代生活中不可缺少的组成部分,但它不同于基本的物质生活消费,而要受到社会、政治、经济等各方面复杂因素的影响,从而表现出较高的需求弹性和替代性。这种替代性,首先表现在旅游产品与其他商品之间的替代关系,随着旅游产品与其他商品价格的不同波动,将导致对不同旅游产品的需求。其次,旅游产品本身的替代性也很强,尤其是在当今旅游产品不断丰富的时代,消费者选择的空间更大,又有一定的不确定性。因此,不同旅游产品之间的相互替代性很强。

例如,2009年新疆"7·5"事件以后,新疆安全环境急剧恶化,有意前往新疆旅游的游客纷纷改变主意,前往青海、甘肃、宁夏、内蒙古等景观风情相似的旅游目的地,这样青海、甘肃、宁夏、内蒙古就成了新疆旅游的替代品,出现了前所未有的旅游热潮。

(五)趋同性

趋同性,是指各旅游产品经营者之间提供几乎相同的产品。这种趋同性,主要表现在餐饮、住宿、交通、景点运输等单项旅游产品上。一个航空公司的班机和另一个航空公司的班机差异性很小,因为飞机是同一制造商生产的。飞行员的差异性也很小,宾馆由于普遍实行国际通行服务标准,硬件设施和服务也呈现趋同化;景点从规划开始决定了不可能根据游客的需求进行个性化调整,一个景区只能提供同样的景观、服务给所有来景区旅游的游客,因此,旅游产品中的单项旅游产品,表现出整体的趋同性。

另外,趋同性也表现在常规观光旅游产品上。由于旅游产品的硬件构成基本一致,安排的景点、餐饮、文艺节目也呈现出一定的趋同性,导致观光旅游产品出现严重的同质化,大旅行社和小旅行社提供的旅游线路产品行程安排完全一致。因此,价格竞争成为旅游市场竞争的撒手锏。这也严重影响了旅游产品的创新。

【本章小结】

任何一个产业,都是依托一定的形式与市场联系的。现实生活中绝大多数产业,要么生产产品,要么生产服务。但由于旅游业比较特殊,它不仅涉及服务业,而且还包括一部分制造业。旅游产品作为旅游业与市场沟通的桥梁,其品种、数量和质量,直接关系到旅游业的兴衰和旅游经济的持续发展。本章分别介绍旅游产品的概念、分类及其特点,使读者从不同侧面了解旅游产品的基本知识。其中旅游产品的分类和特点须重点把握。

第二章

旅游产品的设计与管理

本章导读

本章首先介绍什么是旅游产品设计及旅游产品设计的内容，使读者对旅游产品设计从概念及内容层面上有一个深入的认识，为以后设计具体的旅游产品打下良好的基础，随后讲述旅游产品设计所要解决的任务及实际操作的一些方法，最后将旅游产品设计中各部分内容的实战技巧逐一展现给读者，为旅游产品设计实战奠定基础。

通过本章的学习，您能够：

(1)了解旅游产品设计的实质及内容。

(2)明确旅游产品设计的作用。

(3)把握不同旅游产品设计的方法。

一、旅游产品设计的概念

旅游产品设计，是指按照一定的规则，配置旅游资源和餐饮、住宿等服务，把旅游服务加入其中，并以一定的主题、内容、形式和价格表示出来的过程。这里的旅游服务，是指为了旅游活动顺利进行，所提供的旅游专业的有偿帮助。

如预先制定帮助中国公民首赴德国之旅、帮助旅游者参加哈尔滨冰雪节、海南五日游，代订房、餐、车、票等的方案，都是旅游产品设计。

二、旅游产品设计的地位

每个产业都要依托一定的产品形式才能最终通过销售创造价值，因此，旅游行业必须相应的提供旅游产品。而旅游产品设计是旅游产品销售的“上游”，如果旅游产品没有设计出来，销售什么呢？销售不出去一定数量的旅游产品，旅游供给就不可能发挥最大的效能。这样原本刚性十足的旅游供给就会更加僵硬，生产就会因受到影响而出现萎缩。如果一个旅游目的地的旅游线路没有受到旅游者的追捧，则这个地区宾馆的开房率、旅游商品的出售、旅游汽车的利用率、旅游餐馆的用餐人数、旅游景点的门票收入等，都会大受影响。因此，设计出能代表一个地区旅游形象的旅游产品，对旅游目的地来说至关重要。产品的提供，在旅游产业链中的地位是非常重要的，往往因为不能提供高质量的旅游产品而使整个旅游产业链都受到影响。

从这个层面上来看，旅游产品的设计如果搞不好，不仅影响旅游产品的销售和生产，还会影响其他行业。如果旅游产品设计的作用发挥得好，合理地配置资源，盘活供给，再加上旅游服务，就能够引导旅游者的旅游需求。因此，旅游产品设计对于拉动地区旅游业发展的重要地位是显而易见的。

三、旅游产品设计的任务

由于旅游产品设计在旅游业务链中是非常重要的一个环节，在旅游业，乃至其影响几乎无所不及的行业里，有着举足轻重的地位和作用。旅游产品设计，目前在中国旅游界已经成为整个行业能否迅速提升服务素质，占领更大旅游市场的关键，在一万多家旅行社企业产品严重同质化的今天，谁率先在旅游产品设计上走出一条创新发展之路，谁就可以占领更大的市场份额，谁就可以迅速地成长起来。

一般而言，旅游产品设计包括两个层面：一是产出更多的产品，这里所说的产出更多的旅游产品，是指更多的产品种类，而非单一品种数量上的增加。因为数量的多少只有在销售完成后才能作具体的衡量。旅行社在推出新产品时，一定要善于捕捉市场需求信息，也就是产品的设计要走在市场需求的前面，否则就充分说明了产品设计的滞后性。如果产品设计不能体现旅游需求的超前性，那么产品设计在这个旅游产业链中的功能和作用就不能充分体现出来。旅行社推出的新的旅游产品具有引导旅游者消费导向的作用，一个新的景区开发建设完成之后，通过邀请旅行社踩点考察，希望旅行社将自己纳入旅游线路产品中去。在这种情况下，旅行社对于新景点的推广作用就得到了明显的体现。旅行社的导向可迅速地启动大众旅游市场，这种对旅游者消费的引导案例，在旅游界数不胜数。

二是产出更多的好产品，好的旅游产品是消费者喜欢购买的产品，对于大众旅游者来说，质优价平的旅游观光产品会永远受到市场的欢迎，也只有好的产品才能经得起市场的考验。如上海春秋旅行社目前主推的“爸妈之旅”以给爸爸妈妈一封信的促销方式，充分考虑了老年人的旅游消费特点，一经推出，就受到了市场的热烈追捧，目前已经成为大众旅游市场的明星产品，为上海春秋旅行社带来了丰厚的经济效益和良好的社会效益。

总之，作为旅游产品设计的主要任务，就是要在种类上产出更多的产品，在质量上产出更多的好产品，两者共同体现旅游产品的不同侧面。

四、旅游产品设计的方法

旅游产品的设计要有一整套方法，能够识别有旅游价值的"点"，是旅游产品的核心竞争力。但是在旅游产品的设计中，实体的旅游点往往不能被某个旅游企业所垄断，旅游产品新的创意闪光点，在市场上一旦推出，很容易被其他旅游企业所模仿。因此，目前的旅游产品设计，主要是从旅游产品的级别和结构入手，开始注重旅游服务细节的设计。这反映了旅游产品设计的新的发展趋势。在旅游产品设计过程中，方法是多种多样的，主要包括以下几种：

(一)创新设计的方法

创新的主要目的，是引领消费者对新的旅游产品产生需求；因此，创新设计是处于强势地位的领先企业想要保持一路领先的必由之路。这里的创新设计，主要由主题创新、内容创新、形式创新等几大部分组成。如某旅游企业通过市场调研，发现本地的高端旅游消费者对高尔夫运动越来越热衷，因而，适时推出了到全国主要度假旅游胜地——海南岛的高尔夫度假之旅，由于市场定位准确，产品设计合理，一经推出之后，得到许多高端消费者的追捧，一时间，"到海南去打高尔夫"成了本地高端人群的时尚运动。

(二)借鉴设计的方法

借鉴别人成功的经验、吸取失败的教训，是自身发展的捷径。旅游产品创新设计的成功，固然可以获得良好的市场效果，但也存在着失败的风险，而且容易被其他旅游企业模仿。因此，目前，在中国旅游界借鉴设计的方法，被广大中小旅游企业所采用。他们通过分析创新者推出的旅游产品的特点和市场定位，根据自己对市场的认识和客户的需求，对产品进行重新包装，迅速获取收益。在旅游产品设计过程中，这种方法同样奏效，具体体现在汲取成功的设计模式与自身优势的结合上。如上海某旅行社在分析了"我到北京上大学"的产品特点之后，充分学习了该产品的设计细节、包装方式及其主要卖点之后，经过对青少年旅游市场的调查分析，发现拓展训练可以提升学生的心理素质和帮助青少年克服一定的心理问题，而青少年的心理问题已经成为一个被广泛关注的热点，在旅游专家的指导下，该旅行社在2004年适时推出了包含"名校参观、心理辅导、野外拓展、学生交流、才艺展示"等卖点的青少年夏令营产品，受到中西部地区广大青少年的普遍欢迎。目前，该产品已经成为该旅行社主要的盈利点之一。由此可见，对于一些中小旅行社，认真分析自身的优势，借鉴大旅行社推出的新产品进行二次开发，再推出具有自身特色的旅游产品是可行的。

五、旅游产品设计的内容

随着人们社会需求的不断提高，旅游需求不断发生变化。旅游者对旅游产品的种类、质量的要求越来越高。所以旅游经营者只有根据市场需求的变化，不断进行旅游新产品的开发设计，才能不断适应消费者不断变化的旅游需求。旅行社作为旅游业的龙头，理应义无反顾地担当起旅游新产品的设计任务。

旅游产品设计的主要内容，是根据市场需求，对旅游资源、旅游设施、旅游活动等进行规划、设计、开发和组合。其具体包括：旅游目的地的开发、旅游景点开发、旅行社产品开发，以及饭店产品开发等。本书中讲到的旅游产品设计，主要是旅行社产品的设计。具体而言，旅行社的产品设计，包括：餐饮设计、住宿设计、旅游交通设计、游览内容设计、旅游购物设计、旅游娱乐设计，以及导游词的设计等。根据游客的需求，旅游产品设计大体可以分为基本型、标准型、主题豪华型3个层次。

（一）餐饮设计

根据客人的需求，旅游产品中的餐饮设计大体可以分为以下3个层次：

1. 基本型

根据基本型客人的需求，餐饮设计多以标准的“八菜一汤”为主，目的，就是能让客人吃饱。规范管理的旅行社，现在已经实现了不同时期的菜单管理。

2. 标准型

此类餐饮设计多以标准菜单为主，以地方风味餐为辅，在满足客人吃饱需求的同时，还能让客人体验一下旅游目的地美食文化，而且还可在餐饮中设计购物和美食鉴赏等内容，以提升产品的品位，使餐饮从产品的基本组成部分，变成产品的主要卖点之一。

3. 主题豪华型

主题豪华型旅游产品的旅客层次较高，所以，在旅游餐饮的安排上，地方特色菜占有较大的比重，以美食文化的鉴赏为主要内容。所到之处的餐饮安排，都是当地最好的餐厅和主题餐厅。另外，旅行社设计的“新婚旅游”等特殊产品，在餐饮设计中要充分考虑到特定消费者如新婚夫妇的需求，在餐饮的品种和菜名的设计中，都要体现爱情的主题。在餐饮中加入爱情文化的主题，这就需要旅行社在美食文化鉴赏的基础上，与活动的主题文化进行有机结合，以提升产品的吸引力。

（二）住宿设计

住宿是体现旅游产品层次的重要标志之一，住宿设施是旅游产品要素中标准化程度最高的。由于旅游的季节性较强，中国的假日旅游大潮造就了特定时段的供应紧张，从而使得住宿设施的安排也成了旅游投诉的重点之一。总体而言，住宿设计分为以下3种：

1. 基本型

基本型的住宿设计，主要是满足中国大众旅游时代刚刚富裕起来，有着强烈旅游欲望的群体，他们对于住宿的要求不高，3人间或者4人间的招待所就能满足他们的要求，价位相对便宜，满足安全和卫生的基本前提即可。

2. 标准型

标准型的住宿，是标准型旅游产品的组成部分，产品标志就是独立卫生间的2人间标准房，24小时的热水也成了一个基本条件。确切地讲，目前我国的二星级、三星级饭店都属于这个层次。

3. 豪华型

豪华型的住宿设施，是高档旅游产品中最容易实现标准化的部分。旅行社在设计这一类型的产品时，通常会考虑星级较高的饭店。如四星级或五星级饭店，或者把客人安排在一些度假旅游胜地的度假别墅里。这类的住宿产品设计，不但要考虑到设施的全面性和豪华程度，住宿设施的私密性也成为重要的标志之一。有时，旅行社也会根据客人的要求，安排一些具有地方特色的豪华民居或者野外露营，但是绝对不应牺牲设施的舒适性和豪华程度。

（三）旅游交通设计

旅游交通的主要类型，有飞机、火车、轮船、汽车等，根据对旅游市场的分析，旅游交通的设计通常可以分为以下3个类型：

1. 基本型

基本型旅游交通的要求，是安全地完成旅游客源地至旅游目的地之间的往返，对交通的舒适程度没有太高的要求，主要满足那些出游欲望强烈，但经济支付能力较低的大众游客。其对旅游交通的具体需求，多以火车硬座或长途汽车为主。

2. 标准型

标准型的旅游交通，在安全第一的前提下，还强调了一定程度的舒适性，主要满足那些旅游支付能力较强游客的需求；交通形式多以火车硬卧、高铁（动车）二等座、包机（含红眼航班）为主，要求旅游汽车的空调系统良好。交通行程的安排要求紧凑、便捷。

3. 主题豪华型

主题豪华型旅游交通要素的设计，一般不会过多地考虑价位的变化和消费者的支付能力。其交通要素的设计要充分体现旅游者的身份地位和舒适性，交通形式多以飞机的商务舱、火车软卧、高铁（动车）一等座、商务座、游船的一等舱为主。有时为了满足特定主题旅游活动的需要，还要对旅游交通进行一些文化层面的设计。如在大型旅游主题活动中,多把豪华旅游大巴设计成各种类型的花车,用来凸显活动的热烈气氛和举办层次。

(四)游览内容设计

游览内容的设计和游览节奏的安排,是旅游产品的核心。游览内容,根据自身的影响力和历史地位,可以简单地分为区域性、全国性、世界性;对旅游产品的设计,多以"快旅慢游"作为游览节奏设计的一般原则。

1. 基本型

基本型的游览内容和节奏设计,主要表现为"景点多多益善、游览节奏越快越好"。这是由中国目前并不成熟的旅游市场需求特点决定的。游客希望在有限的时间内安排的活动内容和所看到的景点越多越好。在我国,这种大众旅游现象还将会持续很长的时间。

2. 标准型

标准型的游览内容和旅游节奏设计已经逐步出现,旅行社在设计这类旅游产品的时候,不但要考虑游览内容的影响力和代表性,而且还应考虑旅游者的特定需求。由单一的景点游览设计,向景点游览设计与无形服务相结合的设计过渡,力求设计出在一个旅游目的地能够满足游客多重需求的产品。如海南游,除设计出"海南双飞四晚五日游"的标准产品之外,还开发了"新婚之旅"、"高尔夫之旅"等具有个性化特点的旅游产品。

3. 主题型

主题型旅游产品的游览内容和旅游节奏的设计,目前多以"主题俱乐部"的形式出现,像汽车俱乐部推出的"自驾车之旅"、户外运动俱乐部推出的"极限之旅"、摄影俱乐部推出的"采风之旅"等,都反映了游客的多重旅游需求。它既满足了人们个性化的旅游需求,又对大众旅游的发展具有一定的引导作用。目前,旅行社对游览内容和游览节奏的主题型设计已开始慢慢出现,一些大型旅行社开始成立自己的特种旅游部,设置专业的人员用俱乐部的形式来进行产品设计和吸引感兴趣的旅游消费者加入自己的主题俱乐部。

(五)旅游购物设计

旅游购物,是旅游者在旅游活动中一项最基本的活动,是一个可带给旅游者愉悦感受的旅游体验活动。但是随着中国旅游市场的蓬勃发展,目前旅游购物已经呈现出一种不健康的发展态势,具体体现为旅游产品同质化带来的恶性竞争,导致旅游购物已经成为旅行社及其从业者重要乃至唯一的利润来源。这就使原本可以给旅游者带来很多快乐的旅游购物,变成了人见人怕的"圈套"。《旅游法》实施之后,强制购物的现象得到了一定程度的遏制,现在活跃在各旅游目的地的旅游购物设计都是景区和购物点、洗手间,超市和购物点结合在一起的"景购"或者变成了旅游休闲综合设施中的购物点。

1. 基本型

基本型旅游购物的设计，主要是带领旅游者频繁进出各种类型、名目繁多的旅游纪念品商店，业界俗称“扎店”。这种购物活动的安排根本没有考虑旅游者的心理感受，只是为了实现既定的利润指标或旅行社与购物点的协议而强行安排。这种旅游购物活动的设计，已经受到市场的排斥，但是由于目前中国旅游市场的不成熟，导致“价格是占领市场的一把利刃”。所以在旅游产品的设计中，这种产品的利润，来源于购物返佣的状况不可能得到根本性的改观。海南、云南、华东地区、北京等地的大众型旅游产品，多以基本型的旅游购物活动为主。

2. 标准型

标准型旅游购物活动的设计，多以“导游介绍、游客自愿”为基本原则。某旅行社推出的“纯玩团”，就是针对目前旅游产品设计中旅游购物点安排过多，游客反映较大的现象而推出的旅游产品。其一经推出，在市场上大受欢迎，而且成为该旅行社的标志性产品之一。具有当地文化特色的旅游商品可以给旅游者带来美的回忆。“纯玩团”的成功，说明恰当的旅游购物活动的设计，将提升整个旅游产品的品质和美誉度。

3. 文化型

旅游商品本身具有很强的地方特色和区域文化色彩。因此，在旅游购物活动的设计中，“文化型”是最高层次的设计类型。其具体体现为将旅游购物活动与当地文化展示的表演活动有机结合，有的旅游城市还专门设计了能满足游客购物、文化欣赏、特色餐饮等多重需求的旅游一条街。这就将游客对购物的需求与其他方面的需求有机地结合起来了，效果较好。如杭州的“龙井问茶”，就将中国源远流长的茶文化欣赏、龙井茶的生产过程介绍、龙井茶的品尝、龙井茶的出售有机地结合到一起，满足了游客的多重需求。

(六)旅游娱乐设计

娱乐活动的设计，是旅游中非常重要的一个环节，中国旅游界已经从“白天看庙、晚上睡觉”的阶段，发展到了娱乐和旅游有机结合的阶段。旅游娱乐活动设计主要表现为以下3种形式：

1. 基本型

基本型旅游娱乐的设计表现在导游人员和游客的良好互动上。导游员可以给游客表演一些小品、相声或笑话等。有的导游员还组织游客做游戏或进行不同形式的才艺展示活动。尤其是在长途旅游过程中，导游员设计的多种游戏娱乐活动，有利于调节沉闷的气氛、缓解游客的疲劳感，会受到广大游客的欢迎。当然也有个别素质不高的导游员，不分场合地讲解一些“荤段子”，引起游客反感的现象。显然，这是违反《导游人员管理规定》的。

2. 标准型

标准型旅游娱乐活动的设计，主要体现在对旅游产品的设计必须充分考虑游客的需求。在旅游客源地至目的地、目的地各景点之间，根据时间的长短和目的地景点的特点，进行娱乐活动的设计，将参与性活动与观赏性活动有机结合，会收到很好的效果。

3. 文化型

具有地方特色和民族特色的旅游娱乐活动是很受游客欢迎的，有些旅行社在产品设计时，把游客的需求和目的地的区域文化进行有机结合，不但注意到了娱乐活动的多样性和参与性，而且还具有很强的区域文化特色，尤其是以著名导游张艺谋推出的印象系列、宋城黄巧灵推出的千古情系列旅游文化娱乐秀最为知名现在已经成为海南、云南、杭州等著名旅游目的地的主要卖点。这种具有较高文化品位、极具观赏性的旅游娱乐活动设计成了旅游产品的亮点，受到游客的普遍好评。

（七）导游词设计

导游人员，是旅游活动成功的关键性人力资源因素，而导游词则是旅游活动是否成功的知识性因素。导游词的设计分为以下3种类型：

1. 基本型

基本型的导游词，主要是格式化的导游词。在导游员的表现中，导游词多数带有很强的背诵和模仿的痕迹，远没有达到“因人而异、因地而异、因情而异”，只是机械地给游客介绍一些景点和当地标志性建筑物的知识。

2. 标准型

标准型的导游词设计，主要体现为导游员在熟练掌握主要景点和当地社会文化基本知识的基础上，还能根据游客生理、心理的状况，在旅游的不同阶段与游客进行良好的互动，设计不同类型的游戏和活动，用个性化的导游词调动游客的旅游兴致，使游客获得较好的旅游感受。

3. 文化型

文化型的导游词设计，不仅体现于导游员对相关知识的掌握和运用上，还能根据游客的不同特点，决定讲解的简繁程度，使讲解达到知识性与娱乐性相结合、雅俗共赏的程度，而且还能根据游客的情绪变化，进行适当的情绪调解，使旅游的整个过程变得非常自然流畅。例如中国著名西部旅游品牌西美之旅的金牌导游卢健的讲解服务就达到了这个高度，很多游客回到客源地都会告知自己的亲朋好友，到新疆去一定要选择西美之旅，一定要让卢健带团。

综上所述，旅游产品的设计是整个旅游业发展的基础，在中国旅游产品严重同质化的今天，谁在旅游产品设计上占领了先机，谁就获得了领先于其他对手的产品类型多样化的优势，谁就赢得了旅游市场的认可。

【本章小结】

世界上充满着丰富多彩的旅游产品，不但为旅游者提供了大量不同的旅游目的地，而且提供了可供选择的宾馆、航空公司、汽车租赁公司、景区（点），以及其他旅游产品。这许许多多的旅游产品，就是旅游产品供应商为满足旅游消费者的各种需求而开发设计出来的，目前根据旅游者消费层次进行细分设计旅游产品，已经成为旅游界普遍认可的基本规律。

第三章

旅游产品价格策略

本章导读

本章首先明确了旅游产品价格的定义,并把旅游产品定价过程中需要考虑的成本、市场需求、同行业竞争三大因素介绍给读者,然后讲述旅游产品定价的依据和方法,最后将旅游产品的定价策略,用尽可能简单易懂的语言展现给读者。总之,旅游产品的价格定位是否准确,是一个具体的旅游产品能否运作好的关键因素。

通过本章的学习,您能够:

(1)理解旅游产品价格的概念。

(2)概括影响旅游产品价格的因素。

(3)明确旅游产品定价的依据。

(4)掌握不同的旅游产品定价方法。

(5)了解旅游产品不同的定价策略。

一、旅游产品价格的基本概念

旅游产品价格,是指旅游企业向消费者提供的产品及服务的价值的货币表现。由于旅游产品是一个整体概念,有单项的旅游产品(如交通、住宿、餐饮等),也就有了单项产品的价格(如交通费、住宿费、餐饮费等)。而相对于单项旅游产品单价而言,综合旅游产品,也就是消费者一次性购买的旅游产品的价格,就是包价。旅游包价,是一次旅游消费中所有产品和服务价格的总和,但又不完全是每一单项价格的简单加总。从根本上讲,旅游产品的价格还是由旅游市场的供求关系决定的。

二、影响旅游产品价格的因素

(一)成本是影响旅游产品价格的重要因素

产品成本价格加上企业利润就形成旅游产品的价格,旅游产品的成本由生产旅游产品、提供服务以及销售成本构成。由于旅游产品的特殊性，使得其成本的变动性比较大，因此旅游产品的价格往往有较大幅度的浮动空间。由于旅游产品的弹性往往较大，价格在很大程度上影响旅游需求，所以在成本一定的情况下，多数旅游企业会制定一个合理的利润率，形成一个比较合理的产品价格。这有利于维护稳定的市场份额，不至于因价格过高造成顾客的流失，从而使营业额降低。值得注意的是，旅游产品的成本，除部分物质产品成本之外，占很大比例的是管理成本。所以，有效的管理可以大幅度降低旅游产品的成本，有利于企业制定具有竞争力的产品价格，从而巩固和增加企业的市场占有率。

目前，中国的旅游市场还不够成熟，信息不对称现象严重。有些旅游企业采取一些非常规手段来降低产品成本，如有些企业使用未经运营资质验证的车辆作为旅游用车；通过与要素供应商的协商，降低游客餐饮、住宿的质量来获得更高的回扣等。这些现象都加剧了恶性降价竞争趋势的蔓延和扩散。

（二）市场需求

同其他产品一样，市场需求会影响产品的价格。一般来说，市场需求大于产品供给的时候，价格就会上升；反过来，当产品供给大于市场需求的时候，价格就会下降。可见，产品价格同市场是同方向变化的。旅游市场的需求变化相对比较大，例如消费者的收入、消费观念、交通状况、季节、气候等，很多因素都可能对旅游市场需求量产生影响。因此，只有随时跟踪旅游市场的需求变化，及时调整旅游产品价格，才能保证旅游企业稳定的客源和营业收入。例如，在旅游淡季，适当下调产品价格或进行一些促销，会吸引一部分顾客。但在旅游淡季的降价或促销，并不一定都是有利的。例如，在气候恶劣，极不适合旅游或遇到“非典”这类传染病流行的特殊情况时，即使下调产品价格，也不会吸引更多的旅客，反而会使本来就已下降的营业额变得更少，使情况进一步恶化。总的来说，就是根据市场需求来制定产品价格的时候，必须考虑价格的弹性。如果弹性小，即使市场不大，也不能下调产品价格，反而应该提高产品的价格，以增加总的营业额。

（三）同行业的竞争

随着我国市场经济的快速发展，旅游市场日趋成熟、完善，越来越多的旅游资源被开发出来，越来越多的资本投向旅游市场，旅游市场的竞争日趋激烈，再加上旅游产品的趋同性，使得旅游产品的价格，成为参与竞争的一大法宝。参与同一类型旅游产品开发的企业越多，则产品的价格一般都会压得很低，以求把其他企业的顾客吸引过来。而参与竞争较少的旅游产品，例如，某种新的旅游产品刚被开发出来，还未产生多少竞争对手的时候，旅游产品的价格往往比较高；或者拥有独特的旅游资源产品，如特有的人文和自然景观，由于其具有不可替代性，实际上是处于一种垄断地位，那么这时产品定价往往会一直保持在较高的水平。然而，众所周知，价格是一柄双刃剑，无论是制定较高的价格，还是制定较低的价格，都必须慎重。例如,当某类旅游产品的开发者越来越多,竞争日趋激烈的时候,作出降低价格的决定,可以在一定范围内起到积极作用;但是如果为了在竞争中胜出而一味压低价格,甚至将价格调到低于成本,亏本经营,必然会影响旅游产品的自身质量,不但有损经济利益,同时会影响到产品的信誉,对消费者产生不好的影响。如果在同行业中引发价格战,形成恶性循环,不但会损害自己的利益,还会影响到整个行业的发展。因此,在制定产品价格时,不仅要考虑竞争因素,同时也要考虑企业的资本收益和发展前景。想在竞争中立于不败之地,不能仅靠价格优势,还要拓宽经营种类,挖掘市场潜力,开发出更新、更能吸引顾客的旅游产品,同时提高产品质量,提升企业信誉,在消费者中树立起良好的企业形象,则是吸引更多的顾客、扩大经营面的重要方面。因此竞争是影响价格的因素之一,但绝不是唯一的定价依据。

三、确定旅游产品价格的依据

上面对影响旅游价格的主要因素作了初步分析。其实,相对于其他商品,旅游产品价格的灵活性是比较高的。而旅游产品价格,对整个旅游市场方方面面的影响是很大的。所以在制定旅游产品价格时,要考虑到价格可能对其产生较大影响的相关方面。

(一)预期收益率

资本的预期收益率,是指在一定期间内,期望获得的总收益与所投入本金之间的比率。如果以获得一定的资本收益率作为出发点,来制定旅游产品的价格,那么产品价格 =(1 + 预期收益率)× 所投入的资本。其中预期收益率,是投资者心目中想要达到的一个值。这个值是根据预期销售量和往年销售及目前发展情况,对收益率作出的希望性判断。可以根据以往的销售记录和目前的发展情况,对未来发展作出一个合理的预测。用统计学的方法作出的预测,往往是比较科学和可靠的,可以用它来作为对未来产品销售量的估计。在实际操作中,往往会确定一个最低的预期收益率。这是投资者愿意将某一笔资本投资于某旅游产品的最低收益率要求。而最高预期收益率往往可以取一个以往最高的销售纪录。从最低收益率和最高收益率,可以得到一个产品价格的平均值,即可行性范围。在这个范围内,可以再综合其他因素,来对价格作出相应的调整。这种以预期收益率为主要依据的定价法,往往用于一个较短时期内对某种旅游产品的一次性投资,因为其考虑的侧重点在于资本的回报率。

(二)稳定合理的营业额及利润

对于大多数从事旅游行业的企业而言,有稳定的营业收入和利润,是企业持续发展的保证。而且稳定的盈利对一个企业的长远发展是至关重要的。当企业以预期收益率为主要定价依据时,往往会采取比较温和而稳健的定价策略,随着同行业市场定价的动向,随时调整自己的产品价格,以保证本企业所占市场份额的相对稳定。所谓营业额或利润的稳定性,是指由合理的产品定价带来的合理利润,而合理的产品定价,是指由市场决定的,不会使消费需求产生较大波动,也不会影响到产品质量的定价。旅游产品的定价,虽然较其他实体商品的实价有更大的灵活性,但是定价却一定会对市场需求、产品自身质量和品牌信誉带来极大的影响。

(三)整个行业的经济水平

企业对自身产品的定价,可以以行业中已经形成的现行价格为参照。那些实力雄厚、开业时间较长、自身信誉较高的旅游企业,对自身产品的定价可以看作是同行业的主导价格。即其他企业的产品定价,可以以其为参照。例如,一个规模较小、知名度不高的企业,对其产品定价时,就应略低于这种主导价格。因为其自身不具备与实力强大的企业相同的竞争优势,可以靠稍降低价格来吸引顾客。但是这种价格不可能比主导价格低得太多。一方面因为主导价格是这个行业长期经营所形成的价格,有稳定的利润率,如果比这个价格低太多,就不会有多大的利润空间,甚至会损本。另一方面,大幅度的价格偏离价值,也可以引发价格战,最终损害整个行业的利益。

(四)维持品牌

另一个重要的定价依据,是该旅游产品的品牌形象。我们都知道,不同的旅游产品均有其自身所标榜的品牌形象。不同的产品,定位不同,各有其自身独特的品牌形象,其产品的定价,应与产品的品牌形象相一致。如果不一致,不但会减少收益或市场份额,还会有损于品牌形象。例如,豪华旅游产品,是为满足某个高消费群体对高品质产品和服务的需求而设定的。如果为了招揽更多顾客而降低这类产品的价格,不但不会取得更大收益、吸引更多顾客,反而可能失掉以往的顾客。

以上所讨论的这些定价时应参照的依据,往往都是需要综合考虑应用的,只是在某种情况下,侧重于一个或多个依据而已。

四、定价方法

定价方法一般可以分为:成本导向、竞争导向、需求导向三类。

(一)成本导向

成本导向的定价方法,是在对所开发的旅游产品的成本做出计价后,再加上企业的利润而最终形成产品的价格。这种定价方法关键就是确定企业利润的大小。通常在旅游产品的定价中,由于整个行业已经形成了比较固定的利润率,所以,可根据同行的利润率来定价。对于新开发的产品,或具有垄断性质的产品,其利润率的确定可以更加自由,但是要考虑到消费者的承受程度,如果太高会失掉消费者,影响总收益,这时可以在固定的价格弹性范围内做出一个合理的定价,从而使利润达到最大化。

（二）竞争导向

前面已经说过，价格是竞争的一个重要手段，可以通过产品价格的调整来进行或避免竞争。在资金实力允许的范围内，可以通过压低价格来争取竞争对手的顾客，以达到在同类产品中占有更大的市场份额，巩固自身的地位。如果想避免竞争，就可以通过制定和同行业中大多数企业所采取的价格一致的定价，来保持整个行业的稳定收益。

（三）需求导向

需求导向的定价方法，是以顾客为中心的定价法。其目的，主要在于吸引顾客，扩大经营面，以求取得更大市场份额。采用这一方法，分析顾客对旅游产品的消费心理非常重要。顾客的消费心理往往注重自身需要和产品价值两方面的因素。例如，顾客对某一产品接受与否，首先是从自身的经济收入、消费要求等方面来考虑有无必要接受这一产品；其次是从产品本身的价值来判断，接受这一产品是否划算。由于旅游产品的实际价值往往难以准确判断，所以，对产品的宣传、营销策略等，会在很大程度上影响顾客对这一产品价值的理解。例如，当整个社会掀起健身旅游热的时候，顾客往往会对这一产品的价值产生较高的判断，从而更容易接受这一产品。同样，如果这一旅游产品能够满足顾客最大的需求愿望，则顾客也会非常愿意接受这一产品。例如，春节期间的交通运输，由于人多而服务质量下降，票价虽然上浮，但是顾客依然愿意接受运输服务。这是因为运输服务能满足顾客回家团聚的需求。

五、旅游产品的定价策略

（一）差别定价策略

旅游产品的差别定价，是指根据时间、地域、产品、销售对象、购买产品数量的不同等，来做出不同的定价。由于旅游产品有明显的季节性特征，不少企业都会在不同的旅游季节制定不同的价格。这样做，一方面有利于保证一定数量的客源；另一方面有利于保持营业收入的相对稳定。同一类型的旅游产品在不同的地区，应该结合实际情况做出有差别的定价。因为不同的地区，其消费者所愿意接受的产品价格不同，对旅游产品的偏好程度也不同，同时旅游产品在不同地域的开发成本也必然不同，因此差别定价策略更有利于利润的最大化。针对不同旅游产品的消费对象，也可以对产品作出相应的价格调整。例如，对70岁以上的老人和儿童制定折扣价，或者在特殊的时候对特殊的消费群实行优惠价。如“三八”妇女节对妇女实行优惠价，教师节对教师消费群体实行优惠价。这样做，有利于吸引为了庆祝某个节日而成团组队的旅游消费群体。至于团体票打折和旅游景点的套票打折等做法，早已被商家采用了。

(二)心理定价策略

心理定价，是指针对消费者心理接受程度和喜好来对产品进行定价。对于那些以“经济实惠”为主而包装的产品，其定价往往会以9结尾，或者都带有零头。能够这样做，就是利用了消费者容易忽略尾数而只注重整数的心理，让消费者在心理上认同这一产品价格而感到便宜实惠。还有的商家在定价上多选取“8、9”之类的吉祥数字，以满足消费者企盼好运的心理。例如，在婚庆类旅游产品中多用“9”来定价，寓意“天长地久”，就很能符合顾客的心理。在一些豪华的旅游产品定价上，通常会采用以零结尾的整数定价法。这样在那些高消费顾客的心中会产生一种“高价位、高品质”的消费心理，反而有助于维护这类旅游产品的品质和声誉。

(三)新产品定价策略

新推出旅游产品的定价，一般可按定价出发点的不同分为三种。

第一种，通常被称为撇脂定价，即在新产品刚开始投入市场的时候，以高于成本较多的价位出现。这样做的目的，主要是为了在较短的时间内获得丰厚的利润。这种定价的可行性前提，就在于新开发的产品一般具有较强的吸引力，并且几乎没有什么竞争对手，这时就算价格定位较高，也可以被一部分具有好奇心理的顾客所接受。因此可以保证一定的顾客数量和较高的营业额。这种定价策略还有一个好处，就是在新产品投放市场一段时间后，竞争者纷纷进入之时，给自己的产品价格留有一个较大的调整空间。

第二种，是渗透定价，即在新产品投入市场的开始阶段，就将价格定位在一个偏低的位置上。这是一种让消费者一开始就能接受并满意的价格。这样做虽然会丧失新产品推出时可能赚得的丰厚利润，但却有利于占领较多的市场份额。一开始就以很低的价位运作，就使同业者很难加入到该产品的竞争行列中来。这一定价法通常用于对所推出的新产品具有长期经营目标的时候。

第三种，是温和定价，这是一种介于撇脂定价和渗透定价之间的定价，即不在新产品开始推出之初定价很高，也不把价格定得太低。这么做，一方面可以避免一开始因为定价过高，而难以开拓市场；另一方面，既给自己的产品价格创造了一个较大的浮动空间，又可以保证有一个较丰厚的利润空间。

【本章小结】

旅游产品是满足消费者基本生活之外的更高需要的商品，所以，一般来说有较大的价格弹性。这就使得旅游产品的定价，在整个产品销售过程中具有很重要的地位。影响旅游产品价格的因素，主要包括成本、市场需求、同行业的竞争等。在具体进行产品价格定位的时候，需要综合考虑产品的预期收益率、营业额、利润和旅游行业的平均利润率水平，以及该产品对维持企业品牌的作用。旅游产品的定价不但直接影响到企业的利润，而且对该产品的需求量、市场份额、品牌形象、同业之间的竞争等诸多方面产生影响。因此，有必要对旅游产品的定价进行深入的分析和研究，针对不同的市场状况和企业自身的实力，采取不同的定价方法和定价策略。

第四章

旅游产品分销渠道建设

本章导读

本章首先介绍旅游经营商与旅游代理商这两类旅游中间商及其相应的作用,使读者对旅游中间商的概念有一个清晰的认识;随后详细介绍旅游产品的三种分销模式,以及选择分销模式的依据。这部分内容是本章的核心,只有深刻了解了分销模式,才能在具体的渠道选择中游刃有余。最后介绍分销渠道建设与管理方面的知识,这是如何保持渠道顺畅的关键。

通过本章的学习,您能够:

(1)理解不同的旅游中间商概念及其相应的作用。

(2)举例说明旅游产品的三种分销模式。

(3)掌握选择不同分销模式的依据。

(4)明确如何加强对分销渠道的建设和管理。

一、旅游中间商

要认清不同的产品分销渠道,首先要了解什么是旅游中间商,他们在旅游产品销售过程中扮演着什么样的角色,其经营模式是什么,他们对旅游企业的整个营销工程会产生什么样的影响等。

按取得销售利润方式的不同,中间商一般可分为旅游经营商和旅游代理商。

(一)旅游经营商

旅游经营商,一般是指旅游产品的批发商。他们向旅游产品生产企业批发大量的旅游产品。如向航空公司、铁路运输部门、饭店、旅游景点等购买车、船票,预订房间、门票,并将购得的旅游产品组合成能够满足顾客需求的不同的包价旅游线路,然后再销售给顾客。由于大量的批发旅游产品,旅游经营商可以从中取得很大的折扣和优惠,然后再以较高的价格出售给顾客,从中赚取差价来作为商业利润。目前,在中国旅游市场上,旅游经营商多表现为那些在当地具有强大影响力的地接旅行社和组团社,那些实力强大的地接旅行社往往通过在客源地设置营销办事服务机构的方式来实现产品的批发。

(二)旅游代理商

旅游代理商的作用,是代表旅游产品的生产者或产品供应商,向顾客推销单项的旅游产品。如航班座位、饭店住宿、旅游地的各种设施的门票等,有时也为旅游经营商销售包价旅游线路。与旅游经营商不同的是,旅游代理商并没有向产品生产者或供应商购买产品,他们没有产品的所有权。旅游代理商是通过其所销售产品的数量来向产品生产者索取一定比例的佣金。旅游代理商在中国旅游市场上多表现为那些小的组团社。他们向大型地接社的营销机构和大的组团社购买产品,然后把产品销售给旅游者。

二、旅游中间商的作用

旅游中间商是联系旅游产品生产者同购买者之间的渠道。正是由于旅游中间商的存在,旅游产品的生产、销售及其再生产,才能得以畅通无阻。而事实上,大多数的旅游企业都是通过旅游中间商来完成产品的销售,实现产品的价值的。所以有必要认清旅游中间商在产品销售中所起的作用。就中间商所起的作用本身而言,这种作用是积极的、有利的,尽管某些不恰当的中间商还是会给旅游企业带来不利的影响。

从生产旅游产品的企业角度来看,一方面,旅游中间商可以使旅游产品更多地接触到潜在的消费者,有利于增加旅游企业的销售量。另一方面,通过中间商来进行销售的模式,往往能够节约销售费用,提高旅游企业的经济效益。

(一)接触更多的潜在消费者

由于多数的中间商都是直接同产品的购买者接触,他们往往更了解旅游者的需求和偏好,对市场需求信息的反应往往也比较灵敏。因此,他们更容易寻找并发掘到可能会购买旅游产品的顾客,而把旅游产品推销给他们。这自然有利于旅游企业售出更多的产品,且如果旅游产品生产企业通过各地的不同中间商来为自己的产品进行销售,产品生产企业同顾客的接触就会更广,从而有利于企业发掘到更大的市场。

(二)节约销售费用

旅游产品自身的特征,决定了大多数旅游产品的生产都是比较集中而目标顾客群却相对比较分散。例如,一家饭店或一个风景旅游区,它就只能在本地经营,而它所需要的顾客,却可以是来自各个地方的,甚至是全世界的。在这种情况下,要增加销售额,就需要有尽可能多的销售网点,让顾客能够了解并方便地购买到该产品。如果这些分布在全国各地,乃至全球的销售网点都要企业自身来建立并维护其经营的话,那么需要支付的费用无疑是庞大的。然而把销售工作交给中间商去做，无疑会节省销售成本，提高企业的经济效益。当然不是每一种旅游产品通过中间商来销售，都会比生产者直接销售给顾客带来更多的收益。并且对于一些规模较小、实力较弱的旅游企业来说，根本无力承受庞大的宣传及促销费用，这时把产品卖给旅游经营商就能够省时、省力了，这无疑是一个较好的分销模式。

另外从购买旅游产品的顾客角度来说，中间商的存在也给他们购买旅游产品提供了方便和实惠。

(三)提供便捷的服务

中间商广泛散布在接近其目标消费群体的各个销售网点，可以及时向有需要的顾客提供产品信息，这就方便、快捷地把顾客同产品生产者联系了起来。并且，中间商经营或代理的同类旅游产品，一般来说都不会只是一个旅游企业生产或提供的产品，而是很多家企业的产品，从而使顾客有了更多的比较和选择，以确定自己满意的产品。

(四)价格上的实惠

中间商，尤其是旅游经营商，从旅游产品生产者那里以较低的折扣价大批地买进旅游产品，然后再根据顾客的不同需要，将其组合成各种包价旅游产品销售给顾客。往往这种包价旅游产品的价格，比顾客直接从生产这些单项旅游产品的生产者那里购得产品的价格总和要低。如此，顾客购买由旅游经营商提供的包价旅游产品，又何乐而不为呢？况且由专业人士针对各种需求设计的包价线路，往往比顾客自己拼凑起来的旅游线路更合理、更能创造出良好的旅游体验，使顾客花费最低的金钱，获得最高的满意度。

(五)提供更多的信息

由于中间商往往对旅游产品的生产者和购买者都比较熟悉，所以可以向顾客提供更能满足他们愿望的产品。通常由于中间商对旅游市场的信息掌握得比较多，可以向顾客提供更多的咨询服务，向他们推荐合适的旅游产品，且很多包价旅游线路设计，都是由专业人士做出的，更能充分展示各种档次旅游产品的潜在价值，所以能为顾客设计和策划更符合他们需求的旅游线路。

三、分销模式

分销模式，是指将旅游产品从生产者转移到顾客手中的方式。分销模式可以分为三类：直接分销、间接分销和二者兼具的综合分销。

(一)直接分销

直接分销模式，是指旅游产品的生产者直接将自己的产品出售给顾客的经营方式。例如，顾客直接到机场或者到航空公司的网站购买机票，直接到宾馆订房等。一般来说,直接分销有三种:第一种是顾客直接到产品生产商处购买。第二种,是接受电话预订。很多旅游企业都开设有免费电话订购业务。第三种,是在接近目标消费者的地方开设销售网点。例如,在宾馆开设机票订购点,在机场开设宾馆住宿预订点等。直接分销的销售方式有其自身的优势。

首先,销售渠道短,生产者直接同消费者接触,减少了产品从生产到购买的中间环节,还可能会节省一些销售费用。当然,对于大多数旅游产品而言,通过中间商来分销,总的费用还会更低些。而事实上很多大众化的旅游产品,既会通过中间商来分销,又会直销分销,以满足不同顾客群的需要。

其次,直接分销有利于生产者直接同顾客接触。一方面,有利于企业更多地了解顾客的需要;另一方面,有利于顾客更多地了解旅游企业及其产品,有助于企业宣传自己,在消费者中树立并维护良好的产品和企业形象。因为如果产品是通过中间商销售给顾客,由于中间商经营或代理销售的,可能是多家旅游企业的产品,这就不能保证中间商一定会向顾客推销本企业的产品,维护本企业的利益。

最后,直接分销在心理上会让顾客感到安全和满意。因为顾客面对的是产品生产者本身,就会认为他所得到的产品信息更加真实可靠,不会被中间商的虚假信息所蒙蔽。而由于是直接向生产者购买,在价格上往往会低一些,且不必支付给中间商折扣。虽然事实上很多产品直接购买并不比从中间商处购买更便宜。前面已经说过,很多旅游产品都同时会用两种分销方式来进行分销。但是对那些价格高,而目标市场又相对集中的产品,往往用直接分销的模式最好。因为这类旅游产品(如专门为一些群体安排的豪华游)由于定位在“高价格、高品质”上,又是生产者直接向顾客推销,更有利于宣传、维持产品的质量和信誉。同时,这类产品的目标消费者往往比较固定,由生产者直接推销还有利于生产者同消费者之间保持良好的关系和联系,有利于今后的销售。

(二)间接分销

间接分销模式,是指在销售过程中加入中间商这一环节。由中间商在生产者与顾客之间充当中介的作用,从中赚取差价或佣金来作为利润的经营模式。中间商的作用在前面已经谈得比较多了,还应该注意的是,旅游产品同其他有形的实体产品不同。其生产,往往是在顾客付费之后,在旅游目的地消费的过程中完成的。所以推销人员在向顾客推销产品时,能展示给顾客看的,并非旅游产品的本身,而是提供有关产品生产者的背景资料及该产品的描述性信息,以供顾客参考并作出购买决定。所以,旅游产品的推销比之其他商品,其宣传性更强,同时也更需要具备专业知识的人士来为顾客策划旅游计划。所以旅游产品的推销须比其他产品付出更多的成本。因此,通过中间商的间接分销方式,不但可以减少推销所需费用,还可以向顾客提供更方便、更专业化的服务。

（三）综合分销

综合分销模式，是指既要通过中间商来销售旅游产品，生产者自己也要直接向顾客销售的方式。事实上，这是大多数旅游企业所采取的方式。例如，出租汽车公司既可以直接接受顾客的租赁，又可以通过旅游团包车。综合分销，还包括多层次、多环节的分销模式。即生产者与顾客之间不止有一个中间商，而是多个中间商。例如，很多旅游经营商向产品生产者批发旅游产品，然后组合成各种类型的包价旅游产品，再通过代理商销售给顾客。

四、选择分销模式的原则和依据

对于一个生产旅游产品的企业而言，选择分销模式的首要原则，是节省销售费用。如果在能够达到销售计划的前提下，直接分销的方式比间接分销更能节省销售费用，则应完全或更多地采用直接分销的方式。选择分销方式的另一个原则，是能否保证产品的销售量，即是说，哪种方式更有利于接触和发掘消费群，哪种方式更能使顾客感到满意，就应该选择哪种分销模式。事实上，分销模式往往是由产品的特性决定的。例如，有的产品，生产地比较固定，而其消费对象在空间上却相对较为分散，这种产品往往需要更多的销售网点，以求更多地同消费者接触。如果仅靠生产商自己开设这些销售网点，那么将可能承担过多的销售费用，而如果采用间接的分销方式，则反而会降低推销费用。还有的旅游产品，必须经过旅游经营商的组合才能出售给消费者。例如，各种各样的包价旅游，每一类单项旅游产品的生产商，往往没有能力，或不可能事先组织或设计出能满足顾客不同需要的包价旅游产品。这时，必须依靠旅游经营商来批发并经营这些旅游产品。而对于那些在目标市场中比较集中和单一的产品，通常是一些定位较高的产品。此时，由于生产商较容易接近其销售对象，就没有必要让中间商介入销售过程，来分去一部分利润。同时生产商直接同消费者联系，也有利于维护该产品的信誉。

五、加强分销渠道的建设和管理

建立一个良好的分销渠道并加强管理，对旅游生产者来说无疑是非常重要的。因为分销渠道是产品生产者同市场联系并实现经营利润的必要途径。

（一）选择合适的中间商

建立良好的分销渠道，就必须选择合适的中间商。如何选择中间商，有一些基本的原则和依据。

（1）要根据产品特征，选择对产品销售有利的中间商。

（2）要选择信誉高、有良好经营状况、有较强推销能力的中间商。由于中间商的好坏，一方面关系到产品的销售状况，另一方面关系到他是否能维护和积极推销本企业的产品。因为中间商经营或代理的产品，不会只来自一家旅游企业，而且中间商的销售对象和目标也不一定与生产商一致。所以，一定要慎重选择可以最大限度地代表本企业利益的中间商。

(二)加强对分销渠道的管理

要加强对分销渠道的管理，就要经常对自己所建立的分销渠道进行检查和评价。根据企业的战略目标来评估中间商对本企业产品的销售状况，并随时调整分销渠道，即改变或增加中间环节。

在加强监督管理之外，与中间商保持良好的关系，并调动中间商推销本企业产品的积极性也是非常重要的。

【本章小结】

旅游产品从生产该产品的企业转移到产品购买者手中的方式就叫旅游产品的分销渠道。按照生产者与顾客之间是否存在中间商来分类，一般可以分为直接分销渠道和间接分销渠道。不同的分销渠道有各自的优势，也存在相应的问题。而如何选择合理的分销模式，如何建设一个良好的分销渠道，是旅游产品能否顺利进入购买者手中的保证，也是旅游产品生产企业能否实现产品价值、能否达到战略目标的保证。

本章简单介绍了旅游中间商的类型及作用，说明了三种不同的分销模式，并结合中国旅游市场的情况，举例说明了选择分销模式的原则和依据，以及如何对分销商进行选择和管理。

第五章

旅游产品促销策略

本章导读

本章主要从旅行社等旅游企业的角度出发，讲述旅游产品的三种主要促销策略，将分别介绍如何建立良好的公共关系，良好公共关系是有效促进产品销售的前提；讨论如何进行强有力的广告宣传，并对各种媒体的特点进行阐述，以便根据产品类型和特点选择恰当的媒体；最后涉及销售促进的一些内容，即如何在短期内增加旅游产品的销售数量，争取到更大的市场份额。

通过本章的学习，您能够：

(1)举例说明，如何建立良好的公共关系。

(2)了解广告宣传的不同类型及特点，如何选择合适的广告方式进行宣传促销。

(3)举例说明，针对消费者和中间商的不同特点，如何进行销售促进。

一、建立良好的公共关系

公共关系(简称"公关")的目的，就是要同社会建立良好的沟通与联系，将企业自身及其产品的信息传递给公众，以期建立企业的良好形象，让社会公众对企业及其产品有更多的认识，从而建立自身品牌的知名度。良好的公共关系使企业能够顺利地进行广告宣传，是有效促进产品销售的前提，更是企业着眼于长远发展战略所必须做好的一项工作。而对于旅游企业更是这样。由于旅游产品的非物质性及其较强的可替代性，顾客在选择旅游产品时，往往更多的是通过旅游企业提供的相关信息以及对该企业、该产品的认同程度，来确定是否购买该产品。而旅游企业能提供给顾客的，更多的也是产品的描述性信息。这就使得企业在激烈的竞争中，要赢得更大的市场份额，就必须建立良好的公共关系，在公众中树立起良好的企业形象、产品信誉和优质的服务水准，以提高自身的知名度。这样顾客才会知道、相信并愿意接受该旅游企业所提供的旅游产品。况且，旅游产品不是基本消费，顾客对旅游产品的需求往往更容易受宣传的影响。所以建立旅游企业同社会公众之间良好的信息沟通渠道，更有利于发掘潜在的旅游市场。在当今众多的旅游企业相互竞争的环境下，谁能够树立起独特的品牌，在很大程度上要靠企业在建立良好公共关系的活动中脱颖而出。

那么，怎样才能建立良好的公共关系，其中应该注意哪些方面的问题，又有哪些策略和技巧呢？首先我们应该弄清楚公关的对象有哪些，为什么要同他们建立联系，应该怎样做他们的公关工作。

(一) 直接面向潜在消费群体的公关

说得明了一些，所谓“直接面向”就是旅游企业要直接深入消费者中去进行宣传。这种公关与做产品广告是有区别的。首先，企业并不是直接向目标市场的消费者去推销产品。也就是说，这种公关的对象比广告宣传指向的对象更要广泛得多，是直接面向广大民众的。其次，公关的目的，并不直接指向产品的销售，而是旨在通过宣传扩大企业影响、树立企业形象、传播产品信息、建立并维护品牌形象。目的是要让消费者知道、了解、信任该旅游企业及其所提供的产品，对企业和产品产生良好的印象，并产生对该企业产品优先购买的倾向。如果能达到这些目的，那么企业直接面向潜在消费群体的公关任务也就完成了。

面向消费者的公关，可以采用多种形式来进行。例如，参与一些公益活动、参与一些社区服务与建设，既能提高企业知名度，又能在公众中建立积极、良好的企业形象。至于建立有效的、高质量的旅游信息咨询服务和及时反馈消费者信息的完整体系，更有利于消费者对企业产生信赖和认同感。同时，一些旅游目的地还可结合当地的文化特色，搞一些主题活动，如举办美食节。企业还可以发起一些公益、环保活动，并为一部分积极参与者提供免费或优惠的旅游产品，以鼓励和刺激旅游消费。直接面向消费者的公关，还包括同固定的消费者团体或机构建立良好的联系。这样可以更多地了解他们的消费需求，同时也可以及时地把各种旅游产品信息传递给他们。例如，旅行社可以同一些大公司建立固定的联系，因为现在很多大公司在奖励员工的时候，通常会为其提供旅游度假的安排。旅行社同他们建立联系，可以随时把各种各样的旅行套餐传递给他们，一方面为他们提供了度假的选择，另一方面又维持了一个较稳定的客户群。这种具有潜在旅游需求的消费群体很多，例如社区的老年协会，大中小学的教师和学生等。

(二) 面向媒体的公关

由于广泛的消费群体毕竟数量庞大、分布面宽，直接面向消费者的公关在地域和数量上都是极其有限的。更多的信息，是通过媒体来向大众传播的，而消费大众更容易并乐意接受媒体的影响。所以旅游企业大量的公关工作，还是通过媒体将企业信息和产品信息提供给消费者，消费者则是从媒体那里获取信息，并对该企业和产品加深印象，产生消费心理的。通过媒体进行公关活动，具体有以下几种形式：

1. 新闻报道

各种各样的报纸、杂志、电视、广播，是能够最深入、最广泛地与消费者沟通的中介媒体，可以通过新闻报道来达到传递信息的目的。要注意的是，通过新闻报道来宣传企业和产品，与直接的广告宣传是不同的。广告的信息传播主体，是生产或提供旅游产品的企业本身，而新闻报道传播的主体则是传媒。传媒，是以第三者身份来向消费者传递旅游信息的。所以，消费者对新闻报道的信任程度往往比对广告的信任度高。并且新闻报道往往是全方位的、较详尽的报道。这样消费者可以通过新闻报道，对旅游企业和旅游产品获得更深入、更全面，也更感性的认识。况且很多新闻通讯具有文学感染力，有助于激发消费者对某个旅游产品产生好奇、喜爱和向往的情感，更有利于调动起潜在消费者的旅游消费心理。因此可以说，新闻报道是更具感染力的广告宣传。

要做好旅游企业和旅游产品的新闻报道，首先应该同新闻界的专业人士建立良好的关系。旅游企业向媒体提供的信息，一方面，要突出自己的特色，尽可能争取达到预期的宣传效果；另一方面，还应该考虑所报道的事件是否具有新闻价值。所以，关于旅游方面的新闻报道通常都是突出产品的新卖点，或是报道有关旅游目的地的逸闻趣事，这样有助于吸引消费者的注意力。如果是对一个旅程或景区的报道，一方面要突出新奇，另一方面还要能带给读者或观众以美的享受。这样才能激发他们的旅游热情。例如，如果是写一篇有关对某个旅游线路观光体验的报道，一定要选用在写游记方面训练有素的专业人士。因为他们往往能用极富感染力的文字，表述出一次观光旅游的全部体验，在他们笔下旅游线路被描绘得诗情画意。这样的旅游报道才能引起广告受众的兴趣，才有可能使他们产生亲身体验这个旅游产品的愿望。

2. 新闻发布会

召开新闻发布会，通常是希望通过媒体向公众宣布即将发生的事件。旅游产品的新闻发布会，通常是针对新推出的旅游产品来进行的。在新闻发布会上，应该尽可能做好宣传工作。一方面要抓住新产品的卖点和特色来向媒体进行介绍，另一方面可以通过回答记者提问、发送宣传册、播出宣传片等形式来加强媒体对发布会的关注程度。

3. 媒体招待会

为了增进旅游企业同各媒体机构的联系，进一步协调与媒体的合作关系，很多旅游企业会采用媒体招待会的方式，邀请记者、主编、制片人、出版商来参加招待会，向他们展示企业及产品的情况，表达本企业想要向公众传达的信息，以及希望以什么方式来传达这些信息。媒体招待会比之新闻发布会更强调企业同传媒之间的互动。举办招待会的旅游企业，不仅要单方面向媒介介绍自己的情况，也要了解各媒体的运作模式、了解他们的工作流程。这样将更有利于向他们提供有用的信息,更好地协调两者之间的合作。媒体招待会上,旅游企业通常要制作宣传片、印发宣传册等,而有些媒体招待会则直接向媒体提供旅游产品,以强化媒体的直观印象。例如,宾馆饭店召开媒体招待会,就会在自己的饭店进行,这样,可让媒体切身体验到饭店的设施和服务,无疑,这本身就是一种很生动的形象宣传。还有的旅游景点甚至为媒体代表提供免费考察游程。这样做,一方面需要花费旅游企业大量的资金,同时也未必能收到良好的宣传效果。因为即使为记者提供了免费游程,也不代表他们就有义务写出有利于旅游产品的新闻报道。但总的来说,媒体招待会可以达到传播信息、加强同媒体联系、建立良好合作关系的目的。

4. 主题活动

旅游企业举办一些与旅游产品宣传有关的主题活动,以面向潜在消费者宣传自己的产品,同时更重要的是通过这些主题活动,吸引媒体的注意,让媒体觉得这项活动是具有新闻价值的事件,值得报道。这样策划主题活动才能真正达到宣传自己品牌、建立良好企业形象的目的。这类主题活动可以是举行一次音乐会、举办一次特色文化节等。为使活动更能吸引媒体的关注,可以邀请一些名人做嘉宾来参加。应该注意的是,举办这种活动一定要非常谨慎。因为如果在活动的某些环节中产生不良事件,很容易就成为媒体进行负面报道的题材,尤其是那些牵涉名人、明星的活动,一旦出现不好的状况,便很可能会被媒体渲染得十分糟糕。如果这样,不但不能起到树立旅游目的地良好品牌形象的目的,反而使其形象在公众中大打折扣。所以,很多主题活动都会请专门从事承办这类活动的专业人士来策划。在活动过程中,每个环节都应该考虑周全,不要被媒体抓住负面的东西。如叶文智策划的"飞越天门山"、"凤凰城人棋大战"就充分调动了媒体的关注,创造了很好的公关效应,起到了立竿见影的效果。

(三)面向合作对象的公关

为了能够提供给游客更优质、更全面的旅游产品和服务,旅游企业之间、旅游企业同其他企业或部门之间可能会进行一些合作。为了能使各自更好地开展提供旅游产品和服务的工作,旅游企业必须要同与之合作的企业保持良好的关系。保持良好关系的方式很多,主要是加强彼此之间的信息沟通。了解对方的工作模式,为对方提供方便的服务。也可以进行一些感情沟通,为合作企业的员工提供一些优惠的旅游产品等。例如,很多地接社在旅游淡季都邀请自己的组团社和批发商合作伙伴,到旅游目的地进行实地考察,接待费用全部由地接社负责,进而借机向组团社和批发商推介自己最新开发的旅游产品。

二、广告促销

(一)确定广告宣传的对象

在进行广告宣传之前,首先要确定广告宣传的对象,也就是弄清楚这个广告是做给谁看的。广告宣传的对象,往往就是产品所针对的目标消费群。确定好对象之后,就要对广告指向的对象进行调查研究,要弄清以下几个问题:

(1)进行广告宣传的这些产品,在哪些方面能给目标消费者带来好处?

(2)目标消费者会有怎样的需求?

(3)广告要针对的目标消费者分布状况怎样,最容易接触到的媒体有哪些?

做广告也需要采取知已知彼的策略。所谓知已,就是要对自已的产品有充分的了解。由于旅游产品具有同一性,很多旅游项目都非常雷同,如何树立自己的独特性,如何通过广告宣传将企业和产品特色传递给消费者是大可研究的问题。与此同时,旅游产品大多是无形的,给顾客带来的也是一种无形的旅游体验。所以,对旅游产品的广告而言,可以通过创造一种独特的旅游体验并让消费者通过广告感受到这种体验的独特性,那么消费者就比较容易产生购买欲望。对目标消费者的需求,在产品开发和为旅游产品做广告的时候,就都应该考虑到,并针对消费者对旅游产品最感兴趣的地方进行重点开发,并在广告中进行重点宣传,力求把最能吸引顾客的地方体现出来。一个成功的广告,不仅可以针对顾客最关心的地方突出产品的特征,还可以抓住顾客某些特点,唤起他们对产品的需求。因此,在旅游广告的设计中,如何成功地实现"无形产品有形化",就变得非常重要。

(二)选择适当的广告媒体和传播渠道

调查分析广告对象,即目标消费者的分布情况,是选择广告媒体的首要依据。一般来说,做广告所选择的媒体,应该具有能够覆盖目标消费者所处范围的广告能力,使广告宣传尽可能多地把信息传递到消费者中,并强化这种信息,最后让消费者接受这种信息。现实社会中能够承载广告范围的媒体很多,但各有特点,也各有优劣。企业应该根据所要宣传的产品特点及接受媒体宣传的消费群体的特点,以及所做的广告预算,来选择适当的广告载体。常见的广告媒体和传播渠道有如下几种:

1. 微信和微博

微信是近两年刚刚兴起的一种移动社交沟通软件,目前全世界使用人数已经突破6亿人,国内5亿人,海外1亿人,微信公众号、订阅号的推出让旅游企业获得了一个快速进行广告发布和信息传播的渠道,很多旅游企业以及旅游从业者充分利用微信朋友圈的自媒体功能进行了高效快速的旅游产品和旅游服务信息传播。模仿美国"推特"推出的新浪微博也已经成为国内流行的信息传播渠道,很多旅游目的地、航空公司、景点、酒店、旅行社企业都建立了自己的微博信息平台,定期发布自己的旅游服务信息，通过数量庞大的粉丝进行高效的信息推送。

2. 报纸和杂志

报纸，是销售量最大的传媒工具，所以也最能接触到更多、更广泛的消费群体。报纸的特点是出版周期短、信息更新速度快、广告成本相对较低，但报纸媒体也存在其自身的缺陷与不足。首先报纸的印刷质量不高，对于需要用大量精美图片做宣传的旅游产品而言并非十分合适。其次，报纸传递的信息往往会被读者忽略。这是因为，报纸是人们最普通的获取信息的工具，所以往往容易忽略其中的很多内容。很多人看报纸只是浏览一下，选择性地阅读。这就不利于产品广告的信息吸引读者的眼球，即使读者看到了，也不一定会在意。另外，报纸信息一般是不可以重复再现的，很少有人会反复阅读一张报纸。这就使得报纸广告信息不可能多次重复再现于目标消费者的眼前。

目前，针对潜在旅游同业的报纸广告，以《中国旅游报》的效果最好，另外，一些广告公司结合旅游交易会举办发行的一些 DM 媒体也具有一定的效果，而更普遍的，是在当地有影响力的报纸上发布旅游广告的形式。

在杂志上刊登广告之优劣，与报纸广告相似，但杂志印刷却相对精美，有利于将旅游目的地、宾馆、机场的精美照片印在上面。但杂志出版周期一般较长，而且印刷成本相对较高，所以在杂志上刊登广告的宣传效果一般也很有限。但是一些专业性的杂志或知名杂志所推出的专刊，在宣传效果上就相对较好。首先购买这些专业性杂志的读者，是对这方面感兴趣或有需求的人。例如，购买旅游周刊的人，一般来说就是旅游爱好者或者需要了解旅游产品的人。这样的广告宣传有针对性、效果好。但是由于其难以接触到更广泛的读者，所以有可能失掉部分潜在消费者。

3. 广播和电视

广播也是非常普及、传播范围很广的媒体。通过广播上做产品宣传快捷、方便，信息更新速度较快。但是，对于旅游产品来说，广播广告并不是十分合适的选择。因为旅游产品带给消费者更多的是视觉上的体验。广播却不能将这一重要的体验带给消费者，这是广播广告的一大缺陷。但是广播也有其独特的优势，例如亲切感。广播就像一个朋友在你身边诉说，让人感到十分亲切，并且广播可以在更多的时间段中传递信息。例如，人们在开车的时候、休息的时候，甚至工作的时候，都可能听广播，而这一点电视就做不到。如果对某个旅游产品做一个声情并茂的谈话节目，收到的效果可能会比电视广告更好。

电视传媒，是目前最主要的信息传播手段。它运用多媒体传播方式，是其他传媒所无法替代的。但是做电视广告的成本很高、时限性很强，且播放时间很短。而旅游产品是一种特殊产品，很多特征决定了它无法在较短的时间内，将全部有用的信息传递给观众，所以很多旅游产品采用了制作旅游专题节目的方式为自己做广告。这样，既具有娱乐性，又最大限度地发挥了宣传作用，成为广大电视观众所喜爱的一类节目。这样做广告的不足之处在于制作成本太高，针对性不强。如果某旅游企业只为了从长远考虑，扩大自身影响，树立品牌形象，而并非为了在短期内增加某项旅游产品的销售量，那么采取这种综艺类节目的形式做广告，那是比较适宜的。

4. 户外广告

所谓户外广告，是指位于交通路口、商业大厦的广告牌，城市街道上的灯箱广告，以及公交车、出租车的车身广告等。由于城市街道上人流量和车流量很大，户外广告能够接触到更多的消费者。但是户外广告信息量有限、信息更换速度较慢，信息同消费者的接触时间太短，无法在消费者的脑海中留下较深的印象。然而在旅游目的地所属城市做大量的户外广告，有助于招徕到这个城市来的游客购买该项旅游产品。

5. 其他音像制品及印刷品广告

还有其他一些宣传画、宣传册以及音像制品等，都可以成为旅游产品的宣传载体。例如在展览会上发送的宣传册、播放的旅游宣传片等都是一种广告形式。

（三）制作具体的广告内容

广告是否能达到预期的效果，具体广告内容的制作是关键。旅游产品的广告应该突出该旅游产品能为顾客带来的独特旅游体验。目前大多数旅游产品都雷同，所以，才更应该在广告内容上多花工夫，以期达到不同的宣传效果。

1. 广告词设计的宗旨

广告内容在被消费者接触到之后，应该给旅游者留下深刻的印象，一般而言广告词的设计宗旨是：

（1）告知游客有关产品的独特性、新位置或改进后的服务。

（2）确立、强化或改变旅游者对产品、目的地或旅游公司的态度。

（3）符合消费者的需求心理，可通过对需要旅游产品和服务的潜在顾客提供奖励的方法，寻求旅游者的响应。

（4）激励消费者的购买欲望，引导旅游者尝试新产品。

2. 广告词设计的指导原则

要想实现以上广告词设计的宗旨，将产品的卖点组合成一个引人注目的广告词并非易事。一般情况下，旅游公司往往和专业的广告机构，共同创意策划卓有成效的广告，对于编写广告词的人来说，应遵循下列指导原则：

（1）保证广告词清楚、易懂、简练。

（2）确保清楚地描述旅游产品所能带来的利益。

（3）唤起旅游者明确的活动欲望。

（4）使用最新的旅游产品资讯。

（5）使用高质量的图片和语言艺术。

（6）了解法律约束对广告的影响，不能发布欺骗消费者的虚假广告。

三、销售促进

前面所提到的建立良好的公共关系，进行强有力的广告宣传，其目的都在于增加旅游企业的销售量和营业额。销售促进的直接目的，是在短期内增加旅游产品的销售数量，争取到更大的市场份额。对于旅游产品的生产者而言，销售促进的对象有两类，即最终消费者及旅游产品的中间商。针对这两类促销对象，应该采取不同的促销手段。

(一)针对消费者的销售促进

针对消费者的销售促进原则是：让消费者感受到该旅游产品能给他们带来的独特旅游体验，以及在各种各样的旅游产品中，促销的产品能给他们带来的实惠及利益。销售促进的具体方式大致有以下几种：

1. 信息咨询服务促销

在各个销售网点提供详尽的旅游产品宣传资料，进行现场宣传，并当场为顾客提供完善的信息咨询服务，将有助于顾客对旅游企业及其产品产生信任感及认同感。

2. 降价和折扣促销

对于一些销售不太好的产品实行适当降价，可以促进销售量。但更多采用的是所谓“捆绑式”销售，即伴随销售好的产品附带折扣价的另一种产品。还有一种折扣形式就是奖励消费，即购买了超过一定数量或价格的产品后，可以享受打折优惠或得到免费赠送的产品。淡季的旅游产品常采取这种销售促进方式。

3. 有奖促销

有奖促销，即在销售产品的同时进行抽奖，以鼓励和吸引消费者再来购买。

4. 节庆日促销

节庆日促销方式极常见，即在各种节日推出针对特定人群的销售折扣广告。例如，在暑假期间，教师和学生凭证件享受航班或景点门票的折扣优惠等。

(二)针对中间商的销售促进

针对中间商的销售促进，主要应该突出产品受消费者欢迎的程度及经营该产品能够为中间商带来的好处。其具体形式有：

1. 举办展销会

举办展销会，可向中间商展示旅游产品的各种信息，但最主要的应该是以往的销售业绩。这样，才能吸引更多的中间商来经营和代理该产品。

2. 奖励销售

奖励销售，即对定时完成或超额完成销售计划的中间商进行物质奖励，以激励他们的销售热情。

3. 帮助中间商做好对消费者的促销工作

因中间商也面临着一个对消费者的促销问题,且中间商经营或代理的旅游产品又往往不是一家旅游企业生产或者提供的产品。因此,这种中间商很难结合某一产品本身的特点来进行促销。此时如果能帮助或协助中间商做好产品销售工作,可以得到中间商的积极回应,也是对中间商销售热情的一种鼓励。

【本章小结】

旅游产品在经过精心策划、推出并制定了适合市场竞争的价格后,核心问题就在于如何将这些产品卖出去,如何让更多的顾客了解这些旅游产品并产生购买的欲望,这是旅游产品能否顺利实现其价值的关键所在。要使旅游产品顺利到达顾客手中,就必须采取一系列的促销手段。产品促销的过程,实际上是旅游产品的生产者将本企业及其产品的信息传递到顾客群中并激起消费欲望的过程。而要达到信息传递并得到顾客良好反馈这一促销目的,旅游企业需要组建一个对外宣传的促销计划组合。这种促销计划组合通常包括三个方面:建立良好的公共关系、进行强有力的广告宣传、采取有效的销售促进手段。

第六章

旅游产品的人员促销

本章导读

本章主要讲述旅游产品人员促销的特点、步骤和一般技巧，首先介绍旅游产品人员促销所具有的针对性、灵活性强、信息沟通便利等基本特点，从旅游产品销售实战的角度介绍人员促销的步骤，最后对人员促销的一般技巧进行简单的归纳和概括，以利于读者掌握这些技巧并进行实战演练。

通过本章的学习，您能够：

(1)理解旅游产品人员促销的特点。

(2)举例说明旅游产品人员促销的一般步骤。

(3)掌握人员促销的一般技巧。

一、人员促销的特点

(一)很强的针对性

推销人员直接面对的是一个个的顾客，这些顾客都是有购买需求的，至少也是有较强的购买倾向。推销人员一般可以分为两类：一类，是对散客进行推销的人员；另一类，是对大企业、团体、机关进行推销的人员。前者，通常就在旅行社、饭店、机场所设的销售网点上，对前来购买产品或进行相关信息咨询的顾客进行销售工作。后者，通常则是走出去，主动同那些可能购买旅游产品的企业、团体或机关进行联系，向他们推荐自己的产品。所以无论是前者还是后者，都是针对具体的顾客进行推销的。应该说他们的工作对象是复杂的，而工作效率却是极高的。

(二)很强的灵活性

旅游产品的特点注定了它不可能像其他有形的实体产品那样带给顾客完整的产品信息。大多数的旅游产品，都是要依靠推销人员向顾客进行产品描述及提供专业信息咨询，才能较完整地展现在顾客面前。其实，很多旅游产品的购买者，对自己具体想要怎样的旅游产品并不十分清楚，需要得到专业的咨询和指导。所以现场为顾客提供信息咨询、专业指导，并为顾客选择能满足他们需求的旅游产品，正是推销人员的主要工作。这种工作具有很强的灵活性，因为顾客得到的产品描述，是直接来自推销人员的。虽然产品是既定的，但不同方式的描述、不同侧重点的描述，会对顾客产生不同的影响。而在同顾客直接交谈的过程中，推销人员就应该抓住顾客不同的需求心理，灵活地向他们介绍并推荐最能满足其需求的旅游产品。

（三）良好的信息沟通

公关和广告的目的都在于向消费者传递产品信息，但只有对具体顾客传递具体产品信息的人，才是推销人员。推销人员向顾客传递信息的过程，一方面，其本身就是促成交易达成的过程；另一方面，也是在做产品的宣传。因为很多顾客为了购买到物美价廉的产品，往往会到很多旅行社或旅游公司进行产品信息的咨询。这时，推销人员的现场咨询和服务就是最生动的产品广告。良好的专业素质、优质的咨询服务，不仅可以让顾客心甘情愿地购买产品，还会对旅游企业产生良好的印象，这在无形中也是一种广告宣传。在与顾客直接沟通的过程中，推销人员不仅要将产品信息传递给顾客，同时还应该注意收集来自顾客的信息。例如，哪些类型的顾客需要哪些类型的产品、顾客对旅游产品有哪些特别的要求、他们在购买过程中都有哪些疑虑和担忧等。这些都应该做详细记录，将第一手的顾客信息反馈到产品开发者那里，以便及时调整产品的结构和类型，更大限度地满足顾客的需求。所以推销人员应该扮演双重角色，在顾客看来，他们代表着旅游企业，在旅游企业看来，他们又代表着顾客反映具体需求的信息。

二、人员促销的一般步骤

在所有的销售方法中，表现出为顾客服务的真诚愿望，并努力使顾客感到钱花得物有所值，才是销售成功的关键。

（一）确定推销目标

因为人员促销的类型不同，一种是针对散客的推销；另一种是针对企业、团体或机关的推销，所以，其确定推销目标的方式也不一样。前者主要是针对上门来购买产品或要求咨询的顾客进行推销，其推销目标的确定就比较容易。而后者则是要走出去进行上门推销。这就需要事先收集很多的客户信息。例如，哪些团体或机构喜欢组织哪种形式的旅游、哪些企业会经常安排商务旅行或给员工提供奖励性质的旅游度假等。这些信息都可以从其他的旅游企业那里获知。确定推销目标还有一层含义，就是确定顾客的类型，即他们需要的是哪一类产品。例如，是商务旅行还是家庭休闲旅行；是需要价格昂贵的豪华旅游还是经济实惠的普通旅游。当然有的问题可以向顾客直接提出，如你是出差到哈尔滨还是去休闲旅游呢？然而，也有的问题不太适合直接提出，例如在顾客所选的产品价格档次上，就不适合采取直接的提问,而应通过其他多方面的试探性问话,得出顾客所希望购买的产品价格档次。

一般情况下,为了准确地把握客户的需求,可以通过有技巧的提问,来获取客户的信息,准确的识别顾客。

1. 使用6个问题

您喜欢到什么地方去旅游?(目的地)

您准备什么时间去旅游?(出游时间)

您为什么去那儿旅游?(客户需求、可获得的利益、旅游体验等)

您准备去那儿旅游多长时间?(持续时间)

这一次旅游的人数是多少?(人数、团队规模)

您期望得到什么规格、水平的服务?(价格、价值、客户期望)

在销售过程中,销售人员希望得到上述6个问题的答案,但在与客户沟通过程中,要注意适当的方式和方法。

2. 要注意与客户沟通的措辞

销售人员与客户沟通,可以通过一定的提问方式,以获取想要知道的信息。在具体沟通过程中,可以采用开放式提问的方法。如"您对上一次假期出游的印象如何?""过去都是谁为您安排商务旅行"等。有时为了得到有针对性的确切信息,可以采用限制性提问方式,如:"您计划在周末动身还是平时动身?"

3. 询问开支

一般情况下,销售人员都把预算问题放到最后提问,因为顾客对产品和服务感到满意之后,才会对价格感兴趣。如果刚开始就涉及预算问题,就可能无法准确地获取客户确切的出游需求。

4. 有效地倾听

与客户沟通过程中,有效地倾听是必不可少的。特别是当游客对过去的服务或者竞争对手的服务进行抱怨的时候,集中注意力听取客户倾诉的着重点,其可能是对价格不满意,或者对某个服务人员的态度有意见。销售人员可以通过诸如"我明白了"、"我知道了"等口头表示,或者为正确理解而简单复述客户说过的话等方式,来表示对客户倾诉的重视。

(二)向顾客描述产品

在大致确定了顾客的购买意向之后,就应该向他们介绍所能提供的产品信息。在描述产品的过程中,应该结合相关产品的宣传册、图片或其他音像资料,来为顾客描述该旅游产品。这些宣传品可以在一定程度上起到"无形产品有形化"的效果,使旅游产品带来的感受变得更加具体。同时,人员促销还可以向顾客描述该产品的畅销程度。比如,"已经有30人预订了这次邮轮旅行"等。另外,在向客户描述产品的时候,应尽可能使用日常用语,避免使用行话。这样,可以拉近销售人员和客户的心理距离。

需要注意的是,在产品描述过程中要把重点放在顾客感兴趣或想弄清楚的地方,充分介绍产品和服务的特色,从而调动顾客的购买欲望。专业旅游销售人员要在产品的特色描述中显示出给客户带来的利益。如对带小孩儿旅游的家庭,可突出介绍本次旅游活动中将有专人照顾小孩子,还可以让游客得到更多的自由空间等内容。这样,便可以让客户深入了解到产品的好处及其独特性,既凸显了产品的服务质量,也使销售成功变得更加容易。

最后必须遵循的原则是:实事求是。虽然对产品的描述方式可以是多种多样的,但是一定要基于产品的真实信息,不能有过多的不准确信息,更不能有虚假信息。

(三)回答顾客的提问

在向顾客描述各种旅游产品的时候,顾客可能会提出各种问题,或对产品提出一些质疑。这时,推销人员应该耐心地向顾客解答,并应注意回答的方式和技巧,最主要的目的就是要让顾客满意,消除他们的疑虑。

(四)同顾客商谈价格

如果顾客已经决定了要购买某个类型的旅游产品,必然会在价格上同推销人员进行讨价还价。有时旅游企业会给推销人员以一定的折扣权限,有时一定要按定价执行。这时,如果顾客有较强的购买欲望,推销人员可以在价格问题上强硬一些,向顾客解释,这个价格是公司制定的,自己没有权力更改。另外,公司的定价,也是整个行业的通价或最低价,完全是符合顾客利益的。希望顾客能够理解,产品价格的制定,并非公司或推销人员能够随心所欲决定的,但对那些一定要求在价格上让步的顾客,如果推销人员又没有打折的权限,可以向他们推荐其他价格稍低的同类产品。如果推销人员有折扣权限,推销人员可以提出一个不是太低的折扣价,但也不能立即就答应以这个折扣价将产品卖给顾客。如果立刻答应,顾客会认为还有降价的空间。这时,推销人员应该向顾客表示,这个折扣价也是要向公司请示是否可以执行之后,才能实行的。

(五)完成销售

在价格问题谈判之后,结果会有两种可能性:一种是顾客立即接受要购买的产品;另一种是顾客不会立即购买产品。如果顾客表示可以立即购买产品,那么推销人员应立即同顾客签订销售协议,并向顾客提供一切可能的帮助,主动为他们办理好一切手续。如果顾客表示还需要考虑一下,推销人员也应该很热情地表示欢迎顾客随时来购买已商谈好的旅游产品。即使顾客已表明或暗示不会购买该产品,也不能在态度上来个大转折。因为这样会给顾客带来极坏的印象,促使顾客反悔前来咨询该产品,并就此打消购买念头,或者顾客下次需要旅游产品时,也不会再光顾该旅游产品销售点。很多时候,顾客这次不买,并不意味着下次不买,自己不购买并不意味着不会向亲朋好友推荐来购买。因此，始终保持友好的微笑和热情的态度，是赢得顾客青睐的金钥匙。

三、人员促销中的一些技巧

（一）周到但不要过分热情

在与顾客交谈中，推销人员要随时关注到顾客的需要，要按他们的需要来进行信息咨询或产品介绍，要做到礼貌周全，但千万不能表现得过分热情。这样会让顾客感到厌烦，感到推销人员只是一味地想把产品出售给他们，而没有考虑到他们的真实需要。

（二）注意倾听顾客的讲述

注意倾听顾客的讲述，一方面，可以从其讲述中获取有用的信息，以掌握顾客的购买心理和需求，进而向顾客推荐适合于他们的产品，并在介绍产品特色时尽量向有利于满足顾客需求的方面倾斜；另一方面，会让顾客觉得他们的需求都能够得到认真的考虑，因此旅行社所推荐的产品也一定能满足他们的要求。在推销过程中，最忌讳的是连珠炮似的向顾客不停地介绍产品这好那好，而完全不顾顾客的感受。这样的推销是最失败的。因为推销人员没有把顾客真正吸引到对产品的了解上来，而一味自顾自地做了很多无效劳动，结果只能是徒劳。

（三）引导顾客产生购买欲望

由于顾客对自己想要购买的产品，往往没有具体的想法，这就需要推销人员根据已知顾客的一些信息来提供相应的产品，并引导顾客感觉到这项产品能够满足他们的愿望，从而产生购买欲。例如，有的顾客在谈话中表明，他们最看重的是旅行过程中有干净、舒适和安全的住宿。这时推销人员可以及时向他们推荐一家设施齐全、服务质量高的宾馆，着重向顾客介绍这家宾馆的基本设施如何齐全、卫生条件如何优良、保安措施如何周到。并向顾客表明这家宾馆绝对可以使他们的整个旅程舒适无忧。如果顾客喜爱幽静的旅游环境，推销人员可以向他们推荐一些极富特色的风情游，并强调这些线路并非大众化旅游线路，游人不是特别多，正是享受宁静情境的好地方，同时建议顾客购买该产品。

【本章小结】

在通过一系列公关活动、大量的广告宣传，以及制定了恰当的促销策略之后，具体的销售工作就完全依赖于促销人员的促销工作了。销售人员是直接面向顾客的，也是产品在完成整个销售过程中的最后一个环节。在人员促销过程中，促销人员的促销行为直接地影响到产品的交易量。因此,大多数旅游企业都会重用一批训练有素的销售人员。

本章通过对人员促销的特点、一般步骤和技巧的介绍,并结合实例,说明了人员促销的重要性,对旅游企业的人员促销管理和提升有很强的借鉴作用。

第七章

旅游产品的质量管理

本章导读

本章主要讲述旅游产品质量管理的五个不同层面，首先介绍旅游产品物质层面上的质量管理，其质量的优劣直接影响到游客对一次旅游历程的满意程度。再从便利服务、个性化服务、售后服务三个不同的质量层面讨论旅游产品的质量管理，阐述如何提高旅游产品的质量，最后从提高人员素质角度讨论提升旅游产品质量管理的水平问题。

通过本章的学习，您能够：

(1)理解旅游产品质量管理的概念。

(2)了解便利服务、个性化服务对提升旅游产品服务质量的作用。

(3)掌握旅游产品售后服务的主要手段及作用。

(4)明确提高旅游产品销售人员素质所涉及的层面。

一、物质性旅游产品的质量管理

物质性的旅游产品，是指旅游产品中的硬件部分，是为游客提供高质量旅游服务的物质基础。其质量的优劣，直接影响到游客对一次旅游历程的满意程度。当然，由于旅游产品的档次不同(如飞机上提供的头等舱、商务舱及经济舱等不同档次的座位)，其所应该达到的硬件标准也是不同的。但是这一切都必须符合一个基本条件，那就是必须达到顾客认为花这个价格购买这个档次的产品是划算的这样一个标准。例如，为游客提供的豪华客房，就必须达到豪华客房的硬件标准，而不能将标准降低到与标准间一样的档次。就算是廉价的旅游产品，至少也应该达到让顾客使用起来安全放心的标准。例如，经济型的普通旅馆提供的房间应该有必备的生活设施，家具、床铺都应该干净整洁，要能确保顾客的身体健康。物质性的旅游产品尽管受到价格档次的限制，但只要做好了加强服务管理这项工作，同样可以为游客的一次成功出游提供优质的物质保障。

目前，国内旅游市场很多旅游投诉，是因为旅行社没有提供合同规定旅游产品要素的服务水准。这一方面,与国内假日旅游浪潮造成的特殊时段供应紧张有关系;另一方面,也说明我国旅行社的质量管理有待于进一步加强。

二、为顾客提供便利的服务

接下来所要讲述的有关加强旅游产品质量管理的问题,都是从加强和改善服务态度与服务方式这个角度来进行的。顾客无论是在购买旅游产品之初,还是在消费旅游产品之中,随时都需要旅游销售人员为其提供方便、快捷的各项服务。如何才能更好地满足顾客在购买之初或旅途之中所需的各种帮助和服务呢?

旅游产品的供应者应该做到如下四点:第一,事先要将旅游的每个环节中顾客可能发生的情况,以及可能需要哪些帮助考虑周全。第二,要有专门的人员及时为顾客提供这些服务。例如在订购机票的同时为顾客办理出租车预订、饭店预订等项目。仅有这一项服务还不够,因为很多顾客不太了解这些服务项目,因此,应该由专门的销售人员进行主动的介绍,或将这些信息通过宣传册、显示屏、网站等形式告知顾客。在多雨的旅游目的地,应该备有雨具出售或出租的服务窗口。宾馆应该设有专为残疾人进出的特殊通道,为游客提供当地的天气信息、本地的风景区地图、本地的风土人情介绍,以及购物指南等。这将大大地方便并丰富游客的出游。第三,为游客提供便利有效的售前服务,尽可能扩大自己的便利服务覆盖范围,为游客提供方便的咨询服务。第四,根据特定顾客的需求,提供个性化的服务细节。如针对老年人,在洗手间放置防滑垫等,针对某些商务客人,通过建立客户档案的形式提供个性化服务,如记录商务客户习惯性的飞机座位、饮食禁忌等,有的旅行社已经建立了自己的客户管理系统,针对客户的个性化需求提供有针对性的优质服务。

随着科技的发展,各种高科技技术应用到旅游服务中来,大大地提高了销售人员的工作效率,同时也方便了人们的出游。很多旅行社、饭店、机场、出租车公司等都建立了自己的网站。需要这些旅游产品的顾客可以很方便地在网站主页上查询到自己感兴趣的信息。同时这些网站也为顾客提供了方便、快捷的网上预订项目,即使在繁忙的工作中,也能让顾客轻松地为自己选择并订购满意的旅游产品。各种各样的通信手段和多媒体技术,在整个旅游产品销售以及为顾客出行提供方便、快捷的服务等方面,发挥了越来越重要的作用。

三、为顾客提供个性化服务及关怀服务

虽然各种各样先进的现代化设备,大大减轻了销售人员的工作量,同时也使很多工作程序大为简化,但这并不意味着自动化的服务可以代替人的服务。在整个

旅程中，毕竟人的服务才是为顾客创造满意氛围的根本。一个微笑、一句问候、一只援手，才能真正让顾客感受到他们所受到的关注，感受到他们是在接受高质量的服务。

很多旅游企业都在提供针对每位顾客的不同需要而进行的个性化服务。例如，饭店为患有高血压的顾客提供低脂、低胆固醇的食物，为有某些特殊信仰或禁忌的顾客提供特别的食品。有的顾客会在旅游目的地有一些临时决定的游览或购物计划，对此，旅行社的工作人员可以为其充当向导或提供帮助。而大多数机场、宾馆都会为残疾人、带小孩儿的家庭提供特别的帮助。对个别游客提出的个别要求，工作人员也会给予力所能及的帮助。这一切具体针对个人的个性化服务，可以让游客真正感受到“在为我服务”，而不是“我只是在接受大家都应得到的服务”。只有做到并做好了个性化服务，才能体现出该旅游企业的独特之处，也才能有机会在同行业中脱颖而出。

如果说个性化服务是让顾客感谢，那么关怀服务就是让顾客感激。提供关怀服务对销售人员的自身素质要求非常高，不但要有过硬的专业技术、知识和水平，还要有高度的敬业精神，真正把顾客当作自己的亲人和朋友来对待，当他们在旅途中发生意外事故需要得到帮助的时候，要能够伸出援助之手。一个优秀的餐厅服务员能够记得住每个老顾客的口味及其一些特殊嗜好；一个优秀的宾馆服务员能够记得住自己所服务的每位顾客的作息安排，并能提前为他们准备好所需的一切。总而言之，关怀服务就是要让顾客在消费某些旅游产品的时候，感受到来自亲人或朋友般的关怀。其实这一标准并不新颖，因为“宾至如归”古已有之。只是现代化、大规模地提供旅游服务，反而使这些服务程序化了，顾客再也难有“宾至如归”的感觉了。其实这正是现代化旅游管理中两个相矛盾的地方。一方面要求使用程式化的服务，让服务过程快速、简单，以提高服务效率；另一方面又要让人的行为和情感参与到服务过程中去，营造一种人性化的服务氛围。所以，优秀的旅游企业应能将这看似矛盾的二者巧妙地结合起来，既能让顾客享受到高科技带来的方便快捷，又能使之充分体会到在享受服务的过程中充满了人性化的关怀。

四、提供优质的销售跟踪服务

目前，国内的旅游企业已经注意到了售后跟踪服务的重要性，由一些旅行社采取节假日短信问候等方式对客户进行维系，取得了一定的效果。实践证明，优质的销售跟踪服务，是提高客户忠诚度的重要手段，销售跟踪服务主要通过售后沟通来实现。

售后的良好沟通可以使销售人员和游客之间的关系顺利发展，通过交流相互理解，并且解决好彼此引起的误会和争端，为企业带来大量的回头客。售后沟通的手段主要有：

（一）向顾客表示感谢

顾客喜欢别人认识到他们的价值，旅游结束之后向顾客赠送一件小礼物，是向顾客表示感谢的一种有效方式。有的旅游企业还在年终举办集团客户的答谢晚会。这些手段都将不同程度地提升客户的忠诚度。

（二）寻求客户的反馈意见

客户的反馈意见，对于旅游企业进一步提升服务质量、改进服务细节、减少投诉，具有不可或缺的作用。重视收集客户的反馈意见，体现了旅游企业对客户意见的重视，同时客户的反馈意见又可形成企业开发新的旅游产品创意的重要源泉。目前，中国的旅游企业也都有客户的反馈意见书，但是多由组团社的领队（全陪）填写，大多数征求反馈意见的工作已经流于形式，没有起到应有的效果。

（三）处理并解决投诉问题

防止出现投诉，是旅游企业面临的一个重大课题，防止出现投诉的最好办法，就是在向顾客推销旅游产品的时候，不要过分夸大旅游产品的功能，使游客对产品的期望值与产品所能提供的价值保持一致。同时，把旅途中出现的一些特殊情况及时向游客通报，如果因不可抗因素导致旅游行程变更，应征求客户的同意，并签署同意变更意见书，对于改变行程后与原行程之间的差价予以补偿。

如果已经出现投诉，客户服务人员应该表现出真正的关心和谦虚的态度，耐心地倾听客户的投诉意见，让他们充分发泄内心的不满，直至平静下来，无论什么时候，都应该尽可能先接受客户的意见，然后再进行公正的解决，承诺一定改进，并可赠与本企业的代金券或者一些小礼品等。如果投诉处理得当，不但可以免除一部分经济损失，还提升了企业的信誉。如果顾客投诉不合理，应该尽量采用折中的方法，既令顾客满意，又不损害企业的利益。还可以使销售人员帮助游客向其他机构争取权益，如帮助顾客向航空公司争取因航班延误所带来的损失等。

（四）与顾客保持密切联系

与顾客保持持续密切的联系，可以让客户更清楚地了解企业推出的特惠机会、打折或新产品信息等，而且让客户知道我们在始终关注着他们的需求，因而也可以为公司带来更多的商业机会。

一般情况下，可以通过向顾客邮寄公司的宣传品，每个月发送促销邮件，与顾客保持一定频率的电话联系，还可以通过向客户赠送节日贺卡等方式与客户沟通。成功的旅游销售人员都有自己个性化的销售备忘录。备忘录提醒销售人员什么时候应该与客户取得联系、寄出贺卡，同时还提醒销售人员什么时候可以电话沟通或登门拜访。

（五）向顾客提供奖励

促进回头客生意的另一个办法是奖励老顾客，各大航空公司实行的 VIP 客户计划，就是为客户提供奖励的充分体现。还有一些旅行社为经常参加他们奖励旅游计划的企业准备了专门的折扣奖励计划，而且还可以通过向客户赠送积分或免费机票等方式，来体现对老客户的重视。

五、旅游产品对销售人员的素质要求

正如前面所说，旅游服务主要还是以人的服务为基础的。所以，销售人员的素质是能否将高质量的服务带给顾客的关键所在。概括而言，旅游产品对销售人员的个人素质要求，主要体现在以下两个方面：

（一）过硬的专业知识和技能

从事不同行业销售和服务的人员都应具备过硬的专业知识和技能。他们应该不断地了解企业的产品信息，并且参加各种市场营销课程或者一些销售技巧的培训课程，来提高自己的专业技能。例如，饭店销售人员应该清楚什么样的房间适合什么样的客人，什么样的饭菜适合什么样的食客。在饭店的住宿生活中，可能会发生哪些不好的情况，有什么办法可以避免这些情况的发生，如果发生了这些情况应该如何及时处理等。旅游目的地的经营人员应该对本地区的特色、历史、文化、风土人情、地理环境等因素了如指掌，以便向游客提供信息咨询及建议。有的销售和服务人员还必须清楚与自己行业有关的法律法规和相关规定。

（二）良好的职业道德意识

职业道德，是每个行业的从业者都必须遵守的道德规范。旅游业，由于其特殊性，对从业人员的职业道德要求显得尤其重要。因为很多游客并不熟悉本次旅行线路及其各种服务和产品的合理价格，所以很容易被蒙蔽，甚至上当受骗。在我国旅游市场极不规范的时候，就出现过不少导游欺瞒游客，进行非旅程计划中的一些旅游消费，使旅客的花费大大超出预算，却没有享受到应有的产品或服务。有些旅游目的地的餐馆，对外地游客索要远远超过正常价格的费用，以致发生纠纷。还有一些景区重重设卡，游客每进一道园门就收一次门票，使游客大呼上当。如此种种不符合旅游职业道德规范的行为，给顾客留下了极其恶劣的印象，不仅影响了该旅游企业的声誉，同时也严重影响了本地区整个旅游行业的形象。由于旅游这个产品是品牌产业、形象产业，同时也有很强的地域性，这就很容易使得少数几颗“耗子屎”搅坏“一锅汤”。个别不讲职业道德的旅游企业经营者，会使本地区、本行业的旅游企业全都受到负面影响。所以有必要加强旅游从业人员的职业道德教育。当然，同时也应该完善上级旅游行政部门的管理和监督机制，这样才不会让少数不良分子有机可乘。

【本章小结】

在竞争激烈的旅游业中得以生存并发展壮大,最终还是要依靠高质量的产品及高品质的服务。将旅游产品销售出去并非最终目标,在顾客签署了旅游协议之后,如何在整个旅游过程中替顾客安排好一切事务,提供优质服务,并最终使顾客对本次旅游历程感到满意,从而对旅游产品提供者给出一个较高的评价,并乐意下次继续购买该企业提供的旅游产品,或推荐给自己的亲朋好友,这样才最终达到了销售的目标。由于旅游产品的绝大部分是非物质性的服务类产品,这就对提供服务的销售人员的服务水平提出了很高的要求。

本章从物质性旅游产品的质量管理及对旅游者的便利服务、个性化服务、售后跟踪服务的角度,对旅游产品的质量管理作出了全面的总结和概括,并阐明了提高旅游服务人员素质对旅游产品质量管理的重要性,指出了旅游服务人员只有具备过硬的专业知识和技能、良好的职业道德,才是提升旅游产品服务质量的根本。

第二篇

观光旅游产品篇

第八章

国内观光旅游产品的设计与操作

本章导读

国内观光旅游产品，是目前我国2万多家旅行社的主打产品。市场上出现的产品，多是包含了“食、住、行、游、购、娱”六大要素的全包价产品。这种旅游产品要求所有的旅游者都必须按照统一的行程旅游，同时享有统一的服务标准。鉴于全包价观光旅游产品的重要性，本章将从观光旅游产品的具体操作入手，重点介绍观光旅游产品的行程设计和要素采购方面的技巧，然后介绍业内常用的三种产品类型，为国内旅游企业进一步规范国内观光旅游产品的操作，提供一个参考性的模板，最后归纳整理了国内重要的26条观光旅游专线及常见的产品行程设计。

通过本章学习，您能够：

(1)了解观光旅游产品设计的基本原则和关键环节。

(2)掌握观光旅游产品要素采购的实战技巧。

(3)弄清国内观光旅游产品的基本类型。

(4)熟悉国内观光旅游产品的常用参考模板。

(5)了解国内主要的26条观光旅游专线及其产品构成。

一、国内观光旅游产品的行程设计

全包价观光旅游产品的设计和生产方式，既有利于旅游消费者，又有利于旅行社等旅游企业。由于中国的大众旅游刚刚兴起，因此，全包价的观光团队旅游产品，在很长时间内依然是中国旅游市场的主流产品之一。

全包价观光旅游产品，尤其适合于那些旅游欲望强烈、经济条件并不太好的大众旅游消费者。综合分析，全包价观光旅游产品可以给旅游者带来如下好处：

(1)全包价减少了消费者决策的难度，旅游消费者不必对每个旅游细节进行选择。

(2)全包价能为顾客节省大量金钱，报价中的许多要素都可享受折扣价。

(3)统一的服务标准,能保证良好旅游体验的基本实现。

(4)有机会结识更多旅游者,同他们建立深厚的友谊。

全包价观光产品,同时可以为旅游企业带来很多好处。主要有:

(1)全包价产品的统一服务规范化,有利于企业的操作,降低了旅游企业业务操作的难度。

(2)全包价产品可以为企业带来淡季的业务。

(3)全包价产品可以提高旅游消费者的人均消费额度,有利于鼓励更多的人参加长线旅游团队。

(4)全包价旅游产品为新进入的旅游企业提供了占领市场的机会。

(一)观光旅游产品行程设计的基本原则

一个成功的观光旅游产品行程应包含旅游中的每个要素,涉及地接社、批发商、组团社及旅游要素提供商等一系列的企业。旅游服务过程中任何一个服务要素表现不好,都会影响到旅游者良好旅游体验效果的形成。因此,确保包价观光旅游产品行程中每个服务环节的高水准,是旅游企业在产品设计和履行服务过程中,所应遵循的基本原则。

1. 行程中一定要包括旅游目的地的主要旅游吸引物

观光旅游产品行程的核心,是对旅游者产生吸引力,导致其产生旅游动机的旅游景点。因此,对于核心旅游吸引物(景点)的安排,是最重要的。

2. 游客的期望值(期望得到的价值)

游客一般会把包价观光旅游的价格和单项价格进行对比,以证实他们是否得到了超值的服务。他们还会对比各个要素的服务质量,对旅游产品作出一个整体性的心理评估。因此,游客对于行程安排中免费、赠送的项目,还是会表现出强烈兴趣的。

3. 游客的期望值和服务的一致性

观光旅游产品中各旅游要素的安排,应该达到产品说明书或销售人员对游客描述的标准,达到游客对该产品的期望值,保证行程的合理性,对各种意外情况做好充分的思想准备,尽量帮助顾客获得满意的旅游体验。

4. 为顾客提供惊喜服务或额外利益

目前,在国内市场上比较受欢迎的包价观光旅游产品,都开始在做如何给顾客提供一些惊喜服务和额外利益的文章了。有的旅行社为了提高游客的旅游体验,加强与组团伙伴的合作关系,在旅游结束时,赠送一些地方特产或小礼品,都收到了很好的效果。

5. 注重服务细节

一个安排妥善的观光旅游产品,需要根据客人的需求设计很多关键性的服务细节,为部分有特殊需求的游客提供个性化的服务,这已经成为旅行社提高服务质量和顾客满意度的重要手段。

6. 保证经营利润

目前,国内一些旅行社为了抢占市场,不惜零团费或负团费接团,将利润来源全部寄托于购物商店给的佣金,使游客的观光之旅演变成了购物之旅。这是有悖于旅游市场发展规律的。2013 年 10 月 1 日正式实施的《旅游法》明确规定旅行社企业不能以不合理的低价诱导游客参团,在目的地强制购物,也为旅行社的观光产品设计指明了未来的方向。因此,要设计、开发一个成功的观光旅游产品,保证企业正常的赢利,是必须首先要考虑的关键因素。

(二)观光旅游产品设计的关键环节

观光旅游产品设计一般都包括:住宿、餐饮、观光景点、特色旅游购物店,以及旅游目的地的交通、娱乐、导游服务、旅游客源地至目的地的往返交通等服务要素。在产品设计过程中,应该特别重视下列关键环节:

1. 产品组合的协调性

针对旅游目的地的旅游形象,尽量选取和目的地形象一致的著名旅游吸引物,不要在历史文化占据主导基调的产品中安排很现代的节目,这会破坏整个产品给游客带来的旅游体验。

2. 顾客的类型和需求

在销售过程中,将报名参加旅游的客人根据年龄、文化背景和兴趣进行简单分类,避免出现不同爱好的人群在旅游过程中的不协调。另外,尽量不要接受不适合于出游的客人参团,以保证游客的人身安全,尽量避免出现使老年游客过度劳累等不协调的现象。

3. 充分考虑企业现有资源和操作能力

产品设计应该考虑到企业目前拥有的人力、物力、财力,不要设计超出企业负荷的大型产品和超出企业运作能力的豪华产品,既要保证产品的盈利性,也要考虑企业的承受力。

4. 旅游时间的长短

旅游时间的长短,根据目标消费者的预算、时间安排、对旅游节奏的需求、旅游客源地与目的地的距离、交通方式等因素来决定,以保证旅游时间的设计和旅游者的期望值一致。

5. 旅游产品的频度

设计产品的时候,一定要分清该产品是一次性团队产品还是企业常规的定期开班发团的产品。

6. 旅游节奏

要根据旅游者的年龄和体力状况,合理安排产品的节奏,老年旅游者的节奏一般要尽量适于休闲,在旅游过程中尽量多安排一些休息时间,以便于老年人恢复体力。

7. 观光点的数量

观光点数量的多少和游览顺序的设计，应该充分考虑游客的特点、时间状况等因素，灵活决定。

8. 天气条件

产品设计对天气状况应该有所考虑，尽量不要安排在雨天出游。出现特殊天气状况时，应该有完善的行程调整方案。另外，一些特殊的自然景观对天气有特殊的要求，在设计这类旅游产品时应予以充分考虑。例如，吉林省吉林市的雾凇只在冬季的一段时间出现。

9. 交通要素

交通的安排，要根据旅游行程、旅游团队的类型和规模来确定。其中，需要考虑的因素有：当地游览团队的规模及选择适当的车型和游览线路；从饭店到机场、火车站、码头的接送客车的数量、车型和承载人数，可以选择小车、巴士或豪华包车；野外探险，一定要选择环境适应能力强的、四轮驱动的越野车等；乘坐火车，一定要弄清需要动车（高铁）一等座、二等座以及为车卧铺的类型（硬卧、软卧）及其相应的数量；坐飞机，要分清机舱的类型（经济舱、公务舱）及数量等。

10. 行前考察

旅行社在推广一个观光旅游产品前，都要进行行前考察工作。这样可以充分发现产品的弱点，并向地接社提出改进方案，以确保产品服务质量。

二、观光旅游产品的要素分析

地接社和入境接待旅行社的经理，比组团社或部门的经理更多地参与观光产品要素的采购工作。国内旅游企业多由旅行社的总经理或部门总经理负责要素的采购，采购的内容包括：交通、住宿、观光点、定点餐馆、旅游购物店、导游人员等。

目前，国内旅行社并没有建立企业的采购档案，这就使得采购工作成为一种垄断性很强的个人行为，员工无法掌握采购各种旅游要素的价格状况。新员工也无法得到高质量的培训，员工劳动效率得不到有效的提升。下面重点介绍一下观光旅游产品各要素的基本操作技巧和形成的行业规律，以便为旅游企业建立旅游产品的采购档案和制定自己的产品手册提供一些参考。

（一）综合服务费

综合服务费，主要是指优秀导游服务费。鉴于国内的导游服务费，因不同地方的客人而异、因人数多少而异，这部分费用在观光旅游产品包价中是旅游企业利润的主要来源之一，建议根据游客的类型建立不同的导游服务收费标准，使之具有较强的可操作性。其中包括：

（1）旅游界的“16 免 1”。

(2)“儿童打对折”。

(3)火车订票费(硬座、卧铺)标准。

(4)机票订票费标准。

(5)订房服务费标准等。

(二)定点餐厅及报价

观光产品的设计,需要采购不同类型的定点餐厅。定点餐厅档案应该包含以下要素:

	名称	联系人	电话	位置	餐标	餐扣	特色	菜单明细
餐厅一								
餐厅二								
特色一								
特色二								

采购说明:

(1)餐厅包括选定的定点团队餐厅和特色风味餐厅。

(2)团队餐厅一定要标明位置与菜单。

(3)特色餐厅一般是提供给游客自费品尝或高档次客人使用;一般为当地的风味餐厅。

(4)团队餐厅的最少数量,应该根据旅行社企业接待人数来决定,应保证每个餐厅有一定的接待量,这样可以获得较好的服务和一定的价格折扣。

(5)根据企业客源类型来采购相应的地方风味特色餐厅。餐厅数量可根据企业接待的历史状况和对旅游市场的预测来决定。

(6)餐费标准及风味餐安排的数量,是豪华团和标准团的重要区别之一,也是大型特色旅游产品和普通旅游产品的区别之一。

(7)选定的餐厅位置一定要在附录的旅游图中标出。

(三)景点门票及价格

观光景点的档案表格如下所示(举例):

地区	景点名称	门票价格	地区	景点名称	门票价格

采购说明:

(1)旅游目的地的景点必须全部列出,景点价格一定要注明是散客价,信息一定要真实全面。

(2)根据合作伙伴的业务量和签订的合作协议,给予不同的门票结算价格,并且对每个景点的门票价格政策做出说明。

(3)应及时收集门票价格变动信息,通报各批发商或代理商,以便在第一时间对批发产品价格做出修改。

(四)定点饭店

定点饭店档案管理表格如下所示(举例):

地区	名称、星级	季节(月份)	外宾	内宾	散客	加床	陪同床	早餐
乌鲁木齐	* * * * * 海德酒店	旺季 7/9 平季 4/10 淡季 11/3						
	* * * * * 银都酒店	旺季 7/9 平季 4/10 淡季 11/3						
	* * * * 东方王朝	旺季 7/9 平季 4/7/10 淡季 11/3						

采购说明:

(1)旅行社在每个旅游城市选定饭店,要根据企业的目标市场来决定。如果旅游企业的服务范围涵盖了观光旅游、度假旅游、商务旅游、会议服务市场,定点饭店一定要覆盖从双人标准间至五星级等所有级别的饭店。

(2)采购档案一定要反映不同情况下的不同价格(不同季节、不同地区的客人、外宾、内宾、散客、加床、陪同床、是否含早餐、早餐价格),以便实施灵活的价格政策。

(3)可以根据企业的实力和发展态势采取灵活的采购策略,大的旅游批发商和入境旅游公司一般提前一年谈价格,房价根据企业的最低与定量而定。如果处于起步阶段,可以有效利用合作伙伴的接待实力;在旺季时,可将部分业务量交由合作伙伴接待,逐步积累企业自身的接待能力,在业务开展初期,一定要注意,将有限的业务量集中放在极少的几家饭店内,这样,就可在这些饭店拿到优惠政策。

(五)定点旅游车队

大的旅游接待企业都有自己的定点旅游汽车车队合作伙伴,这样可以保证在旺季的供给,同时能拿到一个优惠合理的价格,对外报价有时体现为"汽车超公里费",现在随着交通市场的不断完善,超公里费的结算方式被全包付费方式逐渐取代,但是旅游汽车仍然是地接社赚取利润的重要来源。超公里费的标准档案表格如下所示(举例):

线路	往返公里	10 人团(元)	6~9 人团(元)	2~5 人团(元)	1 人团(元)
乌鲁木齐—					
天　池	240	78	150	223	514
吐鲁番	400	158	277	390	982
南　山	150	38	75	118	248
石河子	310	107	178	246	617
哈　密	1 220	496	756	984	2 705
库尔勒	1 000	385	590	780	2 100
喀　什	(单)1 475	922	1 387	1 767	4 978
精　河	848	329	508	700	1 805
伊　犁	1 392	555	842	1 070	3 011

采购说明:

(1)汽车的超公里费是旅行社企业重要的利润来源之一,超公里费一定要注明哪一条线路及针对不同规模团队情况的收费标准。

(2)同客户进行确认时,应该明确接待客人的人数,根据客人人数确定旅游用车的大小,尽量避免因信息失真造成的损失,如果一旦发生游客人数减少而亏损的情况,一定要明确告知合作伙伴并要求补偿。

(3)企业内部报价人员一定要熟悉旅游汽车的用车规格和用车价格,以确保报价的准确。

(六)铁路列车时刻表及价格

铁路列车时刻管理档案表格如下所示(举例):

车次	始发站	始发时间	终点站	到达时间	类型及价格		
					硬座	硬卧	软卧
						上 中 下	
						上 中 下	

采购说明:

(1)目前,中国游客的消费能力还处在一个较低的水平上,因此旅游企业一定要注意在尽量短的时间内确定自己的票务供给渠道,在全国范围内统一运作的企业，应尽快实施铁路、航空等大交通的统一采购；旅行社则应尽快建立起自己稳定有效的票务供给渠道。

(2)在列车车次较多的旅游城市或大城市，要选定几个时间和价格较为合适的车次，既要保证产品的经济性，又要兼顾一定程度的舒适性。

(3)列车时刻档案表一定要详细准确，一旦铁道部有什么特殊政策出台，一定要及时更新，以确保交通信息的准确性。

(4)目前铁路部门逐步实施路网分开，这对旅游企业是一个有利的好消息。旅行社可以针对所在城市的消费者进行准确的分析，将专列产品作为企业的主打产品之一。

(5)客户需要代订车票，执行市场统一的标准和政策，收取相应数额的订票费，如果是 VIP 客户，可以考虑免收订票费，但是客户等级的确定应该由总经理负责。

(6)大交通信息是产品设计的基石，旅游企业从业人员应该熟练掌握。旅行社的专线观光产品经理(某产品区域销售经理)要将相关知识牢记在心，以熟练的报价技巧和准确的知识，让合作伙伴认识到服务队伍的整体高素质。旅游企业可以通过将包含铁路列车时刻表在内的旅游要素知识列入考核内容，实行每月定时考核，并将考核结果与当月工资挂钩。

(七)航空时刻表及价格

航空信息是产品设计的另一个关键环节。航班信息管理档案如下表所示(举例)：

航线	航班	班期	起飞地	到达地	起飞时间	到达时间	票面价格	折扣	机型
北京—上海							普通公务		

采购说明：

(1)旅行社的产品经理(或某旅游产品的区域销售经理)，一定要熟练掌握该地区到目的地之间所有的航班信息。对每条航线应该掌握以下知识：

航行地点：	北京→广州
航班号	CZ3194
机型	757
航空公司	中国南方航空公司
起飞地	北京首都机场
起飞时间	[20:00]

续表

到达地	广州白云机场
到达时间	[23:00]
经停	0
餐食	M
班期	
有效期	月　日— 月　日

(2)鉴于目前我国的航空业正处于调整阶段,不断有新的航空政策出台,旅行社一定要及时掌握有关航班调整、政策调整等信息,以确保产品操作手册信息的有效性。

(3)旅行社可以将航空时刻表作为重要考核内容之一,将每月的考核结果与该员工本月的收入挂钩。

(4)旅行社负责人尤其是批发商,应该将相关的重点线路航空公司的公关采购作为工作重点,建立稳定的机票供给渠道,以确保公司可以获得优惠、稳定的机票供应。

三、国内观光旅游产品的类型分析

国内的观光旅游产品从产品的主导类型上分,可以有很多种类,但是从观光旅游产品的业务操作层面上分,主要有以下三种:

(一)地接社产品

地接社的产品,一般包含了旅游目的地的"食、住、行、游、购、娱"六大要素。现在中国的旅行社给出的接待价格多是团队价格,地接社产品是观光旅游产品的最原始形态。地接旅行社采购了旅游目的地的旅游要素,然后将其组合成不同类型、不同等级的包价、半包价、单项服务等不同产品类型。

(二)批发商产品

很多地接社为了扩大自己的业务接待量,在全国各地设立了很多办事处。这些办事处已经构成了中国旅游批发商的原始形态,虽然在我国的旅游法规中规定,办事处从事旅游业务活动是非法的,但是屡禁不止,而且还越来越大。这说明办事处提供的产品受到了组团社的欢迎。2009 年新的旅游管理条例的出台,鼓励那些有能力进行异地扩张的旅行社设立非法人分社,有一些大的旅游运营商(地接社)将自己的办事处转化为国家政策范围允许的分社,从法律层面上规范了批发商分支机构的业务资质。这些批发商在地接社产品的基础上,通过对旅游客源地需求的调研,与航空公司或铁路交通运输部门合作,运用定期切位或包机的方式,从航空公司取得优惠的机票供给，这样“机票、火车票等大交通 + 地接社产品”，就构成了批发商产品的基本形态。批发商依靠航空公司的销售佣金和地接社给的利润分成，便获得了自己的经营利润。

（三）组团社产品

组团社产品，根据客户的需求或对旅游市场的调研，在批发商产品的基础上进行一定的卖点提炼和广告策划，将产品推向旅游市场。由于批发商产品已经是一个完善的产品形态，所以组团社（代理商）只是根据客户的需求对产品进行卖点提炼和包装而已，也可以把组团社的产品，看成是批发商产品市场化包装形成的产品形态。

四、国内常规观光旅游产品范例推荐

标准国内观光旅游产品范例，应该由以下三部分组成：

（一）产品特色提炼

每个观光旅游产品都有自己行程安排的特色，其中包含各旅游服务要素的特色和旅行社组合的特色，以及安排的导游服务人员的能力等，都可以提炼为产品的特色。如果该产品还有为特殊人群单独设计的服务细节，也可以构成产品的特色。

（二）产品行程介绍

国内目前观光旅游产品的行程介绍过于单调死板，很少能给旅游者以美的感受。地接社的产品行程未向组团社的销售人员展示清楚产品的主要特点，只是一个简单的介绍。就无法使组团社的销售人员清楚地向旅游者描述出他们未来可以获得的旅游感受；同样，组团社印制的面向旅游者的产品行程介绍，未能较好地贯彻“无形产品有形化”的基本设计原则，旅游者便得不到其想要的旅游信息，也就不能有效地激发起旅游动机，从而失去了宣传促销的作用。因此目前的产品行程介绍亟待改善，地接社应该从组团社销售人员和游客的需求出发，进行产品的精细化包装，这样才会取得更好的市场效果。

（三）服务标准介绍

国内目前的服务标准介绍比较含糊，由于目前国内旅游要素供给的市场化程度不高，所以，地接社提供的接待产品根本没有落实到相应的饭店、餐厅上，都是根据游客的需求临时安排，所以，质量难以控制，尤其是旅游旺季的时候，服务标准就变得没有实际意义。

服务标准的清晰化，有利于分清组团社、批发商、地接社、旅游各要素供应单位的责任，对于旅游企业的质量控制具有很大的作用。

下面是笔者在为旅行社企业提供咨询服务期间收集整理来自于国内外批发

商、地接社、组团社三类不同的旅游企业完成的三个旅游产品设计范例。案例一,由批发商典型代表企业中国著名品牌连锁旅游机构“西美之旅”提供;案例二,由接待社典型代表企业云南新东方旅行社提供;案例三,由大型组团社代表企业台湾雄狮旅行社提供。三个案例均对上述三个部分进行了细化,体现了不同类型的旅游经营者对于旅游产品设计的理解。供旅游界同人学习借鉴。

案例1

天山天池、吐鲁番、南山牧场、敦煌、玉门关魔鬼城、嘉峪关、兰州丝路双飞八日游

行程特色:

- 走进火辣辣的吐鲁番,观八百里火焰山,寻佛教遗迹,回味“西游记”的神话传说。
- 进行维吾尔族家访,品尝甘甜的瓜果,欣赏民族歌舞,体验浓郁的少数民族风情。
- 纵马驰骋体验“风吹草低见牛羊”的美丽诗境,迈入毡房体验哈萨克族的草原风情。
- 途经刀郎歌词中的“八楼”,逛二道桥国际大巴扎;品尝新疆大盘鸡等新疆小吃。
- 欣赏天山天池美景,领略高山、湖泊的神奇魅力,倾听西王母瑶池相会的美丽传说。
- 探寻西域名城吐鲁番、敦煌的文化古迹,品味中华艺术瑰宝——莫高窟的神秘与不朽。
- 置身神奇壮观的大漠,聆听浩瀚驼铃声声,充分领略大漠高空滑沙的惊险与刺激。
- 登雄伟的嘉峪关,引天下英雄竞折腰,观大漠戈壁的壮美,感叹历史的沧桑与变迁。
- 观古水车,览中山桥,瞻仰黄河母亲,驻足丝绸古道黄河边,歌咏黄河文明八千年。

具体行程:

第一天 掀起你的盖头来,揭开新疆神秘的面纱 机场/乌鲁木齐市市区(20公里,飞行约0.5小时)。

出发地乘机赴乌鲁木齐,接机后入住酒店。

早餐:× 中餐:× 晚餐:√ 住:乌鲁木齐

第二天 吐鲁番的葡萄熟了,阿娜尔罕的心儿醉了 乌鲁木齐市/吐鲁番(单程200公里,行车约3小时)。

早上乘车赴火洲吐鲁番,途经新疆死海——十里盐湖、亚洲最大的风力发电

站——达坂城发电站和达坂城古镇(约30分钟)。抵达吐鲁番后,参观绿洲生命之源坎儿井(约40分钟);访问具有维吾尔历史文化深厚底蕴的维吾尔古村(约40分钟);参观古丝绸之路上的千年历史遗迹——交河故城(约40分钟);游览《西游记》外景拍摄地火焰山(约40分钟);游览铺绿叠翠、藤蔓交织的"清凉世界"葡萄沟(约60分钟)、赠送维吾尔族星级诚信家访(约30分钟),品尝香甜的水果,欣赏维吾尔民族歌舞并拍照留念,体验浓郁的维族风情。参观工艺地毯厂(约40分钟),乘车返乌鲁木齐。

早餐:√　　　　中餐:√　　　　晚餐:√　　　　住:乌鲁木齐

第三天　我们新疆好地方啊,天山南北好牧场　乌鲁木齐市/南山(单程70公里,行车约1小时)。

早上乘车前往南山牧场,山坡上云杉茂密,绿草如茵,牛羊成群,毡房点点,构成如诗如画的景带。游客于赏景之余,还可以自费去哈萨克牧民的毡房中做客,尽情感受游牧民族的草原风情。游客也可以纵马驰骋,亲身体验"天苍苍、野茫茫,风吹草低见牛羊"的美丽诗境(游览约2小时)。下午乘车返乌鲁木齐市,参观一生缘旅游工艺品店(约40分钟),自愿购买新疆旅游纪念品或新疆土特产。之后,游客可自行逛新疆"民族风情画廊"二道桥国际大巴扎,挑选少数民族工艺品、服饰等送亲朋好友。

早餐:√　　　　中餐:√　　　　晚餐:√　　　　住:乌鲁木齐

第四天　登临苍茫天山,做冰山上的来客　乌鲁木齐市/天山天池(单程130公里,行车约2小时)。

早上乘车赴"天山明珠"天山天池,途中参观天山大药房(约40分钟),抵达后乘缆车或区间车上天池,游览石门一线、龙潭碧月、定海神针、东小天池、西小天池、西山观松、南山望雪、顶天三石、悬泉飞瀑等天池八景,远眺博格达雪峰,尽情领略天山雪峰、湖泊的神奇魅力(游览约2小时)。乘车返乌鲁木齐市,晚上乘火车硬卧赴柳园车站(敦煌)。

早餐:√　　　　中餐:√　　　　晚餐:√　　　　住:火车上

第五天　走进大梦敦煌,参观敦煌飞天,聆听驼铃声声　柳园/敦煌(130公里,行车约2小时)。

早上抵柳园后,乘车赴敦煌,参观集建筑、彩塑、壁画为一体的世界著名佛教艺术宝库—莫高窟(约2小时),在此您可身临其境,领略中华民族最伟大的艺术,感叹敦煌飞天的神奇。参观敦煌果脯厂(约40分钟),游览中国旅游胜地四十佳之一的——鸣沙山、月牙泉(约2小时),欣赏"银山四面沙环抱,一池清水绿漪涟"的奇妙景观。游客可自费骑骆驼聆听驼铃声声,体验大漠浩瀚驼队古风的神韵。晚上自由活动,游客可自行逛沙洲夜市,体验西北民俗风情。

早餐:√　　　　中餐:√　　　　晚餐:√　　　　住:敦煌

第六天　登长城遗址而怀古,揽雅丹胜景而称雄　敦煌/玉门关/雅丹地貌(单程200公里,行车约3小时)。

早上乘车赴玉门关,途经汉武帝"列四郡,据两关"时期的丝绸之路北道,参观甘肃境内保存较完整、规模较大,有2000年之久的汉长城遗址(约0.5小时);下午参观敦煌境内规模庞大的国家地质公园——雅丹魔鬼城(约2小时),著名电影《英雄》的拍摄外景就是在这里选的。

早餐:√　　　　中餐:√　　　　晚餐:√　　　　住:敦煌

第七天　登天下第一雄关,做当关勇夫,引天下英雄竞折腰　敦煌/嘉峪关(400公里,行车约6小时)。

早上乘车赴西部钢城嘉峪关,途经汉长城烽火台遗迹、神奇的布隆吉喀斯特雅丹地貌群、茫茫的西部大漠戈壁。抵达后参观万里长城西起点"天下第一关"嘉峪关城楼(约2小时),晚上乘火车硬卧赴兰州。

早餐:√　　　　中餐:√　　　　晚餐:√　　　　住:火车上

第八天　驻足丝绸古道黄河边,歌咏黄河文明八千年　兰州市区/中川机场(80公里,行车约1.5小时)。

早上抵达兰州,参观黄河流域最古老的灌溉工具——古水车(约20分钟),瞻仰中华民族的摇篮——黄河母亲雕塑(约20分钟),参观天下黄河第一桥——中山铁桥(约20分钟),远眺有拱抱金城之势的白塔山,之后,参观陇萃堂土特产店(约40分钟),视航班时间乘机返程,结束愉快的行程。

早餐:√　　　　中餐:√　　　　晚餐:×

服务标准:

1) 交通:当地旅游空调用车、区间火车硬卧、往返大交通(含机场建设费及燃油附加费)。

2) 住宿:挂牌三星级酒店标准间,如出现单男单女需补齐房差。

3) 用餐:7早餐13正餐;正餐20元/人,10人1桌,8菜1汤;早餐10元/人。

4) 门票:所列景点第一道大门票(含景区内必须产生的天池缆车或者区间车70元/人)。

5) 导服:当地优秀导游服务。

6) 费用不含:航空保险、旅游意外险等自费项目及其他私人消费项目。

温馨提示:

西北地域辽阔,美景无数,部分景区客人自愿购票欣赏,以实际产生为准。

天池游船50元/人;天池画舫船80元/人;王母庙20元/人;福寿观20元/人;天池小电瓶车10元/人(往返);二道桥国际大巴扎大型歌舞晚宴268~398元/人;达坂城古镇30元/人;葡萄沟歌舞30元/人;葡萄沟区间车50元/人;苏公塔50

元/人；敦煌鸣沙山骑骆驼60元/人（往返）；鸣沙山滑沙15元/人；鸣沙山电瓶车往返10元/人；嘉峪关城楼电瓶车10元/人；白塔山索道35元/人（往返）；黄河羊皮筏漂流60元/人。

案例剖析

"西美之旅"是近年在华东地区成长起来的专业西部旅游批发商，他们在旅游专家的指导下，对企业进行全新的定位，立志成为21世纪中国新型的旅游批发商。他们根据组团社的需求对经营的产品进行了细分。他们将产品分为常规散客团队产品、高端小包团产品、特种旅游产品。"西美之旅"提供的这个产品范例很有创意，用排比句的方式提炼每个景色的特色及带给游客的旅游体验。不但语言优美，而且将旅游体验描述得更加形象；在描述每天的行程主题时，使用脍炙人口的歌词、诗词等语言对其进行提炼，体现了较高的旅游语言应用水平。

案例2

"魅丽"云南、精致之滇顶级体验六日游

行程主题：

春城自由行——探秘恐龙谷——丽江印象——楚雄彝风——歌舞云南——海鸥之恋

行程特色：

- 这是体验云南魅力的经典线路。
- 让人感叹不已的奇山异水——玉龙雪山、苍山洱海、路南石林、观音峡。
- 让人流连忘返的名城古镇——丽江、大理、束河古镇、彝人古镇。
- 让人回味悠长的美味名吃——大理砂锅鱼、马帮菜、长街宴、食尚轩纳西大餐。
- 让人无限向往的歌舞表演——欢快奔放的阿细跳月、优美高雅的孔雀展翅、调情逗趣的男女对歌。

这就是精致之滇，恭候品鉴！

具体行程：

第一天　春城自由行　出发地——昆明

乘班机飞往春城——昆明，鲜花接机。入住酒店，自由活动（早上抵昆明的客人，稍作修整之后，可以自行到南屏步行街逛逛，顺便品尝昆明当地小吃）。

早餐：×　　　　中餐：×　　　　晚餐：×

宾馆：★★★★威龙酒店或同级

第二天　探秘恐龙谷　昆明——恐龙谷——大理古城——丽江（束河古镇）

早餐后，乘车赴"神秘、真实、震撼"的侏罗纪兵马俑——禄丰世界恐龙谷。游大理（行车4.5小时），远观金庸先生《天龙八部》中的点苍山，游览大理古城（文献名邦）、漫步于中外驰名的"洋人街"，体会独特的异国风情。午餐后乘车赴丽江，抵达丽江赴著名农家食府——食尚轩品鉴四大碗、八大盘的纳西风味大餐。晚餐后，赠送游览丽江古城的孪生姐妹——束河茶马古镇（游览约1小时）。

早餐：酒店标餐　　　　中餐：大理沙锅鱼（云南知名风味餐）

晚餐：食尚轩（纳西风味大餐）

宾馆：★★★★★丽江国际大酒店（纳西民族文化主题、玉龙雪山主题）或同级

第三天　丽江印象　玉龙雪山——丽江古城（大研古镇 四方街）

早餐后，前往具有"东方瑞士"之称的玉龙雪山风景区（约1.5小时，不含排队和上索道时间），乘云杉坪索道上雪山，游"高原牧场"——甘海子、白水河、东巴圣地玉水寨（游览约40分钟）。然后，游览多种民族文化与神奇自然和谐相生的东巴谷（游览约40分钟）。午餐在清雅别致的"马帮菜"食府享用马帮菜。游览大研古镇、四方街，在世界文化遗产丽江古城中寻味（约2小时），晚餐可自费品尝丽江特色王府宴等各色风味小吃。晚上您可自行前往丽江古城酒吧一条街，深入感受浓厚的酒吧文化和古城的宁静与优雅。

早餐：酒店标餐　　　　中餐：马帮菜（马帮文化主题）

晚餐：丽江特色王府宴

宾馆：★★★★★丽江国际大酒店（纳西民族文化主题、玉龙雪山主题）或同级

第四天　楚雄彝风　丽江——观音峡——彝人古镇（长街宴）

早餐后依依不舍地告别丽江，赠送游览丽江钥匙——观音峡。开启丽江之门，感受原汁原味的丽江，收获久远的纯净与美好。返大理（行车时间约2.5小时），去彝乡楚雄（行车2.5小时），晚上赴彝人部落做客。参与我们为您特别安排的"天天长街宴，夜夜火把节"特色彝族节日活动节目，享用彝族同胞摆起的千人长街宴，和彝族姑娘、小伙们共同欢歌起舞，今夜您就是彝家人。

早餐：酒店标餐　　　　中餐：高标标餐

晚餐：长街宴（彝族风情＋学跳左脚舞）

宾馆：★★★★欧西尼亚大酒店（新开业商务酒店）或同级

第五天　歌舞云南　石林——七彩云南——梦云南歌舞秀

早餐后，乘车赴距昆明80公里的天下第一奇观——石林（行车2小时）、游览大小石林（2小时），观赏多姿多彩的喀斯特地貌，体味彝族撒尼人的独特风情；游览七彩云南，品云南高原的茶艺，聆听茶马古道的历史。晚上赠送千万元打造的民族百老汇——梦云南歌舞秀。

早餐：酒店标餐　　　　中餐：石林宜良烤鸭（百年历史风味）

晚餐：梦云南（大型歌舞宴）

宾馆：★★★★威龙酒店或同级

第六天 海鸥之恋 昆明——家

早餐后乘车赴滇池大坝,与从西伯利亚远道而来的白色天使——红嘴鸥嬉戏,将热情和面包抛向这些小精灵,感受人与自然的和谐之美(30 分钟)。然后,漫步鲜花市场,可自行选购鲜花送亲朋好友。中餐赴昆明某著名品牌餐饮的旗舰店品尝正宗的云南过桥米线。用完中餐后,乘班机返回温暖的家。把春城的真诚和美丽带给您的亲朋好友,愿您长忆"魅丽"云南!

早餐:酒店标餐 中餐:云南过桥米线(景观主题) 晚餐:×

服务标准:

1）住宿标准:昆明、楚雄、西双版纳在按照以四星标准建造的酒店,丽江住五星酒店,参团时如遇单人房间,住宿差价的解决办法为:补交房差 600 元/人,四星酒店无法加床。云南酒店空调定时开放,具体时间视气候所定,请特别注意。

2）餐饮标准:正餐十菜一汤、十人一桌,如不足十人,按实际餐标安排。早餐为酒店内含,若不占床,则须补早餐费 230 元/人。

3）交通工具:全程当地空调旅游车。

4）导游标准:昆明导游全程陪同,另加丽江导游当地服务。

5）此团为全程无购物团。七彩云南、花市为行程内规定景点,不计入购物店中。

报价不含:

玉龙雪山云杉坪索道和景区交通,丽江古城维护费,彝人部落长街宴。

案例剖析:

"魅丽"云南是云南新东方旅行社注册的一个产品品牌。新东方在专家的指导下,对企业进行了战略定位——云南第一旅游运营商。同时,对企业的产品体系进行了梳理,对产品营销策略进行了调整,从而取得了较好的经营业绩。新东方准确地对产品的特色进行了定位,同时,用简洁的语言提炼了每一天的主题,让旅游者一目了然。另外,对产品要素的特色进行深入的提炼和总结,在产品中突出了特色餐厅和主题酒店带给游客的美妙体验,可以称得上是国内常规纯玩团产品的经典范例。

案例 3

昆明、大理、丽江【中甸香格里拉】八日游(注:送印象丽江秀)

行程特色:

【丽江美景】

【赠送印象丽江秀】——价值190元人民币　张艺谋的精心之作。

印象丽江是由著名导演张艺谋执导的大型实景演出。演出场景选择在玉龙雪山3200米海拔处的天然圆形场地。可以容纳2000人的演出场地被变成了360度的全角度剧场，演出分为"古道马帮"、"对酒雪山"、"天上人间"、"打跳组歌"、"鼓舞祭天"、"祈福仪式"6个章节。整个场景运用雪山的特色，让表演与大自然彻底结合。导演樊跃表示，"在雪山面前，我们只想表达一种最直接、最真实的情感，让来自城市里的人们去体验什么才是原始之美"。而张艺谋说，"全世界所有艺术的最高境界就是感动，而印象丽江让我为之动容"。

（备注：印象丽江秀如遇气候不佳，或遇其他因素停演无法观赏，将改为观赏大民族风情舞蹈剧丽水金沙秀）

【五星级酒店住宿安排】除石林无五星级酒店外，其余皆安排五星级水平的酒店。

昆　明——★★★★★ 绿州酒店

丽　江——★★★★★ 官房酒店主楼或官房酒店别墅

官房酒店因房型较小故无法接受加床（或三人房）服务，敬请见谅！

大　理——★★★★★ 风花雪月酒店

香格里拉——★★★★★ 天界神川酒店

香格里拉

这个美丽动听而又遥远陌生的名字，这个"世外桃源"与"伊甸园"的同义词，如同一个巨大的悬念，足足跟随了人类半个世纪。当云南省于1997年9月郑重宣布，经过近一年来数十位专家、学者的考察、踏勘和数据查证，证实"香格里拉"就在云南的迪庆藏族自治区时，世人为之震惊。

精彩丽江

纳西族的故乡，也是住有汉、白、藏、普米、彝、苗、回、壮、摩梭等20多个民族的融合美地。主街傍河，河边垂柳袅娜，小巷临渠，鲜花怒放，门前有桥，屋后有溪，以"家家溪水绕户转，户户垂杨赛江南"令游客动容，不舍离去。天下第一城纳西话称大研古城为"英古都"，意思是江湾之地，汉语转译为"伊孤独"。所谓伊人，天之涯、地之角，可以遇见不可寻见，可以梦见不可眼见。所谓孤，遍望天圆地方，此独一处。所谓独，茫茫红尘，仅仅唯一。这就是大研古城。

玉龙雪山纳西族人心中三朵神的化身，气势磅礴，银峰若隐若现；气象万千，诗人以“丽江雪山天下绝，堆琼积玉几千迭；足盘厚地背擎天，衡华真成两丘垤”来形容它。山上流下来的雪水，源源不绝地滋养着丽江，并孕育出河谷中的百花与珍贵药材。

白族大理

大理，白族的故乡，为古丝绸南路重镇。依山傍湖，“风花雪月”名声扬，“俯仰山海间，忘情烟雨中”。游人到此一游，似乎随时一转身回眸，就能看到金庸《天龙八部》里的人物。

春城昆明

云南省会，因“天气常为二三月，花枝不断四时春”、年平均温15℃～20℃被形容为春城。春城四季如春，花红柳绿，风景如画，一年到头都适合去旅游。

石林

彝族的故乡，巨石参天，驰骋幻海。因千奇百怪的石灰岩造型，以“高山为谷谷为陵，三亿年前海底行”以及“群峰壁立、千嶂叠翠”，被喻为天下第一奇观。

参观景点安排

昆明：(1)昆明——大观楼、圆通寺

(2)天下第一奇观——喀斯特地形石林

(3)一登龙门、身价百倍的西山龙门

(4)昆明现存年代最久远的华亭寺

丽江：(1)走访小桥流水人家——丽江古城

(2)玉龙雪山下最大的神泉——玉水寨

(3)与唐朝“霓裳羽衣”同享美名的乐谱——纳西族洞经古乐

(4)万古楼

(5)玉龙雪山——云杉坪缆车上下

大理：(1)《天龙八部》段氏王国——大理古城

(2)苍山索道缆车上下（上关花索道）

(3)云南省最大淡水湖泊——洱海(小游船)

(4)欣赏三道茶表演

香格里拉：(1)碧塔海　(2)属都海　(3)霞给藏族文化村　(4)松赞林寺　(5)虎跳峡

风味餐食安排

(1)昆明——过桥米线+气锅鸡风味　(2)昆明——野生菌火锅

(3)昆明——海航酒店自助海鲜晚餐　(4)大理——沙锅鱼头风味

(5)丽江——王府宴风味　(6)丽江——虹鳟鱼风味

(7)香格里拉——藏族风味

海航酒店自助餐菜色

冷菜:意式扒时蔬、玉米火腿色拉、土豆沙拉、凯萨色拉、刺身台、各式寿司、冷切盘、中式冷菜(约4种)、千岛汁、意大利汁、中式辣味油醋汁。

海鲜冷吃台:冰塔刺身台、鲑鱼、雕鱼、美国青口贝、生蚝、配料(芥末、柠檬角、日本酱油、辣椒汁、法式芥末、香醋)。

汤类及面包:奶油蘑菇汤、三鲜烩素翅、面包。

热菜:腌肉香肠卷、羊肉串、芝茸焗鱼柳、牛百叶、蚝皇凤爪、肉茸凉瓜脯、虎皮豆腐、鼓椒鲜虾串、扬州炒饭、日式海鲜蒸蛋。

西式甜品:十款西式甜品、二款冰淇淋、中式美点、冰糖银耳、椰汁西米露。

煎扒档:牛排、羊排、猪排、笛雕鱼、秋刀鱼、日式煎马鲛鱼、德式香肠、小瓜、茄子。

现场料理档:肉酱意面、沙堡档、豆腐、肥牛、鲜虾、白菜、土豆片、粉条。

自助餐菜色会因时令季节更换不同菜色及菜单,实际菜色将依现场实际供应为主,如有不便请见谅。

购物站安排

昆明:汉源茶文化、丝绸馆

第一天　台北/香港/昆明——路南石林　昆明——路南石林(约90公里车程,约1.5小时)

于桃园中正机场集合搭机经香港转机飞往有“春城”之称的云南省省会——昆明市,昆明为中国西南边界最大的城市,居民除汉族外还有回、彝、白、苗、傣、哈尼等民族。抵达后,由专车接游客前往石林住宿休息。

早餐:自理　　　　　午餐:飞机上　　　晚餐:撒尼大饼+竹筒酒风味

旅馆:石林大酒店或阿诗玛大酒店或同级

第二天　路南石林——昆明(途经石林风景区、圆通寺、大观楼、金殿)

早餐后前往位于路南彝族自治县境内,被誉为“天下第一奇观”的石林。石林为石灰岩地溶岩地貌,亦是喀斯特地形的一种特有形态,由巨厚的岩层构成,其岩峰犹如密布的林木。数不清的崎岖石峰和高耸峭壁,蔚成一片石林峰海,气势磅礴开阔。沿途奇石雄伟壮丽,石笋、石柱宛如置身迷宫,区内小径迂回,到处是小桥流水,较为出名的有大石林、小石林、石林湖、狮子亭、剑峰池、莲花峰、爱情海、幸福湖等。登上望峰亭只见石峰丛丛,莽莽苍苍,真是一片翻腾的林海,石林景色迷离缥缈,令人如入童话世界,也是游客反复流连之处。随后就是享用午餐的时刻,餐后搭车返回昆明市区。抵达后前往参观唐代所兴建,气势雄伟、富丽堂皇的圆通寺。此寺始建于唐代建筑风格,是云南省古代优秀艺术建筑之一,主要建筑有圆通宝殿、八角亭及圆通胜境牌坊等。八角亭立池中,前面有桥相接。圆通宝殿殿内除元塑佛像外,还有明塑青、黄二龙,各盘一柱,二龙舞爪裂须,相向欲斗,栩栩如生。随后,前往参观昆明市著名的大观楼。它南临滇池,隔水与西山遥望,湖光山色、丹霞帆影,十分优美。曾有许多文人墨客来此吟诗作画,至今保存在大观楼内甚多,园中最令人瞩目的是悬于大观楼上180字的长联。这是清朝乾隆年间寒士孙髯翁所作,有“天下第一长联”之称,长联上联写滇池风物,下联写云南历史。继续前往参观“金殿”,其实为铜殿,传说为吴三桂所仿建,主殿是青铜铸造,耀眼夺目,因而得名金殿,所用建筑金殿的铜约250多吨,是中国最大的铜铸殿。晚上您可自费观赏云南印象秀。

早餐:饭店内　　　　　午餐:过桥米线风味　　　　晚餐:酒林药膳

旅馆:绿洲或海航大酒店或颐华酒店或世纪金源酒店北楼

第三天　昆明/香格里拉(碧塔海、属都海、霞给藏族文化村、松赞林寺)因香格里拉海拔较高,故请各位贵宾参加此行程不论任何季节,务必多带件冬季厚外套及长袖服装备用以免受寒。

餐后前往机场搭机飞往人们梦想中的伊甸园——香格里拉。抵达后前往参观碧塔海,它位于香格里拉县城以东35公里处。湖水常年澄澈碧绿,清丽不俗,湖中栖息有许多珍禽名鱼,主要有国家一类保护动物黑颈鹤,还有被生物学家称为“碧塔重唇鱼”的珍稀鱼类。接着前往属都海,藏语“属都措”,“属”意为奶子,“都”意为汇集,属都海即汇集奶子之意。属都岗湖畔是香格里拉最好的牧场,这里草场广阔,水草丰茂,每年春夏之际,成群的牛羊游弋于湖畔,牧棚星星点点。置身湖畔,背负青山,面临绿水,牛群点点黔黑,牧笛声声入耳,让人深切地感受到高原人闲逸、悠游的生活情趣。继续前往霞给藏族文化村,霞给村依山傍水,风光如画,藏族民风民俗浓郁,是典型的藏族村落,被誉为“香格里拉第一村”。迪庆霞给藏族文化生态旅游村就坐落在这里,是村中之村。村内居住有二十多户藏民,独具特色的藏族民居储存完好。随处可以看到佛塔、玛尼堆、经幡和护法天柱。有风格各异的水力转经筒、铜制转经筒和羊皮转经筒等。随后前往松赞林寺,又称归化寺,位于香格里拉以北5公里的佛屏山下,是公元1679年,五世达赖和康熙皇帝敕建“十三林”之一。它不仅是云南最大的藏传佛教寺庙群落,还是川滇一带的黄教中心,被誉为“小布达拉宫”。该寺依山而建,外形犹如一座古堡,集藏族造型艺术之大成,有“藏族艺术博物馆”之称。每年农历十一月二十九日,藏民在此举行以“跳神”(面具舞)为主的格冬节,气氛神秘而热烈。

早餐:饭店内　午餐:中式合菜(八菜一汤)　晚餐:藏族风味

旅馆:天界神川酒店(藏式风情房)或同级

第四天　香格里拉——丽江(远眺长江第一湾、虎跳峡、万古楼、丽江古城,香格里拉——丽江,约180公里,车程4小时)

早餐后,搭车前往藏族人家里访问,让您更进一步了解少数民族的生活习惯。随后搭车前往有“东方瑞士”之称的丽江,即纳西文化古城。途中可远眺长江第一湾及虎跳峡。虎跳峡分为上虎跳、中虎跳、下虎跳3段,共18处险滩。江面最窄处仅30余米，江水被玉龙、哈巴两大雪山所挟峙，海拔高差3900多米，峡谷之深，位居世界前列。接着抵达位于丽江县城狮子山顶的万古楼参观，万古楼，楼五层，斗拱重檐，主柱16根，皆22米，是中国木结构建筑第一楼。万古楼飞檐翘角共13个，比喻玉龙山雪岳十三峰，楼体雕饰中披星戴月吉祥图案2300个，象征在云南丽江（指行政区域之丽江）居住23个民族。以龙形装饰雕刻形象者，共9999个，合楼顶藻井一龙，则成万龙万古之盛。楼高33米，象征33万云南丽江人；楼四门，门二狮；四方共八，各附情态，则恭迎八方游客。纳西语“温古旅”（音），意为观赏畅怀于制高点。因其谐音，名曰万古楼。晚餐后，您可自由自在地闲逛丽江古城。摆脱了白天的喧嚣熙攘，在夜色笼罩下，她的神秘与韵味进一步显现出来。月光淡淡地从云层照散射出来，映衬着古城之夜色，小桥，流水，华灯初上、情调绝佳。在小河畔、在露台上，来自不同国家的游人，也入乡随俗地加入少数民族对歌同欢行列。

早餐:饭店内　　　　　　　　午餐:中式料理（八菜一汤）　晚餐:官房酒店自助餐

旅馆:官房酒店主楼或官房酒店别墅或大港旺宝国际酒店

第五天　丽江——玉龙雪山风景区——丽江（玉龙雪山云杉坪、印象丽江表演、白水河、玉水寨＋纳西古乐）

早餐后，前往雪山风景区，抵达后前往云杉坪，从白水河乘索道至云杉坪，沿途可欣赏森林景观，纳西族称云杉坪为“舞鲁的翠阁”是纳西族神话理想中的“玉龙第三国”。云杉坪海拔3240米，是一块镶嵌在雪山、森林中的高山草甸，夏、秋芳草如茵，冬、春银装素裹，仿佛人间仙境一般。后续欣赏张艺谋的精心之作印象丽江表演。而后，前往白水河，白水河的河水是玉龙雪山上冰雪溶化后经岩石渗透的泉水，冰冷刺骨，清澈明净，白水河的河床白石白沙像一束缓缓移动的白云。接着，前往参观玉水寨，这里是纳西族的文化发源地，是纳西族人祭神的圣地及东巴文化活动的重要场所。随后，安排欣赏中国唯一仅存的唐宋宫禁音乐——纳西洞经古乐聆听纳西古乐演奏，这是与唐朝《霓裳羽衣曲》同享美名的乐谱。晚餐安排滇味美食——王府宴风味。

（备注:玉水寨＋纳西古乐因即日起整修改建，整修期间需时四个月左右，整修期间景点暂改为参观玉峰寺）

早餐:饭店内　　　　　　　　午餐:束河古镇虹鳟鱼宴　晚餐:王府宴风味

旅馆:官房酒店主楼或官房酒店别墅或大港旺宝国际酒店

第六天　丽江——大理（洱海小游船、苍山缆车上下、喜州民居三道茶、大理古城洋人街，丽江——大理约200公里，车程4小时）

早餐后，乘车前往素有风、花、雪、月之美称的大理，抵达后搭船游览洱海。洱海风光妩媚，一望无际，烟波浩渺，碧水似镜，与湖上的“三岛”、“四洲”、“五湖”、“九曲”融为一体，加上岸边船上白族妇女红蓝相间的服饰点缀，景色真是如诗如画，令人心旷神怡。洱海湖光与点苍山积雪相映，有“青洱银苍”之誉。当皎洁的月光与清澈的湖水相映时,被称为"洱海月",为大理四大美景之一。随后前往参观苍山,又名点苍山,因山石呈青灰色得名。苍山有峰、云、雪、花、松五大奇景,苍山峰嵯峨壁立,雄奇俊秀,冬则白雪皑皑,夏则云雾缭绕,秋则青翠郁郁,春则鲜花遍野。接着,前往大理古城参观。大理古城始建于明初,为历代滇西治府和屯军所在地,是西南丝绸之路的门户,也是商贾云集之处。古代城池曾于征战中几度兴废,太和城是南诏王统一六诏后最早建成的宫城,中心建有金刚城,是居高临下的城中城——被称为"紫禁城";北面建有大厘城,即今日繁华的喜洲镇;北、南两端扼守门户的有龙首城和龙尾城。然而这些古城池大多仅存城基,如今尚存南北城楼、部分城墙以及杜文秀帅府。

早餐:饭店内　　　　午餐:大理砂锅鱼头宴　晚餐:中式料理(八菜一汤)

旅馆:凤凰温泉酒店或风花雪月酒店或同级

第七天　大理——昆明(西山龙门、华亭寺)

早餐后,前往机场搭机返回昆明市区,抵达后前往参观西山公园景区,这里峰峦起伏,古树参天,是一座规模宏大的森林公园,远眺有如青春少女横卧在500里滇池之畔,故有"睡美人"之称。主要景点有:华亭寺、三清阁、龙门石窟、滇池等。接着,参观位于山腰上之华亭寺,寺内有天王殿、大雄宝殿、观音楼、雨花台、放生池及海月堂等著名建筑;随后,前往搭乘缆车上西山龙门沿途欣赏滇池的美景,从三清阁沿石阶上行,经过三清宫、玉皇殿,再经一条从峭壁山石挖出来的栈道,游客只有登临龙门,才能饱赏烟波浩渺、一片苍茫的五百里滇池,故云"一登龙门,身价百倍"。随后,乘园区车下山。晚餐后返回住宿酒店休息。

早餐:饭店内　　　　午餐:蕈王火锅　　　晚餐:海航酒店海鲜自助晚餐

旅馆:绿洲或海航大酒店或颐华酒店或世纪金源酒店北楼

第八天　昆明——香港——台北

早餐后前往机场搭机经香港转机返回台北温暖的家,结束这次难忘的云南深度之旅。

早餐:饭店内　　午餐:飞机上　　晚餐:自理　　住:温暖的家

备注:

(1)司机导游领队小费建议:NT1600元。

(2)行程内容因班机变动而有所调整;若遇不可抗拒之情况,本公司保留变更行程的权力。

(3)行程内容及顺序以当地旅行社所安排为主。

(4)为因应国际油价不断攀高,航空公司为反映成本,须随票征收燃油附加费,该费用会随国际油价而有所调整。

(5)正确航班以说明会数据为准。

(6)洱海游船因船停靠点不同,景点可能会改到南诏风情岛及洱海公园。

(7)官房酒店别墅房型为3层楼建筑,每栋有4~5个房间,每栋房间会有配一名管家负责,如遇旺季或房间爆满会安排与其他团体同住一栋楼,只是共享客厅而已,如有不便请见谅。另外,由于房型较小,无法提供加床服务,如需3人同住一间房请拉出1人与他人同房或自己另行加价住一间房,造成不便请见谅!

(8)自费项目:

●●●昆明●●●

◎云南映象歌舞秀——因座位不同价格有所不同,另列如下:(以下价格为人民币,参考汇率约4.5)

A. 座位如为5、6排，　费用为400元/人。

B. 座位如2、3、4、7、8排　费用为300元/人。

C. 座位如为9~22排　费用为220元/人。

D. 楼厅:20排以前　费用为220元/人。

20排以后　费用为140元/人。

◎按摩60元/人,时间约1小时。

◎梦云南歌舞秀,依座位不同价格有所不同,另列如下:(以下价格为人民币,参考汇率约4.3~4.5)

A. 贵宾票:320元/人,红酒、啤酒、饮料、茶水、矿泉水其中任选一款,每桌精美果盘一个,小吃四份。

B. 甲　票:220元/人,啤酒、饮料、茶水、矿泉水其中任选一款,每桌精美果盘一个,小吃四份。

C. 乙　票:180元/人,饮料、茶水、矿泉水其中任选一款,每桌精美果盘一个,小吃两份。

D. 丙　票:160元/人,饮料、茶水、矿泉水其中任选一款,每桌精美果盘一个。

E. 二楼特价区:

1~6排:140元/人,7~11排:120元/人,茶水或者矿泉水任选一款,每桌精美果盘一个。

●●●大理●●●

◎蝴蝶之梦：　贵宾票费用为200元/人　甲票费用为160元/人。

◎风华佳丽:红艺人大型风情歌舞秀　赏丽人风情+品南诏御宴

时间:每晚6:30演出

地点:风花雪月大酒店

费用:VIP座费用为240元/人,甲座费用为220元/人。

●●●丽江●●●

◎丽水金沙秀

A. 1 ~17 排中间:费用为 180 元/人

B. 1 ~17 排两侧:费用为 160 元/人

C. 楼上 4 排:费用为 140 元/人

签证:

首次办台胞证所需资料:

1. 护照复印件一份
2. 身份证正反影印本一份
3. 两寸彩色照片一张(最好不可与护照及身份证相同)
4. 如有过期台胞证正本也请一并附上
5. 费用为台币 1800 元整
6. 工作天约 8 天

台胞证加签:

1. 台胞证正本
2. 费用为台币 800 元整
3. 工作天约 5 天

安全守则:

出境及搭机前:

(1)请于班机起飞前两小时抵达机场,以免拥挤及延迟办理登机手续。

(2)领队将于机场之集合团体柜台前接待团员,办理登机手续及行李托运之后将护照发还给团员。

(3)团员领取护照后请一一检查护照套内之各种签证是否齐全,若有不齐请通知领队。

(4)按航空公司规定,托运行李以每人一件(20 千克)为限,若超过请团员自付超重费。

(5)每人携带外币现金以总值美金 1 万元为限,旅行支票不在此限。

(6)进入海关后,如购买免税物品,请把握时间,按登机证上说明前往登机门登机。

抵达当地之注意事项:

(1)大陆地区气温较台湾低,可斟酌加带一两件御寒衣物,冬季请带保暖外套。尤其山区晚间较冷,如可能请携带雨具,避免风寒。

(2)大陆地区旅游在饮食方面,早餐都在住宿酒店内使用(除香港、广州、深圳外),其他午、晚餐均安排在各地餐馆使用中式餐食。

(3)各旅游地区游客众多,请特别小心随身携带的物品,以免被窃。

(4)大陆地区均使用人民币。美金对人民币汇率为 1:7 左右,在各地住宿酒店内均可兑换,切勿在外与不明人士兑换。

(5)行李:原则上一大一小,小的使用肩带式,大的坚固加锁钥。

衣服:(A)冬季:帽子、围巾、毛套、毛袜、卫生内衣裤、套头毛衣、御寒大衣、一件口罩。

(B)夏季:夏天与台湾夏天天气一样。

鞋子:女士不要穿高跟鞋,最好穿平底休闲鞋,不要穿新鞋。

药物:胃肠药、感冒药、晕车药、私人习惯性药物。

自备物品:牙膏、牙刷、洗发精、洗衣粉、面霜、眼镜、太阳伞、水壶、水果刀、刮胡刀、计算器、照相机、底片、生理用品、大陆电压 220 V。

钱币:台湾出境（A）台币现金不超过 60 000 元。

(B) 外币总值不超过美金 10 000 元(旅行支票,汇票不计)。

(6)由于天气情况等不可抗因素造成班机取消或晚点,航空公司不负责赔偿,若导致行程延误,短缺概不得退费,但团体会在条件允许下,尽量安排走完行程,若有不便,敬请见谅。

(7)禁止事项:不得嫖妓,不得携带水果、古董及报纸入出境,尽量不要谈论政治及相关话题以避免无谓之麻烦。

(8)购物时请务必注意币值兑换。

(9)行程安排顺序由当地旅行社做最后确定。

(10)大陆餐厅、厕所、休息站,皆卖丝绸字画、雕刻品茶壶、茶叶等艺术品或当地土特产,并非特定购物点(SHOPPING 站),这种情形为全大陆性。

(11)请旅客前往大陆旅游时,先调适自己,并对该地区环境先作认识,这样一来相信您会有美好的旅程,并记得要入乡随俗。

(12)政府规定不得自外携带新鲜水果入境,若违反规定除水果被没收外,将处 3 万至 5 万元罚款。

(13)中国民航总局 5 日发出公告,决定加强对旅客随身携带液态物品乘坐民航飞机的管理。为确保民航飞行安全,保护旅客的生命财产,民航总局经认真研究并借鉴国际上有关做法,自 5 日起对旅客随身携带液态物品乘坐民航飞机作如下规定:每名旅客每次最多可携带两瓶(每瓶容积均不得超过 500 毫升)碳酸饮料、矿泉水、茶水、牛奶、酸奶、果汁等液态物品,并经开瓶检查确认无疑后,方可随身携带乘坐飞机;其他超出部分一律托运。旅客不得随身携带酒类(瓶装、罐装)。如确需携带,每人每次不得超过两瓶(1 千克),且必须托运,包装须符合民航运输规定。因特殊原因需要随身携带的液态物品,如患病旅客携带的液态药品、带有婴儿的旅客携带的婴儿饮用品等,经开瓶检查确认无疑后,可以携带。旅客因违反上述规定造成误机等后果的,损失自负。

小费:

(1)国际电话、饭店洗衣、房间内冰箱的食物,各服务人员的小费敬请自理。

(2)每人每日新台币200元小费给予领队,由领队统筹付给当地的导游及司机。床头小费及房间小费以及行李小费敬请自付,人民币5~10元,另外,行李小费大约以一件行李计。

电话:

(1)人在台湾,打电话到大陆:

台湾地区国际冠码+大陆国码+当地区域号码+电话号码

002 +86 + 当地区域号码+电话号码

例:从台湾打电话到上海为002+86+021+62481110

(2)人在大陆,打电话回台北家中:

大陆国际冠码+台湾地区国际冠码+台北区域号码+台北家中电话

00+ 886 + 2 +台北家中电话

例:00 + 886 + 2 + 27170101

(3)人在大陆,打电话回台湾的移动电话:

大陆国际冠码+台湾地区国际冠码+移动电话0以后的号码

00+ 886 + 932……(0932……不拨0)

案例剖析:

雄狮旅行社作为台湾地区第一大旅行社,随着台湾地区人民生活水平的提高而不断提升自己的服务水准,上述案例充分体现了雄狮旅行社在旅游信息提供方面的专业性。该案例首先向游客详尽介绍了行程中最具特色的目的地美景图片、目的地介绍、住宿酒店安排,然后详细说明了行程中安排的景点、特色饮食和购物店安排;行程描述中不惜大篇幅把每个景点的特色介绍得非常详尽,语言优美,有利于游客形成美妙的旅游体验;最后把旅游过程中的注意事项(小费标准、签证、自费项目、安全守则——出发前、行程中、电话拨打)等进行了详尽说明,在旅游相关信息传递领域做到了极致,值得大陆旅游企业认真学习和借鉴。

五、中国26条旅游专线常规产品行程介绍

随着中国国内旅游的蓬勃发展,华夏大地呈现出排浪式的旅游消费热潮。经济较发达区域的旅游先行者由于具备较多的旅游经验,传统旅游热线已经不能满足他们的观光需要,他们已经将旅游由传统的热线转向几年前的温冷线,如在长江三角洲、珠江三角洲、大北京地区的旅游者纷纷将观光旅游目的地转向以白山黑水为标志的大东北、以新疆、甘肃、青海、宁夏为代表的大西部、以西藏为代表的青藏高原等中西部地区旅游目的地,使这些原来的温冷专线急剧升温,成为现在旅游市场中的热线或者温线。同时,原来经济发展滞后的中西部地区在西部大开发、中部崛起等国家经济发展战略的带动下,人民生活水平提高较快,旅游意识迅速觉醒,

纷纷走出家门，欣赏祖国的大好河山，他们一般首选传统的旅游热线，如北京线、华东线、海南线、桂林线等。由于传统旅游热线业内经营时间长，信息传达较为充分，而原来的温冷线由于经营时间短，信息量较少，所以专线行程介绍重点倾向于原来的温冷线，这样有助于读者迅速了解这些专线，在具体的业务实践中更好地学习模仿。

（一）东北专线

东北旅游专线包含黑龙江、吉林、辽宁三个省份，冬季的冰雪旅游是东北旅游的亮点，独一无二的冰雪旅游资源、浓郁的东北民俗风情有机地结合在一起，成为中国冬季旅游的经典之作。东北旅游的夏季线路现在也逐渐被旅游者所接受，长白山、镜泊湖、五大连池以及哈尔滨、长春、沈阳、大连这些东北旅游名城也散发着它们独特的魅力，吸引全国各地的旅游者前往。下面精选一条冬季冰雪旅游专线、一条夏季东北旅游全线产品供旅游界同人学习借鉴，该产品由西美之旅提供。

1. 东北冰雪旅游产品：冰城哈尔滨、冰灯、雪雕、冬泳、亚布力滑雪双飞四日游

第一天　游东方小巴黎，看夜幕下的哈尔滨　太平机场/哈尔滨（35 公里，40 分钟左右）

乘飞机前往黑龙江省省会——素有“东方小巴黎”之称的哈尔滨，抵达后选购御寒用品（雪地鞋、帽子、手套、围巾等），可自费观俄罗斯歌舞表演（200 元/人自理），入住宾馆。

早餐：×　　中餐：×　　晚餐：√　　住：哈尔滨

第二天　走林海雪原，看壮丽北国风光　哈尔滨/亚布力滑雪场（198 公里，车程约 3 小时）

早餐后乘车赴亚布力滑雪场，沿途欣赏皑皑白雪的旖旎群山，壮丽无比的北国风光，莽莽林海，可自费乘坐双人吊椅（180 元往返）赴亚布力大锅盔山观雪山景观，感受白色的壮美，欣赏画中仙境；午餐后参观风车网阵、俄罗斯大木屋、风车别墅，在初级雪道上体验滑雪的乐趣（滑雪 2 小时）。为了更好地体验滑雪的乐趣，可聘请专业的滑雪教练一对一的教您如何滑雪（费用自理），并可自费参加各种雪上活动（雪地摩托、马拉雪橇、滑轮胎、雪地足球等），然后乘车返哈尔滨；晚餐后入住宾馆。

早餐：√　　中餐：√　　晚餐：√　　住：哈尔滨

第三天　走进冰雪迪斯尼，赏北方冰雪大全　哈尔滨市内一日游

早餐后游览松花江公路大桥、太阳岛雪雕，可自费观目前世界上规模最大的室内冰灯展、参加松花江冰上活动（观冬泳、玩滑坡、冰爬犁、抽冰尜），还可自费观中国最北的极地海洋世界——哈尔滨极地馆或自费观目前世界上规模最大的东北野化训练基地——东北虎林园，以及参观东北土特产展销会。午餐后游览具有浓郁欧洲建筑风格的百年老街——中央大街，哈尔滨人民的骄傲和象征的防洪纪念塔，

斯大林公园、远东地区最大的东正教堂——圣·索菲亚教堂广场,俄罗斯商品市场,龙塔经济开发区外景,中央电视台"同一首歌"临哈尔滨演出基地——红博世纪广场;车游哈尔滨市投资最大的欧陆风情夜景街——果戈理大街、女人街、儿童街、印度风情街、电子一条街。晚餐后可自行参观冰雪大世界或冰灯艺术博览会(自理),入住宾馆。

早餐:√　中餐:√　晚餐:√　住:哈尔滨

第四天　返回温馨家园,忆北国冰雪之旅　哈尔滨/太平机场(35公里,40分钟左右)

早餐后秋林地下商业街自由购物,送团,结束愉快的旅程!

早餐:√　中餐:×　晚餐:×　住:温馨的家

2. 东北夏季旅游产品案例:哈尔滨、牡丹江镜泊湖、长白山、长春、沈阳双飞六日游

第一天　游东方小巴黎,看夜幕下的哈尔滨

太平机场/哈尔滨市内(35公里,40分钟左右)

乘飞机赴北国大都会——哈尔滨,游览作为哈尔滨城标之一的松花江防洪胜利纪念塔,感受尔滨市民众志成城抗击洪水的博大场面。另外,您还可以游览开放式带状公园——斯大林公园,将美丽的太阳岛尽收眼底。

早餐:×　中餐:×　晚餐:√　住:哈尔滨

第二天　游东方小巴黎,看夜幕下的哈尔滨

哈尔滨/牡丹江(290公里,4小时)

早餐后,赴太阳岛,路程约4公里,约10分钟,途经松花江公路大桥,在桥上可观赏到松花江两岸美丽风光,抵达后在太阳石拍照,远眺亚洲第一独臂斜拉桥——太阳桥,游览太阳岛公园(不含电瓶车费用),可自费观看大型室内冰雕、冰灯展览(自理80元/人,游览约1.5小时),回到市区逛东北名城(东北土特产品购物时间40分钟),步行游览哈尔滨开埠以来一直具有欧洲风格的百年商业街——中央大街(游览约45分钟),参观远东地区最大的东正教堂——圣·索菲亚教堂广场(游览约15分钟),逛信宇俄罗斯工艺品商店(购物时间40分钟)。午餐后乘前往镜泊湖风景区。晚餐后入住。

早餐:√　中餐:√　晚餐:√　住:镜泊湖

第三天　游览万年火山口,看镜泊湖

镜泊湖/延吉(约380公里,4~4.5小时车程)

早餐后,游览中国第一大高山堰塞湖——镜泊湖风景区,可自费乘船(80元/人自理)游览镜泊湖。欣赏鳄鱼岛、抱月湾、彩虹桥、毛公山、神龟探海、日本地下电站隧道口、远观药师古刹外景、元首楼、刘少奇木屋、镜泊山庄秀美景色,还可在吊水楼瀑布前观一万年前形成的火山口等。最后乘车赴二道。

早餐:√　　　　中餐:√　　　　晚餐:√　　　　住:二道白河

第四天　登东北第一峰——长白山,看朝鲜红旗村

二道白河/长白山(30 公里,约 40 分钟)

早餐后赴国家级自然保护区、东北第一峰——长白山(乘山门到景点的环保车,车程约 2.5 小时)。观赏中国海拔最高、温度最高的温泉——聚龙温泉,它含硫化氢等微量元素,具有较高的医疗价值;游览长白山原始森林、垂直景观带;可自费登海拔 2700 米高峰,俯瞰因火山强烈喷发而形成的高山湖泊——长白山天池(倒站车 80 元/人),它是中朝边境的界湖、是中国最深的湖泊和最大的高山湖泊。观气势磅礴的长白山瀑布。游美丽的银环湖——小天池、地下森林。乘车赴延吉(车程约 4 小时)。途中参观朝鲜族红旗村,了解朝鲜族民俗风情,去中国最大的朝鲜族聚居地——延边朝鲜族自治州首府——延吉市观市容。晚餐后乘非空调火车硬卧赴长春。

早餐:√　　　　中餐:√　　　　晚餐:√　　　　住:火车上

第五天　看伪满皇宫,不忘历史之耻(长春市内一日游)

早餐后,前往参观文化广场、太阳鸟与和平人。前往参观溥仪充当满洲国皇帝时的伪皇宫,伪皇宫分成两部分,一部分是伪皇宫陈列馆,另一部分是偏殿——同德殿,现在已经改为吉林省博物馆,这是一栋混合了中国古典、日式、欧式风格的建筑,也是清朝最后一任皇帝溥仪被囚禁 14 年的地方。午餐后,乘空调硬座赴辽宁省会——沈阳。

早餐:√　　　　中餐:√　　　　晚餐:√　　　　住:沈阳

第六天　访张氏少帅府,看沈阳故宫

沈阳/桃仙机场(20 公里,30 分钟)

早餐后,前往参观清太祖、太宗所建的皇宫沈阳故宫,沈阳故宫始建于后金天命十年(公元 1625 年),建成于崇德元年(公元 1636 年),后经康熙皇帝、乾隆皇帝扩建后,始有现在规模,是中国现存仅次于北京故宫的最完整建筑。游览古色古香的仿清一条街、天主教堂、中街商业街、太阳鸟广场。可自费参观少帅府,此府是原奉系军阀张作霖及子张学良的官邸及寓所,1988 年张氏帅府被政府公布为省级文务物保护单位,同年 12 月成立“张学良旧居陈列馆”,保留为文物重点保护区供参观。下午乘飞机返回,结束愉快的旅程!

早餐:√　　　　中餐:√　　　　晚餐:×　　　　住:温馨的家

(二)内蒙古专线

内蒙古旅游专线分为四大板块,它们分别为以海拉尔、满洲里和阿尔山为核心的呼伦贝尔专线,以锡林浩特为中心的锡林郭勒盟专线,以呼和浩特、包头和鄂尔多斯三市为主要旅游目的地的内蒙古常规线路和以银川和嘉峪关为出入地的西蒙阿拉善盟线。其中,又以呼伦贝尔线为内蒙古草原旅游的精华。该线集草原森林、火山温泉、民族风情为一体,打造了中国最美草原的旅游品牌,受到众多热爱大自然的旅游者的追捧。下面精选了一条夏季呼伦贝尔旅游线路和一条内蒙古旅游常规线路产

品供旅游界同人学习借鉴,该产品由中国著名连锁品牌旅游机构西美之旅提供。

1. 呼伦贝尔夏季旅游产品:呼伦贝尔大草原、满洲里口岸、温泉圣地阿尔山双飞六日游

第一天　天蓝、水清、草绿的呼伦贝尔

东山机场/呼伦贝尔市海拉尔区

从出发地乘机赴海拉尔,机场接机后,乘车赴呼伦贝尔市市内,后游览成吉思汗广场(游览时间1小时),参观成吉思汗的士兵铜像,祭拜蒙古国赠送的成吉思汗出生地肯特山友谊之石。晚餐后,入住酒店。

早餐:×　　中餐:×　　晚餐:√　　住:海拉尔

第二天　纤尘不染的天空,一碧如洗的草原

海拉尔/阿尔山(340公里,约4小时)

早餐后,乘汽车前往敖包相会的地方呼伦贝尔大草原腹地——巴彦呼硕蒙古部落(游览时间约3小时),途中参观我国少数民族博物馆——鄂温克博物馆(游览时间1小时)。途中野花绣地、河水弯弯、绿草茵茵、牛羊群群、毡房点点,抵巴彦呼硕后接受蒙古族最隆重的迎宾仪式——下马酒,参加草原活动:祭敖包(是草原人沿袭传统的祭祀活动,是世界上唯一保存的最原始的祭天方式)、访问牧户、着民族服装拍照、骑马漫游草原(自费100元/1小时起)观赏蜿蜒曲折的伊敏河及灌木丛林;午餐品尝蒙古族风味餐——手抓羊肉,席间蒙古族姑娘敬酒、献哈达。午餐后,乘汽车前往阿尔山途中饮"天下第一奇特大泉"——五里泉圣水;抵阿尔山市,晚餐后,温泉洗浴(自费,128~198元/人)。

早餐:√　　中餐:√　　晚餐:√　　住:阿尔山

第三天　山藏钟灵,地显奇观

阿尔山/阿尔山森林公园(110公里,约1小时)

早餐后赴阿尔山国家森林公园(游览时间约4小时)饱览阿尔山美景,那里色彩斑斓、层林尽染、美景如画;观赏亚洲第一火山熔岩地貌——石塘林,游览堰塞湖——杜鹃湖,午餐品尝阿尔山当地绿色食品,午餐后登全国第三大天池——阿尔山天池,游览夏日冰川——三潭峡,穿行于林荫小路感受大自然的惬意,哈拉哈河源远流长,在哈拉哈河漂流,后返回市区,晚餐后入住酒店。

早餐:√　　中餐:√　　晚餐:√　　住:阿尔山

第四天　绿色净土,天堂草原

阿尔山/满洲里(438公里,约5.5小时)

早餐后,乘车前往中国十大魅力城市——满洲里市,途中参观呼伦贝尔地区最大的喇嘛寺庙——甘珠尔庙(游览时间约1小时),抵新巴尔虎左旗(省道,160公里,2小时车程)。午餐品尝当地山野风味,午餐后参观思歌腾广场(游览时间20分钟)。抵达满洲里后晚餐欣赏俄罗斯歌舞表演、品尝俄罗斯风味菜肴(自费

128～228元/人),览独具欧洲和俄罗斯建筑风格的满洲里小城夜景,21:00后可自费体验俄罗斯朋友最多的夜总会。

早餐:√　　　　中餐:√　　　　晚餐:√　　　　住:满洲里

第五天　三国交汇,黄金地缘

满洲里/海拉尔(220公里,约2.5小时)

早餐后,参观全国陆路口岸第一门——满洲里国门(游览时间1小时),界碑留影,登国门俯瞰俄罗斯小镇——后贝加尔斯克;参观火车头广场、战斗机广场、和平之门、红色旅游展厅,参观中俄互市贸易区(游览时间30分钟到1小时),游览载入世界吉尼斯纪录的——套娃广场(游览时间20分钟)、乘车前往海拉尔,参观第二次世界大战最后的战场——中俄蒙反法西斯抗日纪念园,午餐后,下午自由活动。

早餐:√　　　　中餐:√　　　　晚餐:√　　　　住:海拉尔区

第六天　海拉尔市区/东山机场

早餐后,自由活动,后乘车赴机场,乘机返回出发地,结束愉快的草原之旅!

早餐:√　　　　中餐:×　　　　晚餐:×　　　　住:温馨的家

2. 中蒙专线产品案例:呼和浩特、草原、响沙湾、成吉思汗陵双飞六日游

第一天　出发地/呼和浩特市(机场/呼和浩特市约20公里,车程约0.5小时)

从出发地乘机赴呼和浩特市,机场接机后乘车赴市区,入住酒店。

早餐:×　　　　中餐:×　　　　晚餐:√　　　　住:呼和浩特市

第二天　天苍苍,野茫茫,风吹草低见牛羊

呼和浩特市/希拉穆仁大草原(90公里,盘山省级公路1.5小时)

早餐后,乘车赴希拉穆仁草原其蒙古语意为"黄色的河水",俗称"召河",沿途观赏大青山自然风光革命老区莜面大王之乡——武川县,抵达后接受蒙古族最高欢迎仪式敬酒、献哈达;之后,草原漫步呼吸新鲜空气,感受和爽清风与草原的辽阔。午餐品尝蒙古族传统手抓羊肉,下午观看蒙古男儿三艺赛之蒙古式摔跤和赛马,游客可以自费选择骑马、漫游草原、牧民家访、登拜敖包山等景点(5～8月可以住蒙古包,其余时间返回呼和浩特市入住)。

早餐:√　　　　中餐:√　　　　晚餐:√　　　　住:呼和浩特市

第三天　大漠孤烟直,长河落日圆

呼和浩特市/响沙湾(240公里,车程约3.5小时)

早餐后,乘车赴三大响沙之一的银肯响沙湾(游览约2小时)。"银肯"为蒙古语,意为永久。银肯响沙湾居中国响沙之首,堪称响沙之王。途中观赏中华民族的母亲河——黄河风光、亚洲最大的火力发电厂——达旗电厂;抵达后可品尝沙漠自助餐(自费)及欣赏鄂尔多斯婚礼表演,(自费)进行滑沙、自驾车冲浪沙漠、骑骆驼漫游沙海、沙漠摩托车等体验奇妙的沙漠之歌,之后乘车约1.5小时前往鄂尔多斯市。(银肯响沙湾/鄂尔多斯约100公里,车程约1.5小时)。

早餐:√　　　中餐:√　　　晚餐:√　　　住:鄂尔多斯

第四天　一代天骄成吉思汗

鄂尔多斯/成陵(80 公里,车程约 1 小时高速)

早餐后,乘车赴成吉思汗陵(游览约 2 小时)参观陵园、行宫,观看圣主遗留的马鞍、战刀等遗物,了解圣主的伟大功绩。之后,乘车经连续两年被评为“中国最适合人口定居的城市”——包头,返回呼和浩特市(成陵/呼市约 360 公里,车程约 5 小时)。

早餐:√　　　中餐:√　　　晚餐:√　　　住:呼和浩特市

第五天　因嫁单于怨在边,蛾眉万古葬胡天。汉家此去三千里,青冢常无草木烟。

早餐后,参观民族友好象征昭君墓(市区南 9 公里,车程约 20 分钟,游览约 1 小时)、黄教寺庙大召寺(车程 20 分钟,游览 40 分钟)。午餐后,参观呼和浩特最大的民贸公司蒙亮民族工艺品加工厂(进店约 1 小时),自由活动。后返回呼和浩特市入住酒店!

早餐:√　　　中餐:√　　　晚餐:√　　　住:呼和浩特市

第六天　呼和浩特/出发地

早餐后,乘机返回上海,结束愉快旅行!

早餐:√　　　中餐:×　　　晚餐:×　　　住:×

(三)新疆专线

新疆专线涵盖了新疆的多个地市,是一条有着自己特殊内涵和气质的旅游专线。游客既能深入感受浩瀚广阔的沙漠,又能体验水草丰美的自然牧场。高山湖泊和雪山草原组成了一幅静谧安宁却又无限壮阔的图画,新疆特有的维吾尔民族风情更能让人沉醉其中,流连忘返。下面精选了两条最具特色的新疆专线供旅游界同人学习借鉴,该产品由中国著名连锁品牌旅游机构——西美之旅提供。

1. 南疆专线案例:天池、吐鲁番、库尔勒、库车、阿克苏、喀什南疆民族风情十日游

第一天　掀起你的盖头来,揭开新疆的神秘面纱

地窝铺机场/乌鲁木齐市市区(20 公里,0.5 小时)

从出发地乘机赴乌鲁木齐,接机后入住酒店。

早餐:×　　　中餐:×　　　晚餐:√　　　住:乌鲁木齐

第二天　登临苍茫天山,做冰山上的来客

乌鲁木齐市/天山天池(单程 130 公里,行车约 2 小时)

早餐后,乘车赴“天山明珠”——天山天池,抵达后乘缆车或区间车(含 35 元/人)上天池,游览石门一线、龙潭碧月、定海神针、东西小天池、悬泉飞瀑等天池八景(约 2 小时),远眺博格达雪峰,尽情领略天山雪峰、湖泊的神奇魅力。午餐后,参观天山野山植物馆(约 40 分钟),乘车返乌鲁木齐市,晚上可自行逛二道桥国际

大巴扎,体验浓郁的西域风情。

早餐:√　　中餐:√　　晚餐:√　　住:乌鲁木齐

第三天　吐鲁番的葡萄熟了,阿娜尔罕的心儿醉了

乌鲁木齐市/吐鲁番(单程200公里,行车约3小时)

早上乘车赴火洲吐鲁番,途经新疆死海——十里盐湖,亚洲最大的风力发电站——达坂城发电站;途经达坂城古镇(约30分钟)。抵达吐鲁番后参观绿洲生命之源坎儿井(约40分钟);访问具有维吾尔历史文化深厚底蕴的维吾尔古村(约40分钟);参观古丝绸之路上的千年历史遗迹——交河故城(约40分钟);游览《西游记》外景拍摄地火焰山(约40分钟);游览铺绿叠翠,藤蔓交织的"清凉世界"葡萄沟(约60分钟)、赠送维吾尔族星级诚信家访(约30分钟);品尝香甜的水果,欣赏维吾尔民族歌舞,体验浓郁的维族风情。参观恒源玉器城(约40分钟)。

早餐:√　　中餐:√　　晚餐:√　　住:吐鲁番

第四天　吐鲁番/博斯滕湖/库尔勒/铁门关(500公里,行车约8小时)

早餐后,乘车赴华夏第一神州——库尔勒,途中游览中国最大的内陆淡水湖—博斯腾湖之莲花湖(约1小时),夏日融融,荷荡涟漪,鱼儿共扁舟戏水,秋水轻扬,金苇飞絮,岂不乐哉美哉!抵达库尔勒后参观古代著名的二十六关卡之一的——铁门关(约40分钟)。

早餐:√　　中餐:√　　晚餐:√　　住:库尔勒

第五天　库尔勒/沙漠公路/库车(400公里,行车约5小时)

早上乘车赴龟兹古城——库车,沿着世界上最长的沙漠公路,乘车进入世界第二大沙漠——塔克拉玛干大沙漠,观母亲河——塔里木大河,见证"千年生而不死,千年死而不倒,千年倒而不朽"——沙漠卫士"英雄树"胡杨的神奇,感叹胡杨的生命力之顽强!参观具浓郁伊斯兰风格的古建筑代表库车大寺(约30分钟)。

早餐:√　　中餐:√　　晚餐:√　　住:库车

第六天　库车/天山神秘大峡谷/阿克苏(500公里)

早上乘车赴天山神秘大峡谷,抵达后看到长5000米的曲折狭长的峡谷,峨峰刺天、峡中一线天等千姿百态的美景犹如千里画廊,世界著名电影《魔戒之护戒使者》就在这里拍摄的(游览1.5小时)。之后,乘车前往阿克苏,抵达后参观天山神木园(约40分钟),欣赏"九龙搅海"、"还魂柳"、"千年箭杨"、"鳄鱼出潭"、"圣水泉"等十几处自然景观,上千种树木遮天盖地,郁郁葱葱,是休闲避暑的绝佳胜地。

早餐:√　　中餐:√　　晚餐:√　　住:阿克苏

第七天　阿克苏/喀什/香妃墓(550公里)

早上乘车赴南疆重镇——喀什,喀什是一座有着两千多年的中国文化名城、也是古丝路南北两道的交会点、曾经是誉满亚洲的经济繁荣、文化辉煌的古城、也是

少数民族文化最浓厚的地方。抵达后参观最著名的穆斯林家族陵墓——香妃墓(阿帕霍加麻扎,约1小时)。

早餐:√　　　中餐:√　　　晚餐:√　　　住:喀什

第八天　喀什/卡拉库里湖(单程200公里,行车约4小时)

早上乘车赴帕米尔高原的——卡拉库里湖,途经维吾尔农家田园、有流沙河之称的白沙河及鬼斧神工的布伦口白沙山,在大漠边缘感受塞外江南的那份悠然自得。抵达后,看到湖畔边绿茵茵的牧场上牛羊群群,还伴有叮咚作响的驼铃声。在这里还可观看到幕士塔格峰、公格尔峰及公格尔九别峰"三峰并立插云寒"的美丽景象。冰山脚下沿湖步行或自费骑马、骑骆驼(另行付费)游览,或者自费进行柯尔克孜族牧民家访,了解他们的民风民俗(游览约2小时)。下午乘车返喀什。

早餐:√　　　中餐:√　　　晚餐:√　　　住:喀什

第九天　喀什/香妃墓(单程10公里,行车约15分钟)

上午参观亚洲最大的清真寺——艾提尕清真寺(约1小时),它是新疆最大的宗教活动场所。之后参观喀什富有特色和文化内涵的高台民居(喀什葛尔老城区老街,约30分钟),欣赏那唯美的维吾尔族古老建筑,品味传统的维族文化和民情习俗。参观维吾尔民族手工艺品一条街、欣赏各式各样的手工艺产品,逛中亚最大农贸市场——喀什大巴扎,体味浓郁的少数民族风情。视航班时间乘机返乌鲁木齐市。

早餐:√　　　中餐:√　　　晚餐:√　　　住:乌鲁木齐

第十天　乌鲁木齐/地窝铺机场(25公里,行车约0.5小时)

视航班情况乘机返程,结束愉快的旅行。

早餐:√　　　中餐:×　　　晚餐:×　　　住:温暖的家

2. 北疆专线产品案例:天山天池、吐鲁番葡萄沟、喀纳斯湖、禾木村双飞八日游

第一天　掀起你的盖头来,揭开新疆神秘的面纱

地窝铺机场/乌鲁木齐市市区(20公里,行程约0.5小时)

出发地乘机赴乌鲁木齐,接机后入住酒店。

早餐:×　　　中餐:×　　　晚餐:√　　　住:乌鲁木齐

第二天　探索大西北黑宝石,欣赏大自然艺术品

乌鲁木齐/布尔津(790公里,行程约10小时)

早上乘车赴布尔津,途经克拉玛依百里油田,参观《卧虎藏龙》《七剑下天山》的拍摄现场——乌尔禾魔鬼城(约1小时),充分体验人类战胜自然的豪壮气魄,感叹大自然的鬼斧神工。下午抵达宁静安谧的布尔津小镇,可乘车赴以怪异、神秘、壮美而著称的五彩滩(80元/人,约1小时)。驻足在宽阔的额尔齐斯河河滩上,欣赏那斑斓、诡异而又神奇的"雅丹地貌"。晚上自由活动,游客可自行赴河提夜市,自费品尝当地名小吃狗鱼、额尔齐斯河五道黑等多种冷水鱼烧烤。

早餐:√　　　　中餐:√　　　　晚餐:√　　　　住:布尔津

第三天　人间天堂喀纳斯,只缘身在此山中

布尔津/喀纳斯/贾登峪(220 公里,行程约 4 小时)

早上乘车赴"东方瑞士"喀纳斯湖,途经阿勒泰大草原、草原石人风景区。抵达贾登峪后,乘喀纳斯湖观光车进喀纳斯湖景区,游览卧龙湾、月亮湾、神仙湾、鸭泽湖等美丽景观,欣赏神奇的高山草甸、圣泉。抵达湖区后,漫步湖边,欣赏绿坡墨林、艳花彩蝶的湖光山色(约 1 小时)。之后,客人自由活动(约 5 小时),可自愿参加各种另行收费项目(如图瓦人家访、喀纳斯湖游船、喀纳斯湖漂流、篝火晚会等),也可自费赴白哈巴景区游览(游览约 3.5 小时),探访西北第一村——白哈巴村,途经西北第一哨,中哈边境界碑拍照留念。

早餐:√　　　　中餐:√　　　　晚餐:√　　　　住:贾登峪

第四天　山色湖光步步随,古今难画亦难诗

贾登峪/喀纳斯/布尔津(220 公里,行程约 4 小时)

早上乘观光车再赴喀纳斯湖,乘观鱼亭区间车登喀纳斯湖的制高点,欣赏喀纳斯湖全景,倾听大红鱼的美丽传说。这里冰川、草原、山林、湖泊、蓝天白云交相辉映,犹如置身于印象派油画大师以大自然为画布绘出的童话世界之中。之后,自由活动,游客可自费赴禾木景区(约 3.5 小时),探访至今仍过着原始生活的图瓦人。潺潺的溪水、牛羊满坡的世外桃源美景让游客如临仙境,如醉如痴。下午,乘车返布尔津,途中参观疆域矿石馆(约 40 分钟)。

早餐:√　　　　中餐:√　　　　晚餐:√　　　　住:布尔津

第五天　掠影火烧山奇观,体验西域风味小吃

布尔津/乌鲁木齐(790 公里,行程约 10 小时)

早上乘车返乌鲁木齐,横穿古尔班通古特沙漠,途经卡拉麦里有蹄类自然保护区,途经大自然奇特景观火烧山。抵达乌鲁木齐后自由活动,客人可自行逛乌鲁木齐幸福路美食一条街,品尝新疆羊肉串、烤馕饼等新疆小吃。

早餐:√　　　　中餐:√　　　　晚餐:√　　　　住:乌鲁木齐

第六天　吐鲁番的葡萄熟了,阿娜尔罕的心儿醉了

乌鲁木齐市/吐鲁番(单程 200 公里,行程约 3 小时)

早上乘车赴火洲吐鲁番,途经新疆死海——十里盐湖、亚洲最大的风力发电站——达坂城发电站;途中参观西部情歌歌王王洛宾生活的地方达坂城古镇(约 30 分钟)。抵达吐鲁番后参观绿洲生命之源坎儿井(约 40 分钟);访问具有维吾尔历史文化深厚底蕴的维吾尔古村(约 40 分钟);参观古丝绸之路上的千年历史遗迹——交河故城(约 40 分钟);午餐后游览《西游记》外景拍摄地火焰山(约 40 分钟);游览铺绿叠翠、藤蔓交织的"清凉世界"葡萄沟(约 60 分钟)、赠送维吾尔族星级诚信家访(约 30 分钟);品尝香甜的水果,欣赏维吾尔民族歌舞

并拍照留念，体验浓郁的维族风情。参观恒盛源玉器城购物(约40分钟)，乘车返乌鲁木齐市。

早餐:√　　中餐:√　　晚餐:√　　住:乌鲁木齐

第七天　登临苍茫天山、做冰山上的来客

乌鲁木齐/天山天池(单程130公里，行程约2小时)

早乘车赴“天山明珠”天山天池，抵达后乘缆车或者区间车上天池，游览石门一线、龙潭碧月、定海神针、东小天池、西小天池、西山观松、南山望雪、顶天三石、悬泉飞瀑等天池八景，远眺博格达雪峰，尽情领略天山雪峰、湖泊的神奇魅力(约2小时)。乘车返乌市，参观一生缘玉器店(约40分钟)。之后自由活动，游客可自行逛新疆“民族风情画廊”二道桥国际大巴扎，挑选少数民族工艺品、服饰等送亲朋好友。晚上可自费参加大巴扎大型歌舞晚宴(时间约2小时)，欣赏少数民族歌舞，享用新疆西域特色美食。

早餐:√　　中餐:√　　晚餐:√　　住:乌鲁木齐

第八天　七剑下天山，我走过多少地方，最美的还是我们新疆

乌鲁木齐/机场(25公里，行车约0.5小时)

视航班情况乘机返程，结束愉快的旅行。

早餐:√　　中餐:×　　晚餐:×　　住:温暖的家

(四)甘肃旅游专线

甘肃旅游专线是传统的丝绸之路专线的构成部分，甘肃境内不但有闻名于世界的敦煌、鸣沙山，而且还有天下第一雄关嘉峪关、麦积山石窟等名胜；随着旅游开发的深入，甘南专线也已经被广大旅游爱好者所熟知，下面精选一个甘肃精华之旅的产品供旅游界同人学习借鉴，该产品由中国著名品牌连锁旅游机构——西美之旅提供。

甘肃精华产品:兰州、麦积山、景泰石林、武威、张掖、嘉峪关、敦煌双飞八日游

第一天　中川机场/兰州市区(80公里，行车约1.5小时)

出发地乘机赴兰州，接机后入住酒店。

早餐:×　　中餐:×　　晚餐:√　　住:兰州

第二天　兰州/天水(单程380公里，行程约5小时)

兰州乘车到素有“甘肃小江南”之称的天水市，沿途美丽的田园风光，让人心旷神怡。抵达后参观全国最大的人文初祖伏羲的祭祀之地——伏羲庙，可参加隆重而盛大的祭祀活动，感受厚重浓郁的伏羲文化，回首细品中华千年沧桑。游览三国古战场，遥忆三国英豪，感受天水古老而厚重的历史文化。晚上自由逛天水市，品尝这座历史文化名城的独特风味小吃——呱呱。

早餐:√　　中餐:√　　晚餐:√　　住:天水

第三天　天水/兰州(单程380公里，行程约5小时)

早上参观有“东方艺术雕塑馆”之称的麦积山石窟（约2小时），搜寻历朝历代的艺术灵感。麦积山是典型的丹霞地貌，因其山形状像农家麦垛而得名，是我国四大名石窟之一，和敦煌的莫高窟并称为姐妹窟。之后乘车返兰州，参观黄河流域最古老的灌溉工具——古水车（约20分钟），瞻仰中华民族的摇篮——黄河母亲雕塑（约20分钟），参观天下黄河第一桥——中山铁桥（约20分钟），游览有拱抱金城之势的白塔山（约1小时），之后参观陇萃堂土特产店（约40分钟）。

早餐：√　　中餐：√　　晚餐：√　　住：兰州

第四天　兰州/景泰（单程180公里，行车约3小时）

早上乘车前往国家地质公园——景泰黄河石林，抵达后登上步步高升梯，观看自然八卦图盘龙洞（约40分钟），乘羊皮筏子前往饮马大峡谷，体验刺激的古老的水上交通方式。后乘坐“驴的”（另行付费）参观饮马大峡谷，两岸奇峰林立，惟妙惟肖，令人眼花缭乱。乘快艇赴龙湾村——“未来两年的甘肃第一首富村”，这里也是《神话》《美丽的大脚》以及《花木兰》等拍摄的外景地（参观约2小时），之后乘车返兰州。

早餐：√　　中餐：√　　晚餐：√　　住：兰州

第五天　兰州/刘家峡（80公里，行程约1.5小时）/武威（300公里，行程约5小时）

早上乘车赴刘家峡，抵达后换乘大船去炳灵寺（56公里，约3小时），沿途可观赏炳灵湖、莲花码头、古渡口、黄河石林群峰、高峡出平湖的美景；抵达后参观中国开凿最早的丝路名刹炳灵寺石窟（约2小时），欣赏珍贵的西秦壁画。乘车赴武威入住酒店。

早餐：√　　中餐：√　　晚餐：√　　住：武威

第六天　武威/张掖（260公里，行车约3小时）/嘉峪关（230公里，行车约3小时）

早上参观中国旅游标志铜奔马的出土地雷台汉墓（约40分钟），雷台汉墓里沉睡了近2000年的一匹铜奔马，以及以它为首的一支宏伟壮观的铜车马俑出行仪仗队；参观文庙博物馆（约30分钟），乘车赴张掖，参观亚洲室内第一卧佛张掖大佛寺（约40分钟），参观肃南马蹄寺石窟（约40分钟），之后乘车赴嘉峪关。

早餐：√　　中餐：√　　晚餐√　　住：嘉峪关

第七天　嘉峪关/敦煌（400公里，行程约6小时）

早上参观明代万里长城西起点“天下第一雄关”嘉峪关城楼（约2小时），乘车赴敦煌，途经汉长城烽火台遗迹、神奇的布隆吉喀斯特雅丹地貌群、茫茫的西部大漠戈壁。抵达后入住酒店，晚上可自行逛沙洲夜市，体验西北民俗风情。

早餐：√　　中餐：√　　晚餐：√　　住：敦煌

第八天　敦煌/莫高窟（25公里，行程约0.5小时）/鸣沙山（33公里，行程约

0.5 小时)/机场(33 公里,行程约 0.5 小时)

上午参观集建筑、彩塑、壁画为一体的世界著名佛教艺术宝库——莫高窟(约 2 小时),在此,您可身临其境,领略中华民族最伟大的艺术,感叹敦煌飞天的神奇。参观敦煌果脯厂(约 40 分钟),下午游览中国旅游胜地四十佳之一的——鸣沙山、月牙泉(约 2 小时),欣赏“银山四面沙环抱,一池清水绿漪涟”的奇妙景观。游客可自费骑骆驼(80 元/人往返,另行收费)聆听驼铃声声,体验大漠浩瀚驼队古风的遗韵。视航班情况乘机返程,结束愉快的旅行。

早餐:√　　中餐:√　　晚餐:×

(五)青海专线

青海旅游专线是近十年刚刚兴起的旅游线路,尤其是青藏铁路的开通极大地带动了青海省旅游业的发展。大美青海现在已经享誉国内外,青海不仅有中国夏都——西宁,而且还有中国最美的湖泊之一青海湖,茶卡盐湖、藏传佛教圣地塔尔寺、坎布拉国家地质公园、孟达天池、北山森林公园等一系列的名胜。下面精选一个青海全境精华之旅的产品供旅游界同人借鉴,该产品由中国著名品牌连锁机构西美之旅批发商——西游记提供。

第一天　曹家堡机场——西宁市区(45 公里,行程约 50 分钟)

从出发地乘机赴西宁,接机后入住酒店。

早餐:×　　中餐:×　　晚餐:√　　住:西宁

第二天　西宁/茶卡盐湖(单程 390 公里,行程约 6 小时)

早上乘车赴茶卡盐湖,途经黄土高原和青藏高原的天然分界线——日月山以及中国唯一一个自东向西流河流——倒淌河,抵达后乘小火车参观茶卡盐湖(含小火车),漫步湖上,观赏形状各异、正在生长的栩栩如生的朵朵盐花,探求湖底世界的神秘,还能领略到涨潮后湖面上留下的滚滚盐涛,犹如进入盐的世界(游览约 2 小时)。

早餐:√　　中餐:√　　晚餐:√　　住:茶卡

第三天　茶卡/青海湖(单程 240 公里,行程约 5 小时)

早上乘车赴中国最大的内陆咸水湖——青海湖(青海湖游船另行付费),抵达后领略青海湖的博大与湛蓝,青海湖景区内沙漠、湖泊、草原相辅相成,自然景观壮丽(游览约 2 小时)。后乘车返西宁,途经王洛宾先生创作《在那遥远的地方》中描写的金银滩大草原。晚餐后入住酒店。

早餐:√　　中餐:√　　晚餐:√　　住:西宁

第四天　西宁/塔尔寺(单程 50 公里,行程约 1 小时)/互助土族县(40 公里,行程约 50 分钟)

早上乘车赴六大黄教寺庙,黄教宗师宗喀巴的诞生地——塔尔寺,抵达后欣赏艺术三绝:酥油花、堆绣、壁画,体验其深厚的文化渊源(参观约 2 小时)。之后,乘车返西宁，午餐之后乘车赴少数民族聚居地——互助土族自治县，在农家院看土族歌舞、"轮子秋"体育表演、花儿对唱、土族婚礼等节目，品尝风味餐（约2小时）。晚餐后乘车返西宁入住酒店。

早餐：√　　中餐：√　　晚餐：√　　住：西宁

第五天　西宁/坎布拉国家森林公园（单程130公里，行车约2.5小时）/循化（60公里，行程约1小时）

早餐后，乘车赴李家峡水电站，抵达后游览有"高峡出名湖"之称的李家峡水库，这里水清澈得让人无法相信那是黄河，与蓝色的天空相互映衬，真是一幅美丽的画卷。乘船游坎布拉国家地质森林公园（含游船和区间车，约2小时），欣赏丰富的森林植被资源，领略有奇、险、秀、美、幽之称的奇特丹霞地貌景观。游览完之后乘车赴循化入住酒店。

早餐：√　　中餐：√　　晚餐：√　　住：循化

第六天　循化/孟达天池（单程40公里，行程约1小时）/西宁（140公里，行程约3小时）

早上乘车赴有"高原西双版纳"之美称的孟达天池，沿途欣赏黄河风光、丹霞地貌、西北最大的阮树、黄河野狐跳峡、大禹"导河积石"的积石峡，抵达后欣赏树幽、石静、水秀等天上人间梦幻般的美景，去感受孟达不可抗拒的诱惑。这里山清水秀，气候宜人，数百种树木掩天蔽日，各种花草植物绿茵盖地，林区内，怪石嶙峋，瀑布垂挂。池水清澈碧澄与蓝天一色，群峰倒影，随波微动。湖中水鸟飞翔，鱼儿舒然游动，不愧是青海省避暑、疗养和旅游胜地（游览约2小时）。游览完之后乘车返西宁入住酒店。

早餐：√　　中餐：√　　晚餐：√　　住：西宁

第七天　西宁/曹家堡机场（45公里，行车约50分钟）

上午参观马步芳公馆，这是青海省保存最为完整的民国时的建筑，也是全国唯一一座选用玉石建造的官邸，具有较高的历史文物价值和浓郁的地方民族文化特色。在这里可以通过展览的实物，了解青海近百年的一段历史和马步芳及其家人在青海的生活情况，了解西北大军阀马步芳的昔日辉煌（参观约1.5小时）。之后，参观西宁藏药文化博物馆（约60分钟），在这儿您可以遥望青藏高原悠久的文明之光，感悟弥足珍贵的藏医药文化，领略高原西部的古风遗韵，欣赏绚丽壮美的彩绘大观。午餐后视航班情况乘机返程，结束愉快的旅行。

早餐：√　　中餐：√

（六）宁夏旅游专线

宁夏旅游专线不仅有以沙漠山川、滚滚黄河为主题的壮阔豪迈的自然风光旅游线路，又有清澈的湖泊、碧绿的稻田组成的塞上江南旅游线路，这里还是感受伊斯兰宗教文化的最佳地区，古老的文明让这片美丽的土地散发着独特的光芒。下面精选一个宁夏全景精华产品供旅游界同人学习借鉴,该产品由中国著名品牌连锁旅游机构——西美之旅提供。

宁夏精华产品:固原六盘山、沙坡头、沙湖、贺兰山岩画、西夏王陵双飞八日游

第一天　河东机场/银川市区(20 公里,行程约 0.5 小时)

出发地乘机赴银川,接机后入住酒店。

早餐:×　　中餐:×　　晚餐:√　　住:银川

第二天　银川/同心(200 公里,行程约 3 小时)/固原(140 公里,行程约 1.5 小时)

早上乘车赴固原,途中参观宁夏回族自治区红色政权纪念地——同心清真大寺(约 40 分钟),之后继续前行 100 公里,参观须弥山石窟(约 1.5 小时),欣赏北朝、隋唐时期的石窟造像艺术。

早餐:√　　中餐:√　　晚餐:√　　住:固原

第三天　固原/六盘山(50 公里,行程约 1 小时)/泾源(80 公里,行程约 1 小时)

早上乘车赴六盘山,参观有纪念意义的红军长征纪念亭(约 30 分钟),之后乘车赴泾河源风景区,观赏小瀑布落差之称的小南川(约 30 分钟),参观成吉思汗的行宫——凉殿峡(约 30 分钟),游览老龙潭(约 2 小时),这里山清水秀,群峰争绿,林茂草丰,飞瀑流泉,鸟语花香,既有北国之雄,又具南国之秀,人称黄土高原上的"绿岛",乘车返泾源。

早餐:√　　中餐:√　　晚餐:√　　住:泾源

第四天　泾源/中卫(360 公里,行程约 6 小时)

早上乘车赴中卫,参观佛、道、儒三教合一的国家级重点文物保护单位——高庙(约 1 小时),之后乘车赴腾格里沙漠绿洲通湖草原水稍子风景区(40 公里,行车约 1 小时),抵达后接受蒙古族少女欢迎仪式,享受敬献哈达等风情接待,自费参加骑马、篝火晚会、乘沙漠原野车等娱乐项目(游览约 2 小时),之后乘车返中卫。

早餐:√　　中餐:√　　晚餐:√　　住:中卫

第五天　中卫/银川(200 公里,行程约 2.5 小时)/西夏王陵(50 公里,行程约 1 小时)

早上乘车赴腾格里沙漠最南端,具有世界垄断旅游资源之称的沙坡头风景区(含大漠营地),抵达后欣赏大漠风光,客人可自费参加滑沙(另行付费)、骑骆驼(另行付费)畅游沙海等项目,还可乘黄河上最古老的交通工具羊皮筏子漂流黄河(另行付费)。参观约 3 小时之后乘车赴青铜峡(120 公里,行程约 1.5 小时),参观青铜峡 108 塔(含游船,约 1 小时),该塔群由 108 塔组成,因造型独特、塔数众多而国内罕见,其自上而下排成 12 列,整体布局上尖下阔形成等腰三角形。

早餐:√　　中餐:√　　晚餐:√　　住:银川

第六天　银川/沙湖(60 公里,行程约 1 小时)/贺兰山岩画(50 公里,行程约 1 小时)

早上乘车赴沙湖,游览被誉为"鱼的世界、鸟的天堂、游人乐园"的全国三十五个王牌景点之一的沙湖风景区(含大船、观光塔、沙雕园、水族馆,游览 3 小时);后游览被列为世界文化遗产的贺兰山岩画(约 1 小时),此岩画凿刻之精美,数量之庞大,年代之久远,世界罕见。之后参观拜寺口双塔(约 30 分钟),参观万亩枸杞园(约 40 分钟),观赏枸杞高科技展示,在枸杞成熟的季节亲手采摘枸杞,乘车返市区。

早餐:√　　　　中餐:√　　　　晚餐:√　　　　住:银川

第七天　银川/西夏王陵(40 公里,行程约 40 分钟)/西部影视城(20 公里,行程约 30 分钟)

早上乘车赴"东方金字塔" 西夏王陵(西夏陵区,西夏博物馆,塑像馆,参观约 1 小时),揭开西夏王朝的神秘面纱,了解曾经与宋辽鼎立,占据我国西北半壁江山已经消失的民族党项族的兴起与衰落。之后,游览有"东方好莱坞"之称的华夏西部影视城(含明清两城堡,参观约 2 小时),《红高粱》《大话西游》《新龙门客栈》等众多著名获奖影片都是在这里拍摄的。乘车赴西关清真大寺(参观约 40 分钟)。

早餐:√　　　　中餐:√　　　　晚餐:√　　　　住:银川

第八天　银川市区/河东机场(20 公里,行程约 0.5 小时)

视航班情况乘机返程,结束愉快的旅程。

早餐:√

(七)甘肃 青海 宁夏连线产品

随着西北旅游业的不断发展,几个省市之间的连线产品不断出现,目前已经成为西北旅游的主流产品,其中西北地区三省的连线产品尤为典型。下面精选一个甘肃、青海、宁夏连线产品,该产品囊括了三个省的旅游景点精华,供旅游界同人学习借鉴,该产品由中国著名品牌连锁旅游机构——西美之旅提供。

甘肃青海宁夏连线产品案例:敦煌、嘉峪关、青海湖、塔尔寺、沙湖、沙坡头双飞八日游

第一天　机场/敦煌市区(25 公里,行程约 0.5 小时)

从出发地乘机赴敦煌,接机后入住酒店。

早餐:×　　　　中餐:×　　　　晚餐:√　　　　住:敦煌

第二天　走进大梦敦煌飞天,聆听驼铃声声

敦煌/莫高窟(25 公里,行程约 0.5 小时)/鸣沙山(33 公里,行程约 0.5 小时)

上午参观集建筑、彩塑、壁画为一体的世界著名佛教艺术宝库——莫高窟,在此您可身临其境,领略中华民族最伟大的艺术,感叹敦煌飞天的神奇(参观约 2 小时）。后参观敦煌果脯厂（购物店，约40分钟）。午餐后，游览中国旅游胜地四十佳之一的——鸣沙山、月牙泉，欣赏“银山四面沙环抱，一池清水绿漪涟”的奇妙景观。游客可自费骑骆驼（往返，另行收费）聆听驼铃声声，体验大漠浩瀚驼队古风的遗韵；也可自费滑沙（另行收费），感受高空滑下的惊险刺激（游览约2小时）。参观敦煌夜光杯厂（购物店，约40分钟）。晚上游客可自行逛沙洲夜市，体验西北民俗风情。

早餐：√　　　中餐：√　　　晚餐：√　　　住：敦煌

第三天　登天下第一雄关，做当关勇夫，引天下英雄竞折腰

敦煌/嘉峪关（400公里，行程约6小时）

早上乘车赴西部钢城嘉峪关，途经汉长城烽火台遗迹、神奇的布隆吉喀斯特雅丹地貌群、茫茫的西部大漠戈壁。抵达后参观万里长城西起点——“天下第一雄关”嘉峪关城楼（参观约2小时），晚上乘空调火车硬卧赴兰州。

早餐：√　　　中餐：√　　　晚餐：√　　　住：火车

第四天　驻足丝绸古道黄河边，歌咏黄河文明八千年

兰州/西宁（270公里，行程约3小时）

早上抵兰州，参观黄河流域最古老的灌溉工具——古水车（约20分钟），瞻仰中华民族的摇篮——黄河母亲雕塑（参观约20分钟），参观天下黄河第一桥——中山铁桥（约20分钟），远眺有拱抱金城之势的白塔山，参观陇萃堂土特产店（约40分钟）。乘车赴六大黄教寺庙，黄教宗师宗喀巴的诞生地——塔尔寺，抵达后欣赏艺术三绝：酥油花、堆绣、壁画，认识精湛的寺院工艺，体验其深厚的文化渊源，感受浓重的佛教文化（约2小时）。乘车返西宁，途中参观塔尔寺友谊商店（约40分钟）。

早餐：√　　　中餐：√　　　晚餐：√　　　住：西宁

第五天　蓝蓝的天上白云飘，白云下面马儿跑

西宁/青海湖（单程150公里，行程约2.5小时）

早上乘车赴青海湖，途经自西向东流淌的倒淌河，途经有“西海屏风”、“草原门户”之称的日月山（如进景区，另行付费），聆听文成公主当年进藏的动人传说；抵达后，游览中国内陆最大的咸水湖——青海湖（游船，另行收费），领略青海湖的博大与湛蓝（游览约2小时）。乘车返西宁，参观藏宝土特产店（约40分钟），途经王洛宾先生描写的《在那遥远的地方》的金银滩大草原，我国第一颗原子弹和氢弹的研制基地曾经设在这里。晚上乘K916次（19：24～07：38）非空调列车硬卧赴银川。

早餐：√　　　中餐：√　　　晚餐：√　　　住：火车上

第六天　贺兰山下果园成，塞上江南旧有名

银川/沙湖（60公里，行程约1小时）/影视城（40公里，行程约40分钟）

银川早上接团,乘车赴全国三十五个王牌景点之一的沙湖风景区(含游船、观光塔、沙雕园、水族馆,参观约2小时),该景区被誉为"鱼的世界、鸟的天堂、游人的乐园",是一处融江南秀色与塞外壮景于一体的"塞上明珠"。之后乘车赴被称为"东方好莱坞"的华夏西部影视城(参观约2小时),这里曾经拍摄过《东邪西毒》、《新龙门客栈》、《红高粱》、《牧马人》、《黄河谣》等上百部影片。之后,乘车赴农科院生态枸杞园参观(购物店,参观约40分钟),亲自体验宁夏土特产"五宝"之一枸杞的采摘过程,自由选购宁夏五宝:枸杞、甘草、贺兰石、二毛皮、发菜。之后赴"东方金字塔"西夏王陵(西夏陵区,西夏博物馆,塑像馆,参观约1.5小时),掀开西夏王朝的神秘面纱,了解曾经长期与宋、辽鼎立,占据我国西北半壁江山却已经消逝的民族"党项族"的兴起与衰落,乘车返银川。

早餐:√　　　　中餐:√　　　　晚餐:√　　　　住:银川

第七天　远观大漠孤烟直,近观长河落日圆

银川/中卫(单程200公里,行程约2.5小时)

早上乘车赴联合国授予"全球环保500佳"荣誉称号的沙坡头、腾格里沙漠旅游区,抵达后去沙漠观光,游客可选择各种另行付费项目(如滑沙、骑骆驼漫游沙漠、乘羊皮筏漂流黄河、沙漠冲浪、乘电瓶车等,自由活动约2小时),充分体验"大漠孤烟直,长河落日圆"的诗情意境。之后,参观佛、道、儒三教合一的国家级重点文物保护单位——高庙(另行付费,约40分钟),参观完之后乘车返银川,途中参观宁夏地矿博物馆(约40分钟)。

早餐:√　　　　中餐:√　　　　晚餐:√　　　　住:银川

第八天　银川市区/河东机场(20公里,行程约0.5小时)

视航班情况乘机返程,结束愉快的旅行。

早餐:√

(八)丝绸之路旅游专线

丝绸之路旅游专线是中国最经典的一条西北旅游连线线路,是一条有着众多历史文物古迹、壮丽的自然风光和多姿多彩的各民族风土人情的旅游专线。沿线的自然景观奇特而壮丽,当地的少数民族保留着其独特的民族特色、传统文化和宗教信仰,古丝绸之路的厚重瑰丽的文化更闪耀着绚丽的光芒。下面精选了一个丝绸之路产品供旅游界同人学习借鉴,该产品由中国著名品牌连锁旅游机构——西美之旅提供。

丝绸之路产品案例:天山天池、吐鲁番、敦煌、玉门关、嘉峪关、兰州丝路双飞八日游

第一天　掀起你的盖头来,揭开新疆神秘的面纱

机场/乌鲁木齐市市区(20公里,飞行约0.5小时)

从出发地乘机赴乌鲁木齐,接机后入住酒店。

早餐:× 中餐:× 晚餐:√ 住:乌鲁木齐

第二天 吐鲁番的葡萄熟了,阿娜尔罕的心儿醉了

乌鲁木齐市/吐鲁番(单程200公里,行程约3小时)

早上乘车赴火洲吐鲁番,途经新疆死海——十里盐湖、亚洲最大的风力发电站——达坂城发电站;途经达坂城古镇(另行收费,参观约30分钟)。抵达吐鲁番后参观绿洲生命之源——坎儿井(约40分钟);访问具有维吾尔历史文化深厚底蕴的维吾尔古村(约40分钟);参观古丝绸之路上的千年历史遗迹——交河故城(约40分钟);游览《西游记》外景拍摄地火焰山(约40分钟);游览铺绿叠翠,藤蔓交织的"清凉世界"葡萄沟(约60分钟)、赠送维吾尔族星级诚信家访(约30分钟);品尝香甜的水果,欣赏维吾尔民族歌舞并拍照留念,体验浓郁的维族风情。参观工艺地毯厂(约40分钟),乘车返乌鲁木齐。

早餐:√ 中餐:√ 晚餐:√ 住:乌鲁木齐

第三天 我们新疆好地方啊,天山南北好牧场

乌鲁木齐市/南山(单程70公里,行程约1小时)

早上乘车前往南山牧场,山坡上云杉茂密,绿草如茵,牛羊成群,毡房点点,构成如诗如画的景带。游客于赏景之余,还可以自费去哈萨克牧民的毡房中做客,尽情感受游牧民族的草原风情。游客也可以纵马驰骋,亲身体验"天苍苍、野茫茫,风吹草低见牛羊"的美丽诗境(游览约2小时)。下午乘车返乌鲁木齐市,参观一生缘旅游工艺品店(约40分钟),自愿购买新疆旅游纪念品或新疆土特产。之后,游客可自行逛新疆"民族风情画廊"二道桥国际大巴扎,挑选少数民族工艺品、服饰等送亲朋好友。

早餐:√ 中餐:√ 晚餐:√ 住:乌鲁木齐

第四天 登临苍茫天山,做冰山上的来客

乌鲁木齐市/天山天池(单程130公里,行程约2小时)

早上乘车赴"天山明珠"——天山天池,途中参观天山大药房(约40分钟),抵达后乘缆车或区间车上天池,游览石门一线、龙潭碧月、定海神针、东小天池、西小天池、西山观松、南山望雪、顶天三石、悬泉飞瀑等天池八景,远眺博格达雪峰,尽情领略天山雪峰、湖泊的神奇魅力(游览约2小时)。乘车返乌鲁木齐市,晚上乘火车硬卧赴柳园车站(敦煌)。

早餐:√ 中餐:√ 晚餐:√ 住:火车上

第五天 走进大梦敦煌,参观敦煌飞天,聆听驼铃声声

柳园/敦煌(130公里,行程约2小时)

早上抵柳园后,乘车赴敦煌,参观集建筑、彩塑、壁画为一体的世界著名佛教艺术宝库——莫高窟(约2小时),在此您可身临其境,领略中华民族最伟大的艺术,感叹敦煌飞天的神奇。参观敦煌果脯厂(约40分钟),游览中国旅游胜地四十佳

之一的——鸣沙山、月牙泉(约2小时),欣赏“银山四面沙环抱,一池清水绿漪涟”的奇妙景观。游客可自费骑骆驼(另行收费)聆听驼铃声声,体验大漠浩瀚驼队古风的遗韵。晚上自由活动,游客可自行逛沙洲夜市,体验西北民俗风情。

早餐:√　　　　中餐:√　　　　晚餐:√　　　　住:敦煌

第六天　敦煌/玉门关/雅丹地貌(单程200公里,行程约3小时)

早上乘车赴玉门关,途经汉武帝“列四郡,据两关”时期的丝绸之路北道,参观甘肃境内保存较完整、规模较大有两千年之久的汉长城遗址(约0.5小时);下午参观敦煌境内规模庞大的国家地质公园——雅丹魔鬼城(约2小时),著名电影《英雄》的拍摄外景就是在这里选取的。

早餐:√　　　　中餐:√　　　　晚餐:√　　　　住:敦煌

第七天　登天下第一雄关,做当关勇夫,引天下英雄竞折腰

敦煌/嘉峪关(400公里,行程约6小时)

早上乘车赴西部钢城嘉峪关,途经汉长城烽火台遗迹、神奇的布隆吉喀斯特雅丹地貌群、茫茫的西部大漠戈壁。抵达后参观万里长城西起点“天下第一关”嘉峪关城楼(约2小时),晚上乘火车硬卧赴兰州。

早餐:√　　　　中餐:√　　　　晚餐:√　　　　住:火车上

第八天　驻足丝绸古道黄河边,歌咏黄河文明八千年

兰州市区/中川机场(80公里,行程约1.5小时)

早上抵兰州,参观黄河流域最古老的灌溉工具——古水车(约20分钟),瞻仰中华民族的摇篮—黄河母亲雕塑(约20分钟),参观天下黄河第一桥——中山铁桥(约20分钟),远眺有拱抱金城之势的白塔山。之后,参观陇萃堂土特产店(约40分钟),视航班时间乘机返程,结束愉快的行程。

早餐:√　　　　中餐:√　　　　晚餐:×

(九)陕西省旅游专线

陕西省旅游产品汇集着中国五千年历史的精华,拥有秦始皇兵马俑、西安古城墙等一大批闻名世界的历史文化古迹,同时,陕西的西岳华山、黄河壶口瀑布等自然景观也独具特色。以延安为代表的红色旅游胜地也是陕西的重要旅游点。下面精选了一个以西安为核心的陕西全线精华旅游产品供旅游界同人学习借鉴,该产品由中国著名品牌连锁旅游机构——西美之旅提供。

陕西专线产品案例:兵马俑、华清池、华山、乾陵、黄帝陵、壶口瀑布、延安双飞八日游

第一天　咸阳机场/西安市区(50公里,行车约1小时)

从出发地乘机赴西安咸阳机场,接机后入住酒店。

早餐:×　　　　中餐:×　　　　晚餐:√　　　　住:西安

第二天　西安/临潼(50公里,行车约1小时)/西安(50公里,行车约1小时)

早上乘车赴临潼，途中参观金棺银椁佛舍利——临潼博物馆（约 30 分钟，另行付费），抵达后参观西安事变的发生地之一——骊山兵谏厅（40 分钟，另行付费）；参观皇家避寒行宫——华清池（约 1 小时）；参观西北玉器城（约 45 分钟）。下午参观神秘莫测的地下宫殿——秦陵地宫（约 40 分钟），千古一帝秦始皇的陵寝——秦始皇陵（40 分钟，另行付费），参观丰源土特产中心（约 40 分钟），参观世界第八大奇迹——秦始皇兵马俑（约 2 小时）。乘车返西安（1 小时）。

早餐：√ 中餐：√ 晚餐：√ 住：西安

第三天 西安/华山（130 公里，行程约 2 小时）

早上乘车赴华山，途中参观药材店（约 40 分钟），抵达后游览乘索道上山，游览华山东、西、南、北峰，苍龙岭，金锁关，鹞子翻身，领略天下奇险第一山的雄姿（游览约 4 小时），乘索道下山，最后乘车返西安。

早餐：√ 中餐：√ 晚餐：√ 住：西安

第四天 西安/法门寺（130 公里，行程约 2 小时）

早上乘车赴乾县，途中参观汉武帝刘彻的陵墓所在地茂陵博物馆（约 50 分钟），之后，参观中国唐代中宗李显长子李崇润之墓——懿德太子墓（约 40 分钟）。下午参观唐高宗李治与武则天的合葬墓和素有考古界“三峡工程”之称的——乾陵（约 1 小时），乘车赴法门寺文化景区，参观山门广场、佛光大道、合十舍利塔，参观关中塔庙之祖——法门寺院及法门寺地宫出土的供养佛指舍利的大唐珍宝（约 3 小时），乘车返西安。

早餐：√ 中餐：√ 晚餐：√ 住：西安

第五天 西安/黄帝陵（200 公里，行车约 3 小时）/宜川（180 公里，行车约 3 小时）

早上乘车赴黄陵，抵达后参观中华民族的祭坛——黄帝陵，轩辕庙（约 2 小时），参观完之后乘车赴宜川壶口景区（行车约 5 小时），晚餐后宿壶口。

早餐：√ 中餐：√ 晚餐：√ 住：壶口

第六天 宜川/延安（120 公里，行车约 3 小时）/西安（380 公里，行程约 4.5 小时）

早上游览气势磅礴、奔腾咆哮的黄河壶口瀑布（约 1 小时），乘车赴延安，参观中央书记处旧址——枣园（约 30 分钟）；参观中共中央著名的七大会议旧址，文艺座谈会旧址——杨家岭（约 30 分钟），参观王家坪（约 30 分钟），参观苗伍爱心红枣店（约 45 分钟），参观延河大桥，眺望象征着延安精神的导航塔——宝塔山，之后乘车返西安。

早餐：√ 中餐：√ 晚餐：√ 住：西安

第七天 古城西安体验

早餐后，参观我国保存最完整的城墙防御设施——明城墙及长乐阁，参观聚源祥购物店(约45分钟),参观有"书法故乡、石质书库"之称的碑林石刻博物馆(约1小时),逛书院门秦风唐韵仿古一条街,游览亚洲最大的音乐喷泉广场——大雁塔北广场(40分钟),参观西安市中心的——钟鼓楼广场(约1小时)。

早餐:√ 中餐:√ 晚餐:√ 住:西安

第八天 西安市区/咸阳机场(50公里,行车约1小时)

视航班情况乘机返程,结束愉快的旅行。

早餐:√

(十)中原专线(河南旅游专线)

河南省位居中国中原地区的核心地带,河南省和陕西省共同构成了中原古都文化专线,境内不但有洛阳、开封这样历史悠久、文物古迹众多的历史文化名城,而且还拥有云台山、嵩山少林寺、洛阳牡丹等一大批特色鲜明的高品位旅游资源,下面精选了一条中原文化产品线路供旅游界同人学习借鉴,该产品由河南太和旅行社提供。

中原专线产品案例:黄河、开封、少林寺、云台山、龙门石窟双飞四日游

第一天 出发地/开封

早上乘机飞往开封(1.5小时),接团后赴开封参观开封府(1.5小时)。游览北宋时期最大的皇家寺院——大相国寺(1小时)。

早餐:× 中餐:× 晚餐:× 住:郑州

第二天 少林寺

早餐后,游少林寺(2小时),之后游览世界文化遗产龙门石窟(2小时),欣赏洛阳美陶——唐三彩艺术。(注:郑州——少林寺1.5小时、少林寺——洛阳1小时、洛阳——焦作2小时)

早餐:√ 中餐:× 晚餐:× 住:焦作

第三天 秀美壮丽云台山

早餐后,游览世界地质公园、国家5A级景区云台山,游红石峡、潭瀑峡、泉瀑峡,品尝焦作特产。(注:焦作——云台山40分钟,游览5~6小时)

早餐:√ 中餐:× 晚餐:× 住:焦作

第四天 母亲黄河

早餐后,游览母亲河——黄河风景名胜区(可自费乘坐气垫船畅游黄河)。下午,结束愉快的行程,返回温馨的家。(注:焦作——黄河1.5小时,游览2小时,黄河——机场1.5小时)

早餐:√ 中餐:× 晚餐:× 住:温馨的家

(十一)山西旅游专线

山西省旅游专线,既包括佛教圣地五台山、避暑胜地绵山、黄河壶口瀑布等壮美的自然风光与人文古迹完美结合的山水名胜,又有着数量众多的历史文化遗产,如古建筑形式多样的晋祠、列入世界文化遗产名录的平遥古城、被人广为传颂的乔家大院、王家大院、元代道观永乐宫的精美壁画等众多文化古迹。山西的旅游资源不但可以自成体系，而且可以和内蒙古草原专线组成晋蒙连线，行程特色更加丰富多样，目前已经成为中国旅游的新兴热线之一。下面精选了一条山西精华游供旅游界同人学习借鉴，该产品由山西红马国际旅行社提供。

产品名称：山西平遥、乔家大院、绵山、五台山、大同云冈石窟、晋祠双飞六日游

第一天　赴龙城太原，游晋商故里

武宿机场/太原市内(20 公里，30 分钟)

从出发地乘机赴龙城太原，机场接机，晚餐后入住酒店。

早餐：×　　中餐：×　　晚餐：√　　住：太原

第二天　访乔家大院，走平遥古城，看山西美丽风光

太原/乔家大院(80 公里，行程约 0.5 小时)

早餐后，赴素有"皇家看故宫，民宅看乔家"之称的乔家大院(40 公里，1 小时车程，游览 1.5 小时)后赴平遥古城(古城机动车禁行，客人可步行入城，也可自费选乘观光电瓶车入城，可乘 10 人)登雄伟壮观的平遥古城墙(游览 40 分钟)欣赏古城风貌；中国银行的鼻祖——日昇昌票号(游览 40 分钟)、中国第一家镖局(游览 30 分钟)、古县衙(游览 60 分钟)，欣赏"升堂"表演(表演内容、时间请参考景区安排)，漫步明清古街，后入住平遥客栈。

早餐：√　　中餐：√　　晚餐：√　　住：平遥

第三天　上绵山，看道教名山

平遥/绵山(80 公里，行程约 1.5 小时)

早餐后，赴绵山游览中国最大的道教建筑群——大罗宫(游览 1 小时)，游览全国最大的抱腹岩佛教圣地——云峰寺(游览 1 小时)，游览十里画廊——水涛沟自然风景区(游览 2.5 小时)，后赴太原。

早餐：√　　中餐：√　　晚餐：√　　住：太原

第四天　五台十景天下奇，三教九流贯古今

太原/五台山(单程 240 公里，行程 4 小时)

早餐后，乘车赴中国四大佛教名山之一、古老而神秘的佛国圣境——五台山。午餐后，拜谒黄庙领袖庙，康熙、乾隆当年来时必住之地菩萨顶(游览 50 分钟)，最大的青庙、与河南洛阳白马寺齐名的中国佛教史上最早的佛寺之一——显通寺(游览 50 分钟)；参观五台山的标志性建筑、释迦牟尼舍利所在地塔院寺(游览 50 分钟)和香火最旺盛的五爷庙(万佛阁)(游览 50 分钟)。当日推荐自费项目：西河头地道战遗址、阎锡山故居。

早餐：√　　中餐：√　　晚餐：√　　住：五台山

第五天　拜五台胜迹，上北岳恒山

五台山/大同(240 公里,行程约 4 小时)

早餐后,去朝拜香火最旺盛的五爷庙(游览 50 分钟)(又名万佛阁),后乘车赴历史文化名城、塞外明珠——大同,途中客人可参观北岳恒山及恒山第一景之天下巨观的空中楼阁悬空寺(游览 1 小时)。悬空寺是世界建筑史的一个奇迹,集中体现了中国建筑"悬、奇、巧"的特点。抵达大同后游览世界文化遗产、中国三大石窟之一的云冈石窟(游览 1.5 小时)。云冈石窟素有"东方艺术石窟"之称,是世界闻名的艺术宝库。

早餐:√　中餐:√　晚餐:√　住:大同

第六天　游晋祠,看山西小江南

太原/晋祠(25 公里,40 分钟车程)

早餐后,乘车赴太原,抵达后游览"山西小江南"——晋祠(游览 1 小时),游览晋祠三绝卧龙周柏、难老泉、宋塑侍女像,晚餐后送团。

早餐:√　中餐:√　晚餐:×　住:×

(十二)北京旅游专线(京、津、冀专线)

北京专线是中国最著名的旅游热线之一,由于北京特殊的旅游地位,天津、河北一般都是和北京组成连线对外销售。北京专线不仅拥有故宫、长城、天坛、明十三陵等一系列历史古迹,更有北戴河、颐和园、承德避暑山庄等自然风光优美的景点,还有奥林匹克公园、王府井大街等充满时代气息的游览点。最为特别的是,这条专线中的景点,往往是将厚重的历史文化与艺术以及自然风光融为一体,让游客的旅程不仅充满美的享受,还能获得对我国从古至今的历史文化的更多了解。下面精选了一条囊括了京、津、冀精华的旅游线路供旅游界同人学习借鉴,该产品由北京绿色假期旅行社提供。

北京专线产品案例:清东陵、避暑山庄、金山岭长城、北京故宫、颐和园双飞七日游

第一天　乘飞机赴天津,接团后晚餐后观海河夜景,天津市貌,入住酒店。

早餐:×　中餐:×　晚餐:√　住:天津

第二天　早餐后游览具有古味、文化味、天津味的全国五 A 级景区——古文化街(约 2 小时),欣赏天津民间工艺品三绝——泥人张彩塑、杨柳青年画、魏风筝;之后,逛全国最大的美食城堡——南市食品街(约 1.5 小时),品尝天津特色小吃"三绝"、"三张"——狗不理包子、天津大麻花、耳朵眼炸糕、皮糖张、崩豆张、果仁张;餐后,乘车赴河北遵化(约 2.5 小时),参观"人类具有创造性的天才杰作"——清东陵(约 3 小时),也是中国现存规模最大、体系最完整的古代帝陵建筑群(含顺治、康熙、乾隆、咸丰、同治及慈禧等帝后陵寝地宫)。

早餐:√　中餐:√　晚餐:√　住:景区酒店

第三天　早餐后,乘车赴承德。午餐后,游览世界文化遗产——避暑山庄,参观清代皇家园林,了解清代皇族的奇闻逸事(约 3 小时)。

早餐:√　　中餐:√　　晚餐:√　　住:承德

第四天　早餐后,参观班禅行宫以及供奉欢喜佛的普乐寺,同时欣赏外八庙外景及承德塞外山城风光(约 1 小时)。随后,乘车赴明长城中保留原始风貌的金山岭长城,这里还保持着四百年来的原貌,感受古长城的壮美与浑厚,素有"万里长城、金山独秀"的美誉(约 1.5 小时)。游览结束后乘车赴北京,晚餐后入住酒店。

早餐:√　　中餐:√　　晚餐:√　　住:北京

第五天　参观全球最大的城市中心广场——天安门广场(约 1 小时),瞻仰人民英雄纪念碑,缅怀开国领袖,参观毛主席纪念堂(30 分钟,政策性关闭除外)。参观金碧辉煌的故宫(约 2 小时)。可自费游览北京保存最完整的王府,曾是乾隆时期大学士权臣和珅的宅邸,后为恭王府花园(费用自理),观国家大剧院外景。之后,可自费乘坐人力三轮车游什刹海、银锭桥,观老北京堂会表演,体味古老与现代的和谐(费用自理)。逛王府井商业街(1 小时),感受北京魅力大都市的喧嚣与繁华。游客可在东华门风味小吃一条街自由品尝各种特色风味小吃。

早餐:√　　中餐:√　　晚餐:√　　住:北京

第六天　参观著名的皇家园林——颐和园(约 2 小时),可自费游览万园之园——圆明园(另行付费)。参观中国工艺美术之最——景泰蓝制作——泰鑫达珐琅厂(约 40 分钟),观看景泰蓝的制作。赠送乘坐奥运地铁专线 8 号线,国家政策性关闭除外,留意观看地铁进出口通道是具有中国特色的青花瓷式的装饰,感受一站一景的奇妙变化,北土城站——高贵典雅的青花瓷;水立方站——充满了海洋元素;奥林匹克中心站——全民健身的大乐园;游奥林匹克公园(约 1 小时),观 2008 年北京奥运会主会馆鸟巢外景及水立方外景(进场参观,另行付费),漫步奥运大道欣赏盘古大观的现代建筑(约 40 分钟)。参观土特产超市,品尝各色土特产(约 40 分钟)。欣赏享有"中华第一街"盛誉的长安街夜景,感受它的灯火辉煌。可自费参观精彩的京味文化杂技表演(另行付费)。

早餐:√　　中餐:√　　晚餐:√　　住:北京

第七天　参观京城"天地日月"诸坛之首的"皇家祭坛"天坛公园(约 1.5 小时)。参观新前门大栅栏步行街,观修葺一新的廊房头条,品尝隐藏于京城胡同里的各色老字号小吃——爆肚、门钉肉饼、小肠陈、豆汁、奶酪等,感受老北京风情(约 1 小时)。午餐后,视航班情况乘机返程,结束愉快的旅行。

早餐:√　　中餐:√　　晚餐:×

(十三)齐鲁旅游专线

齐鲁旅游专线涵盖了山东省的济南、曲阜、威海、青岛、烟台等多个城市,不仅拥有以青岛、烟台、威海为主要吸引物的海滨休闲度假为主题的海滨休闲游产品,而且有以泰山、曲阜、济南为主要吸引物的“山、水、圣人”黄金旅游线，下面精选了一条山东全境旅游线路供旅游界同人学习借鉴，该产品由山东济南国信旅行社提供。

齐鲁旅游产品案例：济南、曲阜、泰山、青岛、威海、烟台、蓬莱山东全线双飞八日游

第一天 遥墙国际机场/济南市区(30 公里，行车约 40 分钟)

从出发地乘机赴济南，接团后游览观赏素有“小西湖”之称的——大明湖(约 1 小时)，之后游览被乾隆皇帝称为“天下第一泉”的趵突泉(约 40 分钟)，泉水自地下岩溶洞的裂缝中涌出，一字排开，分三股向上喷涌，游客在此可尽情尽兴地赏泉、读泉、听泉、恋泉，之后游览集中体现泉城“山、泉、湖、城、河”之泉城特色的济南的中心广场——泉城广场(约 20 分钟)，晚餐自费品尝当地特色饺子宴。

早餐:× 中餐:× 晚餐:√ 住:济南

第二天 济南/曲阜(150 公里，行程约 2 小时)/泰安(70 公里，行程约 1 小时)

早餐后，乘车赴历史名城至圣先师孔子的故乡——曲阜，参观历代祭祀孔子的地方——孔庙(约 1.5 小时)，参观孔子故宅以及孔子后裔居住办公的宅院——孔府(约 1 小时)。午餐后，参观世界上最大的家族墓地“孔子家族墓地”——孔林(约 1 小时)，乘车赴泰安，途中参观中华奇石——木鱼石展厅及土特产超市(约 40 分钟)，抵达泰安后吃晚餐，晚餐后，入住酒店。

早餐:√ 中餐:√ 晚餐:√ 住:泰安

第三天 泰山一日游

早餐后，游览中国十大名山之首、五岳独尊的泰山风景区，从天外村乘环保车至中天门(30 分钟)，步行至南天门，途中游览快活三里、斩云剑、云步桥、十八盘、五大夫松、升仙坊等景点，过南天门后，天街、大观峰、碧霞祠、青帝宫、唐摩崖石刻、玉皇顶、无字碑等景点，步行下山至南天门，坐索道至中天门乘环山旅游车下山至天外村。晚餐后，乘 D6062 次(19:15/22:46)硬座赴青岛，接火车后入住酒店。

早餐:√ 中餐:√ 晚餐:√ 住:青岛

第四天 青岛一日游

早餐后，游览青岛的最佳观景点——信号山，俯瞰岛城“红瓦绿树、碧海蓝天”的独特风貌(40 分钟左右)，游览百年岛城的标志性建筑——栈桥(约 30 分钟)，自费参观海底世界(约 2 小时)，参观海润超市(50 分钟)，游览新青岛的象征——五四广场，观赏“五月的风”大型雕塑，一览 2008 奥帆赛场——浮山湾(约 30 分钟)、海滨浴场、海滨木栈道等美景；逛音乐广场、东海路雕塑一条街，特别赠送：参观青岛啤酒的百年历程及工艺流程青岛啤酒博物馆，感受青岛独特啤酒文化(约 40 分钟)。晚上可自费品尝当地特色小吃。

早餐:√ 中餐:√ 晚餐:√ 住:青岛

第五天 青岛/威海(300 公里，行车约 3 小时)

早餐后，乘车赴海上道教名山——崂山（行车约1个小时），游览八水河以及崂山十大名景之一的龙潭飞瀑（约2小时）；远眺著名的海蚀石——石老人，崂山第一奇石——青蛙石，远观海中石老人。参观茶艺表演、海产品购物（约40分钟），之后，乘车赴中国第一个国家卫生城市威海入住酒店。

早餐：√　　中餐：√　　晚餐：√　　住：威海

第六天　威海/蓬莱（160公里，行车约2小时）

早餐后，乘船游览刘公岛和博览园，观甲午海战演示馆、英租威海卫历史展览馆、水琴等景（游览约2小时）。乘船出港，观北洋水师的旗舰、甲午海战的中流砥柱、中国第一艘铁甲战列舰——定远舰，甲午英雄的故事、铁甲巨舰的雄风、黄海大战的惨烈、“亚洲第一”的强国梦都将在这里与您相会（参观约40分钟）。午餐后，参观威海清华紫光店（约1小时），之后前往韩国购物城自由购物，挑选称心的衣饰（约1.5小时），乘车赴蓬莱。

早餐：√　　中餐：√　　晚餐：√　　住：蓬莱

第七天　蓬莱/烟台（80公里，行车约1小时）

早餐后，乘车赴蓬莱阁风景区，参观会仙阁、望瀛楼、八仙祠、戚继光故里、水师府、古船博物馆、天后宫、蓬莱水城等景点，观黄海、渤海分界线（约2小时）；之后乘车赴烟台，参观亚洲唯一保存最完整、最密集的近代外国领事馆群（约40分钟），参观百年张裕地下大酒窖，了解张裕酒文化的发展史，品尝百年张裕酒（约1小时）；参观蓬莱晋鹿刀具店（约1小时），去烟台滨海路观光，逛海天名人广场，观赏APEC会展外景。

早餐：√　　中餐：√　　晚餐：√　　住：烟台

第八天　烟台/青岛（220公里，行车约3小时）/机场（30公里，行车约0.5小时）

早上乘车赴青岛，视航班情况乘机返程，结束愉快的旅行。

早餐：√　　中餐：√　　晚餐：×

（十四）华东旅游专线

华东旅游专线也是中国热度最高、最知名的旅游专线，包括上海、江苏、浙江三个省级地区，这条专线将现代都市文化、古典江南名城、江南水乡风情、名胜古迹、自然风光完美地结合在一起。笔者精选了一个华东精华旅游产品和一个杭州、千岛湖、黄山旅游产品供旅游界同人学习借鉴，该产品由南京大华国际旅行社提供。

1. 华东旅游专线案例：上海、南京、无锡、苏州、杭州华东五市休闲观光六日游

第一天　从出发地乘机赴上海，接机后入住酒店。

早餐：×　　中餐：×　　晚餐：√　　住：上海

第二天　早餐后，乘车游南浦大桥（约1小时）、浦东新区和黄浦江江底隧道，观APEC会议会场、金茂大厦外景；观2010年世界博览中国馆，漫步于万国建筑博物馆——外滩,游中华第一商业街——南京路步行街(约1小时),到城隍庙购物,逛上海老街,自费品尝各式小吃:南翔小笼包、酒酿丸子等上海风味小吃,领略上海百年文化底蕴、参观希尔曼刀具店(约40分钟),晚上自费观赏"东方夜巴黎"之称的上海夜景(含东方明珠中球或金茂大厦88层及黄浦江游船、车费、导游服务费,另行付费,约2小时)。

早餐:√　　　　中餐:√　　　　晚餐:√　　　　住:上海

第三天　早餐后,乘车前往六朝金粉之地——南京(行车约4小时)。抵达后,游览阅江楼景区,阅江楼地处有"狮岭雄观"之称的狮子山上,登楼远眺浩瀚的江水滚滚东去,背江而望,金陵全景尽收眼底,忆英雄郑和下西洋风雨沧桑六百年(游览约1小时)。参观南京大屠杀纪念馆(周一闭馆,约40分钟),参观雨花台风景区(约1小时)。游览秦淮风光夫子庙一条街,走乌衣巷,感受旧时金陵的繁华(约1.5小时)。

早餐:√　　　　中餐:√　　　　晚餐:√　　　　住:南京

第四天　早餐后,乘车前往无锡(行车约3小时),游览太湖第一胜景——国家AAAA级景区鼋头渚(约2小时),乘船游太湖,游览三山仙岛、包孕吴越等景点。中国当代大文豪郭沫若写诗道"太湖佳绝处,毕竟在鼋头";参观无锡紫砂馆(约40分钟),后赴水乡同里,一览水乡风情,游览同里"一园、两堂、三桥",感受江南水乡的吴侬软语(游览时间约1.5小时),后乘车赴苏州。晚餐后,赠送苏州七里山塘夜游,感受苏州夜晚大红灯笼高高挂的情景,再现"君到姑苏见,人家尽枕河"的夜色苏州。

早餐:√　　　　中餐:√　　　　晚餐:√　　　　住:苏州

第五天　早餐后,游览因唐代诗人张继《枫桥夜泊》一诗而扬名的寒山寺(约1小时),听古寺钟声,登古塔。游中国园林的代表、苏州四大园林之一的狮子林(约2小时)。之后,参观美籍华裔设计师贝聿铭亲自设计的苏州博物馆(周一闭馆或遇政府接待闭馆)。后参观苏州珍珠馆(约40分钟),接着乘车赴杭州,中途可品杭白菊(约40分钟),晚餐之后可自费观看西湖之夜、印象西湖或宋城千古情表演。

早餐:√　　　　中餐:√　　　　晚餐:√　　　　住:杭州

第六天　早餐后,坐船游览美丽的西湖(约40分钟),泛舟湖上您可欣赏到白堤风光、苏堤春晓、孤山景区、雷峰塔、宝俶塔、断桥、三潭印月等景观,远眺六和塔、钱塘江。欣赏西子姑娘丝绸表演(约1.5小时),游西湖十景之一的花港观鱼公园(约40分钟),观牡丹亭、红鱼池。游钱江新城,登城市阳台,观钱塘江风光。午餐后视航班情况乘机返程,结束愉快的旅行。

早餐:√　　　　中餐:√　　　　晚餐:×

2. 华东自然山水旅游产品案例:杭州、千岛湖、黄山四日游

第一天　乘机飞杭州,前往西湖风景区,船游西湖,观三潭印月(约50分钟)、岳王庙(约40分钟)、灵隐飞来峰(香花券自理,约70分钟)、梅灵茶庄龙井问茶(约40分钟)、虎跑梦泉(约40分钟)、黄龙洞(约30分钟)、丝绸文化表演(约60分钟)、宋城景区(约50分钟)。

早餐:× 中餐:× 晚餐:× 住:杭州

第二天 早餐后,乘车赴千岛湖(约2小时),途经胡子王珍珠刀具用品店(约30分钟),随后抵达游船码头后(10:00左右),乘船游中心湖区五龙景区(锁世界、真趣园、鸟岛、渔乐桥、奇石苑,约1.5小时)和龙山岛景区(约30分钟),船上用中餐(约30分钟,费用自理),下午15:00左右从淳安码头乘船至深渡码头,大约18:00从深渡码头乘车至黄山风景区。

早餐:√ 中餐:× 晚餐:× 住:黄山下

第三天 早上7:00出发,换乘景区交通工具上山,7:40到后山云谷寺可选择走路或坐索道上山,11:00集合游白鹅岭、始信峰、黑虎松、北海景区、梦笔生花、十八罗汉朝南海、龙爪松、连理松、猴子观海、团结松,14:30到西海排云亭、仙人晒靴、武松打虎;入住酒店(游览时间大约7小时)。

早餐:√ 中餐:× 晚餐:× 住:黄山上

第四天 5:10~5:30看日出,游光明顶、鳌鱼峰、莲花亭、玉屏楼景区、迎客松等,下山观古徽州茶艺表演,游春茗茶场或茶源楼(约50分钟),御风堂免费蛇油膏腿部按摩(约50分钟),下午返程,结束愉快的行程。

早餐:√ 中餐:× 晚餐:× 住:温馨的家

(十五)江西旅游专线

江西旅游专线主要以自然山林风光和红色旅游为主线,除了有以井冈山、婺源、庐山等自然风光和革命历史相融合的自然美景和红色旅游线路外,还包括以龙虎山、葛仙山为代表的道教文化的宗教朝圣旅游线路。下面精选了一条江西精华旅游线路产品供旅游界同人学习借鉴,该产品由江西万达亚细亚旅行社提供。

江西精华旅游产品案例:九江、婺源、景德镇、庐山精华五日游

第一天 从出发地赴江西省九江市,接团后入住酒店。可欣赏九江市美丽的城市风光。

早餐:× 中餐:× 晚餐:× 住:九江

第二天 早餐后,乘车前往中国最美丽的村庄——婺源。游李坑,那里村落群山环抱,风光旖旎,明清古建遍布;村内街巷溪水贯通、九曲十弯;数十座溪桥连通两岸,构筑了一幅小桥、流水、人家的美丽画卷,大约90分钟。游晓起村那里有古朴典雅的明清民居,曲折宁静的街巷,青石铺就的驿道,野碧风清的自然环境,遮天蔽地的古树。其中“进士第”、“大夫第”、“荣禄第”等官宅气派堂皇,而村头青石护栏的古道、古亭以及梁柱间族人“高中(进士)捷报”、依稀可辨的“江氏宗祠”,也很容易让人想象古村当年的显赫与繁华(游览时间60分钟)。参观伟人故里江湾，江湾建村于唐代，江湾自古便是婺源通往皖浙赣三省的水陆交通要塞，是婺源的东大门（游览时间60分钟）。

早餐：√　　　中餐：×　　　晚餐：×　　　住：九江或婺源

第三天　早餐后，观祥云山风景区。景区内山清水秀，竹木葱郁；远观古村落，飞檐翘角、粉墙黛瓦；近看星江水，蜿蜒曲折、玉带缠腰。游"古树迎宾"、"临江览胜"、"古石滩""红军岩"、"千年古刹黄莲寺"等，若进入寺庙参观，请务必慎重捐赠，寺内香火等消费我社不负责追偿（此为赠送景区，游览时间60分钟）；游森林水世界卧龙谷（约90分钟）。观鸳鸯湖景区（60分钟）。中餐后，途经景德镇，逛景德镇瓷器广场（自由购物，40分钟），18：00左右返九江，后入住宾馆休息。

早餐：√　　　中餐：×　　　晚餐：×　　　住：九江

第四天　早上集合，乘车前往世界文化遗产景观——庐山游览，如琴湖、天桥、锦绣谷、好运石、险峰、谈判台旧址、观妙亭、仙人洞、石松、御碑亭（80分钟）；游览湖光山色的含鄱口，远眺五老峰（30分钟），乘大口索道游览彩虹瀑布（90分钟）；芦林湖、庐山博物馆（芦林1号别墅）、毛泽东诗碑园（40分钟）；庐山会议旧址外景、庐山大厦（20分钟）；晚上牯岭镇街心公园自由漫步，欣赏云中山城、万国建筑风情。

早餐：√　　　中餐：×　　　晚餐：×　　　住：庐山

第五天　车览中国第一亚高山植物园——庐山植物园；游素有"不到三叠泉，不算庐山客"之称的三叠泉瀑布（180分钟）；游千年学府四大书院之首的白鹿洞书院（40分钟）、宋江醉酒题反诗之地——浔阳楼（20分钟）、"白荻波光当岸绕，黄梅山色过江来"——锁江楼（20分钟）以及白居易作出"同是天涯沦落人，相逢何必曾相识"千古奇唱之处——琵琶亭（20分钟）；结束愉快行程，返回九江后送团，返回温馨家园！

早餐：√　　　中餐：×　　　晚餐：×　　　住：温馨的家

（十六）湖南旅游专线

湖南旅游专线以张家界为主要目的地，同时涵盖长沙、韶山、岳阳等地。湖南旅游专线主要以自然风光游为主题，融森林湖泊风光、溶洞瀑布风光、山脉古镇风光为一体，加上少数民族风情和历史文化、田园风光，形成了一条独具韵味的浪漫山水观光线路。下面精选一个湖南全境产品供旅游界同人学习借鉴，该产品由张家界纳百利国际旅行社提供。

湖南全景游产品案例：张家界、黄龙洞、猛洞河、凤凰古城、长沙、韶山双飞八日游

第一天　荷花机场/张家界市区（8公里，行车约15分钟）

从出发地乘机赴张家界，接机后入住酒店。

早餐：×　　　中餐：×　　　晚餐：√　　　住：张家界市区

第二天　张家界/天门山(单程8公里,行车约20分钟)

早餐后,乘车赴天门山风景区,乘天门山索道登张家界之巅云梦仙顶俯瞰张家界全景,体验凌空独尊的豪情,一览山河的壮美(约1小时)。之后,乘山顶小缆车(另行付费项目)至樱桃湾,参观天界佛国天门山寺,感悟仙山名刹的神圣、朝拜释迦牟尼舍利子等(约1小时);赴西线体验鬼谷栈道的惊心动魄,体验"云生脚下、奇峰尽览、万象目中"的豪迈感觉,返凌霄台欣赏城区风光,领略山水长卷的磅礴气势(约1小时),返索道上站广场。午餐后,乘索道下山至中站,换乘观光车体验"天下第一公路奇观"99弯通天大道,攀登999级台阶的上天梯,参观1999年世界特技飞行大师驾机穿越的天门洞(约2小时),乘观光车下山至索道中站,换乘索道下山,乘车返张家界市区。

早餐:√　　中餐:√　　晚餐:√　　住:张家界市区

第三天　张家界/森林公园(35公里,行车约50分钟)

早餐后,乘车赴中国第一个国家级森林公园——张家界国家森林公园,游览大氧吧广场(每立方厘米空气中含8~10万个负氧离子),登海拔1200米的张家界最大的凌空观景台——黄石寨(另行付费项目,可选择乘索道或选择徒步登山),千山万壑尽收眼底,沿着山顶环寨游道行走,可欣赏到黄石寨绝美的自然风光,沿途可欣赏六奇阁、摘星台、双门迎宾、五指峰、雾海金龟等武陵绝景(游览约3小时)。午餐后,漫步游览全长7.5公里的金鞭溪,沿途游览金鞭岩、神鹰护鞭、劈山救母、醉罗汉、文星岩、紫草潭、千里相会、水绕四门、观音送子、师徒取经、长寿泉、蜡烛峰、双龟探溪、秀才藏书等著名景点(游览约2.5小时)。

早餐:√　　中餐:√　　晚餐:√　　住:武陵源风景区

第四天　武陵源/天子山索道(单程10公里,行车约20分钟)

早餐后,乘车前往世界峰林奇观——天子山风景区(另行付费项目,可选择乘索道或徒步登山),游览天子阁、西海石林、御笔峰、仙女献花、贺龙公园、贺龙铜像等武陵绝景(约2小时)。乘坐百龙天梯上袁家界,游览天下第一桥、迷魂台、后花园等景点(约1小时);同时还可以自费游览千年土家山寨——袁家寨子(另行付费,游览约2小时)。午餐后,游览巧夺天工的十里画廊(另行付费项目,可选择乘坐观光小火车,或步行),沿途可欣赏全家福、三姐妹峰、向王观书、寿星迎宾、采药老人、锦鼠观天、猛虎啸天等景点(约3小时);然后,乘区间车返武陵源。如有体力,可选择游览袁家界风景区,这是另行付费项目。

早餐:√　　中餐:√　　晚餐:√　　住:武陵源风景区

第五天　武陵源/黄龙洞(10公里,行车约20分钟)/张家界(30公里,行车约50分钟)

早餐后,乘车前往亚洲最佳洞府——黄龙洞风景区,参观洞中著名景点:龙舞厅、响水河、天仙水、天柱街、龙宫、迷宫、定海神针等景点(约3小时)。午餐后,游览宝峰湖风景区,参观《西游记》水帘洞实景拍摄基地——宝峰飞瀑,乘船游览宝峰湖,在游船上领略宝峰湖秀美的高山平湖风光。在欣赏宝峰神女、孔雀开屏、金蟾含月、神龟望月等景点的同时,你还可以聆听土家阿哥、阿妹唱山歌(约3小时)。游览完之后乘车返张家界,途经土家领袖向王天子与官兵血战百日的千年古战场百丈峡;晚餐后,在张家界自由活动。

早餐:√　　中餐:√　　晚餐:√　　住:张家界市区

第六天　张家界/猛洞河(100公里,行车约1.5小时)/凤凰古城(140公里,行车约2小时)

早餐后,乘车赴猛洞河风景区,途中欣赏三湘四水田园风光,抵达后参加天下第一漂——猛洞河漂流,体验激情山水、与浪共舞的漂流(约3小时)。从哈妮宫出发顺流而下,一叶扁舟,出没浪端谷底,途经三角岩、鸡笼门、捏土瀑布、阎王滩、落水坑瀑布、梦思峡等数十个景点,络绎而至,美不胜收。午餐后,游览刘晓庆、姜文主演的《芙蓉镇》拍摄点王村,漫步在湘西边陲小镇的青石板上,参观湘西土家族民居——吊脚楼(约1.5小时)。之后,乘车赴凤凰古城,晚餐后,在凤凰古城自由活动。在沱江边上放飞河灯,为家人、朋友祈祷,祈福,泛泛沱江之水伴着您美好的愿望,在凤凰之夜成为一道亮丽的风景线;走在明清风格的石板街上,感受沈从文笔下《边城》的古朴,丰富繁多的当地特产、手工艺品更是让你爱不释手。

早餐:√　　中餐:√　　晚餐:√　　住:凤凰古城

第七天　凤凰古城/长沙(620公里,行车约8小时)

早餐后,游览中国最美的古城——凤凰,欣赏明清风格的石板街、万名塔、跳岩、沙湾吊脚楼、北门城楼、凤凰文化广场、古城墙等凤凰古城佳景,参观沈从文故居、杨家祠堂、东门城楼、虹桥艺术楼、熊希龄故居等景点(约2小时),游览结束后乘车赴长沙,晚餐在百年老店火宫殿或西湖楼品尝正宗湘菜。

早餐:√　　中餐:√　　晚餐:√　　住:长沙

第八天　长沙/韶山(单程90公里,行车约1.5小时)

早餐后,乘车赴红色之乡、人杰地灵的韶山(1.5小时),参观毛主席故居、滴水洞、毛主席图书馆,铜像广场拍照留念(约1.5小时)。午餐后视航班情况乘机返程,结束愉快的旅行。

早餐:√　　中餐:√　　晚餐:×

(十七)四川专线

四川旅游专线涵盖了九寨黄龙、甘孜阿坝、峨眉乐山等一大批品位高、组合优良的旅游产品。四川省素有"天府之国"的美誉,是中国拥有世界遗产数量最多、种类最齐全的省份。在这里,不仅可以观赏到雄奇险秀的自然风光,还能体验藏、羌、回、苗、彝等多姿多彩的民族风情,更可品味古蜀以来积淀深厚的巴蜀文化,感受革命历史遗迹的红色情怀。下面精选一条四川专线的经典产品供旅游界同人学习借鉴，该产品由成都熊猫国旅提供。

四川精华旅游案例：成都、九寨沟、乐山大佛、峨眉山、都江堰、青城山四飞八日游

第一天　双流国际机场/成都（15公里，行车约20分钟）

从出发地乘机赴成都，接团后入住酒店。

早餐：×　中餐：×　晚餐：√　住：成都

第二天　九黄机场/黄龙（75公里，行车约80分钟）/九寨沟口（140公里，行车约2.5小时）

早上乘机赴九黄机场，接机后乘车赴世界级风景区"人间瑶池"黄龙（景区海拔3100米，客人须量力而行），抵达后乘缆车游览迎宾彩池、飞瀑流辉、金沙铺地、争艳彩池、黄龙寺、五彩池等景点，亲身体验六绝——"彩池、滩流、雪山、峡谷、古寺、民俗"的独特魅力（游览约4小时）。游览完后乘车经川主寺抵九寨沟口，途中参观阿坝州中药材展示厅、高原水晶展场、品尝绿色食品牦牛肉等（约1小时）。晚餐后，可参观具有民族特色藏羌族风情晚会（另行付费）。

早餐：√　中餐：√　晚餐：√　住：九寨沟口

第三天　九寨沟一日游

早餐后，乘车到九寨沟大门（约10分钟），换乘景区观光车进入世界自然文化遗产——"童话世界、人间仙境"九寨沟景区，游览九寨沟三条沟：树正沟、日则沟、则渣洼沟，参观《西游记》拍摄地——珍珠滩，《自古英雄出少年》的取景地——树正群海和古磨房，《英雄》外景地——箭竹海，先后游览熊猫海、长海、五彩池、树正瀑布、老虎海、犀牛海等风光奇丽的自然景观。

早餐：√　中餐：√　晚餐：√　住：成都

第四天　九寨沟/九黄机场（90公里，行车约1.5小时）

视航班情况乘机返成都，下午在春熙路、王府井逛街，体验休闲之都。

早餐：√　中餐：√　晚餐：√　住：成都

第五天　成都/乐山（140公里，行车约2.5小时）/峨眉山（35公里，行车约40分钟）

早上乘车赴乐山，途中参观锦龙水晶店（约40分钟），抵达后参观凌云寺、大雄宝殿、九曲栈道、石刻弥勒佛坐像、凌云栈道、东坡书院、海师洞等景点，参观乐山大佛后乘车赴峨眉山。

早餐：√　中餐：√　晚餐：√　住：峨眉

第六天　峨眉/成都（170公里，行车约3小时）

早餐后，换乘景区观光车前往雷洞坪停车场（60公里，约1.5小时），之后上山前往接引殿缆车站，乘索道上金顶，游览金顶风光：舍身崖、华藏寺、卧云庵、拜金顶十方普贤圣像;在佛光的普照下,体悟峨眉山博大精深的佛教文化;尽享"云上金顶,天下峨眉"的峨眉金顶风光,感受"中国第一山"的无穷魅力(游览约3小时)。下山乘车抵达万年寺停车场,步行前往游览峨眉山风景最秀丽的半山景区万年寺,之后步行至五显岗乘观光车下山参观清音阁、一线天、生态猴区等景点(游览约2小时),游览结束后乘车返成都。

早餐:√　　　　中餐:√　　　　晚餐:√　　　　住:成都

第七天　成都/都江堰(50公里,行车约1小时)/青城山(12公里,行车约20分钟)/成都

早上乘车赴都江堰市,参观中华第一古堰都——江堰水利工程(约2小时),中餐后乘车赴青城山风景区游览,乘索道登上清宫,游览鸳鸯井、麻姑池,参观千年银杏树等景点(游览时间约4小时),下午乘车返成都(60公里,行车约1.5小时)。

早餐:√　　　　中餐:√　　　　晚餐:√　　　　住:成都

第八天　双流国际机场/成都(15公里,行车约20分钟)

视航班情况乘机返程,结束愉快的旅程。

早餐:√

(十八)西藏专线

西藏专线和新疆专线是中国国内旅游线路中最高端的两个产品,西藏不但有拉萨、林芝、日喀则等著名旅游城市,而且还有高原风情和藏族民风民俗的完美结合,因而成为所有旅游达人心中的旅游圣地。西藏旅游专线主要以藏族民族宗教文化风情和高原雪山湖泊风光观光为主题,包括高原风光观光旅游线路、藏传佛教宗教朝圣和文化探寻旅游线路、藏族少数民族风情和历史旅游线路。下面精选一条西藏精华游产品供旅游界同人学习借鉴,该产品由中国著名品牌连锁旅游机构——西美之旅提供。

西藏精华游产品案例:拉萨、纳木错、林芝、日喀则、珠峰双飞十日全景游

第一天　航班/拉萨

从拉萨(海拔3658米)机场,乘车前往拉萨市区,感受高原纯净的空气。自由活动。

早餐:×　　　　中餐:×　　　　晚餐:×　　　　住:拉萨

第二天　拉萨市内一日游(市内游览车程按照100公里计算)

早餐后,游览令人魂牵梦绕的布达拉宫(海拔3756米,游览时间约1小时)。布达拉宫建于公元7世纪,位于拉萨古城西侧,红山之上,分为红宫和白宫两部分,宫中保藏大量的珍贵文物和精美壁画,历代达赖喇嘛的灵塔也供奉于此,您在这里将能感受到它无比的庄严和神秘。参观藏药厂(游览时间约40分钟)。下午,参观拉萨最古老的寺庙——大昭寺(海拔3650米,游览时间约1小时)。大昭寺建于公元7世纪,供有当年文成公主带进西藏的释迦牟尼十二等身金像,这尊由佛祖自己

开光加持的佛像在佛教徒心中是最为神圣的，人称“觉卧”，一见可得解脱。最后参观西藏五色土工艺品有限公司（简称西苑天珠，40分钟），晚餐后入住酒店休息。

早餐：√　　中餐：√　　晚餐：√　　住：拉萨

第三天　拉萨/羊八井/纳木错（柏油马路，往返500公里，行驶约9小时）

早餐后，乘车翻越海拔5190米的那根拉山，前往位于拉萨市西北部、世界上海拔最高的咸水湖——纳木错（海拔4718米，游览时间约1.5小时）；这里湖滨广阔、水草丰美、瑰丽迷人，像一粒晶莹的明珠镶嵌在万里羌塘的草原上。沿途眺望纳木错的保护神，海拔7117米的念青唐古拉峰。然后，前往位于藏北草原、在白雪皑皑的群山环抱之中的羊八井地热蒸汽田，游览羊八井地热高原温泉（海拔4300米，费用自理，游览时间约1.5小时），可在温泉中洗尘祛病，地热水温保持在47℃左右，含丰富的矿物质，对于各种皮肤疾病有绝佳疗效；途观中国最大的地热发电站——羊八井地热发电站。返回拉萨，之后参观西藏三大土特产奇圣土特产商店（游览时间约1小时）。晚餐后入住酒店休息。

早餐：√　　中餐：√　　晚餐：√　　住：拉萨

第四天　拉萨/林芝（柏油马路，全程500公里，行驶约10小时）

早餐后，乘车从拉萨出发，翻越海拔5013米的米拉山。沿途欣赏尼洋河河谷风光，前往有西藏江南之称的林芝地区。途中参观错高湖（海拔3538米，游览时间约1小时），错高湖又名巴松错，藏语意为“绿色的水”；湖中有座小岛，岛上有一座宁玛派古寺，错松庙；湖心岛上还有一棵千年奇树，桃抱松，此树一树二质，据说每片叶上都有神迹，更令巴松错蒙上一层神秘色彩。雪峰、冰川、原始森林、古迹将巴松错紧紧环绕，使这里宛如人间仙境，令人陶醉于山水之间，禅思于尘世之外。之后继续行车，前往林芝八一镇（海拔约2900米）。晚餐后，入住酒店休息。

早餐：√　　中餐：√　　晚餐：√　　住：林芝

第五天　林芝/拉萨（柏油马路，全程460公里，行驶约9小时）

早餐后，驱车前往千年柏树王（游览时间约40分钟），参观已有2600年历史的巨柏古树，巨柏又称雅鲁藏布江柏木，特产于雅鲁藏布江的尼洋河下游。后乘车返回拉萨，沿途参观太昭古城、中流砥柱、阿沛庄园；雪山冰川、河滩谷地、高原草场会令你眼花缭乱，叹为观止。晚餐后，入住酒店休息。

早餐：√　　中餐：√　　晚餐：√　　住：拉萨

第六天　拉萨/日喀则（柏油马路，全程380公里，行驶约8小时）

早餐后，乘车从拉萨出发，翻越海拔4700米的岗巴拉山。游览西藏三大圣湖之一的羊卓雍错（海拔4441米，游览时间约1小时），藏语意为“天鹅池”；是喜马拉雅山北麓最大的内陆湖，湖水碧蓝清澈、绚丽多彩。远观世界上海拔最高的抽水蓄能电站——羊湖电站。之后，乘车前往日喀则，途观气势磅礴的高原冰川，电影《红河谷》的实景拍摄地，卡若拉冰川。来到西藏历史上著名的英雄城——江孜镇;再驱车前往后藏重地——日喀则,晚餐后,入住酒店休息。

早餐:√　　中餐:√　　晚餐:√　　住:日喀则

第七天　日喀则/定日(协格尔)

早餐后,前往新定日县城——协格尔。快到协格尔时,即可远眺珠穆朗玛峰的雄姿。沿途您将翻越海拔5220米的嘉错拉雪山,晚餐在当地餐厅。在拉孜稍做停留后赶往定日,在此你可以买到一些藏族孩子捡来的海生物化石标本(温馨提示:今日车程较长,但沿途自然风光很美,午餐和晚餐在途中不一定可口,自己要多准备点零食以及方便面食物。绒布寺气温较低,因为海拔太高,温度下降,请注意防寒保暖!此日户外停留时间较长,请准备太阳帽、墨镜、防晒霜及饮用水。此天车程比较长,沿途有美丽风景做伴,您不会觉得枯燥乏味。)。

早餐:√　　中餐:√　　晚餐:√　　住:珠峰

第八天　定日(协格尔)/珠峰绒布寺/日喀则

清晨,前往世界上海拔最高的珠峰自然保护区,参观建于1899年的西藏红教寺庙绒布寺(费用自理)。该寺位于珠峰北坡的绒布冰川末端,海拔5154米,是世界上海拔最高的寺庙。该寺距离珠峰顶约20公里,在这里您可以一睹世界第一高峰——珠穆朗玛峰的雄姿,并徒步(或选择马车)前往珠穆朗玛峰大本营(海拔5200米,游览时间2~3小时)。感受大自然的壮丽,如果幸运的话,还可以看到犹如生命之火般飘荡的珠峰旗云。到绒布寺,最吸引人的就是附近的珠穆朗玛峰。很多登山专家认为绒布寺所在地正是观看珠穆朗玛峰的最佳位置。从这里出发经过峡谷、悬崖与怪石到珠穆朗玛峰大本营。看珠穆朗玛峰最好是在清早,此时景色最是宜人;晚返回日喀则。

早餐:√　　中餐:√　　晚餐:√　　住:日喀则

第九天　日喀则/拉萨(柏油马路,全程300公里,行车约6小时)

早餐后,游览黄教六大寺院之一的扎什伦布寺(海拔3836米,游览时间约1.5小时),藏语意为“吉祥的须弥山”,也是历代班禅的驻地。主要建筑有:错钦大殿、阿霸扎仓、四世至九世班禅合葬的扎什南捷,以及十世班禅大师灵塔殿、强巴佛殿和晒佛台等。强巴佛殿中,供奉着世界最大的镀金铜佛像——强巴坐佛;其净高为22.4米,总高26.2米。之后乘车经中尼公路沿雅鲁藏布江返回拉萨。晚餐后入住酒店休息。

早餐:√　　中餐:√　　晚餐:√　　住:日喀则

第十天　拉萨/出发地

早餐后,乘车赴拉萨贡嘎机场;带着藏区给您的感动和美好回忆回家,结束愉快的旅程。

早餐:√　　中餐:×　　晚餐:×　　住:温馨的家

(十九)云南旅游专线

云南旅游专线是中国为数不多的可以一年四季进行运营的热门线路,它有横跨从高原到热带雨林的自然风光,汇集了多个少数民族的风情与文化。既有少数民族风情体验线路,又有动植物观赏生态旅游线路。下面精选一条云南经典游产品供旅游界同人学习借鉴,该产品由云南新云美国际旅行社提供。

云南经典游产品案例:云南昆明、大理、丽江经典双飞六日游

第一天 从出发地前往昆明

乘班机飞往昆明,鲜花接机,入住酒店。自由活动,酒店稍作休整后,可以自行到南屏步行街,品尝昆明特色风味小吃。

早餐:× 中餐:× 晚餐:× 住:昆明

第二天 昆明/大理(380公里,车程约4小时)/大理古城/丽江(180公里,车程约3.5小时)/束河古镇

早餐后,乘车至大理,抵大理游叶榆天泽景区,巍峨矗立的苍山、碧波万顷的洱海尽收眼底(游览时间约10~15分钟),中餐品味正宗大理白族风味砂锅鱼,游览“文献名邦”——大理古城,漫步于驰名中外的外国人旅居的家园——“洋人街”,体会独特的异国风情(参观时间约40分钟)。乘车前往丽江,抵达丽江,晚餐品尝著名农家食府——食尚轩纳西风味。晚餐后,赠送游览丽江古城的孪生姐妹——束河茶马古镇(游览时间约40分钟)。

早餐:√ 中餐:√ 晚餐:√ 住:丽江

第三天 丽江/玉龙雪山(20公里,车程约30分钟)/东巴谷/玉水寨/丽江古城

早餐后,前往具有“东方瑞士”之称的玉龙雪山风景区(约1.5小时,不含排队和上索道时间),乘云杉坪索道(自理)上雪山,游“高原牧场”——甘海子、白水河。游览东巴谷(游览时间约40分钟)。游览同为东巴圣地的玉水寨,下午游览大研古城四方街(古城维护费自理),在世界文化遗产丽江古城中寻味纳西民族的淳朴文化。晚餐可自费品尝丽江特色王府宴或古城内纳西特色风味小吃。

早餐:√ 中餐:√ 晚餐:× 住:丽江

第四天 丽江/观音峡/新华民族村/楚雄(180公里,车程约3小时)/楚雄长街宴

早餐后,乘车前往大理,途中游览被称为“丽江幸福之门”的观音峡(自费),途游集田园风光、民居、民俗和民族手工艺品生产加工为一体的白族村寨——新华民族村(参观时间约1小时)。抵大理后,乘感通索道畅游苍山大峡谷——金庸武侠小说里的点苍山,巍峨幽深的峡谷、清澈透亮的清碧溪水,还有重达数百吨的珍珑棋局实景,一步一景,目不暇接。登高望远,星罗棋布的白族村寨,洱海上白帆点点,尽收眼底(赠送游览,参观时间约1小时)。乘车赴楚雄,晚上漫步彝人部落,参与“天

天长街宴,夜夜火把节”特色彝族节日活动节目——长街宴(自费),参观彝族同胞摆起千人的长街宴,重现对酒当歌庆新年之胜景(用餐和活动时间约1小时)。

早餐:√　中餐:√　晚餐:√　住:楚雄

第五天　楚雄/昆明(180公里,车程2小时)/石林(80公里,车程约1小时)/七彩云南/昆明

早餐后,乘车赴昆明,乘车赴天下第一奇观“石林”、游览大小石林(游览时间约2小时),观赏多姿多彩的喀斯特地貌,体味彝族撒尼人的独特风情。中餐品味云南特色宜良烤鸭,游览七彩云南(观赏时间约1.5小时),品云南高原茶艺,聆听茶马古道的历史,了解中国茶文化的起源。之后,可自行前往位于七彩云南园内的孔雀园(赠送参观),观赏多姿多彩的孔雀、放松心情,团友集合完毕后,乘车返回昆明,晚餐安排鲜美可口的云南野生菌火锅,新鲜、绿色、自然的野生菌是集营养保健和食疗美容于一体的云南美食。晚上入住酒店休息。

早餐:√　中餐:√　晚餐:√　住:昆明

第六天　昆明/鲜花市场/机场/温暖的家

早餐后,逛鲜花市场(参观时间约1.5小时),您可自行购买鲜花。中餐品尝正宗的云南过桥米线,将几天来旅途中的兴奋和疲劳做片刻的放松。乘班机返温暖的家,把春城的真诚和美丽带给您的亲朋好友,服务结束!祝您旅途愉快!

早餐:√　中餐:√　晚餐:×　住:温馨的家

(二十)贵州旅游专线

贵州旅游专线是一条人文景观及自然景观相结合,集历史文化、民族文化、红色文化和自然风光为一体的旅游线路。这里气候常年温暖湿润,地质地貌景观和森林湖泊景观众多,还有苗、瑶、布衣等占全省人口接近40%的少数民族,以及悠久绚烂的历史,是一条生态旅游、文化旅游、休闲旅游、体验旅游、康体旅游等多种旅游形式综合发展的旅游线路。下面精选一个贵州旅游产品供旅游界同人学习借鉴,该产品由贵州青年旅行社提供。

贵阳花溪景区、遵义会议遗址、黄果树瀑布、龙宫、红枫湖双飞六日游

第一天　龙洞堡机场/贵阳(10公里,行车约20分钟)

从出发地乘机赴贵阳,贵阳接团后入住酒店。

早餐:×　中餐:×　晚餐:√　住:贵阳

第二天　贵阳/天河潭(25公里,行车约0.5小时)/贵阳(30公里,行车约0.5小时)

早餐后,乘车前往集山、水、洞三奇一体的天河潭风景名胜区,游览500米长的水洞和1000米长的旱洞(游览约1.5小时)。游览石头的世界布依族村寨——镇山村(约30分钟),看贵州八怪的——石板当瓦盖,之后到达青岩古镇用中餐,之后游览贵州距今600多年历史保存最完好的明清古镇——青岩古镇(约1.5小

时),之后游览贵阳市的后花园——花溪公园(约30分钟),之后乘车返贵阳。

早餐:√　　中餐:√　　晚餐:√　　住:贵阳

第三天　贵阳/遵义(180公里,行车约2小时)/贵阳(180公里,行车约2小时)

早餐后,乘车赴遵义,参观遵义会议会址、红军总政治部旧址、中国苏维埃银行旧址、红军烈士陵园(约2小时),中餐后参观国民党秘密集中营——息烽集中营(约1.5小时),乘车返贵阳,晚上夜游贵阳市标志性建筑——甲秀楼(约0.5小时),逛翠微园,大南门广场。

早餐:√　　中餐:√　　晚餐:√　　住:贵阳

第四天　贵阳/安顺/黄果树(137公里,行车约2.5小时)/安顺(37公里,行车约40分钟)

早餐后,前往黄果树景区,途中参观贵州三宝——神康药材馆(约40分钟),游览有万顷盆景,根藤笔墨绘制的千古绝画的天星桥景区(约1小时);后游览"亚洲第一大瀑布"——黄果树大瀑布,领略其雄奇和壮观,并感受《西游记》中水帘洞的神秘。瀑布半山腰内长达134米的水帘洞使其成为世界上唯一可以从六个面去观赏的大瀑布,您可以去倾听它、触摸它,可以从多个角度欣赏大瀑布的雄伟与壮观(游览约1.5小时),乘车赴安顺入住。

早餐:√　　中餐:√　　晚餐:√　　住:安顺

第五天　安顺/贵阳(160公里,行车约2.5小时)

早餐后,乘车赴有"天上瑶池,地下龙宫"之誉的龙宫(约1.5小时),这里有着"五最"、"一绝"等禀赋极高的风景资源,"吞石为洞,吐石为花,神宫赖水造;聚水成渊,覆水成瀑,胜景依石生",是龙宫景观的真实写照,龙宫是全世界天然辐射剂量率最低的地方。途中参观安顺三刀(约40分钟),之后,前往游览国内高原最大的人工湖——红枫湖(约1.5小时)。它不仅仅因湖泊面积大,更因湖上星罗棋布的小岛而吸引着众多游客。它的水域总面积为57.2平方公里,蓄水量可达6亿立方米,为贵州高原人造湖之最,据专家考证出来的数据显示,红枫湖比北京的十三陵水库大12倍,相当于6个杭州西湖。

早餐:√　　中餐:√　　晚餐:√　　住:贵阳

第六天　贵阳/龙洞堡机场(10公里,行车约20分钟)

早餐后,游览西南佛教名山——黔灵山(弘福寺,游览时间约1小时),观野生猕猴栖息之处;之后,参观黔秀园贵州土特产店采购礼品(约40分钟),中餐后乘机返程,结束愉快的行程。

早餐:√　　中餐:√

(二十一)广西旅游专线

广西旅游专线主要以山水甲天下的桂林为中心,以桂林山水游作为主题,既有水墨画卷般清新可人的桂林山水,又有闲适安逸体现人与自然和谐相处的田园风光。壮、汉、瑶、苗、侗等少数民族风情斑斓迷离，阳朔西街的小资情调和国际时尚让人感觉到浓郁的异域风情。下面精选一个广西精华游产品供旅游界同人学习借鉴，该产品由桂林假期之旅旅行社提供。

广西精华游产品案例：桂林漓江、冠岩、世外桃源、象鼻山、叠彩山、芦笛岩双飞五日游

第一天 两江机场/桂林(30 公里，行车约 40 分钟)

从出发地乘机赴桂林，接团后入住酒店。

早餐：× 中餐：× 晚餐：√ 住：桂林

第二天 早餐后，游览被誉为“漓江保护神”的半枕漓江——伏波山，参观地质矿产博物馆(约 40 分钟)。之后游览桂林之最、创两项吉尼斯世界纪录、号称“海、陆、空三维立体”的漓江冠岩景区(约 2 小时)，其自然景观、田园风光及风土人情独具特色(不含滑道费用)。晚餐后，游览刘三姐大观园(赠送，约 2 小时)。

早餐：√ 中餐：√ 晚餐：√ 住：桂林

第三天 早餐后，乘车赴磨盘山码头，游百里画廊漓江(游览时间约 4 小时)，沿途欣赏望夫石、九马画山、黄布倒影等名景，领略“江作青箩带，山如碧玉簪”的漓江秀丽风光。抵达码头后，乘车前往阳朔诗情画意的大榕树、月亮山景区，参观已经有 1400 多年树龄的大榕树(约 40 分钟)；之后，自由漫步洋人街。晚餐后，可自费观赏张艺谋导演的大型山水实景演出——印象刘三姐(另行付费，约 70 分钟)。

早餐：√ 中餐：√ 晚餐：√ 住：阳朔

第四天 早餐后，乘车返桂林，参观养生堂(约 40 分钟)。之后，游览国家AAAA 级景区——世外桃源(约 90 分钟)，让您走进陶渊明《桃花源记》中的人间圣地。游览被誉为“南方小故宫”的龙脉福地及“南天一柱”——王城·独秀峰景区(约 1.5 小时)，游桂林城徽——象鼻山(游览时间约 40 分钟)，然后，自由徒步游览榕湖、杉湖、玻璃桥、古南门景区。

早餐：√ 中餐：√ 晚餐：√ 住：桂林

第五天 桂林/两江机场(30 公里，行车约 40 分钟)

早餐后，游览大自然艺术之宫——芦笛岩(约 1 小时)，芦笛岩以玲珑瑰丽、虚幻、雄伟著称。参观北部湾海产(约 40 分钟)，之后登临桂林最高峰叠彩山，这里是最佳的观景台，可以俯瞰桂林全貌桂林美景，越山、四望山、与明月峰、仙鹤峰等美景尽收眼底(游览约 1 小时)。午餐后，乘机返程，结束愉快的旅行。

早餐：√ 中餐：√ 晚餐：×

(二十二)北海越南旅游专线

北海越南专线之所以独立于广西旅游专线，主要是因为北海拥有中国第一滩——银滩，同时和越南的下龙湾完美结合，成为中国海滨度假游的经典产品。它包含的主要游览地点有南宁、北海和越南三个地方，秀丽的南国风光、质朴的壮族民俗、浓郁的邻邦异域风情构成了这一独特的跨国旅游专线。另外，近几年推出的北海越南豪华邮轮精华线路，可在北海上舒适地观赏日出，更是受到全国各地旅游者的喜爱和追捧。下面精选一条北海越南专线的经典线路供旅游界同人学习借鉴，该产品由北海国际旅行社提供。

北海越南专线产品案例：南宁、北海、越南（下龙河内）豪华邮轮六日游

第一天　前往梦想之地，感受魅力南宁（约60分钟）

乘班机飞往南宁，专车返市区

早餐：×　　中餐：×　　晚餐：×　　住：南宁

第二天　清新北海，浪漫游玩

早餐后，乘车前往北海（约3小时），参观北部湾广场城雕——“南珠魂”（约30分钟）。中餐（约10分钟车程到达餐厅）后，游览以其“滩长平、沙细白、水温净、浪柔软、无鲨鱼”的特点，被誉为“中国第一滩”的北海银滩（游览时间约2小时，也可根据实际情况作相应调整，车程约25分钟），途中客人可自费参观AAAA级景点海洋之窗（约90分钟，不含3D电影），参观海港工艺品店（约30分钟）。客人还可自费参加环岛游（约2小时）。下午于指定时间（与公安局出入境管理科事先预约）、地点乘车返回市区（车程约30分钟）到北海公安局出入境管理科接受面见（约30分钟，视当天面见人数多少而变动）。参观万海珍珠城（30分钟左右），晚餐（车程约15分钟到达餐厅）可自费品尝美味价优的海鲜大餐（外沙海鲜大排档，客人自点）；20:00左右北海深水港码头联检出境（联检时间约60分钟、车程约30分钟），登豪华邮轮往越南下龙，开始神秘的越南之行。

早餐：√　　中餐：√　　晚餐：×　　住：邮轮

第三天　在河内，体验独特的异域风情

邮轮上用早餐后，约11:00抵下龙，邮轮上办理越南入境手续（约1小时），换乘越南特色的木船，在船上可边品尝越南风味餐边漫游世界八大自然遗产之一的“海上桂林”——下龙湾（游览时间约4小时）、斗鸡岛、狼狗石、香炉山、天宫洞等，并品尝越南特色午餐。其间，可自费前往越南最浪漫、最漂亮的岛屿——天堂岛（约2小时），后下船，乘车到越南首都河内（180公里，越南国道，约3.5小时）途中休息参观越南的77土特产店（停留30分钟左右）。晚餐后，可自费参观越南国粹——水上木偶戏（约40分钟）

早餐：√　　中餐：√　　晚餐：√　　住：河内

第四天　越南风情一日游

酒店用早餐后，参观越南的心脏——巴亭广场（整个河内景点游览约2.5小时）、主席府、胡志明陵（周一、周五为保养期，只能观外景）、军事博物馆、胡志明故居、小木屋、独柱寺、最为耀眼的中国驻越南大使馆。车观（约30分钟）河内最繁华、最热闹的中心湖——还剑湖、游河内旧城的老商业区以及被誉为"三十六条古街"的桃横街；中餐后，乘车去下龙(180公里，约3.5小时)，中途休息时，参观明英贸易私人企业77土特产店(停留约30分钟)，DUY NGAN旅游购物商场(停留约30分钟)，晚餐后可自费参观皇家公园(1小时)，里面有最具越南特色的民族表演。

早餐:√　　中餐:√　　晚餐:√　　住:下龙

第五天　自由畅享海滨，轻松回国

早餐后，到皇家海滩漫步，12:00退房，午餐后自由活动，自由活动期间导游不陪同，约15:00乘游船登邮轮回国。

早餐:√　　中餐:√　　晚餐:√　　住:邮轮

第六天　流连北海

邮轮上用早餐后，约10:00抵北海港，联检入境(约20分钟)，游览海滨公园(车程约25分钟)，去土特产店购物(渔人码头30分钟左右)，也可自费参观大江埠(约1.5小时)，中餐后，乘车到南宁送机返回，结束愉快的旅程！

早餐:√　　中餐:√　　晚餐:×　　住:温馨的家

(二十三)海南旅游专线

海南旅游专线是中国最具有吸引力的旅游热线，是中国热带岛屿度假产品的代表性产品。国家推出的"海南国际旅游岛"发展战略对于海南海滨度假旅游的整体提升有着不可估量的推动作用。海南旅游专线主要以海岛观光度假旅游产品为主。海滨风光的观光游览产品、海滩休闲度假的高品位度假产品均有其独特的魅力，另外海南旅游专线最近几年加入了少数民族风情元素和古代及近代历史文化元素，成为中国最具魅力的热带海岛旅游专线。下面精选一个海南纯玩度假产品供旅游界同人学习借鉴，该产品由海口民间旅行社提供。

产品名称:亚龙湾、南山文化、大东海、天涯海角、三亚纯玩海南五日游

第一天　降临海中之岛，体验热岛风情

乘豪华客机降临美丽鹿城三亚、接机后抵达酒店，身心放松，迎接第二天的休闲之旅。早班机到的客人可提前入住酒店，或在酒店具有热带风情的泳池边上感受三亚的灿烂的阳光浴，或到酒店不远的海边上踏浪、抓螃蟹。

早餐:×　　中餐:×　　晚餐:×　　住:三亚

第二天　情聚情人之岛，回首浪漫天涯

早餐后，赠送游览美丽浪漫小岛——西岛(游览时间约2.5小时，车程约30分钟)，在岛上您可以抛弃工作和生活中的一切压力，自费参与各式海上游乐活动，感受大海的拥抱、五彩缤纷的海底世界、刺激惊喜、趣味极致……它与距其不远的东玳瑁洲岛构成一幅美妙"波伏双玳"景象；游览集文化、生态于一体的南山文化旅游区(游览时间约2.5小时)。游览南北朝风格的"不二法门"、一体式三尊108

米高海上观音、汇集中外园林的“如意吉祥园”、中餐享受精美素斋，参观中国最南端的寺庙—南山寺（车程约30分钟）；游览象征坚贞爱情的——天涯海角（游览时间约2小时）、南天一柱，漫漫天涯路，和您的家人携手“走天涯、下海角”；车览椰梦长廊；晚餐自费吃海南海鲜风味大餐。

早餐:√　　中餐:√　　晚餐:×　　住:兴隆

第三天　牵手亚龙之湾，穿梭热带雨林

早餐后，全方位游览亚龙湾国际旅游度假区，包括区内地标亚龙湾中心广场、来自四大洋的珍奇贝类收藏馆——贝壳馆以及被誉为“天下第一湾”的亚龙湾沙滩，这里沙子白如雪、细如面、软如绵；海水、天空、白云构成一幅优美的自然画卷。参观亚龙湾蝴蝶谷，纯自然的生态环境孕育了各种名蝶，徜徉在蝴蝶园，赏彩蝶纷飞，此时您发现天地间生灵是如此的美妙（整个亚龙湾游览时间约2小时，车程约30分钟）。参观海南中部保亭黎苗族自治县的甘什岭槟榔园原始森林景区（黎苗风情、热带原始雨林公园、观光车、滑道、蚩尤部落）（自理，游览时间约2小时），前往兴隆华侨农场（车程约1.5小时），观赏热带植物天堂——兴隆植物园（游览时间约1小时），晚上自费欣赏东南亚风情歌舞表演（欣赏时间约2小时）。

早餐:√　　中餐:√　　晚餐:√　　住:亚龙湾

第四天　独占鳌头雄风，梦回海外桃源

早餐后，前往亚洲乃至世界瞩目的博鳌小镇（车程约1小时）。亚洲论坛在此举办使小镇一夜成名。优美的自然奇观让游人纷至沓来，游览东屿岛——亚洲论坛永久性会址景区+船游分隔海、河最狭窄的沙滩半岛——玉带滩（自理，游览时间约2小时）。万泉河进行竹筏漂流（游览时间约1小时），美丽的万泉河孕育了勤劳勇敢的海南人民、在此观赏万泉河两岸风光、回味红色娘子军当年打斗土豪劣绅的场景。返回三亚（车程约2.5小时），晚上享受南田小鱼温泉。

早餐:√　　中餐:√　　晚餐:√　　住:三亚

第五天　收获美丽三亚，畅游东海龙宫

早餐后，上午自由活动，在旅游过程中独享难得的自由，您可以在酒店美美地睡上一觉，放松身心，或在酒店的泳池边上进行三亚灿烂的阳光浴，或到酒店不远的海边上踏浪、抓螃蟹；如有早班机的客人，导游提前先送机。中午集体退房，午餐，下午由导游带您进入大东海（游览时间约2小时），我们到海边吹海风、拾贝壳；感受南国海边生活的悠闲，您还可以在路边的超市里给您远方的亲人带回当地的特产，让他们分享您海南旅游的快乐。晚餐自理，乘坐客机返回您温馨的家。

早餐:√　　中餐:√　　晚餐:×　　住:温馨的家

（二十四）福建旅游专线

福建旅游专线的主导旅游吸引物是厦门武夷山，因此，福建旅游专线又被称为厦门武夷山专线。福建旅游专线是一条集自然风光旅游、都市旅游和闽南文化游于一体的旅游热线。它既有海滨风光,又有山水景色;既有现代都市风情,又有历史文化古迹;既有闻名于世的佛教寺院,又有闽南独特的民俗文化。一年四季气候宜人,均能找到适合旅游的项目。下面精选一条福建旅游专线的产品供旅游界同人学习借鉴,该产品由厦门欣旅国际旅行社提供。

福建旅游精华产品案例:厦门、鼓浪屿、集美、武夷山、九曲溪漂流、福州双飞六日游

第一天　从出发地乘机赴厦门,接团后入住酒店。

早餐:×　　中餐:×　　晚餐:√　　住:厦门

第二天　上午游览"东方明珠、海上花园"——鼓浪屿(轮渡单程10~15分钟,岛上游览时间约3小时),参观别具风格有"万国建筑博物馆"之称的鼓浪民居,参观为纪念卓越的人民医学家林巧稚教授而建的——毓园,欣赏恬静美丽的园林风景;游览百米高台——日光岩(另行付费),百鸟园、琴园、索道观琴岛、郑成功纪念馆;下午参观台湾地区富绅林尔嘉的私家海滨花园——菽庄花园,漫步港仔后沙滩;视天气情况可参加金门环岛游(豪华船,另行付费,时间约90分钟),参观千年古刹——南普陀,求财一字佛、闽南佛学院(约1小时),外观闽南著名学府厦门大学,参观来自台湾的台福刀具(约40分钟)。

早餐:√　　中餐:√　　晚餐:√　　住:厦门

第三天　早餐后,参观爱国华侨领袖陈嘉庚故居,包括集美学村、龙舟池、嘉庚公园、鳌园、归来堂等(1.5~2小时);参观清代海防要塞——胡里山炮台(约1小时),游览世界最美的国际马拉松赛道环岛路(黄金沙滩拾趣,停留约30分钟),参观五缘湾百货(约40分钟);晚餐后,乘火车空调硬卧赴武夷山。

早餐:√　　中餐:√　　晚餐:√　　住:火车上

第四天　早抵达火车站,早餐后游览天游峰景区(约3小时),欣赏天游峰、隐屏峰、云窝、茶洞、接笋峰、晒布岩、小一线天、仙浴潭等美景;之后参加(九曲溪漂流,约1小时),沿途欣赏"三三秀水清如玉,六六奇峰翠插天"的世间美景,观赏三十六峰、九十九岩和悬崖绝壁上4000年前的古闽人遗留下的千古之谜——"虹桥板"和"架壑船棺";下午游览大红袍景区包括鹰嘴岩、天车架、三贤祠、水帘洞、流香涧、九龙窠、大红袍;参观武夷宫(约40分钟)、仿宋古街、武夷古代名人馆等;之后参观九龙缘茶叶科研所(约40分钟)。

早餐:√　　中餐:√　　晚餐:√　　住:武夷山

第五天　游览虎啸岩景区包括定命桥、天成禅院、如意观世音壁雕、不浪舟、语儿泉等虎啸八景(约2小时)。游览丹霞地貌中最长、最大、最窄的一线天景区包括伏羲洞、风洞、灵洞三洞并列奇观、神仙楼阁等(1~1.5小时)。参观保树堂(40分钟),下午从武夷山乘火车硬卧赴福州。

早餐:√　　中餐:√　　晚餐:√　　住:福州

第六天　早餐后,参观林则徐出生地(1~1.5小时),游览长堤卧波、垂柳夹道的"西湖公园";参观福州三宝(约45分钟),视航班情况乘机返程,结束愉快的旅行。

早餐:√　　中餐:√

(二十五)广东旅游专线

广东旅游专线是岭南文化的典型代表,它的主要旅游吸引物为广州市、珠海市和深圳市,因此又被称为广深珠专线。这条专线中不仅有充满现代化气息的都市旅游线路,也有秀丽动人、景色奇特的自然风光线路,还有沧桑悲壮的古老历史和独特地方文化组成的历史文化线路。下面精选一条广东旅游专线的经典产品供旅游界同人学习借鉴,该产品由著名岭南地区旅游批发商粤美之旅提供。

广东旅游经典产品案例:广深珠肇庆澳门环岛精华五日游

第一天　广州——肇庆

广州接团,抵达后游览越秀山、五羊仙庭,参观中山纪念堂,之后乘车游览二沙岛,观广州的变化,乘车前往粤西名城——肇庆。

早餐:×　　中餐:×　　晚餐:×　　住:肇庆

第二天　肇庆——广州

参观鼎湖山,游览广东四大名寺之一的庆云寺以及飞水潭瀑布和宝鼎广场,游览七星岩风景区之后返广州,晚上自费乘船观珠江夜景。

早餐:√　　中餐:×　　晚餐:×　　住:广州

第三天　广州——珠海

乘车赴珠海,参观珠海市标志雕塑——渔女像,之后乘船进行澳门环岛游,观九州城外观,逛免税商店、情侣路、珍珠馆。晚上可观赏拱北海关夜景。

早餐:√　　中餐:×　　晚餐:×　　住:珠海

第四天　珠海——深圳

乘车赴深圳,途经虎门大桥,远眺昔日鸦片战争战场。抵达深圳后,可自费游览锦绣中华、民俗文化村、世界之窗。

早餐:√　　中餐:×　　晚餐:×　　住:深圳

第五天　深圳——广州

逛沙头角购物天堂——中英街,去莲花山公园瞻仰邓小平铜像,在深圳最高大厦帝王大厦的商场自由购物。下午乘车返回广州后送团,结束愉快的旅程。

早餐:√　　中餐:×　　晚餐:×　　住:温馨的家

(二十六)三峡旅游专线

三峡旅游专线是中国的黄金旅游线路之一,是中国内地唯一的内河游轮产品。它横跨重庆、湖北两地,以长江三峡为主要吸引物,将湖北、重庆两地的自然山水风光和现代水利工程风貌融为一体,沿途既有古代历史文化景观,又有现代红色旅游景点,是一条自然和人文,观光和度假,古代、近代与现代的文化相得益彰的线路。下面精选一个三峡经典游轮产品供旅游界同人学习借鉴,该产品由宜昌维多利亚国际旅行社提供。

三峡经典旅游产品案例:武汉、长江三峡、重庆游轮双飞休闲度假六日游

第一天 出发地/武汉/宜昌—游船

从出发地乘机赴九省通衢之称的武汉市,参观中国四大名楼之一的黄鹤楼(约2小时),聆听有关的神话传说,诵读历代文人墨客吟咏黄鹤楼的诗篇,并可登楼观武汉三镇全景,下午乘车赴宜昌(全程高速4.5小时),沿途欣赏江汉平原风光,抵达"水电之都"宜昌,晚上登上涉外豪华游船。

早餐× 中餐:√ 晚餐:√ 住:豪华游船

第二天 西陵峡——三峡大坝—五级船闸

7:00—7:30观原汁原味的西陵峡风光(东段),行程及游船说明会,8:30—10:30上岸游览举世瞩目的全球最大的水利工程三峡大坝,感叹大坝的雄伟、壮观;12:00—16:00船过双线五级船闸(体验世界最大的船闸雄伟风貌);16:00—18:00在船上观赏长江三峡第一峡——风景如画的西陵峡风光(西段);船长欢迎晚宴(船长亲临与您共同举杯);歌舞晚会。

早餐:√ 中餐:√ 晚餐:√ 住:豪华游船

第三天 神农溪(或小三峡)/巫峡/瞿塘峡

7:00自助早餐,8:00—12:00上岸乘坐环保游船游览神农溪或者小三峡,在这里可以看到世上仅存的纤夫拉纤这一古老而原始的风景,更有碧水奔流、奇峰耸立、云雾缭绕、河险滩绝、群鸟翻飞、鸳鸯戏水构成一幅美妙动人的自然山水画廊,感受"船在水中走,人在画中游"的仙境;12:00~14:45经过幽深秀丽的巫峡,观赏神女峰等巫山十二峰美景;16:00~16:30观赏长江三峡最为雄伟的瞿塘峡,感受"夔门天下雄":人民币中真实照片,一幅神奇的自然画卷和文化艺术走廊。

早餐:√ 中餐:√ 晚餐:√ 住:豪华游船

第四天 丰都鬼城:船长欢送宴会

7:00自助早餐,8:00~11:00停靠丰都,上岸游览丰都鬼城(索道费用自理,往返20元/人),被誉为中国"神曲之乡"、人类"灵魂之都"唯一的鬼文化发祥地,游览"阎王殿"、"鬼门关"、"阴阳界"等,品味神秘怪诞的"阴曹地府"的神话传说;18:00船长在餐厅举行欢送宴会,为各位嘉宾送行;20:00举行嘉宾与船员同乐晚会。

早餐:√ 中餐:√ 晚餐:√ 住:豪华游船

第五天 重庆:市内游览

早上抵终点港"雾都"重庆,感受中国著名山城的古老文化;参观红岩革命基地中美合作所，曾经关押中国共产党革命者的白公馆（游览时间约45分钟）、渣滓洞（游览时间约45分钟），了解重庆抗战历史，学习重庆的抗战精神，缅怀革命先烈的悲壮历程；参观重庆市标——人民大礼堂外景、人民广场（游览时间约20分钟）；参观重庆特钢科技工业展示厅（30分钟），重庆土特产总汇超市购物（30分钟）；入住酒店，可自由漫步重庆，体验重庆之三大“城市名片”：美食、美女、美景（夜景）。

早餐：√　　中餐：√　　晚餐：√　　住：重庆

第六天　重庆/出发地

早上乘车前往重庆江北机场（车程约45分钟），视航班情况乘机返程，结束愉快的行程。

早餐：√　　中餐：√　　晚餐：×

【本章小结】

国内观光旅游产品的设计与创新，一直是困扰着中国旅行社业界的一个问题。中国观光旅游产品的设计、开发和服务质量的管理，与国际发达国家相比，均有很大的差距。本章从开始就开门见山地介绍了观光旅游产品设计的基本原则和关键环节，然后又从实战操作的角度出发为读者介绍了观光产品各要素的采购和管理技巧；国内观光产品按照旅游企业业态和应用，可以分为地接社产品、批发商产品、组团社产品；最后列出了实战借鉴意义很强的产品参考模板和国内目前流行的26个旅游专线及不同专线的产品类型，对旅游从业者丰富自己的操作和管理经验颇具借鉴作用。

第九章

出境观光旅游产品的设计与操作

本章导读

本章首先分析了中国出境游市场的现状和未来发展趋势,指出出境游市场是一个潜力巨大的市场,将会成为各旅游企业主要的利润增长点之一;然后从操作实战的角度分析了目前出境观光旅游产品设计存在的问题,指出了未来的发展方向,同时给出了国外旅游企业观光产品的参考模板,以及目前国内流行的主要出境旅游产品专线及产品形态,可以帮助旅游企业尽快建立自己的出境旅游观光产品手册;最后收录了国家旅游局等相关机构颁布的有关出境旅游的法规和政策,对于旅游企业规范自己的出境旅游业务操作和管理具有一定指导意义。

通过本章学习,您能够:

(1)了解中国出境旅游市场的概况和存在的问题及未来的发展趋势。

(2)掌握出境观光旅游产品设计和操作的现状及存在的主要问题。

(3)清晰地梳理国内旅游企业出境游观光产品设计、操作的发展方向和操作趋势。

(4)了解中国与国际先进国家旅游企业,在产品设计与宣传包装方面的差距。

(5)快速建立自己的出境游观光产品手册。

(6)掌握国家对出境旅游管理方面的相关政策和法规。

一、出境旅游市场分析

(一)出境旅游市场概况

随着我国经济的快速发展,人们生活水平迅速提高,我国的出境旅游市场增长非常迅速。出境游总人数已经从 1998 年的 842 万人迅速增长到 2013 年的 9730 万人。2008 年以来,虽然受国际金融危机、甲型 H1N1 流感、国际局部地区政治动荡等多重因素交织影响,但中国出境旅游 2009 年以来仍然保持了高速增长的态势。出境旅游市场规模持续扩大,因私出境成为重要驱动力。2013 年中国出境旅游人数 9730 万人次,2014 年 12 月初,中国国家旅游局宣布,中国内地公民当年出境游截至当年 11 月已首次突破 1 亿人次,与有统计数据的首年 1998 年的 843 万人次相比增长了 10.8 倍。未来 5 年,中国出境游将超过 5 亿人次,旅游市场的总规模达 2.5 万亿美元。境外购物成为推动消费规模增长的重要因素,接近 50% 的出境游客表示购物是花费最高的项目。

中国出境游的快速增长为世界带来商机,据不完全统计,2014 年中国出境游突破 1 亿人次,达到 1.17 亿人次。2013 年 9819 万出境游消费者创造的境外旅游消费高达 1286.52 亿美元,中国的出境过亿的游客为世界旅游业增长的贡献达到了 19.62%,也就是说将近 20% 的世界旅游业的增长是由中国的出境过亿游客决定的。从目的地而言数据也是非常可观的,2012 年中国游客在美国的消费达到了 88 亿美元,这个数量是在美国入境的游客当中排名第六。88 亿美元占到了美国的旅游服务贸易出口的 5%,服务贸易出口的 1.25%。从图 9-2 可以清晰地看出,中国从 2012 年开始超越了美国和德国,跃居世界主要出境游国家境外消费总额的第一名。

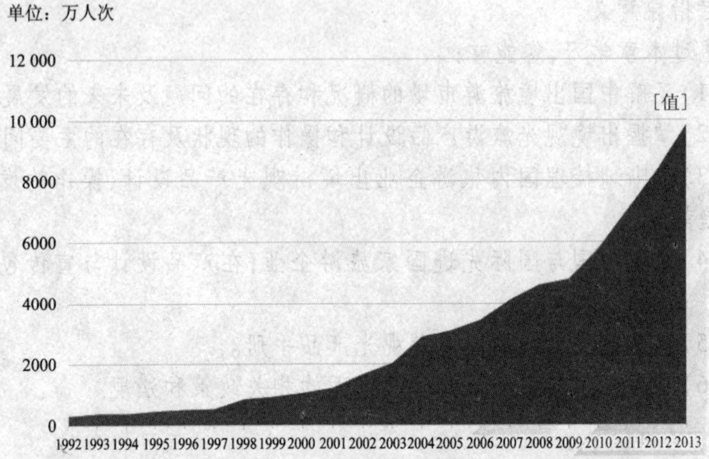

图 9-1 1992—2013 年中国居民出境增长示意图

资料来源:《中国出境游发展年度报告 2014》

(二)旅行社组织出境旅游市场分析

中国的出境市场处于高速成长期,除 2003 年因为受"非典"特殊情况影响,旅行社组织出国旅游人数下降 6.08% 外,其余年份旅行社组织出国旅游人数一直呈高速增长态势。2004 年出现报复性增长,增长率达到 52.65%。2004—2013 年旅行社组团出国旅游的年平均增长率为 49.4%(详见图 9-3)。规模日渐扩大的出

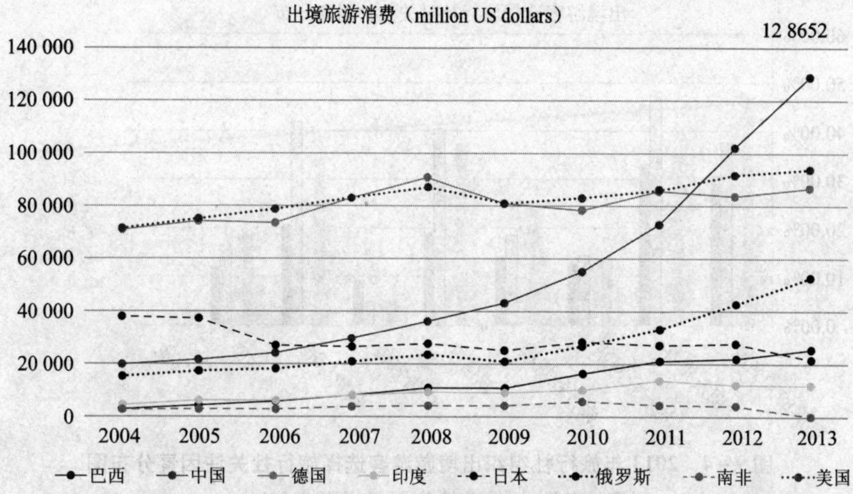

图 9－2 2004—2013 年世界主要出境游国家消费者境外旅游消费增长示意图

资料来源:《中国出境游发展年度报告 2014》

境旅游市场给中国旅行社行业带来了无限的市场商机。

对旅行社组织的游客进行调查可以发现,在北京、上海、广州、成都、重庆五个主要的出境游口岸城市中,品牌知名度、朋友推荐、诚信度、收费标准是出境游游客选择旅行社时最关心的四大因素。其中,上海、广州的游客比其他三个城市的游客更加关注品牌知名度、旅行社规模和服务态度,说明长江三角洲和珠江三角洲的游客更加成熟。成都游客在选择出境游产品的时候最看重收费标准,从侧面印证了经济发展水平和游客消费水平的正相关关系。(详见图 9－4)。

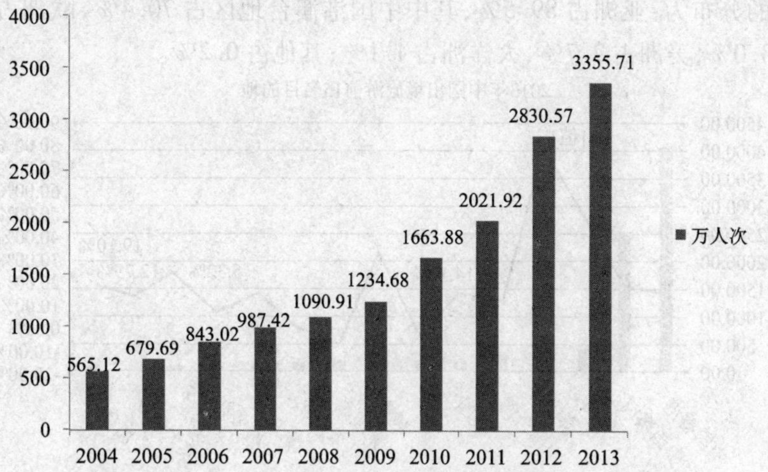

图 9－3 2004—2013 年年旅行社组织出境游人数示意图

资料来源:《中国出境游发展年度报告 2014》

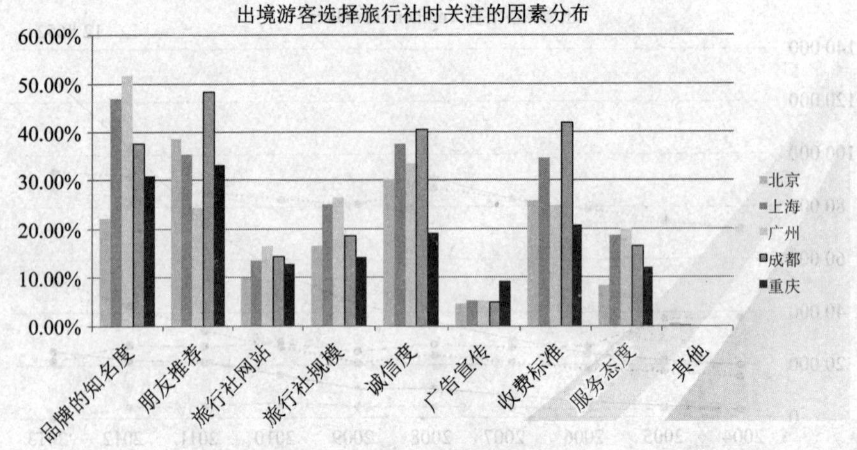

图 9－4　2013 年旅行社组织出境游游客选择旅行社关注因素分布图

资料来源:《中国出境游发展年度报告 2014》

（三）内地居民出境主要目的地及动机分析

1. 出境/出国目的地结构分析

2013 年按出境游目的地接待中国游客人数排序,列前 10 位的国家和地区依次是:中国香港、中国澳门、韩国、泰国、中国台湾、美国、日本、越南、柬埔寨、马来西亚(见图9－5)。由此可见,中国游客的出游已经突破了港澳东南亚等中短途出境目的地,美国已经变成中国游客第六大目的地。由于两岸关系的持续好转,中国台湾已经跃居中国游客第五大出境目的地,成为最近几年出境游的大热门。

截至目前,中国公民出境旅游目的地数量达到 150 个,中国内地公民出境旅游目的地的分布为:亚洲占 89.5%,其中中国港澳台地区占 70.4%,欧洲占 3.5%,非洲占3.0%,美洲占 2.7%,大洋洲占 1.1%;其他占 0.2%。

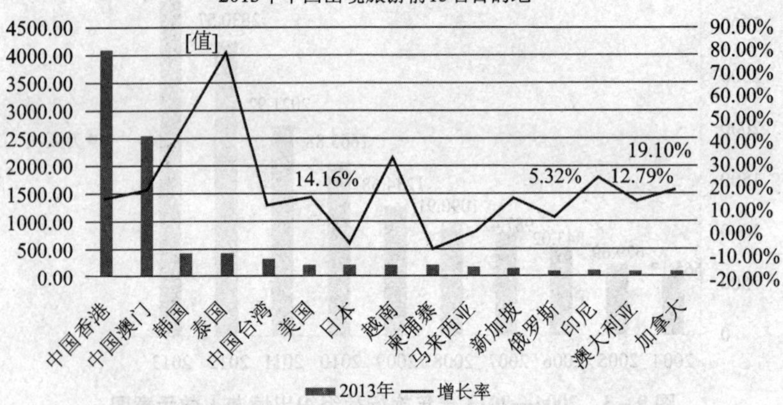

图 9－5　2013 年中国居民出境游首站目的地分布示意图

资料来源:《中国出境游发展年度报告 2014》

2. 中国公民出境事由分析

从公安部提供的资料来看，中国公民外出观光旅游和会议考察的比例占到了40%以上（见图9-6）。

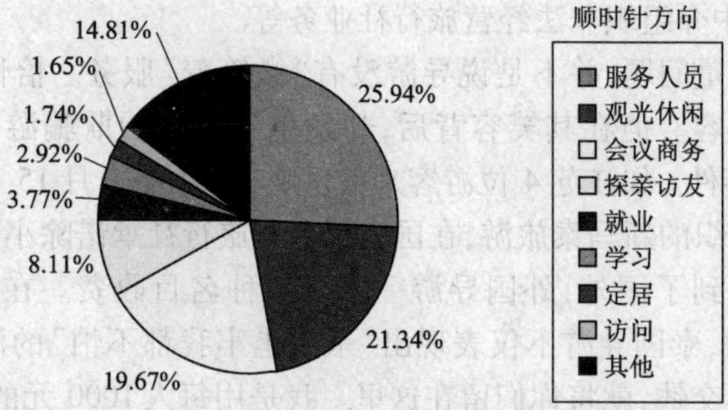

图9-6　中国内地居民出境事由比例示意图

资料来源：公安部出入境管理网站

（四）居民出境旅游的主要担心问题与出境旅游服务质量问题分析

由于中国开放出境游的时间较晚，国人又因语言、经济支付能力等各方面因素的影响，对旅行社的服务有一定的依赖，对于出境又有一定的担心。从国家统计局提供的资料分析，31%的游客对旅行社的承诺不放心，担心旅行社的承诺不能兑现。有28.9%的人担心手续繁杂，有8.6%的游客担心纠纷难以解决，只有20.1%的人担心花费庞大。这说明中国经营出境旅游的旅行社的形象和服务标准亟待提高，价格因素已不是中国居民出境旅游的主要障碍（见图9-7）。

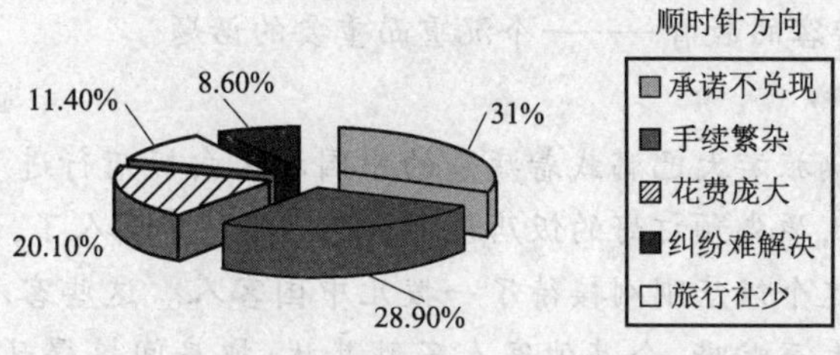

图9-7　内地居民出境旅游主要担心示意图

资料来源：国家统计局网站

中国公民的出境游正式开展相对较晚，其高速增长的态势和较高利润，引得有资格和没资格的旅行社都一窝蜂地前来分食。虽然在旅游管理者和经营者的努力下，出境游的发展总体上说是好的，但是也应该看到，激烈的竞争使得某些目的地早早进入了过度开发的阶段,“零团费”乃至“负团费”可算达到了价格竞争的极致,随之而来的就是服务质量问题。

当前出境旅游中比较突出的问题是:削价无序竞争、采取“零负团费”方式经营、擅自增加自费项目、减少合同项目、诱骗游客购物消费和诱导游客参加内容不健康活动,以及中介组织非法经营旅行社业务等。

提到服务质量问题,并不是说导游没有“微笑着”服务。恰恰相反,很多时候他们确实面带笑容。但在其笑容背后,却发生了太多的欺骗游客、“巧取豪夺”、“敲诈勒索”的事件。如江苏4位游客来信反映,2004年1月15日,他们参加上海某国际旅行社组织的新马泰旅游,在国内报名时旅行社承诺除小费外,其他费用由旅行社负责。但到了国外,外国导游一路以各种名目收费。在游客流露出不愿“出血”的意愿时,泰国导游不仅表现出“杀头坐牢我都不怕”的泼皮架势,而且威胁说:“你们如不交钱,就将你们留在这里。我是用每人1000元的人头费将你们买来的。”2003年,一对带伤的游客夫妇到国家旅游局投诉,反映参加北京某国际旅行社组织的泰国游,因1000元的自费项目款与领队发生争执,一路上口角不断,最终引发为打架并致伤害的治安案件。有游客投诉,在香港导游的诱导下,购买了某品牌的电器,当时商家推荐说是高品质、新型号的电器,回国后却发现,该电器既非新型号,且国内价格大大低于香港。

出境游中另一个值得注意的现象是,除对东南亚及港澳地区的投诉居高不下外,其他旅游目的地,如澳大利亚、韩国、日本、新西兰、德国等国家的投诉也在逐渐增多。在越来越多的国外旅游目的地对中国公民开放的背景下,在“欧盟游”成为现实的情况下,游客投诉范围也随之扩大,无论如何不能算是一件好事。

国家各级旅游主管部门从来没有放松对旅游市场秩序的管理和整顿。国家旅游局还专门发布了对出境游市场进行整顿的文件(详见附件)。

(五)对中国游客的教育——一个沉重而重要的话题

案例剖析:

夜色降临,一辆旅游大巴满载着疲惫的中国游客向饭店行进。张导游突然接到公司的紧急电话,原先预订好的饭店说什么也不接待中国人了,他们宁愿为此支付违约金。原来,这个饭店刚刚接待了一拨儿中国客人。这些客人把饭店糟蹋得够呛,一进饭店就大声喧哗,令其他客人不胜其扰;把房间搞得乱七八糟,一地水渍;喝了房间里需要付费的饮料,离开的时候却不到前台结账……导游只好临时再找地方安顿客人。这是今年春节期间,一个中国旅游团在欧洲旅游时遇到的事情。

中国游客到国外旅游的人数越来越多,这充分说明了我们经济实力的提升。与经济实力充实的速度不相称的是,中国游客在精神文明、社交礼仪方面的欠缺,却引起了旅游界的广泛重视。大家普遍认为,中国的游客需要教育,中国游客在国外的不文明表现主要有:

1. 大声讲话是本能,保持“低调”是文明

中国人有大声说话的习惯,对自己的音量不加控制,走到哪儿都特别“闹”,似乎是中国人共有的特色,像被饭店拒绝接待这样的“待遇”,老早以前的中国台湾游客也“享受”过。在国外许多需要保持肃穆又对游客开放的场所(比如教堂),中国人常常会被“特别对待”,格外提醒。在巴黎圣母院的入口处,就有两个大大的汉字:“沉默”。马尔代夫是一个非常舒适的度假胜地,2000 多个小岛上遍布度假村。但到目前为止,只有几个度假村愿意与中国的旅行社合作接待中国客人。这些度假村何以对送上门来的生意还推三阻四呢?据一位中方旅行社的工作人员透露:主要原因,是人家受不了中国人的大嗓门。一个餐厅只要进去哪怕只有七八个中国游客,马上就会变得人声鼎沸。中国客人似乎不管到了哪里,都如入无人之境,笑语喧哗,制造的分贝简直是一个顶仨,常常影响到安静进餐和小声谈话的其他客人。

2.“动手动脚”被驱逐,大大咧咧是缺点

法国巴黎的罗浮宫,展有从古埃及、古希腊时期到近、现代的艺术珍品,那不仅是法国人的骄傲,也是全人类的骄傲。所以,“君子动口不动手”是对游客的最低要求。有一次,一个中国游客看得兴起,扑过去搂着一个雕像就拍照,气坏了罗浮宫的管理人员。人家毫不客气地把整团的中国游客统统撵了出去。再如某领队带着中国旅游团在罗浮宫参观的时候,队里跟着父母一起来的一个小男孩,一高兴,脚尖一翘,用脚后跟的滑轮在展厅里滑将起来。一个法国老太太马上和颜悦色地上前阻止。孩子小,不懂事,不过父母是不是应该提醒一下自己的孩子呢?这是人类艺术的殿堂,即使你全无感觉,至少,不能把这里当游乐场吧?

类似这样的事情在中国游客身上习以为常。又如,德国的斯图加特是著名汽车品牌“奔驰”的大本营。旅游团队只要是到斯图加特,一定会参观奔驰博物馆。这里展出了一个多世纪以来奔驰生产的各种车型。为更好地对日益增多的中国游客提供服务,这里特别增加了中文导游。有一次,一位中国客人看一辆展出的奔驰车,实在是可爱,他老人家拉开车门大大咧咧地就坐了上去,让同伴给自己拍照——他可能把这儿当成北京亚运村的汽车销售市场了。此举自然大大惹恼了博物馆的工作人员,所有与这位客人在同一个团队的中国客人都遭到“连坐”,全部被人家毫不客气地赶了出来。

3. 扎堆儿的时候,给别人留条过道

因为语言不通的缘故,中国旅游团队出去基本上都是集体行动,所以,走到哪儿都引人注目。这个时候除了千万不要大声嚷嚷之外,还要特别提醒大家,当走在路上、参观景点等不得不扎堆儿的时候,以及走在滚梯上的时候应靠右行,不管在哪里,一定要给其他人留下通过的空间。

4. 错误的“顾客就是上帝”的认识

这些年,有一个貌似正确的说法十分流行:“顾客就是上帝”,还有一种说法:

"客人永远是对的"。这种似是而非的观点让不少中国人以为,只要我付了钱就可以为所欲为。殊不知,并不是所有的人都吃这一套。对于欧洲人来讲,他们虽然是巴不得中国人到他们那里多多消费,可是,他也要求你对他们的劳动、他们的文化有起码的尊敬。如果你以为花了钱就是爷,就可以趾高气扬,那可别怪人家不客气。

旅游是一种特别的消费,是对不同自然、人文景观的领略。不管是到了比我们发达的地方还是不如我们的地方,我们对别人的风俗习惯及与我们不同的文化,都要心存一份尊重,万不可花了钱还让人家笑话我们是野蛮人、下等人。

(六)出境旅游市场发展趋势分析

2013 年我国的人均国民生产总值已经超过 6600 美元,东部一些经济发达地区已经超过 10 000 美元。这说明我国的大众旅游时代已经到来,出境游发展迅猛,可以预见,中国出境游市场将会在未来的 10 年内呈几何倍数增长。根据国家统计局提供的数据显示,近 3 年内,有 1/3 还要多的城市居民有出境旅游的意愿,还有将近一半的城市居民目前处于不确定的状态。可以想象,如果条件成熟,这部分人中的一部分,也会有出境旅游的意向。因此,这部分人一定程度上说明了我国出境旅游市场的潜力巨大(见图 9-8)。

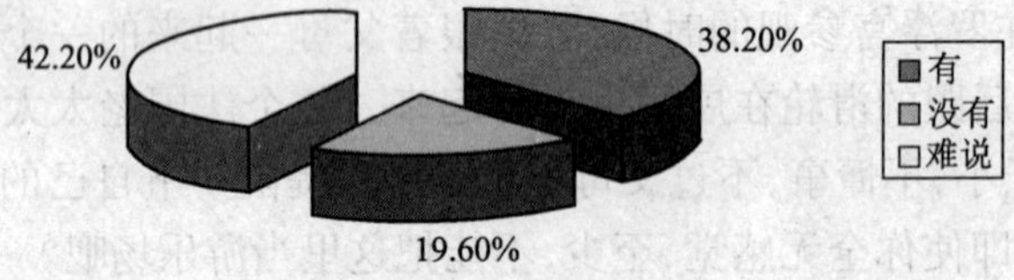

图 9-8 未来三年中国居民出境旅游意向调查示意图

资料来源:国家统计局网站

随着我国社会经济的发展,出境旅游将持续繁荣,在未来的若干年内,出境游市场有可能呈现出以下几个趋势:

1. 专项旅游与特种旅游的比例将进一步增加

随着消费者支付能力的提高、消费心理的成熟和对个性的追求,以"个人喜爱"为出发点的专项旅游和特种旅游,将有可能成为中国出境游市场的新亮点。如一些参加海外节庆活动的旅游项目,一些观看国外著名体育比赛的旅游项目,已经有所开展;另外一些,如赴国外开展自驾车旅游等项目,也将随着各方面条件的成熟,成为出境旅游新的增长点。

2. 自助式的散客出境旅游,将逐渐成为时尚

东部沿海发达地区,如北京、上海、广州、深圳等地的旅游客源群体素质较高,其中经济支付能力较强、具备一定外语水平和文化层次的年轻人群体,将不再满足于随团出境旅游的方式,转而尝试一种自助式的出境旅游方式。同时,越来越多的旅游者更愿意到一个自己喜欢的地方多逗留几天，而不是一口气跑几个国家。

3. 修学旅游将成为出境游的重要组成部分

根据日本旅游业的经验，修学旅游将是未来出境游市场的一项重要内容。每年暑假和寒假都是修学旅游的高峰期。目前，日本方面对我国到日本进行修学旅行给予在签证方面的方便政策，就是一个修学旅游将有大发展的信号。我国自古有"读万卷书，走万里路"的传统，目前，到澳大利亚、加拿大、欧洲一些国家的英语夏令营持续火爆，就充分说明了修学旅游的光明前景。

4. 出境旅游市场不断深化和完善

随着经济的发展，人民生活水平的提高，旅游业全球化进程加快，现行的市场准入限制将逐步取消，出境旅游目的地国家和地区会大幅度增加。在这种趋势下，一些旅行社将会走出去，在中国公民出境旅游的主要目的地设立自己的分公司，实现一条龙式的出境旅游服务。而那些看好中国旅游市场的外国旅行社也将纷纷进军中国，以独资或合资形式拓展中国公民出境旅游业务。出境旅游市场将不断深入完善、成熟。

5. 东南亚市场趋向平稳，欧美市场将会长盛不衰

东南亚各国，曾是中国公民出境旅游的主要目的地。这主要是东南亚旅游目的地适应了当时中国旅游者的支付能力、欣赏水平。然而，从长远来看，随着中国旅游者消费水平的提高、欣赏层次的多元化，欧洲市场和美洲市场将有可能后来居上，逐渐成为中国出境旅游市场长期而稳定的目的地。

二、中国出境观光旅游产品的设计与操作

（一）中国出境观光旅游产品设计的现状和问题分析

1. 产品以团队观光为主，其他产品形式有待于进一步丰富

目前，中国2145家国际旅行社设计的出境观光旅游产品，以团队形式为主，团队旅游原本就是一种较为大众化的旅游形式，通常是销售价格比较合理、参团后省心省事，好处自不待言。但是也存在着产品设计不精细、对地接社考察不仔细、接待质量不到位等方面的问题，在实际操作中，由于一些旅行社在团队旅游线路设计上追求从众效果，对游客个性化心理的伸张存在较多压抑。如限时的景点观光、低劣的团队餐食，更有一些旅行社在线路安排中塞进大量的自费旅游项目，也频频给游客心头添堵。除此之外，团队旅游中领队、导游等不称职的服务等因素，显然也使得传统的团队旅游具备了"弊大于益"的客观效果，因而已经开始使许多游客感到厌倦。

不仅如此，团队旅游的弊端还有很多。许多参加过旅行社组织的团队旅游的游客议论起来，似乎都会有一肚子的苦水。参加团队旅游，你需要忍受不自觉的客人的

迟到和无理；需要忍受其他素质不高游客（及领队）的肮脏语汇和随地吐痰、乱扔杂物等不卫生、不文明的习惯；你需要因为这些质量低下的游客遭受外国人的白眼；你还必须忍受旅行社强制安排的购物，占用你宝贵的游览时间，并耗掉你来之不易的旅游费用。由于出境游的服务质量问题涉及国外的接待社，所以出现旅游纠纷解决的难度也比较大。目前，市场上已经出现了一部分小包价的旅游产品，一部分旅游企业已经认识到了为中国出境游客提供单项服务的重要性，开始设立自己的商务旅游服务中心和国外订房中心，为出境游客提供小包价和单项委托预订服务。

2. 产品以多目的地连线产品为主，一地主题性产品已走向大众

由于中国出境旅游开放时间较短，所以，目前的出境旅游产品设计以多目的地的连线观光产品为主。这种产品在有限的时间里安排了较大量的参观景点，“欧洲八国十五日精华游”等产品就是这类产品的典型代表。这样可以让游客在尽量短的时间里，游览更多国家和地区的特色景区和历史文化。这种产品由于行程非常紧凑，非常适合于第一次出国旅游的游客，充分满足游客“到此一游”的基本愿望。但是这种走马观花式的旅游留给游客的印象不深刻，真正用来游览的时间很少，所到之处皆是匆匆照相留念，然后急行军赶往下一个景点。

目前，市场上也已经出现所谓“一地深度游产品”，即安排游客到一个国家或地区旅游，行程设计相对舒缓，游客可以有较多的时间用来游览。这种产品已经受到了市场的追捧，将成为出境游观光产品的主流产品之一。

3. 产品设计细节考虑不够，产品包装没有实现人性化，有待于进一步提升

目前，国内的出境旅游观光产品设计，都是参考了我国台湾地区和香港地区旅行社的经验，行程的安排只是以地接社提供的行程为基本依据，并没有进行产品推广前的实地考察，只是简单地将国外的接待行程和大交通进行嫁接后，便拿到市场上去销售，产品设计没有考虑到中国游客的特殊需求，服务细节考虑不周，领队对产品细节也没有系统地掌握，因此，不可能为游客提供优质的服务。

同时，中国出境观光旅游产品还存在着产品包装层面的不规范和不人性化的表现。目前，出境旅游产品广告与其他行业的产品广告相比，仍不免尚显稚嫩。从客观现实来看，仅从广告语的运用、广告图案及版式、版面选择与刊登频度等方面便不难看出，一些出境游广告的软性因素不足，使广告效用无法得到强力展示。一些旅行社的出境旅游广告中传达出的一些不准确的信息，会为广告受众的客观理解平添障碍。留意时下的出境旅游广告可以发现，一些旅行社的广告内容，包括产品名称、语言修饰等方面出现瑕疵和硬伤错误的情况并不罕见。几个比较突出的问题主要表现为：

（1）一些旅行社业务人员往往在对线路产品所涉及内容还不太清楚的时候，就匆匆为产品定名。如一家旅行社广告中，推出的一条定名为“雪山佛国尼泊尔五日游”的线路产品，就暴露了一种急不可耐的心理和自身知识层面的严重不足。

尼泊尔是“全世界唯一的印度教国家”才是其最鲜明的特色。尼泊尔全国有90%的人口信仰印度教,印度教建筑比比皆是。在这个“神比人多、庙比民房多”的国家,虽然也有一些佛教建筑的遗存,但把尼泊尔说成是“雪山佛国”,怕是无论从哪里也不会找到佐证的。

还有一家旅行社的广告中,有一条包括奥地利、匈牙利、捷克三国游的线路产品,被冠之以“波希米亚精华十二日游”,看上去也同样让人疑窦顿生。波希米亚在历史上曾经是中欧的一个内陆国家,位于今天的捷克共和国境内,曾被罗马帝国和维也纳的奥地利哈布斯堡王朝统治过。但是,旅行社的线路策划者完全忽略了这样一个事实:在今天欧洲人普遍认同的概念当中,波希米亚已经与其古时的地域概念毫不相干。从1843年迈克尔·威廉·巴尔夫的著名歌剧《波希米亚女郎》在伦敦首演开始,波希米亚一词,其实就已经变成是“吉卜赛”的同义语了。在当时,“波希米亚人”泛指一切四处漂泊的流浪者。法国人亨利·缪尔热的《波希米亚人》一书,把波希米亚人与落魄艺术家相联系,对波希米亚人更有了这样的诠释:“他们是孤立又执着地坚守在生活边缘的一群人,没有固定的职业和收入来源,更谈不上任何社会地位,终日过着以面包屑果腹的穷苦生活。”出现“波希米亚精华游”这样的线路产品名称,显示了旅行社在旅游线路产品策划创意阶段的偏差,不是注重实质内容,而是产生了更多玩弄概念的痕迹。

(2)对旅游目的地文化背景了解不够,产品行程和广告主题的包装文不对题。今年以来,几家旅行社推出的西班牙和葡萄牙旅游线路,在出境旅游市场中形成了较为抢眼的亮点,各家旅行社的线路设计都用的是“葡萄牙拉美风情八日游”及“热情拉丁——西班牙、葡萄牙八日游”之类十分奇怪的名称。让人实在不能理解的是,西班牙、葡萄牙的线路,为何要将“拉美”拉来陪绑呢?从广告营造的虚幻“拉美风情”回到现实中,我们可以真切地看到,无论是西班牙也好,葡萄牙也罢,它们都始终保持了民族文化自身的原真性。500多年前在其完成了对拉美国家的侵占后,并没有形成拉美文化的回流,更未在西班牙和葡萄牙本土上出现过“拉美风情”或“热情拉丁”的盛景。况且从旅行社的具体安排来看,游览的是原汁原味的西班牙、葡萄牙城市,参加的是地道的西班牙、葡萄牙纯真生活体验,与“拉美风情”实在是毫不相干。此外,旅行社的产品设计者还忽略了一点,世界旅游大势的发展中,最能够吸引游人的,应该是原住民、原生态的文化,而不会是变异了的文化。把“拉美风情”贴在西班牙、葡萄牙的线路产品上,只怕会破坏了游人寻真的热情。

(3)广告用词不规范。一家旅行社出境旅游广告中推出的“琴海之旅”线路产品,真是让人大惑不解。我们知道,“爱琴海”是按照英文的 Aegean Sea 一词音译而来的。作为一个完整的名词,“爱琴海”压根就无法做“琴海”那样的省略。“琴海”一词的发明不但不会方便游人的选择,反而只会把人们的头脑弄晕。这则“琴海之旅”的广告不仅名称费解,诠释的地理位置也很是含糊。地理意义上的爱琴海是在希腊与土耳其之间,与第三国无关。而这则广告中,“琴海之旅”却不仅包括希腊,还把埃及,甚至南非、肯尼亚的线路也列进来。原本对爱琴海并不陌生的游客,看到这样的广告,想必清醒的头脑也会变得糊涂起来。

综上所述,出境游旅行社广告中出现的这些纰漏和错误,不仅弱化了线路产品的影响力,影响了游客的正确选择,也必然会影响到旅行社的形象,使人们对旅行社的功力产生怀疑。当然,在广告的瑕疵和错误中,不排除有广告设计者漫不经心、粗枝大叶的原因,但出境游旅行社人员内功修炼上的欠缺,也无法遮掩地暴露了出来。目前,我国出境游旅行社的数量又有增加,可以预见,今后出境旅游市场中的竞争会更加激烈。面对激烈的市场竞争,出境游旅行社只有苦练内功,在广告设计上下大工夫,才能赢得消费者的青睐,在市场竞争中赢得主动。

(二)出境观光旅游产品设计与操作的发展趋势分析

1. 根据细分旅游市场需求和旅游目的地特点进行精细包装,提供个性化观光产品

目前,很多经营出境游的旅行社企业,已经开始针对细分市场的需求,结合旅游目的地旅游资源的特点,对产品进行主题化的包装,受到了旅游市场的欢迎。这也反映了出境观光旅游产品设计的一种发展趋势。下面列举几个案例:

案例1:

浪漫休闲之旅

出游地:泰国、新加坡、马来西亚。

作为较早开放的旅游目的地,新马泰市场没有因为后来开放的国家而降温,反而因旅行社的精心设计而更加火暴。

由于众多旅行社通过包航线、包飞机的形式,使得新马泰旅游价格锐减,特别是泰国布吉岛这条线路,从原来的5800元锐减到3800元。同时,旅行社另辟蹊径,设计出更独特、更新颖的线路,使得新马泰旅游的玩法月月有新意、季季玩不同,吸引了游客的游趣。在最近旅游市场做得最火的,莫过于去新加坡坐邮轮旅游和包机去泰国的布吉岛了。广东中旅推出的“蜜月情侣浪漫之旅”,则是以泰国布吉岛等地的浪漫景致为卖点,加上赠送心形蛋糕、颁发纪念证书等策略吸引新婚夫妇;广东青旅则强化了泰国布吉岛的休闲性,特意安排游客在布吉岛住两晚,充分领略布吉岛迷人的海岛风情。

案例2:

反季节之旅

根据游客多元化需求,推出反季节之旅,为冬季出游提供了多种选择。

出游地:澳大利亚、新西兰。

去冰天雪地里滑雪固然很吸引人,但去遥远的南半球度一个暖洋洋的春节,不是也很诱人吗?事实上,许多广州人已经选择了澳洲作为他们春节出境旅游的目的地。春节的羊城已近寒冬，而澳大利亚、新西兰正是春夏换季期间的旅游佳地。这种“反季节”旅游倒是别有一番情趣。广之旅“澳洲旅游专家”特别推荐的“澳洲旷野寄情自驾车10日行”，首次将自驾车、自驾船的项目带入行程，赋予了澳大利亚旅游以新的内涵。

案例3：

冬季出境旅游热点——冰雪之旅

出游地：韩国、日本。

雪是冬天最美丽的风景，而日本北海道和韩国尤以雪色风光而著名。随着滑雪热的升温，日本、韩国成为广东人春节出境旅游的热点选择。价格适中的韩国游当仁不让地成了游客冬季滑雪出境游的首选。此外，旅行社在滑雪热的推动下纷纷增加了滑雪时间。

案例4：

轻松购物之旅

出游地：港澳地区。

每年的圣诞节，可以说是香港旅游最“热”的时候，因为许多人要赶香港年末商品狂折那趟“车”。游客来到香港，除了欣赏浪漫缤纷的圣诞灯饰外，今年还有许多热闹精彩的动态活动及各种特色观光团，让游客可以尽情玩乐。随着港澳游政策不断放开，游客离境“自主化”、扩大港澳游组团旅行社、取消配额制、港澳游办证费用下调等，这些好消息使得港澳游价格不断下降，轻松购物之旅不断升温。

2. 根据游客个性化需求，提供主题鲜明的出境游产品

随着中国旅游市场的逐步成熟，一部分旅游者根据自身的需求对旅游市场提出了个性化的需求。例如，针对青少年修学方面的“英语夏令营”产品，已经成为市场上的一个热点，产品设计中包括了全英语的教学环境、与当地青少年的交流、全程外教、丰富的课程安排、参观国外名校、领略异域风土人情等卖点，受到了旅游市场的欢迎。虽然英语修学产品在实际操作中还存在着这样那样的问题，但是在很长一段时间内，仍将成为中国出境旅游产品中的一个亮点。

同时，行程较短、停留（游览）时间较长的深度旅游线路已逐渐成为不少旅行社的主打产品。欧洲一国游、两国游、北欧游等精品线路，在2013年的“十一”黄金周欧洲旅游线路中，比例占到了半数以上，线路组合丰富。中旅主打的欧洲旅游线路，包括罗马、庞贝古城的意大利西西里岛，土耳其一地之“四海漫游”，西班牙、葡萄牙阳光行，浪漫巴黎3+2自由行，北欧四国览胜等，基本上都在万元以上起价；非洲部分除南非外，新推出了肯尼亚、塞舌尔十日游，津巴布韦、赞比亚八日游；亚洲部分则推出了漫步花城、镰仓，邂逅“伊豆舞女”的日本关东新经典五日游，泰国苏梅岛休闲六日游等，报价接近7000元；南美则推出古巴加勒比海风情游。

国旅、中旅、青旅联手推出了“阳光昆士兰——无与伦比的假期”，挑选了备受青睐的澳大利亚的昆士兰省作为旅游目的地。18 888 元的报价中，包括了几大卖点，如入住黄金海岸的超五星级“范思哲酒店”，乘坐舒适的“太阳恋人号”游轮游览世界自然遗产——大堡礁，在海豚岛度假，尽享喂食野生海豚的乐趣等。而且参团客人，每人还将获赠一份由昆士兰旅游局准备的精美礼品。港中旅将一向捆绑销售的越南和柬埔寨线分拆销售，首先推出柬一地六日团，报价和越柬两地线路持平。

华远国旅翔龙万里行联合瑞士旅游局，在“五一”期间推出翻越阿尔卑斯山自驾车九日游，行程达1400 余公里，游客在梦幻般的经历中可以得到奢华的体验。奥地利旅游局也在“五一”推出了巴登高尔夫之旅、奥地利浪漫之旅和奥地利世界文化遗产之旅等线路以吸引游客。

在常规线路渐渐减色后，旅行社开始为游客提供更加个性化和专业化的品质服务，为游客提供刺激感官的环境差异。华远国旅的负责人表示：“在欧洲多国‘行军式走马观花’游渐渐失去诱惑之后，欧洲深度游，如欧洲精品游、购物游、主题游等很受欢迎。”

3. 小包价旅游产品受到高层次游客的追捧

一种出境旅游的新形式——“小包价旅游”，近来在中国许多旅游发达城市出现，受到许多有经验游客的追捧。小包价旅游又称选择性旅游，是由人们熟知的包价旅游衍生出来的一种旅游形式，与普通包价旅游的区别，主要体现在所包含的旅游日程安排方面。

参加小包价旅游的团队客人在日程安排、游览选择上有很多的自主性。旅行社代为安排的，通常仅包括往返机票、饭店房间、接送服务等项。而在目的地城市中的景点游览、观看当地演出、品尝当地风味等活动，则以自助形式或零星委托形式选择进行。小包价旅游克服了团队旅游的诸多弊端，又利用了团队旅游的诸多益处，且直观价格较低、形式机动灵活。

对小包价旅游感兴趣的人，一定是多次参加过普通团队旅游形式的游客。他们对于团队旅游的优与劣心知肚明。游客之所以会对小包价旅游形式有兴趣，一方面来自对传统旅行社团队旅游形式的不满；另一方面也来自于越来越强烈的自信。许多中国游客这些年随团到过许多地方，对在境外环境下如何游玩，早已迈过了心存恐惧、束手无策的阶段。由于语言方面也不存在太多障碍，游客抛开旅行社整齐划一的团队旅游模式，以自助的形式参加出境游已经具备了可能性。

目前，我国的出境旅游基于政策的要求，尚无法将国际旅游市场中流行的 FIT（散客与家庭旅游）形式全面推开，但相信这也仅仅是一个时间问题。随着国家旅游政策的进一步松动和出境旅游模式的全面成熟，中国的出境旅游在组团形式上必然会朝着与世界同步的趋势发展。而小包价旅游的适时出现，则充分表明了这一趋势。

比如到巴黎旅游，国内自助游指南至少有不下几十种，电视、电影中的介绍，也早已让人们对巴黎有了更加深刻的了解。游客出行前，对巴黎旅游就会形成自己固有的打算——想看看罗丹博物馆、蓬皮杜艺术中心，甚至想试着乘坐一回巴黎具有100多年历史的地铁。一家旅行社的"巴黎七日游"行程，是以3天团队旅行加2天自由行的形式来进行的。旅行社提供的《旅游随身贴士》中，将许多自选项目推荐给游客。如卢瓦尔河谷、奥赛博物馆、塞纳河游船、巴黎红磨坊表演、枫丹白露宫等。另一家旅行社的"自由巴黎我做主"的行程，则是除去安排第一天游览巴黎标志性建筑罗浮宫、埃菲尔铁塔、凯旋门、香榭丽舍大街和协和广场之外，其余时间均以自由支配的形式进行。

从这些旅行社所推出的小包价旅游中不难发现，小包价旅游其实是在原有团队旅游形式上的一种革新，是其中的一类变种。而这样的变化，无疑是符合市场需求的。

小包价旅游的进一步完善，需要旅行社在与之相配套的服务上，提供更多的信息和选择，让游客在享受自主旅游的同时，乐意以愉快的心情选择旅行社为其推荐的其他服务。在小包价旅游的基本服务上，旅行社应向参加小包价旅游的客人提供目的地的免费地图、地铁图、旅游手册等，同时一定不能忘记为他们提供一些必要的电话号码。比如，当地的报警电话、中国使馆的电话、当地接待旅行社的电话等。

小包价旅游产品的相应配套，应是目的地城市具有服务多样化和发达的公共交通等条件。当然，并非是只有发达国家才会有这样的游客需要和可能。比如，在柬埔寨的吴哥窟，西方的游客几乎全部都是以FIT的形式在此自游。"中国小包价旅游"如能在此延伸，出现有中国游客三三两两手持地图自助旅游，一定比鼎沸吵闹的大拨中国游客带给世人的印象更好。

三、出境观光旅游产品推荐模板

目前，国内的旅游企业在对出境游产品进行包装的时候，没有考虑到游客旅游知识的有限性，也没有充分考虑到如何将旅游产品实现"无形产品有形化"的包装效果。这样的产品模板不但不利于游客了解产品的特点，影响产品销售，同时对销售人员的销售工作也起不到应有的帮助作用。通过对国旅总社、中旅总社、中青旅等国内优秀旅游企业产品模板的比较，发现它们的产品模板各有特点。2004年，笔者去美国考察了一下美国旅游企业的运营状况，拿到了国外旅游企业对出境旅游产品包装设计的模板，包括：产品名称、游览国家及主要城市、行程特点、具体行程4个部分。同时还附有旅游目的地之间的地区示意图，看上去一目了然，尤其是对行程特点的提炼和描述，所用的语言之优美，给笔者留下了深刻的印象。这样，不但可以迅速地让游客了解到行程的特点，而且有利于加深游客的印象，促进销售。下面就举一个产品模板为例，以供从业者和旅游企业借鉴。

模板案例:

产品名称:

欧洲六国九日特惠游

游览国家和城市:畅游六个国家、八个城市

意大利—米兰

瑞士—琉森

德国—法兰克福、海德堡、科隆

荷兰—阿姆斯特丹

比利时—布鲁塞尔

法国—巴黎

行程特点:

(1)飞往意大利——米兰、国际时装中心,搜购各类名牌服饰。

(2)瑞士被誉为人间仙境,是欧洲旅游之首选国家。

(3)乘新式吊车登上铁力士雪山,并于山顶餐厅享用午餐。

(4)览哥特式及文艺复兴式的建筑风格,游德国——海德堡(少数能保留传统之城镇),感受典雅之情。

(5)品尝德国地道的卤猪手餐。

(6)郁金香王国荷兰参观传统鞋屐厂、钻石打磨厂。

(7)包阿姆斯特丹玻璃纤维船,漫游运河网,尽览两岸风光。

(8)参观被法国大文豪雨果先生称赞为全欧洲最美丽之“大广场”及“撒尿小童”之铜像。

(9)法国“花都”,游埃菲尔铁塔、凯旋门、香榭丽舍大道等。安排巴黎连续住宿两天,有充裕的时间购物及探亲。

具体行程:

第一天　原居地飞往米兰

是日,由原居地出发,飞往意大利时装中心——米兰。

第二天　米兰市内观光及自由购物

早餐于飞机上,抵达米兰后,开始浏览市内名胜。米兰市始建于公元前4世纪,虽在第二次世界大战期间受到损毁,但仍保存了很多古迹,如米兰大教堂、著名歌剧院、达文西雕像及埃曼奴拱廊等。米兰各类名牌时装多不胜数,不愧为国际时装中心。导游将安排充裕时间购物,游客必定满载而归。午餐自助,晚餐中式餐馆。住宿 Holiday Inn 或同级饭店。

第三天　米兰—琉森—铁力士大雪山

早餐于饭店餐厅,餐后取道全欧洲最长之圣戈达隧道,前往人间仙境,以湖光山色、明媚风光享誉全球之瑞士著名度假胜地——琉森,抵达后乘游览车前往英高柏高地，专乘新型吊车登上铁力士大雪山，这里终年积雪，为当地最著名之滑雪胜地，附近冈峦起伏，气势万千，团友可玩雪为乐，亦可游览山上冰洞，欢笑之声，不绝于耳。午餐于山顶餐厅，下午游览琉森市内名胜，于14世纪建造的卡贝尔桥，小桥湖畔美景，令人陶醉。其后参观由丹麦雕刻家汤华生刻在岩壁上的“濒临死亡的狮子”纪念碑，此乃为纪念英勇的瑞士军人舍身守护路易十六而建造。游后自由活动，团友可于市内自由选购著名瑞士钟表及朱古力。晚餐于饭店餐厅，住宿 Hotel Schiller 或同级饭店。

第四天　琉森—海德堡—法兰克福

早餐于饭店餐厅，餐后前往位于里卡河畔著名之“大学城”——海德堡，此乃德国境内少数保留完整的传统城镇，环境清幽、人杰地灵。市内之旧桥建筑优雅，哥特式及文艺复兴式建筑处处皆是，矗立于半山之海德古堡，更显典雅之情。午餐于中式餐馆，之后驱车前往德国工商业重要城市——法兰克福，抵达后参观市政府广场及歌德故居；晚餐品尝德国著名卤猪手餐，住宿 Hotel Astron 或同级饭店。

第五天　法兰克福—科隆—阿姆斯特丹

早餐于饭店餐厅，餐后启程向德国进发，前往莱茵河流域最重要之名城——科隆，亦是著名之4711古龙香水之发源地；抵达后参观德国境内最高的哥特式建筑——科隆主教堂高耸入云的尖塔、古雅精致的雕像与绘画，虔诚之心油然而生。午餐于中式餐馆，餐后前往“郁金香王国”荷兰，傍晚时分抵达其首都——阿姆斯特丹。晚餐于中式餐馆，餐后游览繁华热闹、游人如织的红灯区，住宿 Golden Tulip Hotel 或同级饭店。

第六天　阿姆斯特丹—布鲁塞尔

早餐于饭店餐厅，餐后前往参观荷兰之传统鞋履厂，并欣赏室内景色，风车处处，郁金香遍地，秀丽美景，令人神往。之后乘坐玻璃纤维船畅游阿姆斯特丹市内大小运河，沿河两岸风光明媚，优美景色映入眼帘。阿姆斯特丹素有“钻石之都”美誉，参观钻石工厂增长见闻之余，团友或可满载而归。午餐于当地餐厅，餐后前往西欧小国比利时，抵达首都布鲁塞尔，随即前往曾被法国大文豪雨果先生誉为全欧洲最美丽之“大广场”，于此一睹全世界人民宠爱的“撒尿小童”。晚餐于中式餐馆，住宿 Tulip Inn Boulevard Hotel 或同级饭店。

第七天　布鲁塞尔—巴黎—圣母院

早餐于饭店餐厅，餐后驱车南下，前往法国首都——巴黎。巴黎位于塞纳河两岸，是法国的商业与文化中心，市内到处都是古雅的建筑，街头上之露天咖啡座，洋溢着浪漫气息。抵达后，午餐于中式餐馆，餐后随即游览这个迷人的“花都”。首先前往历史悠久之“圣母院”，欣赏以彩色玻璃砌成的玫瑰花窗及其哥特式飞梁设计之雄伟外形。之后抵达协和广场，此乃当时法国大革命，无数皇室及贵族断头之地，令人感到一阵腥风血雨；游览埃菲尔铁塔、壮观浩瀚之凯旋门及充满现代气息的香榭丽舍大道等，令人叹为观止。晚餐于中式餐馆，餐后可由领队代为安排自费节目，登上巴黎铁塔第二层，俯瞰整个巴黎的景色，亦可乘坐游船畅游塞纳河，欣赏两岸的名胜古迹，体会浪漫的气氛。住宿 Hotel Mercure 或同级饭店。

第八天　巴黎一日自由活动

早餐于饭店餐厅，餐后自由活动，团友可前往探亲或漫步于妍媚的花都街头，选购时装及礼品，亦可由领队代为安排自费节目，前往参观著名之罗浮宫博物馆或凡尔赛宫。罗浮宫建于 1214 年，至今有 700 多年的历史，加上华人名建筑师贝聿铭设计的玻璃金字塔入口，可谓古今设计集于一身，馆内“微笑的蒙娜丽莎”及“维纳斯女神”画像均为惊世之作，其他收藏之古埃及、巴比伦等文物多不胜数，油画之质和量更是世界之最。凡尔赛宫原是狩猎之行宫，后被太阳王路易十四改建，成为世界文明之宫殿。宫殿面积庞大，非一般皇宫可媲美，无论是御花园或宫廷，均是名师设计，可谓巧夺天工。是日，午餐、晚餐自备，晚上可由领队代为安排自费节目，前往巴黎著名夜总会，欣赏精彩之歌舞表演。住宿 Hotel Mercure 或同级饭店。

第九天　巴黎—原居地

早餐于饭店餐厅，餐后乘专车前往机场返回原居地，倘若团友需要停留在巴黎或继续其他行程，旅行社可代为安排各地不同等级之饭店。

四、市场上常见的出境观光旅游产品一览

经过近十年的发展，国内经营出境游业务的旅行社发展如雨后春笋，截止 2013 年年底，中国出境游旅行社 2145 家。2013 年 10 月份实施的《旅游法》更是大幅度降低了出境游的经营门槛，经营出境游的旅行社迅速增多，以“众信”为代表的出境游批发商已经成功上市，借助资本的力量进行出境游业务的整合兼并，以“途牛”为代表的大型旅游预订网站也成为中国游客获取出境游信息、选择合适的出境游旅游产品的重要渠道。下面列举了目前中国出境旅游市场上主流的出境旅游产品，供旅游界同人研讨借鉴。出境游产品主要来自途牛网及国内主流的出境游产品批发商。由于篇幅所限，出境游产品只列明行程安排、行程特色、服务标准、温馨提示等内容见笔者即将出版的《中国旅游产品年鉴》。读者也可以登录 www.tuniu.com 参阅相关内容。

（一）亚洲出境游产品案例

1. 日本专线产品案例：东京、北海道全景六日游

第一天　出发地/东京/新千岁/札幌

早上搭乘豪华客机飞往日本首都——东京，办理完入境手续后，转机飞往北海道的空中门户——新千岁机场。前往札幌市内，晚上入住市区饭店。由于日本航空公司内陆段航班上不配备餐食，当晚抵达时已较晚，又无餐厅营业，故请自备点

心或在转机时自行用餐。

早餐:×　　　　中餐:×　　　　晚餐:×　　　　住:札幌

第二天　札幌/小樽(约 40 公里)/层云峡

早餐后,前往小樽地区观光,至日本唯一仅存的古老并富有欧洲风情的小樽运河。在此,可与情人漫步于罗曼蒂克之古老街道,周围并排着明治、大正时代由红色砖瓦所建造的仓库群,宁静的河水中漂流着乡愁的气息。之后,转往素有玻璃工房盛名的北一哨子馆,参观精巧的彩绘玻璃艺术,此地常吸引无数观光客注目。接着,前往小樽音乐盒堂参观展示着来自世界各地各式各样的音乐盒,聆听优美的韵律。来到每年的雪祭会场大通公园参观每个月内容不同的花展。此地是札幌最著名的公园道路,途经著名的时针台、旧道厅。后前往参观光伸免税商店,种类繁多的商品,给您提供送人自用皆宜以及最佳的购物选择。晚上入住层云峡地区温泉酒店,享受露天泡澡之乐趣。

早餐:√　　　　中餐:√　　　　晚餐:√　　　　住:层云峡

第三天　层云峡/网走

早餐后,前往瀑布层云峡谷,最著名的是被比喻为一对恋人的流星瀑布和银河瀑布,从 90 米高的断崖急速滚下的是男泷流星瀑布,轰隆的水声夹带着无数的水花,宛如千军万马奔腾一般,声势慑人。从 120 米高的断崖缓缓流下的是女泷银河瀑布,像拉着银丝般的水流姿态,显得柔和而美丽。此瀑布已名列日本瀑布百选,是游客合影留念的绝佳场所。而后,前往网走搭乘流冰观光破冰船遨游鄂霍次克海,体验惊心动魄的破冰之旅。由于网走到了冬季就是冰的世界,会有陆续不断的浮冰从北向南漂到此处。因而造就了乘坐破冰船外出的绝佳体验机会,可享受冰上航行的乐趣,一睹由鄂霍次克海漂流下来的海上蓝色流冰奇景,船底碰撞冰块,引起船体振动的摇晃,更是奇妙的体验。之后,前往能取岬,电影《非诚勿扰》中笑笑和秦奋沐浴阳光、吹拂海风,相互倾诉,以及笑笑最后投海自杀未遂的地方都是在此。能取岬是凸向鄂霍次克海的一段悬崖,是鄂霍次克海观光不可错过的重要景点。从海角尖端的断崖向下俯瞰清澄的海洋,冬天更是观赏流冰的绝佳景点。继而,前往天都山鄂霍次克流冰馆:固定展示着鄂霍次克海的冬季景致——流冰,这是一个以流冰为主题的科学馆,并展示着海豹、海狮等极地动物,馆内并有世界第一座广角高画质剧场之生动逼真的影像。馆内设有 -15℃的流冰体验室,展示有实物流冰的巨大冰块,一年四季可体验流冰的低温和寒冷。在高清晰电视屏幕剧场,可欣赏富有立体感的鄂霍次克的四季影像。还可操作流冰观光破冰船模拟器,体验破冰船压碎流冰的感觉。

早餐:√　　　　中餐:√　　　　晚餐:√　　　　住:网走

第四天　网走/阿寒湖

早餐后,安排搭乘北海道单节 JR 慢火车(网走站——北滨站)前往《非诚勿扰》中主人公的北海道之旅开始之地——北滨车站，沿途尽赏鄂霍次克海无限风景！北滨车站虽然不大，却是多部影视作品的拍摄胜地，是日本在海外最为有名的车站，也是北海道具有代表性的一道风景。从站内可以眺望到鄂霍次克海，阵阵海风吹来，让人颇感惬意。随后至影片中秦奋真诚忏悔过的小教堂“斜里教会”前拍照留影。而后，前往日本最大的巨大火山口湖——屈斜路湖，湖水呈现出特有的美丽的蓝色，湖畔有许多温泉。挖土时就会有温泉涌出的湖岸沙场已经成为观光的名胜。此外，因为还有完全是个谜的巨大生物“库西”生活在这里，也使这个湖更加有名。另外，在冬季，有时还会出现可称为日本第一的“御佛渡”现象及“大天鹅”。而后参观1700多年前火山喷发后形成的中央火口山丘之一——硫黄山，这里到处是外形奇特的岩石，山上处处冒着热气，非常奇异！而后，前往道东最美丽的度假胜地——阿寒湖，宁静而神秘的阿寒湖中生长着一种绿色的球藻，是日本的特别天然纪念物。这里风光旖旎，还带有神秘色彩，故而颇为著名。它的东岸是秀丽雄伟的阿寒岳。游客沿途可尽情享受美丽的自然风光。同时，途中也会路过影片中汽车行驶在北海道大地上的画面，这些镜头多拍摄于北海道弟子屈町。晚餐后，可前往影片中笑笑泡温泉的摄影地——“鹤雅酒店”及秦奋与好友邬桑满心欢喜地进去、尴尬地落座、滑稽搞笑寻开心的地方——“四姐妹居酒屋”前摄影留念。

早餐:√　　　中餐:√　　　晚餐:√　　　住:阿寒湖

第五天　阿寒湖/钏路/东京

早餐后，前往滑雪场感受银色纯白雪世界或是体验滑雪乐趣。之后，通过日本最大的湿原——钏路湿原，总面积183平方公里，十分辽阔。这里生长着北海道鹿（虾夷鹿），白尾雕等约2 000种动植物。午餐后，前往钏路湿原展望台观赏无边无际的湿原，近距离感受一下大自然的恩惠。之后，在钏路市内参观北海道三大海鲜市场之一的和商市场及超市商场购物。坐落在钏路车站前方的这处传统市场，其中有60多家贩卖各种新鲜海产渔获的商家店铺。由于钏路是日本渔获量名列前茅的海港，接近渔产丰富的鄂霍次克海域渔场，因此一年四季都有鲜美的海产让食客大快朵颐的海鲜美食。钏路是日本“炉端烧”的发祥地，这里的晚餐可以让您感受到地道的北海道“炉端烧”。它是一种风靡日本的烧烤形式，用一个沙盘，点上篝火，把海鲜串上竹签插在沙盘上，再配以天然的海盐进行烧烤。其在日本有着很悠久的历史，相传在中世纪只有日本武士才有资格在餐厅大口吃肉，享受诱人的串烧和酒，吃“炉端烧”往往带有某种阶层性的炫耀。晚餐后，乘专车前往钏路机场搭乘航班前往东京。

早餐:√　　　中餐:√　　　晚餐:√　　　住:东京

第六天　东京/出发地

早餐后，前往游览皇居外苑二重桥（停留约30分钟），皇居位于东京的中心，周围有护城河环绕，树木郁郁葱葱，是东京宝贵的自然风景之一。皇居外苑有一座横跨护城河的美丽桥梁——二重桥。因护城河水深，旧桥较低，所以在桥上再搭了一座桥，故称为二重桥，是东京都内纪念留影的绝佳场所。随后，前往日本东京的秋叶原，此处是日本最大的电器产品商业街，也是世界最大的电器购买场，更是东京的一个象征。参观 TOKIS 电器免税商店（停留约 60 分钟），种类繁多的商品，给您提供送人自用皆宜的购物选择。随后，前往新宿地区逛逛。新宿是以东京都政府大楼——"都厅"为中心，分为高楼大厦林立的事务所一条街——西口区，以购物、娱乐综合设施为中心的新宿新窗口——南口区，和被誉为不夜城的歌舞伎町为中心的日本少有的娱乐区。另外，还有百货商店等大型店铺鳞次栉比的东口区，它们连成一体，共同构成了新宿。前往东京最古老的寺庙——浅草观音寺（停留约 45 分钟），寺内供奉着大慈大悲的观世音菩萨，寺外道路两旁都是小店与摊贩，各式地方杂货及纪念品都有，可在此感受浓郁的日本民族文化。随后，返回酒店整理行囊准备前往机场。搭乘豪华客机返回温暖的家，结束此次在日本愉快难忘的旅行。

早餐：√　　　　中餐：×　　　　晚餐：×　　　　住：温馨的家

2. 韩国旅游专线产品案例：韩国深度八日游

第一天　出发地/首尔

从出发地搭乘国际航班前往韩国首都仁川国际机场，抵达后由专业导游接机，游览京畿道水原华城（约 40 分钟），这里是电视剧"大长今"的拍摄地，也是联合国教科文组织高度评价的世界文化遗产。接着，乘车前往忠清南道。晚餐后入住温阳市温泉酒店，这里的水质为碱性含镭元素，对护理皮肤、治疗神经痛和关节炎等疾病有特效，温泉直达房间内，您在房间内就可以舒服的泡上温泉。

早餐：×　　　　中餐：×　　　　晚餐：√　　　　住：忠清南道

第二天　首尔一日游

早餐后，前往忠清北道相株芳香草乐园（约 60 分钟）。这里是韩国首家"芳香草主题公园"，参观香草园 500 余种香草植物，来到这里一边呼吸着草本的香气，一边观看利用芳香草制作的各种商品，甚是惬意。体验特色鲜花香草拌饭午餐。接着，前往全罗北道内藏山国立公园游览（约 90 分钟），感受迷人的自然风光。晚餐后，乘车前往全罗南道海滨城市木浦酒店。

早餐：√　　　　中餐：√　　　　晚餐：√　　　　住：全罗南道

第三天　全罗南道/光州

早餐后，前往全罗南道美丽而浪漫的小岛曾岛，它在亚洲获得国际联盟授予的"慢城市"称号。乘船 20 分钟抵达后，游览盐博物馆（约 30 分钟），参观海洋遗物挖掘地（约 30 分钟）。14 世纪，中国的贸易船曾在这地方沉落，20 世纪 70 年代韩国政府挖掘了大量的瓷器以及各种贸易商品。午餐后，游览长头鱼桥（约 30 分钟），此桥建立在沙堤上，您可在此桥上欣赏美丽的沙堤，还可以到沙堤上亲自抓捕各种小蟹和长头鱼。之后，前往海水浴场（约 30 分钟），欣赏无污染的海水。最后，在曾岛上泡海水温泉（约90分钟）。前往韩国的“味乡”光州，这儿也是著名的中国三大名作曲家郑律老师的出生地。参观光州市区饮食体验（约60分钟），晚餐后回酒店休息。你也可以去逛一下光州繁华热闹的夜市。

早餐:√　　中餐:√　　晚餐:√　　住:光州

第四天　庆尚南道/釜山/大邱

早餐后，前往庆尚南道参观恐龙化石遗址（约60分钟），接着乘车来到釜山市游览海滨城市海云台（约30分钟），这里拥有长达两公里的蜿蜒曲折的白沙滩和景色秀丽、苍翠浓郁的冬柏岛，是韩国八景之一，也是众多影视的拍摄地。游览龙头山公园、国际电影节广场、国际商业街（约60分钟），晚餐后前往大邱市，入住酒店休息。

早餐:√　　中餐:√　　晚餐:√　　住:大邱

第五天　庆尚北道/江原道/雪岳山

早餐后，前往庆尚北道华津海滨休息站（约15分钟）、尉珍东海海滨（约20分钟），接着来到江原道，这里是很多韩国游客休假期间自驾旅游的地方。游览正东津火车站（约30分钟），这里是世界上离海最近的火车站，因此被载入吉尼斯世界纪录大全。沿途可以欣赏到美丽的东海岸线。接着，参观雪岳山，游览雪岳山国立公园，韩国八景之一（约60分钟），在这里也可以看到难得一见的满山雪景。白雪纷飞，漂亮至极。晚餐后，到达雪岳山区域酒店入住，感受天然氧吧的舒适。

早餐:√　　中餐:√　　晚餐:√　　住:江原道雪岳山

第六天　春川/首尔

早餐后，我们前往春川市，游览春川水坝（约30分钟），自费游览《冬季恋歌》拍摄地，浪漫的南怡岛（约90分钟）。午餐后，自费游览临津阁、自由之桥、乌头山展望台（约120分钟），这里是朝鲜、韩国战争的见证，在此可以清楚地看到朝鲜的风貌。下午，我们前往首尔市区，游览明洞（约60分钟），自由逛街购物，这里的购物商城与大型百货店林立的明洞，也是最能了解韩国当前流行的知名时尚街，结束后回酒店休息。

早餐:√　　中餐:√　　晚餐:√　　住:京畿道

第七天　首尔一日观光

早餐后，游览景福宫（约60分钟），这里是韩剧《明成皇后》的拍摄地，朝鲜时代之故宫，有六百余年的历史。外观青瓦台（20分钟）、人参公卖局（约60分钟）、紫水晶店（约60分钟），参观首尔南山韩屋村（约40分钟），在这里可以看到诸多传统的韩国文化和风情表演，例如茶道、刺绣等，体验到真正的韩式文化。东和免税店（约60分钟），接着来到东大门（约60分钟），这里是韩国最大的综合批发市场。欣赏著名的清溪川（约20分钟），晚餐后前往华克山庄、娱乐场、DFS免税店（约120分钟），客人可以在娱乐场里小试手气，在免税店里尽情享受购物，也可自费欣赏精彩的华克秀歌舞表演约90分钟)。结束后回酒店休息。

早餐:√ 中餐:√ 晚餐:√ 住:首尔

第八天 首尔/出发地

早餐后,游览独立广场(约30分钟)、韩国化妆品专卖店(约60分钟)、土特产商店(约60分钟)购买礼品馈赠亲友。午餐后,前往机场搭乘国际航班飞往可爱的家园。

早餐:√ 中餐:√ 晚餐:× 住:温馨的家

3. 港澳游专线产品案例:港澳五天四夜深度游

第一天 出发地/澳门

搭机前往有东方"蒙地卡罗"之称的澳门;游览澳门的象征之一大三巴牌坊(约30分钟),它作为2005年唯一的世界文化遗产,充满着浓郁的宗教气息。途经主教山,游览妈祖庙(约30分钟)看一看慈悲博爱、可敬可畏的海上保护神。后前往参观观光塔(约30分钟)和填海而造的渔人码头(约30分钟)。晚饭后回酒店休息。

早餐:× 中餐:√ 晚餐:√ 住:澳门

第二天 澳门/香港

早上乘船到香港,前往会展中心金紫荆广场(外观约30分钟);继往浅水湾(约20分钟),漫步沙滩拍照留影,静静地享受海风的吹拂;继往香港迪士尼乐园(约4小时),置身于童话世界中,体会美国小镇大街、幻想世界、探险世界、明日世界的奥秘。与米老鼠、唐老鸭、白雪公主共游,尽情游玩各种游乐设施和娱乐项目。也可体验精彩的巡游表演,于晚间烟火结束后出园。

早餐:√ 中餐:√ 晚餐:× 住:香港

第三天 香港一日游

前往参观香火鼎盛的黄大仙庙(约40分钟),继往珠宝展销厅(约2小时),之后前往百货店(约1.5小时),尽情享受购物乐趣之后前往全球最大免税店DFS(约30分钟)购物。游览东南亚最大的海洋公园(约2.5小时):全新开幕的太平洋海岸,让您近距离接触海狮、海豹;海洋剧场精彩滑稽的表演常引来满堂喝彩;还可徜徉于全球最大的珊瑚礁水族馆之一的海洋馆;搭乘单程缆车游览太平山(约20分钟),俯视景色迷人的香港,定会让您沉醉。晚上乘船游维多利亚海港(约30分钟),欣赏两岸夜景。

早餐:√ 中餐:√ 晚餐:× 住:香港

第四天 香港一日自由活动

全天自由活动。(您可搭乘船班前往"南丫岛"感受别样的海岛风情,也可前往尖沙咀或铜锣湾地区享受在免税商品世界购物的乐趣。)

早餐:× 中餐:× 晚餐:× 住:香港

第五天　香港/出发地

早上自由活动后搭车前往机场，沿途可欣赏“汲水门大桥”和“青马大桥”搭乘航班返回您温馨的家，结束愉快的行程。（自由活动时间根据航班时间而定）

早餐：×　　中餐：×　　晚餐：×　　住：温馨的家

4. 宝岛台湾专线产品案例：台湾尊贵环岛八天七夜休闲游

第一天　出发地/台北

搭乘班机飞往台北，前往参观台北市区，参观孙中山纪念馆（约1小时）和世界第一高楼台北101大楼，登上89层楼（508米）俯瞰台北市景色并在101大楼85层欣叶餐厅享用精美的台湾料理。之后，入住酒店。

早餐：×　　中餐：×　　晚餐：√　　住：台北

第二天　台北/南投（车程约2小时）/庐山（车程约1小时）

早餐后，前往台北故宫博物院，该院是中国著名的历史与文化艺术史博物馆。院内收藏有全世界最多的无价中华艺术宝藏，镇宫三宝毛公鼎、翡翠白菜和肉形石更是名声赫赫！用完午餐后续往位于南投埔里的中台禅寺，欣赏这座雄伟庄严的佛寺并祈求安康。随后，前往有“天下第一神泉”美誉的庐山温泉享用美味的灵芝百菇养生餐，晚上入住温泉酒店，您可卸下尘嚣，尽情地享受在高山上泡澡的舒适。

早餐：√　　中餐：√　　晚餐：√　　住：庐山

第三天　庐山/南投（日月潭）（车程约1小时）/嘉义（车程约3.5小时）

早餐后，前往庐山温泉源头煮蛋，经过温泉热度煮出的蛋，蛋黄先熟呈现果冻状十分特殊有趣。随后前往素有“樱都”之称的雾社，沿路四周高山环绕、山峦叠起、山岚雾气真是如诗如画。途中经过碧湖，这时您可远眺整个湖的外形像一条龙盘旋在山中，因此又名卧龙潭。随后抵达抗日纪念碑，这里曾经发生过一段可歌可泣的抗日事件，了解这段历史悲壮故事。继续驱车到达日月潭游湖（约2个小时）。镶嵌在台湾本岛中央的湛蓝明珠——日月潭是台湾境内最大的湖泊，我社将安排游艇环湖游览，环湖参观玄光寺：这里可以眺望到日月潭最美丽的一面，也是唯一可以同时看见右面日潭和左面月潭的地方；文武庙：祭祀文神孔子和武神关帝的地方；远眺邵族仙灵的安息地拉鲁岛。

早餐：√　　中餐：√　　晚餐：√　　住：嘉义

第四天　嘉义/台南（车程约1小时）/高雄（车程约1.5小时）

早餐后，前往阿里山公路起点天长地久拍照留念，沿途购买高山茶或冻顶乌龙茶（约1小时）。继续前往位于台南白河的关子岭泥浆温泉洗浴，洗后皮肤柔滑舒畅。此泉堪称天然美容圣品，世界仅有三处相同泉质（日本鹿儿岛、意大利西西里岛）。继续驱车前往南台湾最大城市高雄，晚上您可自由前往六合夜市（约1小时）尽情品尝美味小吃。

早餐：√　　中餐：√　　晚餐：√　　住：高雄

第五天 高雄/垦丁(车程约3小时)/台东(车程约2小时)

早餐后,游览高雄西子湾(约30分钟)、清朝时外国人在台湾正式建造的第一座领事馆前清打狗领事馆(约30分钟),领事馆建在西子湾的小山岗上,登临可远眺高雄港。之后,前往垦丁公园热带风景区(约1.5小时),观赏猫鼻头、鹅銮鼻灯塔、帆船石等多样性的自然景观。后前往台东,参观珊瑚博物馆(约1小时)。

早餐:√ 中餐:√ 晚餐:√ 住:垦丁

第六天 台东/花莲(车程约3小时)/太鲁阁公园(车程约1.5小时)

在酒店用完早餐后,由花东海岸公路前往花莲,沿途经过八仙洞、三仙台,游览北回归线标水往高处流奇景,之后游览闻名中外的太鲁阁峡谷风景区(约1.5小时)。景观以大理石峡谷、高山地形、丰富的动植物生态最负盛名。(整个太鲁阁国家公园以其高山及峡谷最负盛名,尤其是中部横贯公路太鲁阁至天祥一带的立雾溪谷,两岸全是大理石岩层,可见开发之艰难!在高山方面,本区连有合欢艰难、南湖大山、中央尖山、羊头山、毕禄山及奇莱连峰等27座。)前往长春祠、燕子口九曲洞参观。结束后,参观大理石展示中心(约1小时)。

早餐:√ 中餐:√ 晚餐:√ 住:花莲

第七天 花莲/苏澳(车程约1小时)/野柳(车程约1小时)/台北

早餐后,为了减少旅途劳顿,特别安排乘火车来代替汽车的山路奔波。抵达苏澳后,换坐巴士,前往台北县北海岸游览,沿途可欣赏壮丽的海岸线美景。抵达野柳风景区(约1小时)欣赏奇妙的海蚀地形:著名的女王头、蜂窝石、仙女鞋、地球石等独特的地质风貌。返回台北市区,午餐后参观精品展示中心(约1小时)。下午自由活动,您可自由前往台北市最为繁华热闹时尚的信义商圈、忠孝东路四段、西门町等,尽情逛街购物体会台北街头的人文文化。

早餐:√ 中餐:√ 晚餐:√ 住:台北

第八天 台北/出发地

早餐后,前往台北升恒昌或DFS和维格食品或御珍果或其他土特产商店。为家人和朋友带上当地的特色礼物。提示:维格食品、御珍果主营凤梨酥、太阳饼等土特产;升恒昌、DFS主营免税产品(如香水、手表、箱包、烟酒等),全团游客视需求做适当停留。最后,送机场搭乘航班返回上海,至此结束愉快的宝岛之旅。

早餐:√ 中餐:× 晚餐:×

5. 新马泰专线产品案例:新马泰全景十日游

第一天 出发地/曼谷

怀着愉悦的心情,从上海浦东机场搭乘国际航班飞往泰国首都曼谷。导游接机后安排行程或入住酒店。

早餐:× 中餐:× 晚餐:× 住:曼谷

第二天　曼谷/大城

早餐后，参观泰国拉玛皇宫并参拜泰国第一国宝翡翠玉佛，之后参观泰国皇室珠宝博物馆（约1.5小时）。午餐享用PALAZZO国际自助餐。下午，驱车前往参观联合国世界级七大保护古迹之一大城皇朝（约30分钟），这儿有着丰富的历史古迹，您可参拜邻近著名的卧佛寺三宝宫殿（约15分钟）等古迹巡礼。晚餐于特色欧式古帆船上使用泰上皇风味餐（约1小时），边享用泰国地道传统美食，边欢唱卡拉OK助兴。餐后，前往水果夜市选购新鲜的热带水果。

早餐：√　　　中餐：√　　　晚餐：√　　　住：大城

第三天　大城/芭堤雅

早餐后，驱车前往曼谷的泰国"安心旅游认证"之环球珠宝中心（约2小时），选购各式美轮美奂、设计符合时尚潮流的珠宝。随后，参观蝴蝶园燕窝洞（约1小时）了解燕窝的采摘过程。接着，前往有"东方夏威夷"之称的芭堤雅，途经龙虎园（约2小时）并在园内欣赏各种有趣的动物表演。午餐于园内享用。随后前往金三角热带果园，参观金三角异域风情博物馆（约2小时）、热带果林标本学校，那里的热带水果可以供您无限畅食。晚餐于园内享用独特的热带养生水果海鲜料理及巧克力锅。晚餐后，可自费参加各种活动。

早餐：√　　　中餐：√　　　晚餐：√　　　住：芭堤雅

第四天　芭堤雅一日游

早餐后，搭乘快艇前往格兰岛（约3小时），此岛屿是暹罗湾最大的岛屿，拥有最长的海岸线、最雪白的沙滩以及最美的景致，您可在岛上沙滩上漫步、享受大自然桑拿浴。您也可以自费参加拖曳伞、水上摩托车、香蕉船等刺激有趣的水上活动。午餐于岛上享用海鲜风味餐。下午，前往四方水上市场（约1.5小时），此集市占地36 800平方米。此地还有传统泰式四大部落建筑坐落于回河道上，有上百家店聚集该村落，这里衣食住行吃喝玩乐面面俱到！接着，来一趟泰式传统指压按摩。晚餐于芭堤雅浪漫不夜城——东方公主号邮轮（约1小时）上使用，无限畅饮泰国啤酒及饮料，更可与人妖狂欢。晚餐后，可自费参加各种活动。

早餐：√　　　中餐：√　　　晚餐：√　　　住：芭堤雅

第五天　芭堤雅/曼谷

早餐后，参加丛林乐翻天"4合1"活动（约1小时），包括恐龙公园骑大象、高空绳索、摇滚水晶球、趣味惊险钓鳄鱼活动。随后前往东芭乐园（约2小时）民俗文村观赏各式传统民俗及趣味大象表演。午餐于园内使用韩式B. B. Q.风味餐（或住宿酒店合菜）。下午，驱车返回曼谷，并在途中参观各式各样的蛇类及安排精彩刺激的人蛇大战供贵宾们欣赏（约1.5小时）。随后前往鳄鱼皮件限量版专卖店（约1小时）选购符合国际潮流款式的鳄鱼皮及珍珠鱼皮特产。抵达曼谷后，前往京柏华免税商场（约2小时）自由购物。晚餐享用泰皇御膳风味套餐，由穿着泰国传统服饰男、女侍者为宾客服务，并献上经典传统泰式舞蹈及古典乐器现场演奏。结束后观赏精彩华丽的MAMBO人妖秀(约1.5小时)(V.I.P.座)。

早餐:√ 中餐:√ 晚餐:√ 住:曼谷

第六天 曼谷/新加坡

早餐后，前往曼谷国际机场办理出境手续并搭乘国际航班飞往素有“狮城”之称的新加坡。抵达后游览著名的旅游胜地圣淘沙岛(约1小时)。

早餐:√ 中餐:√ 晚餐:√ 住:新加坡

第七天 新加坡/马六甲

早餐后，参观闻名世界的狮城标志“鱼尾狮身像”、新加坡的伊丽莎白公园(约30分钟)，沿途参观国会大厦、高等法院、今日新加坡文化经济金融商业中心等。接着，赴花芭山游玩(约40分钟)，上山后游客可尽情眺望海景和新加坡全岛风貌。接着，前往新加坡的珠宝总汇(约1.5小时)，结束后参观南洋传统药油等特色(约45分钟)。下午，乘大巴前往马来西亚古城马六甲，沿途欣赏翠绿的棕榈园及橡树园，眺望马六甲海峡(约1小时)。晚餐后回酒店休息。

早餐:√ 中餐:√ 晚餐:√ 住:马六甲

第八天 马六甲/云顶

早餐后，参观葡萄牙古城、荷兰红屋，接着游览圣宝罗山、三宝庙、三宝井(约1小时)，然后参观马来西亚当代锡蜡馆(约45分钟)，观赏琳琅满目的锡蜡手工艺品及其制作过程。午餐增加一道具有马来西亚特色的皇帝面包鸡。随后前往云顶高原，在半山腰坐缆车上山顶，欣赏云雾缭绕、风景秀丽的景色。抵达后参观云顶娱乐城。

早餐:√ 中餐:√ 晚餐:√ 住:云顶

第九天 云顶/吉隆坡

早餐后，参观国家独立广场、英雄纪念碑、国家大清真寺、水上清真寺(外观)、首相署(外观)、太子广场、在皇宫前留影(约1个小时)。随后前往参观珠宝加工厂(约1.5小时)。午餐后，参观双峰搭(外观留影)。接着，参观马来村(约20分钟)，然后品尝具有马来西亚特色的下午茶(约1个小时)，有东革阿里茶、肉骨茶和白咖啡。晚餐后，回酒店休息。

早餐:√ 中餐:√ 晚餐:√ 住:吉隆坡

第十天 吉隆坡/曼谷/出发地

清晨驱车前往吉隆坡机场，经曼谷转机返回您温馨的家。

早餐:× 中餐:× 晚餐:×

6. 越南、柬埔寨旅游专线产品案例:越南、柬埔寨七日游

第一天 出发地/金边

早上搭乘豪华客机飞往柬埔寨(高棉)首都金边(Phnom Penh)后，由本公司专业导游迎接各位贵宾莅临,随即带领入住酒店休息!

早餐:× 中餐:× 晚餐:× 住:金边

第二天 金边/暹粒

早餐后,参观游览金边皇宫(约1小时),内有金银阁寺,让徐徐南风伴您细细欣赏柬族独具佛国特色的建筑及传奇的神话故事,让您更深入完整地了解柬埔寨过去辉煌的历史,并让寺内之宝玉佛、金佛赐福予您。参观当地精品店,挑选自己喜爱的纪念品(约40分钟)。随后前往金边市区观光并参观外观宏伟、满载血泪与骄傲的金边市标志建筑独立纪念碑(约10分钟),独立纪念碑是为了纪念1953年柬埔寨脱离法属殖民地,成立王国而建立,该塔建筑极具柬埔寨民族文化及历史特色。参观塔仔山(约20分钟),内有著名的钟形塔,此处也是当地人祈求好运的地方,登上塔顶可鸟瞰金边市容。午餐后,乘车前往位于柬埔寨北部高棉的暹粒省,距离金边311公里,约5.5个小时抵达。晚餐后入住酒店。

早餐:√ 中餐:√ 晚餐:√ 住:暹粒

第三天 暹粒一日游

早餐后,前往吴哥通王城,亦称大吴哥城(Angkor Thom)(约2小时),吴哥城初建于9世纪后期,是东南亚历史上最宏伟的一座都城。大吴哥城共有五座城门,城门高20米,城门上雕有四面佛像,世人称之为高棉的微笑,接着参观由54座大大小小的宝塔构成一座大宝塔的巴戎庙、斗象台、十二生肖塔、空中宫殿等。午餐后,带领贵宾回酒店休息约1.5小时,后前往参观塔布笼寺(Ta Prohm)(约1小时)。此庙建于12世纪末,尊奉婆罗门教及佛教,有巨大的树木盘结在庙门口,是为一大奇观;百年老树缠绕着千年奇石,仿佛爱恨纠缠般的浪漫。于傍晚前往吴哥巴肯山赏落日(约30分钟),登上山顶可将整个吴哥窟尽收眼底。伴随着夕阳西下,暂时结束观赏神奇的吴哥文化。参观当地精品店,挑选自己喜爱的纪念品(约40分钟)。

早餐:√ 中餐:√ 晚餐:√ 住:暹粒

第四天 暹粒吴哥窟深度游

早餐后,前往1914年被发现有着“吴哥古迹明珠”和“吴哥艺术之钻”之称的女王宫(Baneay Srei)(约40分钟)。此地尊奉婆罗门教三大主神之一的湿婆神。由于建造此座古刹的石头为美丽的粉红色,因此它的建筑以小巧玲珑、精致、剔透、富丽堂皇而著名。途中可参观变身塔(约30分钟)、皇家浴池(约20分钟)。午餐后,带领贵宾回酒店休息约1.5小时,下午继续参观吴哥窟,接着前往有“世界七大奇景”美誉的小吴哥都城(Angkor Wat)(约1.5小时)。吴哥窟总建筑群是高棉吴哥王朝全盛时期所遗留下来的不朽的宗教建筑,全城雕刻精美,有“雕刻出来的王城”的美誉。

早餐:√ 中餐:√ 晚餐:√ 住:暹粒

第五天　暹粒/胡志明

早餐后，前往参观由柬埔寨教育司与法国政府合作为保存吴哥窟古文明艺术传承而设立的吴哥艺术文化学院（约30分钟），在暹粒省专业国家中文导游解说介绍下让您了解整个吴哥王朝古文明艺术的来龙去脉。随后前往当地土产店参观，亦可购买一些当地特色纪念品（约40分钟）。下午送往机场搭乘航班飞往越南第一大城市——胡志明市（Ho Chi Minh）。其旧称为“西贡”，曾是法国殖民地，有“东方小巴黎”之称。抵达后由本公司专业导游迎接各位贵宾，随后带您参观举世闻名、越南著名手工艺术漆器展市中心（约30分钟）、越南战争纪念馆（约1小时），里面记载了美军在当时越战的情形及所用装备和各种炸弹等。参观百年大教堂、法式邮政局、蓝山广场（约1小时）及已有百年历史的天后宫（约30分钟），而后，前往胡志明市市政府厅拍摄团体照留念（赠送）。

早餐：√　　中餐：√　　晚餐：√　　住：胡志明市

第六天　胡志明/美拖/胡志明

早餐后，前往位于湄公河三角洲的乡野水庄美托（约100公里2.5个小时的车程），抵达后乘船游览闻名东南亚的第一长河湄公河（约20分钟），并登上著名的水果岛乐园泰山岛参观（停留1.5～2小时）；在岛上享用水果大餐，欣赏歌舞表演及参观水果园、了解椰子糖制作全过程并可免费品尝；途经养蜂场赠饮蜂蜜茶；之后安排搭乘独木舟体验越南水乡之美（约15分钟），午餐于美拖市享用著名的油泡象鱼风味餐，随后返回胡志明市；参观当地红木专卖店（约30分钟）。晚上在西贡河游艇上，享用烤乳猪大餐，可以一边欣赏精彩节表演，一边欣赏西贡河畔之夜景；晚餐结束后送到胡志明机场。

早餐：√　　中餐：√　　晚餐：√　　住：此晚无住宿

第七天　返回温馨的家

结束愉快的旅程，搭乘航班返回温馨的家。

早餐：×　　中餐：×　　晚餐：×

7. 东南亚海岛度假产品案例：沙巴、文莱经典豪华五日游

第一天　出发地/沙巴

抵达东马沙巴州首府——亚庇，专车送酒店休息（每人西式点心及饮料各一份）。

早餐：×　　中餐：×　　晚餐：×　　住：沙巴

第二天　沙巴海岛游

上午，在Jesselton point码头上船，乘快艇游南中国海。前往金之岛，抵达后，您可在全岛最好的白沙滩上散步，还可以浮潜、畅泳或自费参加水上活动，如香蕉船、拖弋伞、海底漫步等。让您在温暖的阳光、迷人的海景里，度过美好的海上假期。下午享用马来式下午茶。随后，可自由躺在白沙滩上，伴着徐徐微风，沐浴阳光。傍晚乘快艇返回市区。乘机前往文莱风满楼餐厅享用中式晚餐,餐后各自休息。

早餐:√　　中餐:√　　晚餐:√　　住:文莱

第三天　文莱全天自由活动

这是自由的一天,以下推荐自费项目不可错过:

A. 国家公园一日游(约7小时,含午餐) - USD80.00 每人(两人以上)

B. 油田之旅(约6小时,含午餐) - USD80.00 每人(两人以上)

早餐:√　　中餐:×　　晚餐:√　　住:文莱

第四天　文莱/沙巴

上午,参观皇宫外观(约10分钟)、占米阿山纳柏嘉清真寺(约30分钟)、苏丹银禧纪念馆(约45分钟)。下午参观文莱博物馆(约45分钟)—石油介绍厅,水乡(约45分钟),苏丹柏嘉基金广场自由购物(约1小时),专车送往机场乘班机飞返沙巴。

早餐:√　　中餐:√　　晚餐:√　　住:沙巴

第五天　沙巴自由活动/出发地

上午自由活动,享受睡到自然醒的悠闲早晨及酒店内豪华设施!(中餐敬请自理)。下午参观当地特产店(45分钟左右);参观巧克力店 COCOA CHOCOLATE (30分钟左右)。为这次海岛之旅的结束,购买当地特色小吃,带回和家人分享。结束后送机返回您温馨的家,结束愉快的行程。

早餐:√　　中餐:×　　晚餐:×　　住:温馨的家

(二)大洋洲(澳大利亚、新西兰)部分产品

1. 澳新全线旅游产品案例:澳大利亚、新西兰十二日游

第一天　出发地/悉尼

从出发地乘机飞往澳洲风情都市——悉尼,晚宿于飞机上。

早餐:×　　中餐:×　　晚餐:×　　住:飞机上

第二天　悉尼一日游

班机抵达澳洲风情都市——悉尼,驱车前往悉尼以西100公里的著名景点——世界自然遗产蓝山(约90分钟)。这里的桉树挥发的油滴在空中经折射呈现蓝光,所以得名蓝山。国家公园环绕蓝山山脉内多处度假中心和村落,风景秀丽。蓝山的中心点是卡顿巴,著名的观光点有辽阔的丛林景观、峡谷、瀑布,壮观的石柱群。蓝山无论是云雾蒙蒙,还是阳光当头,总是被一层淡蓝色所笼罩,显得异常美丽,亦透着神秘。前往蓝山美景世界,您可乘坐世界上独一无二的近90°陡坡平行缆车进入蓝山深处,漫行于热带雨林中。最后乘上 SKYWAY 缆车横越原始山谷和炫目的瀑布(缆车费用敬请全部自理),通往享誉世界的三姐妹峰,三姐妹峰是蓝山的奇景之一,三块巨石并排屹立在高出云雾的山崖之上,酷似三位亭亭玉立

的少女,相貌端庄,神情毕现。下午返回悉尼。

早餐:×　　　　中餐:√　　　　晚餐:√　　　　住:悉尼

第三天　悉尼/凯恩斯

早餐后,随即展开悉尼都市风情观光游,首先带您前往参观的是悉尼最著名的地标建筑悉尼歌剧院(外景,约30分钟),歌剧院美丽的外景与周围的景致相得益彰,美轮美奂!中午带您前往悉尼著名的海鲜鱼市场(约1.5小时)自费体验海鲜美味,鱼市场里生蚝、鲜贝、鲜鲍应有尽有,价格优惠。下午去皇家植物园(约30分钟)、发现闻所未闻的植物。澳大利亚不仅有奇异的珍稀动物,还有古老的植物,在澳大利亚的植物有12 000种以上,其中3/4是特有物种,所以,在澳大利亚可以见到很多地域性植物物种。期间,途经悉尼麦考利夫人长椅(约10分钟),届时悉尼歌剧院、悉尼海港大桥,尽收眼底。随后前往悉尼邦迪海滩(约30分钟),邦迪海滩的名字意思是海水拍岸的声浪,海滩长达1公里,虽然只是个沙滩滨海小镇,却是澳洲最具历史的冲浪运动中心,是澳洲传统冲浪救生训练基地。这里更有别具特色的双湾、玫瑰湾(途经)等待着您。接着带您前往土特产礼品商店选购土特产(悉尼土特产礼品商店名称:BROADWAY GROUP PTY LTD,购物时间约为1~1.5小时)。晚上飞往凯恩斯。

早餐:√　　　　中餐:×　　　　晚餐:√　　　　住:凯恩斯

第四天　凯恩斯一日游

早餐后,我们首先带您前往的是库兰达(约150分钟)热带雨林,在昆士兰州凯恩斯市(Cairns)以北约27公里处有一个隐身于热带雨林中的小镇,它叫库兰达。库兰达最早作为一个火车站始建于1850年。由于当时砍伐业和采矿业成为当地主要的工业,库兰达作为当时该地区唯一的交通枢纽,起到了运输和储存货物、为往来人员提供住宿以及宣传当地土族文化的积极作用。这个镇是以土族语言命名的,全部人口只有大约750人。然而,至今每年境内外有超过50万的游客乘坐火车、汽车或空中缆车来到库兰达及其周边的热带雨林区参观游览。在库兰达热带雨林村的原住民舞蹈和本土动物的陪伴下,您一定会感到这是一个梦想成真的特殊日子,情不自禁的舞动起来!

早餐:√　　　　中餐:√　　　　晚餐:√　　　　住:凯恩斯

第五天　凯恩斯一日游

早餐后,我们要游览的便是世界自然奇迹之一的大堡礁(含乘船,约420分钟),大堡礁是世界上最大、最长的珊瑚礁区,是世界七大自然景观之一,也是澳大利亚人最引以为豪的天然景观。它又被称为"透明清澈的海中野生王国",它同时也是世界上最大的珊瑚礁群。带您乘坐豪华游船BIG CAT号来游览大堡礁,或乘坐透明底式游船欣赏奇妙的水中世界,去探索绚丽多彩的珊瑚礁。您也可以自费乘坐直升机俯瞰大堡礁。

早餐:√　　　　中餐:√　　　　晚餐:√　　　　住:凯恩斯

第六天　凯恩斯/布里斯班

抵达澳洲现代都市——布里斯班,抵达后即展开布里斯班都市观光游,景点包括:故事桥,(途经)布里斯班最著名的大桥;布里斯班市政厅(途经),市政厅建于1930年,以昆士兰特有的棕黄色砂岩及木料作建材,它是澳大利亚现存最大、最富丽堂皇的市政厅,也是一座典型的,新古典主义派建筑;南岸公园(约30分钟),公园原本是1988年万国博览会的会场地址,在展览结束后,市政当局原本想改建成公寓住宅,遭市民反对,后来建成一个亲水公园,成为所有市民休闲放松的好去处。下午,漫步黄金海岸45公里长的海岸线,这里同时是亿万冲浪爱好者的聚集地冲浪者天堂(约30分钟)。长75公里的海滩,是全世界最长的沙滩海岸。其中连续海滩长达42公里,在42公里的转弯崖角处,有一片礁石,层层的海浪从礁石崖头冲过来,汹涌澎湃,勇往直前,高度达2~3米,如果海上风浪大作,更是浪涛怒吼,掀起狂涛巨澜,其壮观的景象令人惊叹。

早餐:√　　　　中餐:√　　　　晚餐:√　　　　住:布里斯班

第七天　黄金海岸

早餐后,前往天堂农庄(约90分钟)体验澳洲最原始的生活方式,在户外喝着茶欣赏当地人剪羊毛的表演,与牧羊犬赶羊。接着,游览澳洲三大主题公园之一的华纳电影世界(约3小时),华纳兄弟电影世界主题公园位于澳大利亚昆士兰州的黄金海岸冲浪者天堂以北18公里处,是由两大电影公司——美国华纳兄弟电影公司、乡村巡回表演团及澳大利亚首席旅游业促进机构、海洋世界于1981年联合投资兴建,华纳兄弟电影世界有一句口号是:"华纳电影世界可以圆每一个人的明星梦。"当你进入到这个主题公园后,你就会亲身感受到这句话的含义。由于园内自由度较高,故午餐敬请园内自理。下午前往澳宝工厂,土特产礼品店和DFS国际免税店选购您称心的商品(黄金海岸澳宝加工厂名称:AUSTRALIA OPAL FACTORY OUTLET;土特产礼品商店名称:GOLDMART INTERNATIONAL PTY LTD,DFS免税店名称:DFS GALLERIA,每店购物时间为1~1.5小时)。

早餐:√　　　　中餐:√　　　　晚餐:√　　　　住:布里斯班

第八天　布里斯班/墨尔本

早餐后,开始美丽的市区观光。首先游览的是墨尔本著名的旧国会大厦(约10分钟),旧国会大厦建于1856年,是维多利亚省现在的立法议会所在,建筑美轮美奂,别具风格。再驱车前往墨尔本皇家植物园(约30分钟),建造于1845年的墨尔本皇家植物园位于墨尔本市中心以南约五公里的地方。花园以19世纪园林艺术布置,内有大量罕有的植物和澳大利亚本土特有的植物,植物园占地40公顷,至今留着20世纪的一些建筑和风貌,会聚了三万多种奇花异草,是全世界设计最好的植物园之一。途经的库克船长小屋(外观)也是您不容错过的拍照景点。下午，游览澳洲最大的罗马天主教堂圣派区克大教堂（约 20 分钟），是南半球最大、最高的天主教堂。教堂尖塔高达 103 米，黑褐色的墙体体现庄重的美，教堂里回荡着悠扬的琴声，似乎在叙述着中世纪的故事。随后，带您前往土特产礼品店选购土特产（墨尔本土特产礼品商店名称：VICSTAR INTERNATIONAL PTY LTD，购物时间为 1 ~ 1.5 小时）。

早餐：√　　中餐：√　　晚餐：√　　住：墨尔本

第九天　墨尔本/奥克兰

早餐后，进行一些简单的游览，随后搭乘国际航班飞往新西兰第一大城市——奥克兰。

早餐：√　　中餐：×　　晚餐：√　　住：奥克兰

第十天　奥克兰/罗托鲁阿

早餐后，驱车前往罗吐鲁阿，独特的火山地貌，生机勃勃的毛利文化，丰富的天然温泉资源和众多探险活动使罗托鲁阿成为新西兰最为著名的旅游胜地之一。除了令人惊讶的火山口、高山和湖泊景观外，罗托鲁阿还有美丽的英国都德式建筑和园林。抵达后参观毛利文化村（约 60 分钟），了解毛利人及他们的文化，毛利人是天生的艺术家，尤其对音乐和舞蹈有独到之处。他们从传教士那里学习赞美歌的旋律和和声，再经过巧妙地运用，发展成毛利人明朗愉快的音乐。和夏威夷草裙舞类似的毛利歌舞，除了在罗沱路亚以毛利音乐表演外，在新西兰的节日庆典上，也是主要的。并观赏地热及泥浆喷泉奇景；下午继续观光：罗托鲁阿湖（约 20 分钟），政府花园（约 20 分钟），您可随心所欲地享受这里壮丽的风景，无论是休闲还是游乐。接着参观新西兰著名的鹿工厂和羊毛被加工厂（鹿工厂名称：SUPREME DEER FACTORY，购物时间约为 1 小时；羊毛被工厂名称：JM WOOL LTD，购物时间约为 1 小时）。

早餐：√　　中餐：√　　晚餐：√　　住：罗托鲁阿

第十一天　罗托鲁阿/奥克兰

早餐后，前往爱歌顿牧场（约 60 分钟）参观，您可以亲手喂食牛、羊、鹿、驼羊，还可以参观奇异果园。土特产礼品店购物后（罗吐鲁阿土特产礼品店名称：WOOLBARN PTY LTD，购物时间约为 1 小时）驱车返回奥克兰。

早餐：√　　中餐：√　　晚餐：√　　住：奥克兰

第十二天　奥克兰/悉尼/出发地

早上机场送团返回您温馨的家，结束愉快的澳大利亚、新西兰精品旅程！

早餐：×　　中餐：×　　晚餐：×　　住：温馨的家

2. 澳大利亚一地深度游产品案例：澳大利亚深度七日游

第一天　出发地/悉尼

从出发地出境搭乘国际航班飞往澳洲第一大城市——悉尼，夜宿飞机上。

早餐：×　　中餐：×　　晚餐：×　　住：飞机上

第二天　悉尼(小意大利区——每人赠送一杯咖啡、考拉公园)/猎人谷葡萄酒庄(乘车约2个小时)

抵达后游览皇家植物园、悉尼最佳观景点"麦克威尔太太椅子"(下车参观40分钟)、悉尼南区著名的小意大利区,在此每人赠送一杯咖啡(40分钟)。下午前往考拉公园(含门票,下车参观1个小时),随后前往猎人谷。

早餐:×　中餐:√　晚餐:√　住:猎人谷

第三天　猎人谷/史蒂芬斯港(车程1个小时)

早餐后,开始品酒之旅,随后前往史蒂芬斯港,搭乘下午1点半的游船出海观海豚(含船票,1个半小时),并在游船上享用自助午餐,体验精彩的滑沙(1个小时)。

早餐:√　中餐:√　晚餐:√　住:史蒂芬斯港

第四天　史蒂芬斯港/悉尼

早餐后,开车返回悉尼,午餐后参观悉尼歌剧院(外观)(下车外观参观,不入内,30分钟)、港湾大桥(途经)、达令港(下车参观30分钟),中午前往悉尼鱼市场(参观1.5小时),随后参观悉尼大学(校园内30分钟),傍晚搭乘5点的SHOW-BOAT(含船票,1个半小时)晚霞游船畅游悉尼港。

早餐:√　中餐:×　晚餐:√　住:悉尼

第五天　悉尼/墨尔本

早餐后,游览邦迪海滩(下车参观30分钟)、玫瑰湾(下车参观20分钟)、海德公园(下车参观30分钟)等。傍晚搭机飞往澳洲第二大城——墨尔本,抵达后入住酒店休息。

傍晚前往悉尼South Ocean Duty Free店购物(时间1.5~2.5小时)。

早餐:√　中餐:√　晚餐:√　住:墨尔本

第六天　墨尔本

早餐后,前往位于墨尔本东郊的丹顿农山区,乘坐有百年历史的古董蒸汽火车(含车票,20分钟)。午餐后,前往圣帕特里克大教堂(下车参观30分钟)、联邦广场(下车参观30分钟)、费兹罗花园(下车参观30分钟)、维多利亚现代艺术馆(40分钟)。下午前往墨尔本South Ocean Duty Free购物(时间为1.5~2.5小时)。

早餐:√　中餐:√　晚餐:√　住:墨尔本

第七天　墨尔本/出发地

早餐后,乘机飞回您温馨的家,结束愉快的旅程!

早餐:×　中餐:×　晚餐:×　住:温馨的家

(三)非洲、中东部分产品

1. 迪拜一地深度游产品案例:阿联酋迪拜六日游

第一天　出发地/迪拜

从出发地搭乘阿联酋航空公司国际航班飞往阿联酋第二大城市——迪拜。

早餐:×　　　中餐:×　　　晚餐:×　　　住:飞机上

第二天　迪拜一日游

抵达后,导游机场接机。早餐后,参观竺玫拉清真寺,它是现代伊斯兰建筑的典范,是迪拜城中最吸引游人的景点之一;接着,参观国家博物馆,它是由降温风塔的古代商人大屋及阿拉伯城堡改建而成,是迪拜现存最古老的建筑物;接着,前往游览迪拜河,它有“海湾威尼斯”之称,一条宽阔的港湾向内地延伸约 10 公里,把这个城市分为两半。乘坐传统的水上的士欣赏两岸的现代建筑物。之后乘坐单轨列车,前往棕榈岛中央、全迪拜最宏伟的酒店——亚特兰蒂斯酒店,并前往外观仿照传说中失落海底古城亚特兰蒂斯而建的全中东最大的水世界,水容量总和是60 000 000升,能注满 24 个标准泳池;里面有 65 000 只以上的海洋动物,透过水底玻璃通道或玻璃池近距离观赏各种海洋动物,置身其中犹如在深海探险。乘坐轻轨期间,全新角度饱览全球瞩目号称是“世界上最大的人工岛”也有“世界第八大奇景”之称的棕榈岛美丽的风光。您可以深入了解这项突破人类工程史的伟大计划。棕榈岛是由 1 亿平方米沙石建成的,外形酷似棕榈树,最终将可容纳 50 间豪华酒店、2500 间沙滩住宅别墅、2400 间面海住宅大厦、游艇会、水上乐园、餐馆、大型购物中心、运动设施、水疗设施及戏院等。另外一个“世界”工程也已展开,计划填海建造 250 个人工岛,从空中看,岛屿就是一个世界地图的形状。下午,可自费乘越野车在沙海中享受冲沙之旅,沉醉于自然奇景。同时参加传统的阿拉伯风情篝火露营品尝阿拉伯烧烤,欣赏阿拉伯民族舞蹈——肚皮舞,并可与舞娘共舞。还可以享受骑骆驼之乐,抽阿拉伯水烟,进行传统文身(可褪),活动结束回酒店休息。

早餐:√　　　中餐:√　　　晚餐:√　　　住:迪拜

第三天　迪拜/阿布扎比/迪拜(单程约 2 小时车程)

早餐后,由中文导游陪同前往阿布扎比游览。途经迪拜自由贸易区和 Jebel Ali 海港(世界第一大人造海港)。前往“海湾的曼哈顿”和 Batina 老城区,其间有众多设计独特的清真寺、喷泉和街心花园。抵达后,外观国会大厦、酋长皇宫、人工岛,继往阿布扎比最为引人注目的胡商皇宫,这是昔日国王城堡。然后,游览该城的海岸线、欣赏美丽的沙滩。游览位于 KHALID BIN WALID 街上的“白色堡垒”,也叫“古老堡垒”,是阿布扎比最古旧的建筑。午餐后,返回迪拜可前往中东地区最大最繁华的购物中心 CITY CENTER,这里是最大的世界名牌产品免税工艺品的天堂。随后返回迪拜,晚餐后入住酒店休息。

早餐:√　　　中餐:√　　　晚餐:√　　　住:迪拜

第四天　迪拜/沙迦/迪拜(单程约 30 分钟车程)

早餐后,乘车前往阿联酋第三大城市——沙迦,此城市是唯一一个同时坐拥“阿拉伯湾”和“阿曼湾”两条海岸线的酋长国。具有丰富历史传统的沙迦以出色的艺术和建筑而闻名，拥有15个以上博物馆也是其引以为豪之处！前往游览文化广场、法萨尔王清真寺（阿联酋最大的清真寺）、酋长皇宫、建国纪念碑、考古博物馆。配有高科技的沙迦博物馆向游客全面展示了中东地区从公元前5000年直至今日的历史文化和环境的变化。参观有150年历史的老宅——那不达大宅以及火车头黄金手工艺品市场，您可以选购精美的具有当地特色的纪念品。而后前往卡纳·阿尔·卡斯巴，从远处观望中东地区的首个摩天轮——高达60米的"阿联酋之眼"。继而，前往位于阿拉伯海湾岸上的阿治曼，它是七个酋长国中最小的一个，但却拥有长达16公里的白色沙滩。抵达后观赏阿治曼海滨美丽的景色。之后返回迪拜。之后，前往帆船酒店入住，金帆船酒店是阿拉伯人奢侈的象征，亦是迪拜的新标志，其豪华的气派非笔墨可言喻。晚上，可自费乘坐阿拉伯海湾风格的木质游船沿着迪拜的内海湾航行约两个小时，在船上享用海鲜自助晚餐，一览迪拜两岸灯火通明，五光十色的夜景，聆听迷人的阿拉伯民族乐曲。

早餐：√　　中餐：√　　晚餐：√　　住：迪拜

第五天　迪拜/东海岸线/迪拜（单程约2小时车程）

早餐后，乘车前往雄伟的哈迦山脉。东部的阿曼海湾，穿越阿联酋和阿曼领土。坐落在山脚之下的是柯法汉和富加拉两个中心城市。途经星期五市场，游客可以自由购买当地新鲜的水果，以及花草、陶瓷、地毯等；经过绵延的石头山，您会抵达原始而宁静的东海岸，眺望印度洋，回迪拜途中经过阿联酋境内最古老的清真寺及DIBBA小镇（一个重要的居民点及贸易中心）。继往阿联酋国最新落成的大型阿联酋购物中心Mall of Emirates它集娱乐、购物、饮食、休闲于一体。晚餐后送回酒店休息。晚餐后送往机场，搭乘国际航班返回您温馨的家。

早餐：√　　中餐：√　　晚餐：√　　住：飞机上

第六天　迪拜/出发地

抵达您温馨的家，结束愉快的旅程。

早餐：×　　中餐：×　　晚餐：×　　住：温馨的家

2. 埃及、土耳其中东古文明探秘产品案例：埃及、土耳其十日游

第一天　出发地/伊斯坦布尔

从出发地乘机经土耳其伊斯坦布尔转机飞往埃及开罗。

早餐：×　　中餐：×　　晚餐：×　　住：飞机上

第二天　伊斯坦布尔/开罗/孟菲斯/开罗（汽车单程约30分钟）

抵达后接机。随后前往孟菲斯参观阶梯金字塔以及拉姆西斯二世雕像。之后返回开罗，晚餐后入住酒店休息。晚上可自费（约55美金/人）乘坐邮轮夜游举世闻名的尼罗河，在船上享用西式自助晚餐，并欣赏著名的肚皮舞表演和尼罗河两岸夜景（如参加自费项目，当天晚餐费用不退）。

早餐：√　　中餐：√　　晚餐：√　　住：开罗

第三天　开罗/卢克索(火车9小时)

早餐后,游览埃及博物馆,馆内藏有丰富的古埃及文物,尤其以图坦卡蒙王的陪葬品、黄金棺、面具、木乃伊等为千古奇物。午餐于中国餐厅就餐。下午,前往游览古埃及文明的象征:吉萨金字塔及狮身人面像。您还可以自费(约15美金/人起)享受骑骆驼之乐。(上下骆驼请注意安全!)随后,参观香水制作表演。之后,乘坐火车前往埃及古都卢克索(即底比斯),并在火车上享用西式晚餐。夜宿火车上。

早餐:√　　中餐:√　　晚餐:√　　住:火车卧铺(双人间)

第四天　卢克索/红海(巴士约4小时)

早餐后,乘坐火车抵达卢克索。随后前往游览气势恢弘的卢克索神庙和卡纳克神庙,您将在此见到举世闻名的拉美西斯二世巨型石像。之后,前往参观尼罗河西岸游览巨大的门农石像和海普苏特女王神殿。下午驱车前往著名的红海度假胜地。抵达后入住酒店休息。夜宿红海。

早餐:√　　中餐:√　　晚餐:√　　住:红海

第五天　红海一日游

早餐后,自由活动,您可尽情享受红海沿岸的阳光、沙滩等怡人风光和舒适的地中海气候。夜宿红海。

早餐:√　　中餐:√　　晚餐:√　　住:红海

第六天　红海/开罗(巴士约7小时)

早餐后,继续自由活动,中午乘车返回开罗,午餐于途中享用西式盒餐。抵达后晚餐,随后入住酒店休息。夜宿开罗。

早餐:√　　中餐:√　　晚餐:√　　住:开罗

第七天　开罗/伊斯坦布尔

早餐后,参观开罗老城区,包括三大宗教教堂。随后,送往机场乘坐航班前往伊斯坦布尔。抵达后接机。晚餐后,游览伊斯坦布尔著名的塔克西姆步行街。夜宿伊斯坦布尔。

早餐:√　　中餐:√　　晚餐:√　　住:伊斯坦布尔

第八天　伊斯坦布尔一日游

早餐后,乘游轮畅游博斯普鲁斯海峡,欣赏马尔马拉海两岸迷人风光和著名的欧亚大陆桥(新旧两座)。午餐在当地风味餐厅用餐。下午,前往金角湾游览,参观著名的多玛巴切新皇宫,这个位于博斯普鲁斯海峡边上的精美建筑是奥斯曼帝国的最后一个皇宫。晚餐于中国餐馆用餐。夜宿伊斯坦布尔。

早餐:√　　中餐:√　　晚餐:√　　住:伊斯坦布尔

第九天　伊斯坦布尔/出发地

早餐后,参观著名的圣索菲亚大教堂和蓝色清真寺,游客可感受到古代工艺的辉煌,午餐于中国餐馆用餐。下午,参观著名的地下水库。之后,游览著名的“大巴扎”集市,在这里有着上千家店铺,在此您可参观土耳其传统的手工织毯艺术并购物。晚餐于中国餐馆用餐。随后送往机场搭乘航班回国。

早餐:√　　中餐:√　　晚餐:√　　住:飞机上

第十天　返回家园

抵达出发地,结束浪漫的地中海之旅。

早餐:×　　中餐:×　　晚餐:×　　住:温馨的家

3. 中东文明体验旅游产品案例:以色列、约旦八日游

第一天　出发地/伊斯坦布尔

傍晚从浦东机场搭乘土耳其航空公司班机飞往伊斯坦布尔,经伊斯坦布尔转机飞往特拉维夫。

早餐:×　　中餐:×　　晚餐:×　　住:飞机上

第二天　伊斯坦布尔/特拉维夫/内坦利亚/恺撒利亚/海法

早上抵达特拉维夫后,机场接团,送往恺撒利亚参观恺撒利亚古迹遗址。参观海法大同教圣殿花园,登山加密山欣赏海法市容。参观拿撒勒天使报喜堂,晚上下榻提比利亚(酒店晚餐,中式午餐)。

早餐:×　　中餐:√　　晚餐:√　　住:提比利亚

第三天　提比利亚/Sheik Hussein/安曼

早餐后,乘船游览加利利湖,参观五饼二鱼堂、八福堂、迦百农、圣彼得献心堂。午餐后,送团前往 Sheik Hussein 边境,我公司安排车与导游于边境接团,送往安曼,下榻安曼(酒店早餐,烤鱼午餐,中式晚餐)。

早餐:√　　中餐:√　　晚餐:√　　住:安曼

第四天　安曼/佩特拉

早餐后,游览安曼市,包括露天博物馆、古罗马剧场、城堡山等。前往佩特拉。佩特拉又称沙漠中的“玫瑰城”,整个城市中的建筑全部是用粉红色的砂岩建成,岁月风沙的侵蚀更使阳光下的帕特拉呈现出梦幻般的异彩。晚上下榻佩特拉(酒店早晚餐,当地午餐)

早餐:√　　中餐:√　　晚餐:√　　住:佩特拉

第五天　佩特拉/Allenby/死海/耶路撒冷

早餐后,送团前往 Allenby 边境。我公司安排车与导游在边境接团。送往死海古木兰地区享用午餐并选购死海化妆品。游览死海。死海实为一内陆盐湖,其含盐量为普通海水的10倍,即使不善游泳的人亦可在水面之上自在地漂流,且死海湖水对皮肤也有显著的美容作用。客人可尽情享受死海漂流之乐。夜晚下榻耶路撒冷(酒店早晚餐,当地午餐)。

早餐:√　　中餐:√　　晚餐:√　　住:耶路撒冷

第六天　耶路撒冷/伯利恒/耶路撒冷

登上橄榄山欣赏耶路撒冷全景,走过棕榈大道,参观主泣耶京堂、喀西玛利园、万国教堂,前往耶稣出生之地伯利恒,参观主诞教堂。之后,返回耶路撒冷,参观国会山大烛台、鸡鸣堂。夜晚下榻耶路撒冷。(酒店早晚餐,当地午餐)

早餐:√　　　　中餐:√　　　　晚餐:√　　　　住:耶路撒冷

第七天　耶路撒冷/特拉维夫/伊斯坦布尔/出发地

早餐后,参观耶路撒冷大屠杀纪念馆。参观坦克博物馆,了解中东战争历史。之后前往特拉维夫。午餐后,游览特拉维夫、Dzengoff 大街、拉宾广场;参观世界上最古老的港口,地中海畔的雅法,这是以色列艺术家聚居的地方。地中海滩漫步。随后,送团前往机场(酒店早餐,中式午餐)。以色列要求提前 3 小时到达机场,故当日无法安排晚餐。

早餐:√　　　　中餐:√　　　　晚餐:×　　　　住:飞机上

第八天　结束旅程

晚上抵达您温馨的家,结束奇特的以色列约旦之旅。

早餐:×　　　　中餐:×　　　　晚餐:×　　　　住:温馨的家

(四)欧洲部分旅游产品

1. 欧洲多国连线产品案例:欧洲全景十国十二晚十四日游

第一天　出发地/法兰克福/科隆

早上在机场集合,搭乘国际航班前往德国法兰克福,当天抵达前往科隆。

早餐:×　　　　中餐:×　　　　晚餐:×　　　　住:科隆

第二天　科隆/阿姆斯特丹

在科隆游览著名的科隆大教堂;之后,前往阿姆斯特丹,在阿姆斯特丹参观欧洲最负盛名的钻石加工厂。将向您展示钻石打磨制造的全套工艺。游览荷兰风光的象征:风车村、木鞋场、奶酪加工厂。

早餐:√　　　　中餐:√　　　　晚餐:√　　　　住:阿姆斯特丹

第三天　阿姆斯特丹/布鲁塞尔/卢森堡

早餐后,前往比利时的首都——布鲁塞尔。布鲁塞尔的位置距离西欧主要都城都在 200 ~ 300 公里之间,可以说是西欧经济文化的会聚点,其凭借优越的地理位置、发达的交通和通信,被誉为"欧洲的首都";目前有几百个国际组织或办事机构总部设在这里,欧洲共同体的总部也设在此城,另外还有北大西洋公约组织总部、布鲁塞尔参观原子球外景。游览黄金广场,撒尿小童——于连像。之后,前往卢森堡大公国。

早餐:√　　　　中餐:√　　　　晚餐:√　　　　住:卢森堡

第四天　卢森堡/巴黎

卢森堡游览配特罗斯大峡谷和阿尔道夫古桥,在古堡林立的卢森堡体验欧洲中世纪的万种风情。之后,前往法国巴黎,抵达后游览香榭丽舍大道,在凯旋门和协和广场拍照留念,客人可自费游览著名的凡尔赛宫。

早餐:√　　中餐:√　　晚餐:√　　住:巴黎

第五天　巴黎一日游

上午游览巴黎的标志埃菲尔铁塔(二层)、巴黎香水店、巴黎圣母院,下午游览法国国家艺术宝库——罗浮宫,欣赏琳琅满目的世界艺术珍宝,以及有"罗浮宫三宝"之称的"蒙娜丽莎"、"维纳斯"雕像、"胜利女神"雕像,晚上可自费欣赏著名的歌舞表演。

早餐:√　　中餐:√　　晚餐:√　　住:巴黎

第六天　巴黎/因特拉肯

早餐后,前往位于图恩湖及布里恩湖之间的瑞士度假小镇——因特拉肯;抵达后在因特拉肯市内观光:漫步于荷黑威格繁华商业街,自由购物(此天车程较长)。

早餐:√　　中餐:√　　晚餐:√　　住:因特拉肯

第七天　因特拉肯/列支敦士登/因斯布鲁克

早餐后,客人可自费前往瑞士最著名的山峰之一少女峰,乘坐观光火车登上海拔3500米的峰峦,客人可在山顶的餐厅一边品尝咖啡或是品味美食,一边体验"会当凌绝顶"的感受,体验阿尔卑斯山的神秘壮丽;随后前往"邮票王国"列支敦士登,漫步瓦杜兹商业街,呼吸瑞士的清新空气;之后,前往奥地利的第五大城市因斯布鲁克(此天午餐自理)。

早餐:√　　中餐:×　　晚餐:√　　住:因斯布鲁克

第八天　因斯布鲁克/萨尔茨堡/维也纳

早餐后,因斯布鲁克游览金顶屋、中心广场,客人可自由购买著名的奥地利水晶;随后,前往萨尔茨堡,萨尔茨堡参观莫扎特故居外观、莫扎特广场、米拉贝尔花园、粮食胡同,您更可自行登上山顶的古堡,一览萨尔茨堡全貌。

早餐:√　　中餐:√　　晚餐:√　　住:维也纳

第九天　维也纳/意大利小镇

维也纳市区观光:游览举世闻名的文艺复兴式建筑——维也纳皇家歌剧院外景、新雅典式的议会大厦、市政大厅、维也纳城市的象征斯特劳斯雕像、当年奥匈帝国的权力中心——霍夫堡皇宫(外景),以及维也纳的地标——斯特凡大教堂;参观美泉宫及后花园,这里是布斯堡王朝的行宫,它的花园是欧洲园林艺术的典范,花坛和草坪会因季节而变幻出不同的优美图案,被誉为"茜茜公主的宫殿"。

早餐:√　　中餐:√　　晚餐:√　　住:意大利小镇

第十天　意大利小镇/威尼斯/博洛尼亚

早餐后,前往意大利水城——威尼斯,乘船进入威尼斯本岛,游览圣马可广场、圣马可教堂、叹息桥,参观世界著名的玻璃制造艺术。

早餐:√　　　　中餐:√　　　　晚餐:√　　　　住:博洛尼亚

第十一天　博洛尼亚/罗马

早餐后,前往罗马,“罗马不是一天建成的”,这是个伟大的历史名城,也是世界各地对历史文明有兴趣游客寻古探幽的好地方。这里不仅保留了原罗马帝国时代的遗物,还保存了现代“罗马假日”的风味。此地还有中世纪、文艺复兴时期文化、艺术瑰宝,以及天主教教廷所在地梵蒂冈。我们在此主要游览许愿泉、威尼斯广场、古罗马废墟、古罗马角斗场外景、古罗马凯旋门;之后,游览梵蒂冈圣彼得广场、圣彼得大教堂。

早餐:√　　　　中餐:√　　　　晚餐:√　　　　住:罗马

第十二天　罗马/佛罗伦萨/米兰周边地区

早餐后,前往欧洲文艺复兴发源地——佛罗伦萨,参观大卫像、圣母百花大教堂,客人可自由选购意大利著名的皮具;随后前往米兰,途中可自费参加观赏比萨斜塔(此天车程较长)。

早餐:√　　　　中餐:√　　　　晚餐:√　　　　住:米兰

第十三天　米兰/出发地

早餐后,前往米兰机场,搭乘国际航班回国。

早餐:√　　　　中餐:×　　　　晚餐:×　　　　住:飞机上

第十四天　结束旅程

抵达您温馨的家,结束愉快的欧洲之旅。

早餐:×　　　　中餐:×　　　　晚餐:×　　　　住:温馨的家

2. 俄罗斯北欧连线产品案例:俄罗斯+北欧十二日游

第一天　出发地/莫斯科

从出发地乘机飞往俄罗斯首都莫斯科,抵达莫斯科后入住宾馆。

早餐:×　　　　中餐:×　　　　晚餐:×　　　　住:莫斯科

第二天　莫斯科/圣彼得堡

早餐后,游览红场、前苏联的巡礼地——列宁墓、瓦西里升天大教堂、克里姆林宫(外观)、无名烈士墓、亚历山大花园、俄罗斯最大的百货商店——古姆。晚餐,乘四人软卧包厢赴圣彼得堡。

早餐:√　　　　中餐:√　　　　晚餐:√　　　　住:火车上

第三天　圣彼得堡一日游

早上抵圣彼得堡。市容观光(俄罗斯古典建筑,巴洛克式建筑,十月革命时期建筑),游览世界三大博物馆之一艾尔米塔什博物馆(冬宫),参观打响俄国十月革命第一枪的阿芙乐尔号巡洋舰、海军总部大厦,以及由普希金的抒情诗而得名的青铜骑士像;外观世界第三大教堂——伊萨基耶夫大教堂;晚餐后,观看芭蕾舞表演(自费)。

早餐:√　　　　中餐:√　　　　晚餐:√　　　　住:圣彼得堡

第四天　圣彼得堡一日游

早餐后,游览世界上最大的喷泉园地——夏宫花园,外观圣彼得堡的发祥地——圣彼得堡罗要塞、斯莫尔尼宫、滴血教堂;游览喀山大教堂,漫步于集文化、商业、贸易、娱乐为一体的涅瓦大街,乘船游览涅瓦河(自费)。

早餐:√　　　　中餐:√　　　　晚餐:√　　　　住:圣彼得堡

第五天　圣彼得堡/赫尔辛基

早餐后,乘车前往芬兰首都赫尔辛基,抵达芬兰赫尔辛基火车站接团。晚餐后,入住酒店休息。

早餐:√　　　　中餐:√　　　　晚餐:√　　　　住:赫尔辛基

第六天　赫尔辛基/波尔沃/赫尔辛基

早餐后,乘车前往素以"诗人之城"著称的波尔沃。早在中世纪,波尔沃就是一个重要的进口贸易中心,坐落在波尔沃河沿岸的一排排红仓房向人们展示了波尔沃的航运史。波尔沃的老市区是芬兰目前唯一保存下来的中世纪城区建筑,弯曲的街道、狭窄的小巷和低矮的木屋是中世纪城市生活的缩影,被人称为"木制建筑博物馆"。老市区中的尖拱顶式的大教堂建于15世纪初期,是1809年芬兰第一届议会的所在地。波尔沃市郊还有许多保存完好的老庄园可供游人参观。之后,返回赫尔辛基享用午餐。午餐后,赫尔辛基市区观光,参观阿曼达铜像、总统府;前往STOCMANN百货大楼享受购物乐趣。

早餐:√　　　　中餐:√　　　　晚餐:√　　　　住:赫尔辛基

第七天　赫尔辛基/土库/斯德哥尔摩

早餐后,参观斯堪的纳维亚半岛最大的东正教教堂——乌斯潘斯教堂,赫尔辛基市区的标志性建筑——主教堂,这是一座全部以岩石建造的别具一格的岩石教堂。游览西贝柳斯公园,该公园是为纪念芬兰伟大的作曲家西贝柳斯而建。随后,驱车前往土库乘船码头,晚餐后,乘豪华游轮前往素有"北方威尼斯"之称的瑞典首都——斯德哥尔摩,船上设有赌场、电影院、舞厅、酒吧,其豪华的设施、丰富的节目,能够让人彻夜狂欢。

早餐:√　　　　中餐:√　　　　晚餐:√　　　　住:邮轮

第八天　斯德哥尔摩/卡尔斯塔德

早餐后,在市区观光,参观颁发诺贝尔奖的市政厅、瓦萨战船博物馆;游览峡弯街、步行街。随后,前往卡尔斯塔德,晚餐后,入住酒店。

早餐:√　　　　中餐:√　　　　晚餐:√　　　　住:卡尔斯塔德

第九天　卡尔斯塔德/奥斯陆/哥德堡

早餐后,乘车前往挪威首都奥斯陆。午餐后,进行城市观光,游览奥斯陆市维格兰雕塑公园,公园以湖泊为自然背景,其中100多座栩栩如生的人体雕塑表现了人类生活的各个方面。随后，游览宏伟的皇宫（外观）。之后，驱车前往哥德堡，晚餐后入住酒店。

早餐：√　　中餐：√　　晚餐：√　　住：哥德堡

第十天　哥德堡/哥本哈根

早餐后，乘车前往丹麦首都哥本哈根，抵达后参观哈姆雷特城堡（外景），当年莎士比亚就是以此为想象的舞台写出了名著《哈姆雷特》，参观哥本哈根的象征——美人鱼雕像以及源自北欧家喻户晓的神话中的神农喷泉。参观市政厅广场，然后瞻仰举世闻名的大文豪安徒生的铜像、参观皇宫广场、国会大厦。晚餐后，入住酒店。

早餐：√　　中餐：√　　晚餐：√　　住：哥本哈根

第十天　哥本哈根/莫斯科/出发地

搭乘班机经莫斯科转机后返回上海（机场转机餐自理）。

早餐：√　　中餐：×　　晚餐：×　　住：飞机上

第十二天　结束行程

抵达您温馨的家，结束愉快的俄罗斯、北欧之旅。

早餐：×　　中餐：×　　晚餐：×　　住：温馨的家

3. 南欧连线产品案例：意大利、希腊、南欧十日游

第一天　出发地/伊斯坦布尔

在机场集合，乘国际航班经伊斯坦布尔转机飞往意大利时尚之都米兰，夜宿机上。

早餐：×　　中餐：×　　晚餐：×　　住：飞机上

第二天　伊斯坦布尔/米兰/威尼斯

上午抵达后，游览市中心华丽的哥特式大教堂——多莫大教堂，及欧洲首屈一指的歌剧院斯卡拉歌剧院外观，随后，前往水城威尼斯，威尼斯是由上百个小岛组成，再由400余条桥梁连贯在一起，并靠一条半里长的堤坝与大陆相连，全市交通的主要干线为纵横交错的运河网，而船、艇成为最便捷的交通工具。

早餐：×　　中餐：√　　晚餐：√　　住：威尼斯

第三天　威尼斯/比萨/锡耶纳

早餐后，乘船前往圣马可广场上游览，外观著名的圣马可大教堂、叹息桥、钟楼、公爵府等。圣马可大教堂始建于公元9世纪，用云石和镶嵌金饰建成。不能错过观看世界闻名的、最有当地特色的玻璃制作工艺，您会发觉玻璃制作是如此奇妙。接着，前往著名物理学家伽利略的出生地——比萨，外观比萨斜塔。该塔以其独特的外形及伽利略著名的重力实验而闻名，而用白色云石建造的比萨大教堂及受洗堂，也是旅客必游之处。最后来到托斯卡纳区最完美的另一个中世纪古城——锡耶纳。

早餐:√　　　　　中餐:√　　　　　晚餐:×　　　　　住:锡耶纳

第四天　锡耶纳/罗马

早餐后,参观中心区的公共广场。该广场呈扇贝形,四周是宫殿组成的大圆弧已有700多年的历史了。其中,外观最为突出的锡耶纳大教堂。随后南下前往永恒之都——罗马。罗马是意大利首都,人口400万,是政府机关所在地,市民依靠旅游及贸易等行业生活。早餐后,市区观光,罗马位于台伯河畔,古迹随处可见,它是古罗马帝国发祥地,至今仍保留着2000多年来的文化色彩。途经古罗马的废墟前往斗兽场,并在场外拍照留念。接着,参观君士坦丁凯旋门。稍后前往世界最小的国家"梵蒂冈"参观宏伟的圣彼得大教堂。自16世纪重建后,每年前往朝圣的信众或各地游客不下千万。教堂内的文艺复兴设计及建筑艺术,内部云石雕刻与用彩色石粒镶嵌的巨大壁画,实为巧夺天工的惊世之作。

早餐:√　　　　　中餐:√　　　　　晚餐:×　　　　　住:罗马

第五天　罗马/苏莲托/那波利

早餐后,前往享誉全球的露营中心,位于海边波利突兀的岩壁平台之上的苏莲托,可自费前往游览艾玛菲海岸;随后,驱车前往南部城市那波利,这是意大利最有文化底蕴的城市,风光美丽,气候温暖,也是地中海最著名的风景区之一。那波利充满着真正的南部人情怀,无论语言、音乐以及饮食习惯都有独特的风格。

早餐:√　　　　　中餐:×　　　　　晚餐:×　　　　　住:那波利

第六天　那波利/庞贝/巴里/帕特雷

早餐后,前往参观意大利南部历史遗迹——庞贝。公元79年,维苏威火山爆发将整个城市摧毁,目前只发掘出遗址的一半。团友可从西南面古老的玛丽娜大门进入遗迹内,入口不远处的广场内可观看到最壮观的城市建筑,包括阿波罗神殿、焦韦神殿以及庞贝最大的建筑——长方形教堂等。随后,驱车前往意大利南部的现代港口——巴里。沿路欣赏意大利南部的农业风貌。抵达巴里后准备办理登船手续,游轮将会横越地中海及爱琴海。游轮慢驶在浪漫的地中海上,清爽的海风掠过,当您仰望天际繁星时,会惊叹人生的美好。

早餐:√　　　　　中餐:√　　　　　晚餐:×　　　　　住:帕特雷

第七天　帕特雷/雅典

游轮约中午抵达南部重要港口帕特雷,安全抵达后驱车前往希腊首都——雅典。雅典是欧洲文明的摇篮、丰富的历史遗迹遍布各处。参观人文奇迹——雅典卫城(包括:卫城露天古剧场、山门、胜利女神雅典娜、尼基神殿、巴特农神殿、依瑞克提翁神殿、卫城博物馆、酒神迪奥尼索斯露天剧场)、雅典市内最古老的神殿——宙斯神殿。

早餐:×　　　　　中餐:√　　　　　晚餐:√　　　　　住:雅典

第八天　雅典/爱琴海三岛/雅典

早餐后,7:30从酒店出发前往码头搭乘游轮,畅游爱琴海萨罗尼科斯湾里三个别具特色的小岛：盛产开心果的艾伊娜岛、摄影爱好者钟情的波罗斯岛、戴妃生前最爱的小岛伊兹拉岛。午餐于船上享用西式套餐，并欣赏民族歌舞表演。20:00 返回雅典—中式晚餐—21:30 之前返回酒店。

早餐：√　　中餐：√　　晚餐：×　　住：雅典

第九天　雅典/伊斯坦布尔/出发地

早餐后，继续市区观光，游览老城区 PLAKA、女人街等，后乘国际航班经伊斯坦布尔转机回国。

早餐：√　　中餐：√　　晚餐：×　　住：飞机上

第十天　结束行程

安全抵达您温馨的家，结束愉快的行程！

早餐：×　　中餐：×　　晚餐：×　　住：温馨的家

4. 法意瑞连线产品案例：法意瑞八晚十日游

第一天　出发地/巴黎

在机场集合，搭乘中国国航豪华客机经停北京后飞往巴黎，抵达后送往酒店休息。

早餐：×　　中餐：×　　晚餐：×　　住：巴黎

第二天　巴黎一日游

上午，游览巴黎的标志埃菲尔铁塔(二层)，去巴黎香水店尽情购物，下午游览巴黎圣母院，法国国家艺术宝库——罗浮宫，欣赏琳琅满目的世界艺术珍宝，尤其是有“罗浮宫三宝”之称的“蒙娜丽莎”油画、“维纳斯”雕像、“胜利女神”雕像，客人可自费乘船游览迷人的塞纳河，欣赏两岸的迷人景色，晚上可自费欣赏著名的歌舞表演。

早餐：√　　中餐：√　　晚餐：√　　住：巴黎

第三天　巴黎一日游

早餐后，前往蒙马特区，这里开设了不少画廊、纪念品店、小吃店、酒吧和咖啡店，许多著名画家如高更、卢梭、雷诺阿等以往曾流连于此地的咖啡厅，而立体派的毕加索、布拉克曾居住于此，从圣心教堂远眺巴黎市景美不胜收；再前往汇集一百多位画家的画家村，您可以画张素描作为纪念；下午，游览香榭丽舍大道，在凯旋门和协和广场拍照留念，客人可自费游览著名的凡尔赛宫。

早餐：√　　中餐：√　　晚餐：√　　住：巴黎

第四天　巴黎/因特拉肯

早餐后，前往位于图恩湖及布里恩湖之间的瑞士度假小镇——因特拉肯；抵达后在因特拉肯市内观光：漫步荷黑威格繁华商业街，自由购物。

早餐：√　　中餐：√　　晚餐：√　　住：因特拉肯

第五天　因特拉肯/因斯布鲁克

早餐后，客人可自费前往瑞士名山少女峰，途中欣赏图恩湖与布里恩茨湖的美景，眺望欧洲屋脊——少女峰。可自费前往瑞士的少女峰，乘坐观光火车登上海拔3500米的峰峦之上，客人可在山顶的餐厅一边品尝咖啡或是品味美食，一边体验“会当凌绝顶”的感受，体验阿尔卑斯山的神秘壮丽；随后，前往因斯布鲁克。

早餐:√　　中餐:×　　晚餐:√　　住:因斯布鲁克

第六天　因斯布鲁克/威尼斯/博洛尼亚

早餐后，因斯布鲁克游览金顶屋、中心广场，客人可自由购买著名的奥地利水晶；随后，前往著名的意大利水城——威尼斯，乘船进入威尼斯本岛，游览圣马可广场、圣马可教堂、叹息桥，参观世界著名的玻璃制造艺术。

早餐:√　　中餐:√　　晚餐:√　　住:博洛尼亚

第七天　博洛尼亚/罗马

早餐后，前往罗马，“罗马不是一天建成的”，这是个伟大的历史名城，也是世界各地对历史文明有兴趣游客寻古探幽的好地方。这里不仅保留了原罗马帝国时代的遗物，还保存了现代“罗马假日”的风味。此地还有中世纪、文艺复兴时期文化、艺术瑰宝，以及天主教教廷所在地梵蒂冈。我们在此主要游览许愿泉、威尼斯广场、古罗马废墟、古罗马角斗场外景、古罗马凯旋门；之后游览梵蒂冈圣彼得广场、圣彼得大教堂。

早餐:√　　中餐:√　　晚餐:√　　住:罗马

第八天　罗马/佛罗伦萨/米兰周边地区

早餐后，前往欧洲文艺复兴发源地——佛罗伦萨，参观大卫像、圣母百花大教堂，客人可自由选购意大利著名的皮具；随后前往米兰，途中可自费参加观赏比萨斜塔（此天车程较长）。

早餐:√　　中餐:√　　晚餐:√　　住:米兰

第九天　米兰/出发地

早餐后，前往米兰机场，搭乘国际航班回国。

早餐:√　　中餐:×　　晚餐:×　　住:飞机上

第十天　结束行程

抵达您温馨的家，结束愉快的行程。

早餐:×　　中餐:×　　晚餐:×　　住:温馨的家

（五）美洲部分旅游产品

1. 南美精华游产品案例：巴西、阿根廷十二日游

第一天　出发地/迪拜

在机场集合，乘机前往中东国家迪拜转机，飞往巴西圣保罗。

早餐:×　　中餐:×　　晚餐:×　　住:飞机上

第二天　迪拜/圣保罗

抵达圣保罗后，有专人接机，送往酒店休息。

早餐:×　　中餐:×　　晚餐:×　　住:圣保罗

第三天　圣保罗一日游

早餐后,游览享有"巴西华尔街"美誉的保利斯达大道,然后前往华人聚集的东方移民商业区利贝尔达迪;下午,前往建于19世纪的皇宫博物馆参观,您可以欣赏到具有典型欧洲风情的大花园;随后,参观拉美议会大厦、开拓者雕像、护法英雄纪念碑、巴西独立纪念碑、圣保罗大教堂等。晚餐后,送往酒店休息。

早餐:√　　中餐:√　　晚餐:√　　住:圣保罗

第四天　圣保罗/里约热内卢

早餐后,乘机飞往里约热内卢。抵达后,有专人在机场接机,之后开始在里约热内卢的游览。这里有洁白如雪的细沙海滩、四季明媚的阳光、蔚蓝的大海和海边有着魔鬼身材的巴西姑娘,堪称经典的"3S"。游览可以从乘小火车上耶稣山开始,耶稣基督石像高高地耸立在山顶,面向浩瀚的大西洋,平静而安详地注视着游人。午餐后,参观可容纳20万人的世界最大的足球场(外观),并观赏世界著名球星脚印台。晚上享用巴西烧烤大餐。之后,可以自费前往观赏著名的桑巴舞表演(自费项目70~75美元/人)。

早餐:√　　中餐:√　　晚餐:√　　住:里约热内卢

第五天　里约热内卢一日游

早餐后,前往参观建筑风格独特的里约热内卢大教堂。随后参观世界第二大宝石制作中心H. STEN,观看宝石制作过程。巴西以盛产宝石闻名,品种有红、绿、蓝、紫、白、黄、黑七大系列。午餐后,驱车前往著名的科帕卡凡纳海滩漫步,欣赏美丽的大西洋风光。晚餐后,送往酒店休息。

早餐:√　　中餐:√　　晚餐:√　　住:里约热内卢

第六天　里约热内卢/伊瓜苏

早餐后,专车送往机场飞往伊瓜苏。抵达后,有专人接机。之后,前往游览巴西与巴拉圭、阿根廷三国交界岭以及友谊桥拍照留念。也可以参观三国土特产市场和工艺品商店。晚餐后,可以观看拉美歌舞表演,包括巴西、阿根廷、巴拉圭、秘鲁等国家的民族歌舞(自费项目约40美元/人)。随后,送往酒店休息。

早餐:√　　中餐:√　　晚餐:√　　住:伊瓜苏

第七天　伊瓜苏/布宜诺斯艾利斯

早餐后,游览跨度为世界第一的伊瓜苏瀑布群。进入栈道,置身于"飞流直下三千尺"的宏伟景观之中;沿曲折小径,观赏最壮观的天然奇景,领略275道瀑布万马奔腾的气势和令人惊心动魄的壮观。勇敢者可搭乘冲浪船(自费项目约88美元/人),冲过滔天水柱,这是一个有惊无险的节目。午餐后,乘车过境到阿根廷境内的伊瓜苏,乘机飞往阿根廷首都——布宜诺斯艾利斯。抵达后,有专人接机,晚餐后,送往酒店休息。

早餐:√ 中餐:√ 晚餐:√ 住:布宜诺斯艾利斯

第八天 布宜诺斯艾利斯/老虎洲/布宜诺斯艾利斯

早餐后,游览布宜诺斯艾利斯市北区。乘观光小火车,经过 Lopez、livos 和阿根廷总统官邸,沿岸欣赏高级住宅区景观。至老虎洲乘游艇,畅游巴拉那河,感受优美的自然景观。随后返回布宜诺斯艾利斯市享用午餐。下午,在布宜诺斯艾利斯市区观光:游览七月九日大道(此道为全球最宽阔的大道)、白色纪念碑和考林特斯大道。之后,还可游览:Pilar 教堂、Recoleta 文化中心和壮观的名人墓地。晚上还可前往探戈秀之家,欣赏 ventana 探戈秀,由阿根廷优秀的舞蹈家表演享誉世界的探戈舞蹈,游客可边看节目边品尝美味的晚餐(自费项目约 60 美元/人)。

早餐:√ 中餐:√ 晚餐:√ 住:布宜诺斯艾利斯

第九天 布宜诺斯艾利斯/农庄/布宜诺斯艾利斯

早餐后,前往古农庄,品尝高卓人(彭巴斯草原的游牧民族)的美酒,享受烤牛羊肉大餐,欣赏高卓歌舞表演和马术表演。之后,参观布宜诺斯艾利斯省的小镇,阿根廷南美大草原上的农庄。晚上返回布宜诺斯艾利斯。

早餐:√ 中餐:√ 晚餐:√ 住:布宜诺斯艾利斯

第十天 布宜诺斯艾利斯/圣保罗

早餐后,参观五月大道、五月广场、国会广场和首都大教堂。之后,我们将参观歌隆剧院(外观,因为从 2006 年 9 月 1 日开始整修),这是世界著名抒情剧院之一,以黄金吊顶、水晶灯和彩壁闻名于世。午餐后,游览市中心和 RECOLETA 高级区游:Lavalle 广场、大法院、Alvear 大道和 Quintana 大道。随后在适当的时间,送往机场飞往圣保罗,在圣保罗机场待机。

早餐:√ 中餐:√ 晚餐:× 住:机场

第十一天 圣保罗/迪拜

在圣保罗机场搭乘 EK 航班经迪拜转机回国。

早餐:× 中餐:× 晚餐:× 住:飞机上

第十二天 迪拜/出发地

抵达您温馨的家,结束愉快的旅程。

早餐:× 中餐:× 晚餐:× 住:温馨的家

2. 美国、巴西连线产品案例:美国东西海岸、巴西十四日游

第一天 出发地/芝加哥/华盛顿

于指定时间在上海浦东国际机场集合,搭乘国际航班经芝加哥转机前往美国首都华盛顿,抵达后入住酒店,准备明天的行程。

早餐:× 中餐:× 晚餐:× 住:华盛顿

第二天 华盛顿一日游

早餐后,参观著名的白宫。白宫是美国历任总统的官邸、办公室,于 1800 年落成，占地5100平方米，由主楼、东翼和西翼三个独立建筑物组成；接着参观开国元勋华盛顿总统纪念碑、撰写美国独立宣言的杰弗逊总统纪念堂、林肯总统纪念堂以及坐落在市中心高地上用白色大理石建成的国会大厦。

早餐：√　　中餐：√　　晚餐：√　　住：华盛顿

第三天　华盛顿/费城（巴士约2小时）/纽约（巴士约3小时）

早餐后，前往纽约，途经美国古城亦是独立宣言的签署地费城，参观最早期的国会大厦、独立宫、自由钟、造币厂。随后，前往以古老和富有而著称的美国普林斯顿大学，参观其保有浓厚欧式教育风格的校园及内部的后哥特式建筑。傍晚抵达美国的金融中心——纽约。

早餐：√　　中餐：√　　晚餐：√　　住：纽约

第四天　纽约/圣保罗

早餐后，参观巍然耸立于小岛上，高举火炬、象征着美国自由民主精神的巨型自由女神像。自由女神像是当年法国为庆贺美国独立100周年而赠送的。神像左手拿着独立宣言，右手高举火炬，眼望前方，鼓励为实现理想而到美国的移民。下午，在市区观光：包括时代广场，气度非凡、高楼鳞次栉比的洛克菲勒广场，誉满全球的联合国总部大楼（外观）。随后，观赏纽约港奇景。登岸后，参观世贸大厦废墟、华尔街、第五大道、享誉艺术殿堂的百老汇大街等。每一个景点，都必将给您留下难以磨灭的印象。晚餐后，搭乘国际航班，前往巴西最大的城市——圣保罗。

早餐：√　　中餐：√　　晚餐：√　　住：飞机上

第五天　圣保罗一日游

早上抵达后，有专人接机。之后，乘车游览享有"巴西华尔街"美誉的保利斯达大道，然后前往华人聚集的东方移民商业区利贝尔达迪。下午，前往建于19世纪的皇宫博物馆参观，您可以欣赏到具有典型欧洲风情的大花园；随后，参观拉美议会大厦、开拓者雕像、护法英雄纪念碑、巴西独立纪念碑，圣保罗大教堂等。晚餐后，送往酒店休息。

早餐：×　　中餐：√　　晚餐：√　　住：圣保罗

第六天　圣保罗/伊瓜苏

早餐后，乘机前往巴西、巴拉圭、阿根廷三国交界处的伊瓜苏大瀑布。抵达后，有专人接机，随后前往游览巴西与巴拉圭交界岭（友谊桥）拍照留念。也可以参观三国土特产市场和工艺品商店。晚上可以观看拉美歌舞表演，包括巴西、阿根廷、巴拉圭、秘鲁等国家的民族歌舞（自费项目约50美元/人）。

早餐：√　　中餐：√　　晚餐：√　　住：伊瓜苏

第七天　伊瓜苏/里约热内卢

早餐后，游览跨度为世界第一的伊瓜苏瀑布群。进入栈道，置身于"飞流直下三千尺"的宏伟景观之中；沿曲折小径，观赏最壮观的天然奇景，领略275道瀑布万马奔腾的气势和令人惊心动魄的壮观。勇敢者可搭乘冲浪船(自费项目约90美元/人,含一件雨披),冲过滔天水柱,这是一个有惊无险的节目。午餐后,送往机场,乘机飞往里约热内卢。抵达后,导游接机,晚上享用巴西烧烤大餐。晚上,还可以自费前往观赏著名的桑巴舞表演(自费项目约80美元/人)。

早餐:√　中餐:√　晚餐:√　住:里约热内卢

第八天　里约热内卢一日游

早餐之后开始在里约热内卢的游览。这里有洁白如雪的细沙海滩、四季明媚的阳光、蔚蓝的大海和海边有着魔鬼身材的巴西姑娘,堪称经典的"3S"。游览可以从乘车上耶稣山开始,耶稣基督石像高高地耸立在山顶,面向浩瀚的大西洋,平静而安详地注视着游人。午餐之后,参观可容纳20万人的世界最大的足球场(外观),并观赏世界著名球星脚印台。前往著名的海滩——科帕卡瓦纳海滩上漫步,欣赏美丽的大西洋风光。晚餐后,送往酒店休息。

早餐:√　中餐:√　晚餐:√　住:里约热内卢

第九天　里约热内卢/迈阿密

早餐后,前往参观建筑风格独特的里约热内卢大教堂,然后乘游船游览里约热内卢海滩,那美丽、优美的瓜纳巴拉湾。午餐后,可参观世界第二大宝石制作中心H. STEN,观看宝石制作过程。巴西以盛产宝石而闻名,品种有红、绿、蓝、紫、白、黄、黑七大系列。晚餐后,到机场飞往美国的迈阿密。

早餐:√　中餐:√　晚餐:√　住:飞机上

第十天　迈阿密/洛杉矶

早上,抵达迈阿密后转机前往西海岸城市洛杉矶。将近中午时抵达,导游接机,安排午餐。下午游览环球影城及洛杉矶市容。乘电动拖车赴各电影拍摄布景区,真实感受旧金山大地震、洪水暴发、大白鲨食人等场景的惊心动魄,并乘船回到恐龙时代的侏罗纪公园,以及体验芝加哥大火的热浪冲击等。从影城出来后,游览星光灿烂的明星大道、古老庄严的中国大戏院、奥斯卡颁奖典礼所在地——柯达剧院以及市区音乐中心、比弗利山庄

早餐:×　中餐:√　晚餐:√　住:洛杉矶

第十一天　迪斯尼一日游

清晨从洛杉矶出发沿高速公路向南前往坐落在加州的全世界著名迪士尼的主题乐园。由已故故事大王华德·迪士尼创建的迪士尼乐园堪称《全世界最快乐的地方》,特别是近年陆续推出的《神奇游行》、《天空传奇》、《玩具总动员2》、《泰山》等新的表演节目吸引了更多游客。园内共有8个主题区:"美国主街"上的蒸汽火车、单轨电车,让人回到早期美国小镇的淳朴生活;"未来世界"里,高速旋转飞车载着您在宇宙星际中遨游;"新奥尔良广场",重现了路易斯安那州新奥尔良的迷人风光;"探险乐园"里布满原始森林与沼泽,印地安那琼斯列车是游客的最爱,在"米老鼠的故乡",您可以和米奇、

米妮老鼠聊天，在“西部乐园”里，汽船与矿车让您体验昔日西部的疯狂激情，搭乘小木筏去拜访 TOM. 索耶的荒岛，到“神话乐园”与白雪公主、小木偶、唐老鸭、小飞象以及其他你喜爱的迪士尼人物合影，和小飞侠一起翱翔天空，与爱丽丝携手梦游仙境。最新落成的“明日乐园”吸引了更多的游客，让人流连忘返。

早餐：√　　中餐：√　　晚餐：√　　住：洛杉矶

第十二天　洛杉矶/圣地亚哥海洋世界/洛杉矶（汽车单程约 2 小时）

早餐后，乘车前往圣地亚哥，圣地亚哥海洋公园是世界闻名的海洋生物主题公园，坐落在南加州的圣地亚哥。海豚、海象、海狮等享有世界盛名的海洋居民将为您带来精彩的表演，海滩运动会场有重达 2 吨的虎鲸为您做各种技巧表演。这个特殊的表演总是吸引很多观众驻足观看。您还可以去参观百慕大魔鬼三角，进入一个多彩的海底世界，在那里您可以探索深海的秘密。水族馆里的企鹅、鲨鱼和淡水鱼以它们的神奇吸引着旅游者不愿离开。随后，到圣地亚哥城走上一圈。您必定会对这个既古老又生气勃勃的城市倍增好感。

早餐：√　　中餐：√　　晚餐：√　　住：洛杉矶

第十三天　洛杉矶/东京

洛杉矶转机飞东京。

早餐：√　　中餐：×　　晚餐：×　　住：飞机上

第十四天　东京/出发地

在东京转机，安全抵达您温馨的家。

早餐：×　　中餐：×　　晚餐：×　　住：温馨的家

3. 美国夏威夷度假产品案例：夏威夷海岛度假六日休闲游

第一天　出发地/东京/夏威夷

在上海浦东国际机场集合，乘坐国际航班飞往美国在太平洋上的海外洲、度假胜地——夏威夷，抵达后，导游接机。夏威夷浪漫之旅即将启程。游览檀香山、依兰尼皇宫（外观）、州议会大厦（外观）、小白宫（外观）、州长官邸（外观）、卡美哈国王铜像等；下午，游览珍珠港，参观亚利桑那号战舰。晚餐后，入住酒店休息。夜宿夏威夷。

早餐：√　　中餐：√　　晚餐：√　　住：夏威夷

第二天　夏威夷一日游

早餐后，夏威夷小环岛游：包括威基基海滩、钻石头火山、海景亮丽的冲浪中心、高级住宅区恐龙湾、海泉喷口、三温暖海滩、兔子岛、乌龟岛、白色海滩、夏威夷族保护区、大风口风景区。下午，自由漫步威基基海滩，享受阳光、沙滩、美女和夕阳。夜宿夏威夷。

早餐：√　　中餐：√　　晚餐：×　　住：夏威夷

第三天　夏威夷全天自由活动。

推荐行程：可自费游览波西米亚文化村（95 美元/人）。

波利尼西亚文化村:距离檀香山以北约 65 公里,由七个不同文化特色的村落组成,保留了原居住的 7 个岛屿的文化传统与风土人情。各村的建筑设施均保持本民族几百年前的传统风貌。村落之间由假山相隔,山上松柏挺立,瀑布鸣响,常青藤盘绕,一座座小木桥横跨湖上,又把各个村落连成一个整体。白天游人们可以聚集在树荫下,一边品尝当地传统风味的食品,一边欣赏当地艺人弹奏新颖悦耳的夏威夷吉他曲,以及波利尼西亚姑娘所唱的婉转动人的情歌。游人也可以穿上草裙,学塔西提人热情奔放的坦姆蕾舞,或跳抒情缠绵的呼拉舞,或是在专家的指导下做一顶汤加式的遮阳帽。夜晚文化中心四周燃起篝火,举行盛大的波利尼西亚歌舞晚会,歌舞从内容到形式都具有浓厚的民族特色,不少节目反映了太平洋岛屿各族人民勤劳勇敢的品质。夜宿夏威夷。

早餐:× 中餐:× 晚餐:× 住:夏威夷

第四天 夏威夷全天自由活动。

推荐行程:夏威夷购物。

夏威夷有许多特产和商品,世界名牌精品也很多,如 LV、Christine Dior、Armani 等。夏威夷的特产夏威夷火山豆、可爱岛饼干、大岛的柯纳咖啡、茂宜岛的洋芋片和果酱以及夏威夷牛肉干(Beef Jerky)等。

Waikiki Premium Outlets:主要以便宜的名牌货为卖点,每样货品平均比市面上便宜 25% ~65%。商品种类包括衣饰、皮件、珠宝、化妆品、家用品等 50 余种名牌。

Ala Moana Center:是夏威夷境内非常著名的购物中心,号称是太平洋上最大的购物中心。店内有 200 家零售店,以及每年有 5600 万的消费人次。除了一般的观光纪念品外,在 Ala Moana Center 也可以购买到许多世界知名的名牌。

早餐:× 中餐:× 晚餐:× 住:夏威夷

第五天 夏威夷/东京/出发地

中午前往机场,搭乘航班经东京转机回国。

早餐:√ 中餐:× 晚餐:× 住:飞机上

第六天 结束行程

抵达您温馨的家,结束浪漫的旅途。

早餐:× 中餐:× 晚餐:× 住:温馨的家

(六)邮轮部分产品

1. 歌诗达邮轮旅游产品案例:歌诗达经典号邮轮鹿儿岛、长崎、福冈、鹿儿岛六晚七日日韩经典之旅

第一天 上海/邮轮

客人于当天中午指定时间到达上海高阳码头集中,联系我们的领队,由我们的专业领队协助您办理登船手续，您如有大件行李（手提行李除外）可交给歌诗达的工作人员帮您办理托运，他们会将行李送至各位贵客所在的客舱。然后一起排队出关（因日本属于团体签证，因此客人必须按签证顺利排队过关），过关时请向海关人员出示您的护照和船票，所有贵客请于起航前一个小时办理完登船手续，游轮将于当天 19:00 开船，我们将开始这次轻松而又浪漫的邮轮假期之旅。

早餐:×　　中餐:×　　晚餐:×　　住:豪华邮轮自选舱位

第二天　海上巡游

在餐厅吃过丰盛的早餐后，您可以沐浴着阳光在甲板上漫步，您还可以在商场里给自己买些旅游纪念品或挑选些礼物送给亲人朋友，或是在有专门教练的健身房里，一边欣赏海景，一边享受身体的畅快淋漓；或者您更愿意待在游泳池里或SPA 美容馆里，为即将而来的盛宴做好准备。您也可参考“每日活动表”选择您喜爱的节目，今日赌场、宾果游戏、免税商店街、日光浴、美容院、SPA 等地是热点。晚上您可以上豪华的餐厅里和亲人或朋友品尝香槟美酒，然后在剧院欣赏优雅的艺术表演。

早餐:√　　中餐:√　　晚餐:√　　住:豪华邮轮自选舱位

第三天　韩国釜山

今日，邮轮将于早上 08:00 抵达韩国釜山，并在岸上观光旅游。您可提前与邮轮人员报名参加邮轮的岸上观光活动。邮轮将于晚上 19:00 离开釜山，继续在海上航行。

早餐:√　　中餐:√　　晚餐:√　　住:豪华邮轮自选舱位

第四天　日本福冈

今日，邮轮将于早上 08:00 抵达日本福冈。您可提前与邮轮人员报名参加邮轮的岸上观光活动。邮轮将于晚上 19:00 离开福冈，继续在海上航行。

早餐:√　　中餐:√　　晚餐:√　　住:豪华邮轮自选舱位

第五天　鹿儿岛

今日，邮轮将于中午 13:00 抵达鹿儿岛。您可提前与邮轮人员联系，报名参加邮轮的岸上观光活动。邮轮将于晚上 20:00 离开鹿儿岛，继续在海上航行。

早餐:√　　中餐:√　　晚餐:√　　住:豪华邮轮自选舱位

第六天　邮轮

在船上享受一天的悠闲生活。

早餐:√　　中餐:√　　晚餐:√　　住:豪华邮轮自选舱位

第七天　上海

邮轮将于早上 08:00 抵达上海，抵达后办理离船手续，结束此次愉快浪漫惬意的海上之旅。

早餐:√　　中餐:×　　晚餐:×　　住:温馨的家

2. 丽星邮轮旅游产品案例:丽星邮轮处女星号新加坡、槟城、普吉岛五晚六日

第一天 出发地/新加坡

乘航班抵达素有"花园城市"美誉之称的新加坡。送酒店入住,自由活动。

早餐:× 中餐:× 晚餐:× 住:新加坡

第二天 新加坡/处女星号邮轮

早上酒店早餐,上午 11:30 自行前往新加坡港湾中心二楼办理手续登上丽星处女星号豪华邮轮。从此开始您将有一次与众不同的超级享受。

早餐:√ 中餐:√ 晚餐:√ 住:处女星号邮轮

第三天 邮轮/槟城/邮轮

如果您报名参加了上岸观光活动,请按照上面写的地点和时间去集合。邮轮将在中午 12:00 到达槟城,邮轮于 20:00 起航。

早餐:√ 中餐:√ 晚餐:√ 住:处女星号邮轮

第四天 邮轮/普吉/邮轮

如果您报名参加了上岸观光活动,请按照上面写的地点和时间去集合。邮轮于 08:00 抵达普吉岛,于 18:00 起航。晚上参加有预订的香槟酒会和船长晚宴。

早餐:√ 中餐:√ 晚餐:√ 住:处女星号邮轮

第五天 邮轮/新加坡

充分享受邮轮上的服务,放松自己,邮轮大约在 19:00 到达新加坡,自行前往酒店入住。

早餐:√ 中餐:√ 晚餐:√ 住:新加坡

第六天 新加坡/上海

早餐后,自由活动,根据航班时间在酒店大堂集合,送往机场搭乘班机返回上海。

早餐:√ 中餐:× 晚餐:× 住:温馨的家

附:国家旅游局出境旅游主要政策法规

关于加强中国公民出境旅游市场管理的通知

各省、自治区、直辖市旅游局(委):

"全国恢复与振兴旅游工作座谈会"召开后,各地认真贯彻,积极行动,旅游市场正开始恢复。为加强出境旅游恢复中市场秩序的监管,制止一些违法违规行为重新抬头,国家旅游局就进一步加强出境旅游市场管理提出要求,请各地根据本地区的实际,切实抓好出境旅游市场的管理工作。

一、充分认识加强管理的重要性和必要性

中国公民出境旅游业务自1997年正式开展以来得到较快发展，目前已开展组团业务的有24个国家和地区。2002年，中国公民出境人数达到1 660万人次，较好地适应了旅游消费需求，促进了我国旅游业的发展，同时，对增进中外民间交往，提高我国的国际形象和地位发挥了积极作用。为促进出境旅游健康有序发展，近年来，各级旅游部门加大了对出境旅游市场整治和管理的力度，取得了一定成效。但旅游市场不规范经营的现象仍然严重存在。当前比较突出的问题是：用超范围经营招徕游客，以虚假广告搞价格欺诈，采取"零负团费"方式经营普遍存在，擅自增加自费项目，诱骗游客购物消费和诱导游客参加内容不健康活动的行为屡禁不止等。这不仅危害了旅游者的合法权益，严重地影响了出境旅游市场的健康恢复与振兴，而且有损于国家和旅游的形象。对此，各省级旅游局要引起高度重视，深刻认识、加强管理，既是一个规范旅游市场秩序的工作问题，也是一个维护国家形象的政治问题，从讲政治和实践"三个代表"重要思想的高度充分认清加强出境旅游市场管理的重要性和必要性，以对国家和旅游者高度负责的态度，树立全局观念，克服畏难情绪，深入贯彻"全国恢复与振兴旅游工作座谈会"精神，结合本地实际，采取有效措施，真抓实干，切实加强对出境旅游市场的管理。

二、突出重点，在主要环节上下工夫

（一）从坚决执行"六不准"要求入手，加强对组团社的管理

各省级旅游局要严格按照国家旅游局对经营出境旅游业务的旅行社实行不准超范围经营、不准组织到未开放的目的地国家旅游、不准与境外没有批准的旅行社有业务往来、不准超计划购物、不准强迫推销自费项目和不准诱导游客涉足不健康娱乐场所的"六不准"要求，全面加强对所辖组团社的监管。一是要组织本辖区内组团社的法人代表和总经理进行"六不准"的学习轮训，熟知和掌握其要求。二是要与出境游组团社签订"责任书"，并在社会上进行公示，组团社要公开承诺执行"六不准"的规定。三是要对领队人员进行严格的资格审查、培训，要求组团社必须制定"出国领队责任制"，明确领队执行"六不准"有关要求的责任，并建立组团社与领队人员之间的连带责任制度。四是要对组团社执行"六不准"要求的情况进行跟踪管理，建立组团社信誉档案和经营行为档案，对违反"六不准"要求的，要进行通报并向社会公布，对有违法违规行为的，各级旅游部门要在相关部门的支持下，给予严肃处理。

（二）以治理"零负团费"为重点，加大对出境旅游市场秩序的监管

"零负团费"是一种不正常的经营行为，是导致出境旅游市场混乱的一个重要原因。因此，各省级旅游局必须下决心进行治理，通过严格管理，规范出境旅游市场秩序。一是要求组团社进行自查自纠，认真查找是否存在"零负团费"问题，并向省市旅游局写出自查报告。对自查自纠工作不力，存在问题隐瞒不报，知错不改的企业，省市旅游局要责令限期整改，情节严重的，报国家旅游局取消其出境旅游业务经营资格。二是全面清理合同和广告，各地要主动联合工商部门对本地市场上的出境旅游广告进行一次普查，对存在价格欺诈、内容不真实等问题的广告坚决予以清除，对问题突出的组团社依法查处。同时，要组织力量对所辖组团社的出境游合同进

行修改和完善，使在境外的行程线路、活动项目、价格和服务标准等在合同中得到真实体现。三是加强对自费项目的管理，要求组团社必须做到：所有出境游中的自费项目，必须到省级旅游局备案；向社会和游客公开出境游各种自费项目的真实内容和价格；由旅游者自主选择自费项目并写入合同的"行程安排表"中；领队对发生超计划安排自费项目行为承担责任。各组团社要按照上述规定，制定本单位出国旅游自费项目管理办法等规章，并严格执行，保证自费项目行为合法、内容公开、价格合理、选择自主。

（三）以全面贯彻《边境旅游暂行管理办法》为抓手，切实加强与规范边境旅游的管理

国家旅游局颁发的《边境旅游暂行管理办法》是各地管理边境旅游的依据，有关省、自治区要依照此《办法》进一步加强对边境旅游的管理，扭转当前边境旅游的混乱局面。一是对未经批准的边境旅游线路进行一次清理，符合开办条件的报国家旅游局审批。二是对本辖区内的边境旅游组团社进行认真清理，未经批准和存在严重问题的要停止其经营。三是制定统一的"边境旅游团队名单表"，由所在地、市旅游局发放、审核并盖章。四是加强对边境游领队人员的管理，由省局或经授权的地、市旅游局对由边境游组团社推荐的领队人员进行审查、培训后，颁发国家旅游局统一制作的"领队证"。五是加强边境旅游服务质量管理，提升服务水平。

（四）以推动标准化管理为手段，提高出境旅游经营服务质量

为了进一步提高出境游组团社整体素质和服务质量，保证旅游经营者和旅游消费者的合法权益，引导出境游市场健康有序地发展，国家旅游局下发了《关于试行组团社出境旅游服务质量达标工作的通知》（旅管理发〔2003〕8 号）。各省级旅游局要按照该《通知》的要求，积极组织组团社宣传贯彻《旅行社出境旅游服务质量》标准，强化对出境旅游产品设计、提供服务的要求及旅游服务质量的监督和规范，推动出境旅游经营服务水平的提高。

三、采取有效措施，确保各项任务的落实，加强出境旅游市场管理是恢复和振兴旅游业的重要保障，各级旅游管理部门务必采取有效措施，确保各项工作的落实

（一）地方负责，落实责任制

按照出境旅游属地化管理的原则，各省级旅游局负责对所辖组团社的日常管理工作。因此，各省级旅游局要切实负起责任，加强领导和协调，制订具体贯彻实施意见和工作计划，确定工作重点，明确工作职责，通过一级抓一级，逐级抓落实，形成上下一心，工作一致，真抓实干，责任到位的管理工作局面。

（二）加强舆论宣传，创造良好的社会环境

各省级旅游局要采取多种形式，有系统、持续不断地组织开展中国公民出国旅游的舆论宣传。要积极与新闻媒体开展合作，教育引导旅游者树立健康文明的旅游观念，自觉维护市场秩序，抵制各种不健康、不文明的行为。要主动发挥舆论监督作用，披露正反两方面的典型案例，揭露违规经营的危害，促进旅游者的自我维权意识，提高鉴别是非的能力。要结合本地实际，组织编写主要目的地国家《旅游提示》，介绍必要的常识、法规和注意事项，发放给组团社和旅游者，既规范企业的经营行为，又规范游客的消费行为，达到企业合法经营、游客理智明白消费的目的。

（三）加大查处力度，严惩违法违规行为

要充分发挥行政管理部门和旅游监察、质监队伍的作用，协调相关行业和部门，加大对出境

旅游市场各种违法、违规行为的查处力度。做到执法必严、违法必究，形成出境旅游市场治理整顿的高压态势。各地要组织力量开展对出境旅游市场的经常性检查，国家旅游局将按照国内与国外检查相结合、明查与暗查相结合的原则，定期和不定期地对各地的出境旅游市场进行检查。

（四）健全请示报告制度

出境旅游组团业务和市场管理工作涉及面广、政策性强，各地在实施贯彻中遇到的重点、难点问题，要及时请示报告，不得擅自突破政策界限。

请各地及时将本通知转发所辖组团社，认真贯彻落实。本通知中提出的各项工作要求，各地要在年底前完成。各组团社落实执行情况将作为下一步调整组团社的重要依据。各地落实情况要及时上报国家旅游局。

特此通知。

国家旅游局

二○○三年八月二十七日

（摘自中国旅游网）

旅行社出境旅游服务质量规范

前　言

本标准仅对出境旅游服务提出质量要求。

本标准中，“应”表示要求，“应当”表示指导。

本标准由全国旅游标准化技术委员会提出、归口并解释。

本标准起草单位：国家旅游局质量规范与管理司、广州广之旅国际旅行社股份有限公司。

本标准主要起草人：杜一力、刘志江、彭志凯、郑旭、蔡家成、遇宏、郑烘、虞国华、朱少东、严勇彝、潘秀玲。

本标准于2002年7月27日首次发布，自2002年7月27日起实施。

旅行社出境旅游服务质量

1. 范围

本标准提出了组团社组织出境旅游活动所应具备的产品和服务质量的要求。

本标准适用于组团社的出境旅游业务。

2. 规范性引用文件

下列文件中的条款，通过本标准的引用而成为本标准的条款。凡是注明日期的引用文件，其随后的所有修改单（不包括勘误的内容）或修订版均不适用于本标准，然而，鼓励根据本标准达成协议的各方研究是否可使用这些文件的最新版本。凡不注明日期的引用文件，其最新版本适用于本标准。

GB/T 19001—2000 质量管理体系要求（idt ISO9001:2000）

GB/T 15971—1995 导游服务质量

LB/T 002—1995 旅游汽车服务质量

LB/T 004—1997 旅行社国内旅游服务质量要求

3. 术语和定义

本标准采用下列定义。

3.1 组团社

经国务院旅游行政管理部门批准,依法取得出境旅游经营资格的旅行社。

3.2 出境旅游

旅游者参加组团社组织的前往旅游目的地国家/地区的旅行和游览活动。

3.3 出境旅游领队

依照规定取得领队资格,受组团社委派,从事领队业务的工作人员。

领队业务,指全权代表组团社带领旅游团出境旅游,督促境外接待旅行社和导游人员等方面执行旅游计划,并为旅游者提供出入境等相关服务的活动。

3.4 门市(营业部)

组团社为提供旅游咨询和销售旅游产品而专门设立的营业场所。

3.5 出境旅游产品

组团社为出境旅游者提供的旅游线路及其相应服务。

3.6 旅游证件

指护照和/或来往港澳地区通行证。

3.7 出境旅游服务合同

指组团社与旅游者(团)双方共同签署并遵守的、约定双方权利和义务的格式化合同。

4. 出境旅游产品设计要求

出境旅游产品设计应:

a)具有安全保障;

b)符合国家法律法规、部门规章、国家或行业标准的要求;

c)正常情况下能确保全面履约,发生意外情况时有应急对策;

d)满足不同消费档次、不同品位的市场需求,可供旅游者选择;

e)对旅游者有吸引力。

5. 服务提供要求

5.1 总要求

组团社应在受控条件下提供出境旅游服务,以确保服务过程准确无误。为此,组团社应:

a)下工序接受上工序工作移交时进行检验复核,以确认无误;

b)确保其工作人员符合规定的资格要求和具备实现出境旅游服务所必需的能力,以证实自身的服务过程的质量保障能力和履约能力;

c)确立有效的服务监督方法并组织实施;

d)为有关工序提供作业指导书;

e)提供适当的培训或其他措施,以使员工符合规定的资格要求和具备必需的能力。

5.2 营销服务

5.2.1 门市服务环境

门市服务环境应符合《旅行社国内旅游服务质量要求》(LB/T004)中5.6.1的要求。

5.2.2 营业销售人员

营业销售人员应：

a)遵守旅游职业道德的岗位规范；

b)佩戴服务标志，服饰整洁；

c)熟悉所推销的旅游产品和业务操作程序；

d)向旅游者提供有效的旅游产品资料，并为其选择旅游产品提供咨询；

e)对旅游者提出的参团要求进行评价与审查，以确保所接纳的旅游者要求均在组团社服务提供能力范围之内；

f)向旅游者/客户说明所报价格的限制条件，如报价的有效时段或人数限制等；

g)计价收费手续完备，账款清楚。

5.2.3　销售成交

营业销售人员在销售成交后，应：

a)告知旅游者填写出境旅游有关申请表格的须知和出境旅游兑换外汇有关须知；

b)认真审验旅游者提交的资料物品，对不适用或不符合要求的，及时向旅游者退换；

c)妥善保管旅游者在报名时提交的各种资料、物品，交接时手续清楚；

d)与旅游者签订出境旅游服务合同；

e)收取旅游费用后开具发票；

f)提醒旅游者有关注意事项，并向旅游者推荐旅游意外保险；

g)将经评审的旅游者要求和所作的承诺及时准确地传递到有关工序。

5.3　团队计调运作

5.3.1　证照

组团社应按照合同约定，协助旅游者办理出境旅游证件。旅游者已取得旅游证件的，组团社应认真查验其有效期并妥善保管，以确保证件在受控状态下交接和使用。

5.3.2　境外接团社的选择与管理

组团社应在目的地国家/地区旅游部门指定或推荐的范围内，选择境外接团旅行社并进行评审，信誉和业绩优良者优先选用，以确保组团社所销售的旅游产品质量的稳定性。

组团社应按要求与境外接团社签订书面接团协议。

组团社应定期审验其履约能力并建立境外接团社信誉档案。

5.3.3　旅游签证

组团社应按照旅游目的地国驻华使领馆的要求和与旅游者的约定，为旅游者办理旅游签证。对旅游者提交的自办签证，接收时应认真查验。

5.3.4　团队计划的落实

组团社应根据其承诺/约定、旅游线路以及经评审的旅游者要求，与有关交通运输、移民机关、接团社等有关部门/单位落实团队计划的各项安排，确保准确无误。

组团社在落实团队计划过程中发现任何不适用的旅游者物品、资料，应及时通知旅游者更换/更正。

组团社应有境外接待社落实计划的确认信息，并保留其书面记录。

5.3.5　行前说明会

出团前，组团社应召开出团行前说明会。在会上，组团社应：

a)向旅游者说明出境旅游的有关注意事项，以及外汇兑换事项与手续等；

b)向旅游者发放“出境旅游行程表”、团队标志和“旅游服务质量评价表”；

c)相关的法律法规知识以及旅游目的地国家的风俗习惯；

d)向旅游者翔实说明各种由于不可抗力/不可控制因素导致组团社不能(完全)履行约定的情况，以取得旅游者的谅解。

“出境旅游行程表”应列明如下内容：

a)旅游线路、时间、景点；

b)交通工具的安排；

c)食宿标准/档次；

d)购物、娱乐安排以及自费项目；

e)组团社和接团社的联系人和联络方式；

f)遇到紧急情况的应急联络方式。

5.4　领队及接待服务

5.4.1　总要求

出境旅游团队应配备领队。

国内段的接送汽车应符合《旅游汽车服务质量》(LB/T002)的要求。

5.4.2　领队素质要求

领队的基本素质应符合《导游服务质量》(GB/T15971)第5章的要求。

领队应具备一定的英语或目的地国家/地区语言的能力。

领队上岗前应具备一定的导游工作经验。

领队应切实履行领队职责、严格遵守外事纪律，并具有一定的应急处理能力。

5.4.3　领队服务要求

5.4.3.1　通则

领队服务应符合《导游服务质量》(GB/T15971)第3章和第4章的要求。

领队应按合同的约定完成旅游行程计划。

5.4.3.2　出团前的准备

领队接收计调人员移交的出境旅游团队资料时，应认真核对查验。

注：出境旅游团队资料通常包括团队名单表、出入境登记卡、海关申报单、旅游证件、旅游签证/签注、交通票据、接待计划书、联络通讯录等。

5.4.3.3　出入境服务

领队应告知并向旅游者发放通关时应向口岸的边检/移民机关出示/提交的旅游证件和通关资料(如出入境登记卡、海关申报单等)，引导团队依次通关。

向口岸的边检/移民机关提交必要的团队资料(如团队名单、团体签证、出入境登记卡等)，并办理必要的手续。

领队应积极为旅游团队办妥乘机和行李托运的有关手续，并按时引导团队登机。

飞行途中，领队应协助机组人员向旅游者提供必要的帮助和服务。

5.4.3.4　旅行游览服务

领队应按照组团社与旅游者所签订旅游合同约定的内容和标准为旅游者提供接待服务，并督促接待社及其导游员按约定履行旅游合同。

在旅游途中，领队应积极协助当地导游，为旅游者提供必要的帮助和服务。

5.4.4　特殊情况的处理

组团社应建立健全应急处理程序和制度。

旅游者在旅游过程中出现的特殊情况，如事故伤亡、行程受阻、财物丢失或被抢被盗、疾病救护等，领队应积极作出有效的处理，以维护旅游者的合法权益。

必要时，向我国驻当地使领馆报告，请求帮助。

6. 服务质量的监督和改进

6.1　总要求

组团社应建立出境旅游服务质量管理体系。

组团社应建立健全出境旅游服务质量检查机构和监督机制，依据本标准对出境旅游服务进行监督检查。

旅游行政管理部门依据本标准检查组团社出境旅游服务质量，受理旅游者对出境旅游服务质量的投诉。

6.2　服务质量的监督

组团社应通过"旅游服务质量评价表"及其他方式认真听取旅游者的合理建议和意见；对收集到的旅游者反馈信息进行统计分析，了解旅游者对组团社出境旅游服务的满意度。

6.3　服务质量的改进

组团社应根据旅游者的满意度对存在的质量问题进行分析，确定出现质量问题的原因。

组团社应针对出现质量问题的原因采取有效措施，防止类似问题再次发生，达到出境旅游服务质量的持续改进。

6.4　投诉处理

组团社对旅游者的投诉应认真受理、登记记录，依法作出处理。

组团社应设专职人员负责处理旅游者投诉。对于重大旅游投诉，组团社主要管理人员应亲自出面处理，并向所在地旅游行政部门报告。

组团社应建立健全投诉档案管理制度。

中华人民共和国公民出境入境管理法实施细则

1986年12月3日国务院批准，1986年12月26日公安部、外交部、交通部发布，1994年7月13日国务院批准修订，1994年7月15日公安部、外交部、交通部发布。

第一章　总则

第一条　根据《中华人民共和国公民出境入境管理法》第十九条的规定，制定本实施细则。

第二条　本实施细则适用于中国公民因私事出境、入境。所称"私事"，是指：定居、探亲、访友、继承财产、留学、就业、旅游和其他非公务活动。

第二章　出境

第三条　居住国内的公民因私事出境，须向户口所在地的市、县公安局出入境管理部门提出申请，回答有关的询问并履行下列手续：

(1)交验户口簿或者其他户籍证明；

(2)填写出境申请表；

(3)提交所在工作单位对申请人出境的意见；

(4)提交与出境事由相应的证明。

第四条 本实施细则第三条第(4)项所称的证明是指：

(1)出境定居，须提交拟定居地亲友同意去定居的证明，或者前往国家的定居许可证明；

(2)出境探亲访友，须提交亲友邀请证明；

(3)出境继承财产，须提交有合法继承权的证明；

(4)出境留学，须提交接受学校入学许可证件和必需的经济保证证明；

(5)出境就业，须提交聘请、雇用单位或者雇主的聘用、雇用证明；

(6)出境旅游，须提交旅行所需外汇费用证明。

第五条 市、县公安局对出境申请应当在30天内，地处偏僻、交通不便的应当在60天内，作出批准或者不批准的决定，通知申请人。

申请人在规定时间没有接到审批结果通知的，有权查询，受理部门应当作出答复；申请人认为不批准出境不符合《中华人民共和国公民出境入境管理法》的，有权向上一级公安机关提出申诉，受理机关应当作出处理和答复。

第六条 居住国内的公民经批准出境的，由公安机关出入境管理部门发给中华人民共和国护照，并附发出境登记卡。

第七条 居住国内的公民办妥前往国家的签证或者入境许可证件后，应当在出境前办理户口手续。出境定居的，须到当地公安派出所或者户籍办公室注销户口；短期出境的，办理临时外出的户口登记，返回后凭护照在原居住地恢复常住户口。

第八条 中国公民回国后再出境，凭有效的中华人民共和国护照或者有效的中华人民共和国旅行证或者其他有效出境入境证件出境。

第三章 入境

第九条 在境外的中国公民短期回国，凭有效的中华人民共和国护照或者有效的中华人民共和国旅行证或者其他有效入境出境证入境。

第十条 定居国外的中国公民要求回国定居的，应当在入境前向中国驻外国的外交代表机关、领事机关或者外交部授权的其他驻外机关提出申请，也可由本人或者经由国内亲属向拟定居地的市、县公安局提出申请，由省、自治区、直辖市公安厅(局)核发回国定居证明。

第十一条 定居国外的中国公民要求回国工作的，应当向中国劳动、人事部门或者聘请、雇用单位提出申请。

第十二条 定居国外的中国公民回国定居或者回国工作抵达目的地后，应当在30天内凭回国定居证明或者经中国劳动、人事部门核准的聘请、雇用证明，到当地公安局办理常住户口登记。

第十三条 定居国外的中国公民短期回国，要按照户口的管理规定，办理暂住登记。在宾馆、饭店、旅店、招待所、学校等企业、事业单位或者机关、团体及其他机构内住宿的，应当填写临时住房登记表;住在亲友家的,由本人或者亲友在24小时内(农村可在72小时内)到住地公安派出所或者户籍办公室办理暂住登记。

第四章 出境入境检查

第十四条 中国公民应当从对外开放的或者指定的口岸出境、入境,向边防检查站出示中华人民共和国护照或者其他出境入境证件,填交出境、入境登记卡,接受查验。

第十五条 有下列情形之一的,边防检查站有权阻止出境、入境:

(1)未持有中华人民共和国护照或者其他出境、入境证件的;

(2)持用无效护照或者其他无效出境、入境证件的;

(3)持有伪造、涂改的护照、证件或者冒用他人护照、证件的;

(4)拒绝交验证件的。

具有前款第2、3项规定情形的,并可依照本实施细则第二十三条的规定处理。

第五章 证件管理

第十六条 中国公民出境、入境的主要证件——中华人民共和国护照和中华人民共和国旅行证由持证人保存、使用。除公安机关和原发证机关有权依法吊销、收缴证件,以及人民检察院、人民法院有权依法扣留证件外,其他任何机关、团体和企业、事业单位或者个人不得扣留证件。

第十七条 中华人民共和国护照有效期5年,可以延期2次,每次不超过5年。申请延期应在护照有效期满前提出。

在国外,护照延期,由中国驻外国的外交代表机关、领事机关或者外交部授权的其他驻外机关办理。在国内,定居国外的中国公民的护照延期,由省、自治区、直辖市公安厅(局)及其授权的公安机关出入境管理部门办理;居住国内的公民在出境前的护照延期,由原发证的或者户口所在地的公安机关出入境管理部门办理。

第十八条 中华人民共和国旅行证分1年一次有效和2年多次有效两种,由中国驻外国的外交代表机关、领事机关或者外交部授权的其他驻外机关颁发。

第十九条 中华人民共和国入出境通行证,是入出中国国(边)境的通行证件,由省、自治区、直辖市公安厅(局)及其授权的公安机关签发。这种证件在有效期内一次或者多次入出境有效。一次有效的,在出境时由边防检查站收缴。

第二十条 中华人民共和国护照和其他出境入境证件的持有人,如因情况变化,护照、证件上的记载事项需要变更或者加注时,应当分别向市、县公安局出入境管理部门或者中国驻外国的外交代表机关、领事机关或者外交部授权的其他驻外机关提出申请,提交变更、加注事项的证明或者说明材料。

第二十一条 中国公民持有的中华人民共和国护照和其他出境入境证件,因即将期满或者签证页用完不能再延长有效期限,或者被损坏不能继续使用的,可以申请换发,同时交回原持有的护照、证件;要求保留原护照的,可以与新护照合订使用。护照、出境入境证件遗失的,应当报告中国主管机关,在登报声明或者挂失声明后申请补发。换发和补发护照、出境入境证件,在国外,由中国驻外国的外交代表机关、领事机关或者外交部授权的其他驻外机关办理;在国内,由省、自治区、直辖市公安厅(局)及授权的公安机关出入境管理部门办理。

第二十二条 中华人民共和国护照和其他出境入境证件的持有人有下列情形之一的,其护照、出境入境证件予以吊销或者宣布作废:

(一)持证人因非法进入前往国或者非法居留被送回国内的;

(二)公民持护照、证件招摇撞骗的;

(三)从事危害国家安全、荣誉和利益的活动的。

护照和其他出境入境证件的吊销和宣布作废,由原发证机关或者其上级机关作出。

第六章 处罚

第二十三条 持用伪造、涂改等无效证件或者冒用他人证件出境、入境的,除收缴证件外,处以警告或者5日以下拘留;情节严重、构成犯罪的,依照《全国人民代表大会常务委员会关于严惩组织、运送他人偷越国(边)境犯罪的补充规定》的有关条款的规定追究刑事责任。

第二十四条 伪造、涂改、转让、买卖出境入境证件的,处10日以下拘留;情节严重、构成犯罪的,依照《中华人民共和国刑法》和《全国人民代表大会常务委员会关于严惩组织、运送他人偷越国(边)境犯罪的补充规定》的有关条款的规定追究刑事责任。

第二十五条 编造情况,提供假证明,或者以行贿等手段,获取出境入境证件,情节较轻的,处以警告或者5日以下拘留;情节严重、构成犯罪的,依照《中华人民共和国刑法》和《全国人民代表大会常务委员会关于严惩组织、运送他人偷越国(边)境犯罪的补充规定》的有关条款的规定追究刑事责任。

第二十六条 公安机关的工作人员在执行《中华人民共和国公民出境入境管理法》和本实施细则时,如有利用职权索取、收受贿赂或者有其他违法失职行为,情节轻微的,由主管部门酌情予以行政处分;情节严重、构成犯罪的,依照《中华人民共和国刑法》和《全国人民代表大会常务委员会关于严惩组织、运送他人偷越国(边)境犯罪的补充规定》的有关条款的规定追究刑事责任。

第七章 附则

第二十七条 中国公民因公务出境和中国海员因执行任务出境管理办法,另行制定。

第二十八条 本实施细则自发布之日起施行。

出境旅游领队人员管理办法

第一条 为了加强对出境旅游领队人员的管理,规范其从业行为,维护出境旅游者的合法权益,促进出境旅游的健康发展,根据《中国公民出国旅游管理办法》和有关规定,制定本办法。

第二条 本办法所称出境旅游领队人员(以下简称"领队人员"),是指依照本办法规定取得出境旅游领队证(以下简称"领队证"),接受具有出境旅游业务经营权的国际旅行社(以下简称"组团社")的委派,从事出境旅游领队业务的人员。

本办法所称领队业务,是指为出境旅游团提供旅途全程陪同和有关服务;作为组团社的代表,协同境外接待旅行社(以下简称"接待社")完成旅游计划安排;以及协调处理旅游过程中相关事务等活动。

第三条　申请领队证的人员，应当符合下列条件：

(1)有完全民事行为能力的中华人民共和国公民；

(2)热爱祖国，遵纪守法；

(3)可切实负起领队责任的旅行社人员；

(4)掌握旅游目的地国家或地区的有关情况。

第四条　组团社要负责做好申请领队证人员的资格审查和业务培训。

业务培训的内容包括：思想道德教育、涉外纪律教育、旅游政策法规、旅游目的地国家的基本情况、领队人员的义务与职责。

对已经领取领队证的人员，组团社要继续加强思想教育和业务培训，建立严格的工作制度和管理制度，并认真贯彻执行。

第五条　领队证由组团社向所在地的省级或经授权的地市级以上旅游行政管理部门申领，并提交下列材料：申请领队证人员登记表、组团社出具的胜任领队工作的证明、申请领队证人员业务培训证明。

旅游行政管理部门应当自收到申请材料之日起15个工作日内，对符合条件的申请领队证人员颁发领队证，并予以登记备案。

旅游行政管理部门要根据组团社的正当业务需求合理发放领队证。

第六条　领队证由国家旅游局统一样式并制作，由组团社所在地的省级或经授权的地市级以上旅游行政管理部门发放。

领队证不得伪造、涂改、出借或转让。

领队证的有效期为3年。凡需要在领队证有效期届满后继续从事领队业务的，应当在届满前半年由组团社向旅游行政管理部门申请登记换发领队证。

领队人员遗失领队证的，应当及时报告旅游行政管理部门，并声明作废，然后申请补发；领队证损坏的，应及时申请换发。

被取消领队人员资格的人员，不得再次申请领队登记。

第七条　领队人员从事领队业务，必须经组团社正式委派。

领队人员从事领队业务时，必须佩戴领队证。

未取得领队证的人员，不得从事出境旅游领队业务。

第八条　领队人员应当履行下列职责：

(1)遵守《中国公民出国旅游管理办法》中的有关规定，维护旅游者的合法权益；

(2)协同接待社实施旅游行程计划，协助处理旅游行程中的突发事件、纠纷及其他问题；

(3)为旅游者提供旅游行程服务；

(4)自觉维护国家利益和民族尊严，并提醒旅游者抵制任何有损国家利益和民族尊严的言行。

第九条　违反本办法第四条，对申请领队证人员不进行资格审查或业务培训，或审查不严，或对领队人员、领队业务疏于管理，造成领队人员或领队业务发生问题的，由旅游行政管理部门视情节轻重，分别给予组团社警告、取消申领领队证资格、取消组团社资格等处罚。

第十条　违反本办法第七条第三款规定，未取得领队证从事领队业务的，由旅游行政管理部门责令改正，有违法所得的，没收违法所得，并可处违法所得3倍以下不超过人民币3万元的罚款；没有违法所得的，可处人民币1万元以下罚款。

第十一条 违反本办法第六条第二款和第七条第二款规定，领队人员伪造、涂改、出借或转让领队证，或者在从事领队业务时未佩戴领队证的，由旅游行政管理部门责令改正，处人民币1万元以下的罚款；情节严重的，由旅游行政管理部门暂扣领队证3个月至1年，并不得重新换发领队证。

第十二条 违反本办法第八条第(1)项规定的，按《中国公民出国旅游管理办法》的有关规定处罚。

第十三条 违反本办法第八条第(2)、第(3)、第(4)项规定的，由旅游行政管理部门责令改正，并可暂扣领队证3个月至1年；造成重大影响或产生严重后果的，由旅游行政管理部门撤销其领队登记，并不得再次申请领队登记，同时要追究组团社责任。

第十四条 旅游行政管理部门工作人员玩忽职守、滥用职权、徇私舞弊，构成犯罪的，依法追究刑事责任；未构成犯罪的，依法给予行政处分。

第十五条 本办法由国家旅游局负责解释。

第十六条 本办法自发布之日起施行。

【本章小结】

出境旅游产品的设计与操作，已经成为中国旅游界普遍关心的重点话题，由于国家政策的变化，可以经营出境旅游的旅游企业迅速扩军，刚获得出境旅游组团社资格的国际社不惜重金从原来的出境旅游国际社里面挖人。但是旅行社要想在出境旅游市场有一番作为，必须建立自己的出境旅游业务队伍，有一套完整的操作管理规范，形成自己的产品手册，开发有特色的出境旅游观光产品。这样才能在市场上形成自己的品牌。本章对中国的出境旅游市场进行了分析，介绍了出境旅游观光旅游产品设计存在的问题及改进的方向，同时提供了中国旅游企业向国际企业学习的产品模板，为读者清晰梳理了目前市场上流行的出境旅游观光产品。这些都具有极强的实战操作借鉴意义，可以帮助旅游从业者迅速掌握出境旅游市场及其产品设计操作的技巧，同时可以帮助旅游企业建立自己的出境旅游业务操作管理规范。

第三篇

商务旅游产品篇

第十章

商务旅游产品的设计与操作

本章导读

本章首先明确商务旅游的概念与内涵，对中国商务旅游市场需求和商务市场供给进行分析；然后介绍商务旅游单项预订市场、差旅费管理市场的竞争状况，提出中国旅游企业进入商务旅游市场的切入点和盈利模式；最后结合旅游企业业务操作给出大型会议产品设计与操作手册、企业综合商务旅游服务建议书、企业团队拓展训练服务手册等实际操作案例分析，对旅游从业人员和旅游企业具有较强的学习、借鉴意义。

通过本章的学习，你能够：

(1) 了解商务旅游的概念、结构和特点。

(2) 掌握中国商务旅游市场需求和供给的现状。

(3) 了解商务旅游单项预订服务市场和差旅费管理市场的竞争现状和发展趋势。

(4) 结合企业实际设计出符合企业特点的进入商务旅游服务市场的切入点和盈利模式。

(5) 建立具有企业特点和适应当地市场的商务旅游服务手册和会议服务手册。

一、商务旅游概述

随着我国经济社会的繁荣发展，近年来我国经贸交流活动快速增长。依托商务活动，借助现代信息技术而发展起来的商务旅游，得到国家旅游局的高度重视。各地旅游部门也将其作为重点工作来抓，商务旅游近年在我国取得了长足的发展。在一些旅游业较为发达的地区，商务旅游已显现出旺盛的生命力，呈现出良好的发展势头，逐步成为重要的旅游产业形态，并为地方经济社会发展发挥着越来越显著的作用。在我国加入 WTO 以后，商务旅游将具有更好的发展机遇、更大的发展潜力。

商务旅游，是一个含义较广的概念，它包括商务旅行者经历的所有方面，主要是指，以经商为目的，把商贸经营与旅游结合起来的旅游方式，也称商业旅游。

商务旅游包括下列一些不同类型的商务旅游：有的是由商贸人员结合贸易特点，根据业务活动情况自行办理食宿和游览；有的是由业务接待方安排洽谈和旅游活动；还有的是委托旅行社综合安排服务。商务旅游的主要内容包括：会议、展览、谈判、考察、管理、营销等方面的活动。围绕这些活动发生的旅游行为，都可以纳入商务旅游的范畴。与其他旅游方式相比，商务旅游，是一个消费水平较高、停留时间较长、重复频次较多、拉动作用较大、综合效益较好的旅游细分市场。

本章主要阐述订票、订房、订车等单项商务旅游服务，以差旅费管理为主要内容的商旅服务，以及各种类型的会议、展览、培训、新产品发布会及奖励旅游等。

(一) 商务旅游的结构

商务旅游的结构，详见图 10－1。

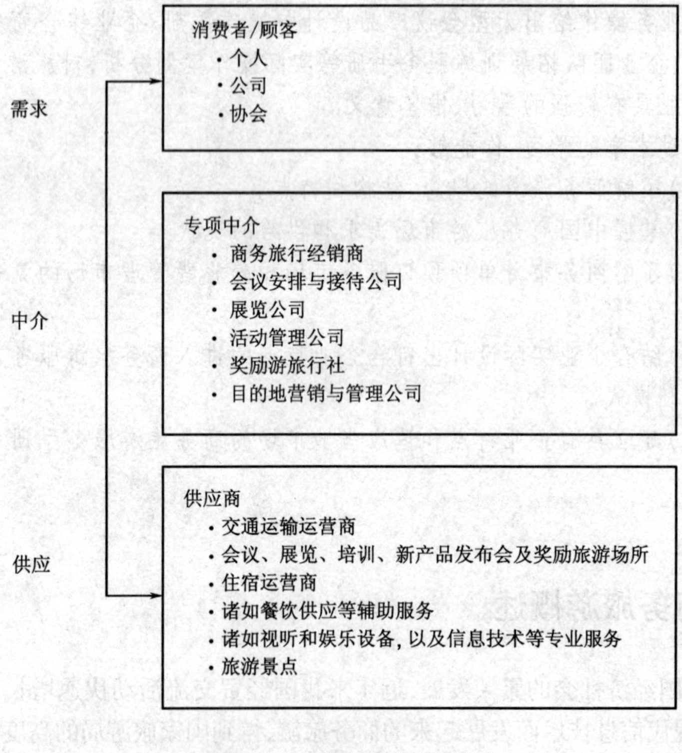

图 10－1　商务旅游的结构

(二) 商务旅游的特点

(1) 国际化的商务旅游是跨国的经济活动，这种跨国的经济活动从现在来说，体现得越来越充分。

(2)国际化的商务旅游也是跨文化的活动,因此,如果只从经济角度来理解商务旅游,还不完全到位。国际化的商务旅游,既是各种文化的碰撞,也是各种文化的交流。所以,如何把握不同国家、不同民族、不同宗教信仰旅游者之间的文化差异,是商务旅游中一个非常重要的因素。

(3)商务旅游活动也是跨领域的活动,不管从服务链角度,还是从企业群的角度,这种联动式的服务本身,就是一个跨领域的,横要到边、纵要到底的服务,所以这种跨领域的服务,也要求我们有更精细的服务精神和更精确的服务水平。

(三)商务旅游与休闲旅游的关系

商务旅游和休闲旅游之间有着很多的联系,两者都是用同样的供应设施。由于商务旅游往往需要一些会展场所、秘书服务等额外的专门设施或更好的服务,因此,商务旅游者使用机场、饭店等设施,需要比休闲旅游者支付更高的费用。

就需求而言,商务旅游与休闲旅游在以下 4 个方面是相互重叠的。

(1)在一天的工作结束之后,商务旅游者通常会变为休闲旅游者。

(2)会议期间往往会穿插安排各种休闲活动。

(3)商务旅游之一的奖励旅游,作为对员工出色工作表现的奖励,往往也安排休闲旅游。

(4)许多商务旅游者都携带他们的配偶和子女,这些随行人员在整个或大部分行程中都绝对是休闲旅游者。

另外,商务旅游和休闲旅游之间,在需求方面又存在着很多的差异,主要体现在以下几个方面(见表 10－1)。

表 10－1　休闲旅游与商务旅游的差异

	休闲旅游	商务旅游	备注
谁付费	旅游者	并非旅游者,主要是由公司或机构付费	个体商务旅客支付旅行费用
谁来决定目的地	旅游者	会展和奖励旅游的组织者、公司客户所在地	组织者通常会考虑会议代表的意愿
旅游时间	通常是在节假日或周末	全年(从周一到周五)	避免在 7、8 月份举办重大活动
旅游前期准备	提前 1 个月或几天不等	有些商务旅游的准备非常仓促	重大会议要提前几个月甚至一年以上安排
谁旅行	任何有闲暇和有钱的人	那些工作中需要旅行的人以及各协会的会员	一些商务旅客和不参加工作的配偶陪伴
目的地	任何地方——海滨、城市、山区以及乡村等	主要是在经济发达地区的大中型城市	一些会议和培训在乡村举行,奖励旅游的目的地和高档度假旅游目的地相同

二、商务旅游需求分析

(一)商务旅游需求要素分析

所谓商务旅游需求的要素,简单讲,就是因商务动机而去某一特定目的地旅行所需的各种必要因素。商务旅游需求的要素,详见图10-2。

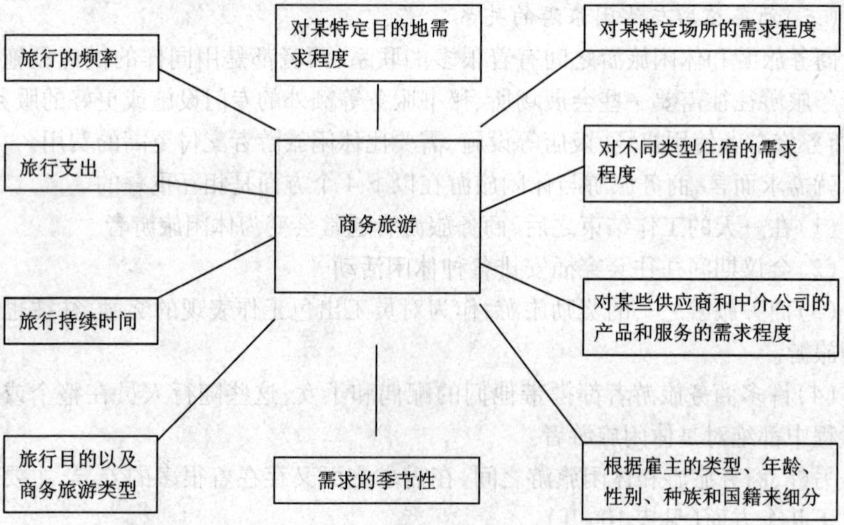

图10-2 商务旅游需求的各要素

(二)中国商务旅游的二元市场

目前,我国的商务旅游市场包括两个层面:一是国际商务旅游;二是国内商务旅游。

国际商务旅游,主要包括海外商务旅行者在中国的商务活动和国内商务旅行者在国外的商务活动。国际商务旅游的消费者比较成熟,需求清晰,是按照国际规范来运行的。在我国国际商务旅游领域,主要体现为三集中:一是商务活动集中,主要集中在经济较为发达的东部地区;二是服务集中,就是我们的产品供给在集中发展;三是竞争集中,现在的竞争态势开始逐步显现出来。

目前,国内的商务旅游和国际商务旅游相比有较大的差距,国内商务旅游还是发育中的市场,不成熟的市场。随着改革开放的深入,国内商务旅游市场发展迅速。目前,已经形成了一定的市场规模,但总体来说,市场规模偏小。这和我国处于经济转型期有很大的关系,其受影响的因素主要有:

(1)体制因素。在计划经济时代形成了大而全、小而全的体制,每个单位、每个企业都有自己的接待部门和人员。他们专职负责接待工作,很多应属于社会化的服务工作都由他们承担了。

(2)意识因素。肥水不流外人田是我们的传统观念,实际上是一种高成本、低质量的竞争态势,长此以往,商务旅游服务的社会化就不能形成。如果从社会角度来看,就是成本高、质量低的一种浪费。

(3)利益因素。目前现有的利益格局,是一种固定化的,企业各有各的利益。这种利益格局呈现一种刚性状态。

现在,我们面临的是一个二元结构的中国商务旅游市场的情况。对于国际商务旅游市场,现在的重点应该是集中提供高质量的产品,逐步形成品牌。所谓高质量的产品,就是达到和形成流畅的服务链,形成合理的产业群,形成联动式的业务推进,形成比较深厚的经营内涵。只有达到这个水平,才会形成高质量的国际商务旅游产品。

对于国内商务旅游市场,主要任务是培育。随着改革开放的深入,国内商务旅游市场已经出现了让人振奋的现象。北京、广州、上海等地方政府,纷纷以文件或法规形式规定政府的公务旅行可以由旅行社来承办,这无疑对国内商务旅游市场的形成,起到了很好的促进作用。

国际商务旅游市场和国内商务旅游市场之间也应该是一种互动,应该是用国际市场促进国内市场,用国际市场拉动国内市场,实现我国旅游的整体发展。如果能够形成这样一种发展状态,才是一种比较理想的状态,但目前来看,还需要付出艰辛的努力。

(三)中国商务旅游市场细分

1. 按消费水平分级

第一个层次,是老板级,而且主要是大老板,包括很多大的经理人、CEO。由于这些大老板、大经理人的社会影响太大,所以他们的这种行为方式和需求,往往给我们带来一种误解,认为这就是真正的商务旅游。从要求来说,这一层次体现出来的第一,是气派;第二,是要求特权和效率。这只是市场的最上层,可以引起大家的关注,但这不是每个企业都能抓到的市场,即使能抓到,也是偶尔为之,不可能变成一个日常性的市场。

第二个层次,是一般的经理人,这一层次体现的是企业的品牌,同时追求个人的品牌。职业经理人商务旅游市场,同时也是一个社交圈。很多大城市搞俱乐部,实际上就是对应这个市场需求。正因为有了企业品牌、个人品牌和俱乐部品牌的相对应,就为这一层次提供了一个商务圈的概念。在这个商务圈里,可以降低很多交易成本。比如平时接触,两个人要谈生意,相互间要试探很长时间才能取得最基本的了解,要磨合很长时间才能取得一般性的信任,生意才能进行。这就意味着一般生意要成功,交易成本极高。这里既包括金钱成本,也包括时间成本,还包括信用成本。但是,由于有了这种品牌,包括有了这种俱乐部式的品牌,在这个圈子里很多成本便可以减少,使实际效益提高。这就是我们很多俱乐部能够经营下去,而且经营得不错的基本原因。这一层面追求的是坐飞机要坐头等舱,不要求超豪华,但是要求豪华,要求非常周到。他们对信息的要求,尤其是有价值的信息要求比谁都高,对新技术的接受速度也非常快,在商务旅行的服务性要求上更具个性化。这也自然就产生了所谓商务管家、贴身管家,产生了这么一个职业,或者说这么一个岗位。所以,这个层面应该说是市场的一个主导,但是同样也不是市场的主体。

第三个层次,是白领阶层。这一层面才真正是商务旅游市场的主体。他们的要求,第一,是效率高;第二,是服务完善;第三,是提供信息价值高;第四,是追求便利。这些要求加在一起追求的就是一种增值,就是所付的费用可能不变,但希望得到的却是增值服务。

第四个层次,是政府会议、学术会议等方面,也包括一些顶级的活动。比如领导人出访,实际上在国际上在很大程度上也纳入了商务旅游活动这个范围之内。这些活动的特点各异,不像上述三个层次在市场上体现得那么鲜明。

总体来说,商务旅游不是贵族旅游,也没有必要把商务旅游提升到贵族旅游这种高度上来。以上分层,一层代表了时尚性、一层体现了主导性、一层强调了主体性,这就意味着对商务旅游市场必须细分和选择。

2. 按地域细分

从地域来看,就是客观上形成一个服务场。服务场可细分为三个圈,第一个圈叫作商圈,就是商务机构集中的地方;第二个圈是政圈,即是政府部门集中所在的地方;第三个圈是学圈,比如大学和科研单位集中的地方。这种相对集中的场圈意味着商务活动多、政务活动多、学术会议多,所以围绕这三个圈,形成了商务旅游的服务场。

服务场又体现在若干企业群上。第一,是饭店群,如北京的东三环,这是一个饭店群。这个饭店群正是由于东三环这个商圈逐步转轨形成的,本身也是商圈的一个组成部分;第二,是旅行社的门市群,这个群现在体现得还不充分,旅行社的门市群对应的是商务旅游活动的后一个环节,就是观光度假,同时也对应了其他方面的需要;第三,是航空代理群,既包括航空公司本身,也包括航空代理人的门市形成的航空代理群;第四,是会展业群,因为会展中心本身就是一个商圈,同时也是商务旅游服务圈的组成部分。

3. 商务旅游的产业链构成分析

商务旅游的复合型,需要服务场的联动式操作,因为在这个服务场和企业群中,业务内容是多种多样的,作为企业来说,他的操作只能集中于一个主要方面,这样才可能形成企业的核心竞争力。但是各个方面又需要联动,从我们现在的商务旅游企业来说，大体上有如下几类：

第一类，是旅行社。旅行社在这里所起到的作用，应该说是连接整个服务场。

第二类，是航空公司。航空公司对于商务旅游的服务，现在只是在硬件上体现出头等舱、商务舱，包括机场提供公务机的三条服务，但实际上全面的商务旅游服务并没有到位。国外的航空公司，对订头等舱和商务舱的服务是从地面就开始的，而我们却基本是从登机开始，这就在服务链上短缺了一个小小的环节。

第三类，是饭店。这是商务旅游服务的核心环节。饭店金钥匙就是对应商务旅游出现的一个服务环节。

第四类，是专项服务。这种专项服务涉及一系列的商务安排、组织活动、媒体衔接等，可以形成专业化的服务公司，也可以由旅行社、饭店等来延长业务链，扩展服务场，可以说这些专项服务延伸越多，竞争力就越强。

第五类，是会展企业。会展企业是商务旅游的一大主力，也是目前业界非常关注的一个领域。各个城市也在纷纷建设大的会展中心，但这绝不是一个简单的硬件建设问题，关键是在于我们的软件服务能不能到位。

第六类，是电子商务。电子商务是涉及商务旅游全过程的，而且是一个发展前景越来越广阔的服务领域。

三、商务旅游供给分析

商务旅游供给是一个复杂的现象，因为它涉及不同类型的旅游，而且每一种类型又都有其专门的供应渠道。

（一）商务旅游供给

1. 商务旅游供给模型（见图 10－3）

2. 商务旅游产品类型

根据服务内容和服务层次的不同，商务旅游服务可分为单项委托服务和差旅费管理服务。

（1）单项委托服务

- 订房；
- 订票；
- 订车；
- 其他单位委托预订服务。

（2）差旅费管理服务

（二）会议服务供给

1. 会议服务供给模型（见图 10－4）

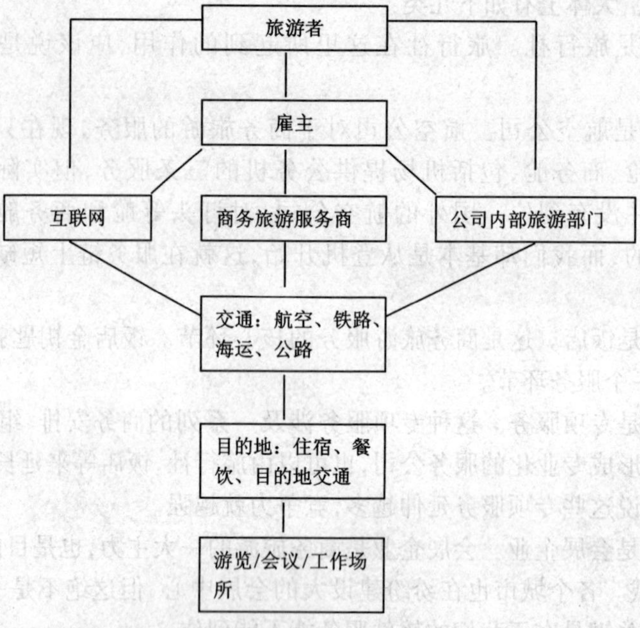

图 10－3　商务旅游供给模型

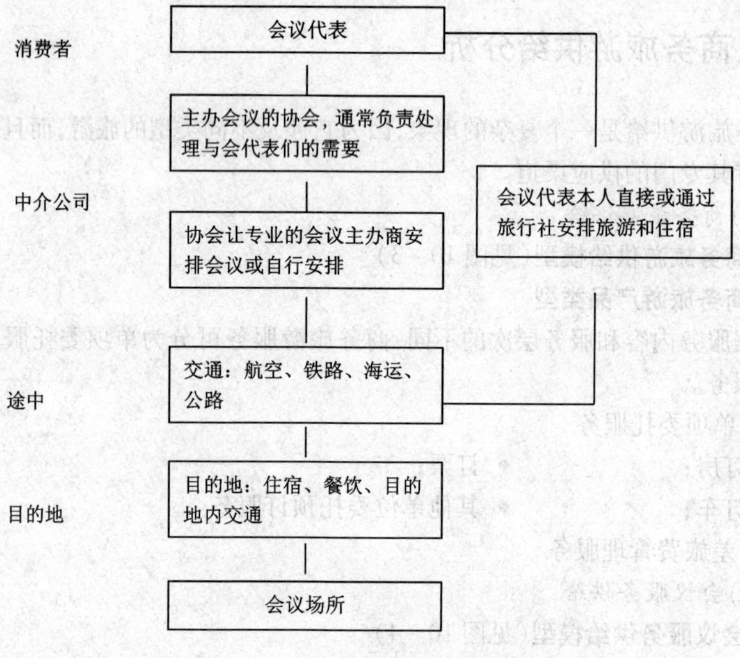

图 10－4　专业会议服务供给模型

2. 主要产品类型

根据会议举办方和会议规模的大小,会议服务产品又可分为以下3种:

- 国际性(全国性)大型峰会、论坛;
- 协会会议;
- 公司会议。

(三)会展服务供给模型(见图10-5)

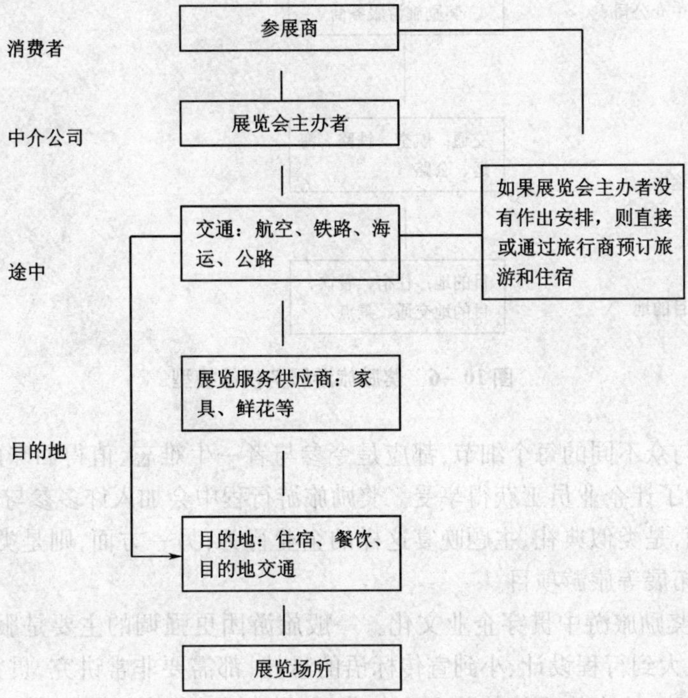

图10-5　会展服务供给模型

(四)奖励旅游服务供给

1. 奖励旅游服务供给模型(见图10-6)

2. 奖励旅游的特点

作为一种全球性的管理手段,奖励旅游通过特殊的旅游经历来激励员工更加努力地工作,或借以承认员工的突出工作表现,以便实现企业的各类目标。奖励旅游具有以下特点:

(1)旅游档次高。这首先体现在对旅游目的地的挑选上,往往倾向于世界旅游胜地。比如,浪漫而昂贵的夏威夷,就一直高居世界奖励旅游最佳目的地的首位。其次,体现在住宿和餐饮上,基本都是最豪华的酒店。另外,在旅途中的交通工具、接待服务、安全保障方面,也都是享受最高规格。

(2)更富参与性和创造性。常规的观光与购物已无法满足这些游客的需求,奖励旅游者要求通过不同经历的体验和心灵的触动,使每天的生活过得更充实、更

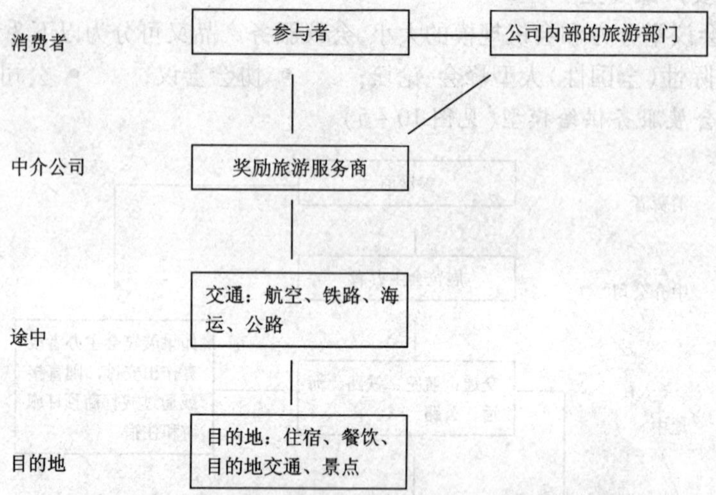

图 10－6　奖励旅游服务供给模型

完美，其中与众不同的每个细节，都应是令参与者一生难忘、值得回味的经历。奖励旅游是为了让企业员工获得享受。奖励旅游行程中会加入许多参与性很强的活动。一方面，是类似典礼、主题晚宴这样的企业行为；另一方面，则是类似潜水、越野车、野外拓展等旅游项目。

(3)在奖励旅游中贯穿企业文化。一般旅游团更强调的主要是服务内容，而奖励旅游从大到行程设计、小到宣传标语的悬挂，都需要非常讲究，贯穿整个的企业文化。因为，这个旅程从某种意义上讲，也是这个企业的一次整体宣传。比如，春秋国旅一直承接日本大金空调公司每年的奖励旅游项目。他们要求从接待地的景观到导游的水平，再到每一次典礼、晚宴的主题，每一个细节都需要体现出这是一次特殊的“大金之旅”。

(五)企业拓展培训供给模型(见图 10－7)

四、中国商务旅游市场竞争现状分析

与旅行社提供的传统休闲旅游服务相区别，商旅服务专注于面向企业客户的员工出差、旅游、会展、货运等一系列活动，提供专业的管理和顾问服务，具有定制化和多样化的特色。差旅费管理业务，就是商务旅行管理公司作为企业的战略伙伴，通过对企业差旅费用的系统管理和集团采购，合理利用资源，为客户提供 24 小时全方位服务，从而有利于企业有效控制成本，节省差旅费用，并为企业管理者提供全面、系统的数据和分析报告。美国运通下属的商旅服务公司的

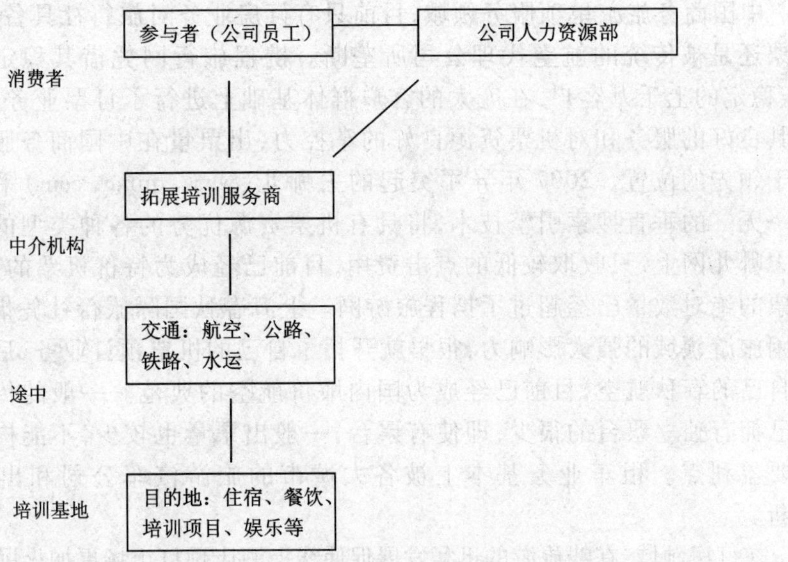

图 10－7　企业拓展培训服务供给模型

宗旨，则是“面向全球企业，提供商务旅行预算和旅行方案咨询，开展商务旅行全程代理”。

迄今为止，中国市场上还没有真正的商务旅游管理公司，现有的旅游服务企业都只是从事订票或订房的简单业务。商务旅游管理服务在国外是很重要的旅游业务，国内的这个市场还没有被开发。尽管一些以休闲旅游为主的传统旅行企业目前也开始设置商旅服务部门，不过由于缺乏资源整合，与预期目标还差得很远。

（一）商务旅游单项服务市场竞争现状

携程公司是国内提供商务旅游服务的企业，但其业务主要是通过携程旅行网和全国800免费电话提供优惠的订房、订票及旅行综合服务，目前收入最大的一块儿是酒店订房业务，与专业的商旅管理公司区别还很大。该公司相关部门负责人坦承，携程主要做针对商务散客和中小企业的订房和订票业务，与专业商旅管理服务企业谈不上竞争。一些国内的商务人士也感到，携程和艺龙等商旅企业，的确给他们的差旅带来了方便，但服务内容还需进一步完善。

企业的经营成本数据表明，对绝大多数企业来说，商务旅游开支是排在工资及税项之后的第三大可控制开支。但由于许多企业在这方面没有采取有效的管理措施，在节省开支及有效财务控制方面收效很小。随着中国加入WTO，中国与国际间的交流愈加频繁，越来越多的全球性商旅活动将延伸到这里。这些迹象表明，中国已具备了商旅服务企业淘金的肥沃土壤。

中国商务旅游单项服务领域,目前只有订房业务对旅行社具备商业意义,订票还是被传统的航空代理公司所垄断。携程旅行网凭借其稳定的订房服务、稳定的上千万客户,在庞大的客户群体基础上进行了订票业务的延伸,凭借其良好的服务和对机票资源良好的掌控力,出票量在中国商务服务界已经处于领先的位置。2007 年异军突起的去哪儿(www. qunar. com)平台凭借其独一无二的垂直搜索引擎技术,将具有机票资源优势的各种类型的票台聚集在去哪儿网上,只收取较低的点击费用,目前已经成为特价机票的销售平台,出票的绝对数量已经超过了携程旅游网。上海春秋国际旅行社凭借其在传统休闲旅游领域的强大影响力,很早就开拓了自己的机票预订业务,后来又成立了自己的春秋航空,目前已经成为国内廉价航空的典范。一般的传统旅行社自己拥有独立票台的很少,即使有票台,一般出票量也较少,不能构成企业的主要盈利点。租车业务基本上被各大城市的旅游汽车公司和出租车公司垄断。

在订房领域,在线旅游的迅猛发展促使线上酒店预订市场更加火爆,未来中国在线酒店预订前景诱人。在去哪儿、艺龙、携程等在线旅游平台竞相分食这一诱人“蛋糕”时,7 天、格林豪泰、华住等连锁酒店巨头们也不甘示弱,纷纷转战移动端并加大线上推广力度。传统旅行社凭借自己在区域资源的掌控优势,纷纷成为了携程、艺龙、去哪儿、美团等在线订房平台的供应商。国旅总社、上海春秋、广之旅等提供传统休闲旅游服务的旅行社,凭借自己广泛的实体服务网络和在传统旅游领域强大的影响力,在商务订房领域都取得了一定的进展,但是在企业的总业务额中和整个旅行社界却没有确定相应的地位。下面我们就分别看一下这些企业的发展历程和运作特点,其对中国传统旅行社的业务转型具有重要的借鉴意义。

领先企业案例剖析 1:

携程旅行网

①携程简介

携程旅行网(股票代码:CTRP)是中国旅游业第一家在美国纳斯达克上市的公司。创立于 1999 年初的携程旅行网(简称携程),其总部设在中国上海,下有北京、广州、深圳、香港 4 个分公司,并在全国 20 多个大中城市设有分支机构,现有员工 1500 余人,是中国最大的旅游电子商务网站,最大的集宾馆预订、机票预订、度假产品预订、旅游信息查询及特约商户服务为一体的综合性旅行服务公司。

②携程的发展历程

2014 年 04 月 携程发布“景 + 酒”套餐

2014 年 04 月 携程 2 亿美元投资同程旅游
2014 年 01 月 HHtravel 携手奔驰进军旅游
2013 年 10 月 携程应用国庆门票订单大增 10 倍
2013 年 09 月 酒店无线订单比达 40% 超网站
2013 年 04 月 携程全球门票预订平台上线
2012 年 08 月 携程海外酒店预订新平台上线
2012 年 07 月 携程开创旅游产品“钻级标准”
2012 年 03 月 携程推出全新国际机票预订平台
2012 年 02 月 携程发布中国首个顶级旅游品牌“鸿鹄逸游”
2011 年 12 月 携程与万豪进一步加强全球伙伴合作关系
2011 年 12 月 携程发布“中国差旅市场调研报告”
2011 年 09 月 携程“惠选酒店”频道正式上线
2011 年 08 月 携程获得印尼“鹰航假期”品牌在华独家运营权
2011 年 06 月 携程组织中国游客赴夏威夷直飞首航
2011 年 04 月 携程进军中小企业商旅市场
2011 年 02 月 携程旅行网与香格里拉酒店集团签署分销合作协议
2011 年 01 月 携程南通呼叫中心升级为服务联络中心
2010 年 12 月 成立驴评网
2010 年 10 月 携程入围 2010 中国旅游集团 20 强
2010 年 05 月 携程启用新标志
2010 年 04 月 携程信息技术大楼在江苏南通正式落成
2010 年 03 月 “携程无线”手机网站正式上线
2009 年 11 月 携程会员数突破 4000 万
2009 年 06 月 携程被授予为“世博游指定旅行社”
2009 年 02 月 携程推出“自由·机 + 酒”产品
2008 年 12 月 携程推出国内首个航意险保单销售网络平台
2008 年 07 月 携程南通呼叫服务中心正式启动
2008 年 05 月 商旅通智能报告发布
2008 年 03 月 携程度假体验中心登陆各大机场
2007 年 11 月 携程旅行网英文网站全新上线
2007 年 09 月 单月机票销售突破 100 万张
2007 年 06 月 携程大学成立
2006 年 12 月 携程网络技术大楼正式落成并投入使用
2006 年 03 月 度假出发地拓展至 11 个城市
2005 年 09 月 进军商旅管理市场

2004 年 11 月 注册会员数突破 1000 万人

2004 年 10 月 建成国内首个国际机票在线预订平台

2003 年 10 月 推出全新 360°度假超市，首推休闲度假旅游概念

2002 年 10 月 机票预订网络覆盖国内 35 个城市

2002 年 03 月 当月交易额首次突破 1 亿元人民币

1999 年 10 月 酒店预订量创国内酒店分销业榜首

携程旅行网开通

③携程的成功要诀

携程是高科技和传统产业结合的极佳典范，不仅在存活率不到 1% 的网络公司中成为盈利规模超前、稳定性最好的互联网创业公司，并且在短短的十几年时间内，成功地发展成为中国在线旅游第一平台，超过了传统公司几十年的发展规模，使宾馆分销、机票分销成为重要的旅游服务领域。携程以高科技的运作手段、精细化的管理模式和先进的服务理念，为旅游服务企业的超常规发展拓展了新路子。

携程的目标，是利用高效的互联网技术和先进的电子资讯手段，为商务散客与休闲客人提供快捷、灵活、优质、优惠、体贴周到而又充满个性化的旅行服务，从而建成公认的中国最优秀、最成功的旅行服务公司。

④服务内容

携程为客户提供全方位的商务及休闲旅行服务，包括酒店预订、机票预订、休闲度假、旅游信息和特约商户。作为目前中国最大的宾馆分销商，携程在全球 190 个国家和地区超过 50 万家酒店建立了长期稳定的合作关系，其机票预订网络已覆盖国际国内绝大多数航线。规模化的运营不仅可以为会员提供更多优质的旅行选择，还保障了服务的标准化，确保服务质量，并降低运营成本。携程推出的以“机票加酒店”为主的自助度假业务为中国旅游行业的发展开辟了新的思路。

⑤携程的经营特色及优势

携程一直将技术创新视为企业的活力源泉，在提升研发能力方面不遗余力。携程建立了一整套现代化服务系统，包括海外酒店预订新平台、国际机票预订平台、客户管理系统、房量管理系统、呼叫排队系统、订单处理系统、E－Booking 机票预订系统、服务质量监控系统等。2013 年携程发布“大拇指＋水泥”策略，构建指尖上的旅行社，提供移动人群无缝的旅行服务体验。依靠这些先进的服务和管理系统，携程为会员提供更加便捷和高效的服务。

b. 体系规范

先进的管理和控制体系是携程的又一核心优势。携程将服务过程分割成多个环节，以细化的指标控制不同环节，并建立起一套精益的服务体系。同时，携

程还将制造业的质量管理方法——六西格玛体系成功运用于旅行业。目前,携程各项服务指标均已接近国际领先水平,服务质量和客户满意度也随之大幅提升。

(二)差旅费管理市场竞争现状

中国的差旅费管理市场目前基本上可以分为四个层次:第一个层次,跨国500强企业在中国的合资企业或独资企业;第二个层次,规模较小的国外投资企业或办事处;第三个层次,中国的大中型企业;第四个层次:中国的中小企业。

目前,国内的三大合资公司之一的美国运通,为了加强自己在商务旅行管理方面的竞争力,收购了罗森布鲁斯。美国罗森布鲁斯公司是1892年成立的“百年老店”,被认为是世界上最好的专业差旅管理集团。其70%的客户是跨国公司,98%的利润专一性来自差旅管理业务。它也一向以专一性来标榜其与竞争对手的不同。美国运通完成了对罗森布鲁斯公司的收购之后,在中国的差旅费管理市场奠定了自己的领先地位。中国航空服务有限公司与卡尔森旅行社(Carlson Wagonlit Travel——世界第二大商务旅行社)成立的合资公司——中航嘉信商务旅行管理有限公司,也已经在上海、广州、深圳建立了自己的分支机构,形成了覆盖中国经济发达地区的服务网络。

中国本土的携程旅行网经过多年的商务散客服务的积累,也高调进入差旅管理业务领域,并且于2009年被业内媒体评为中国最佳差旅管理公司,服务的客户包括:可口可乐、松下、索尼、阿里巴巴、爱立信、宝钢、腾讯、李宁。这说明中国本土的旅游企业在通过不断的学习和研究本土差旅管理市场的特点后,已经取得了服务于国内企业的领先优势。

下面我们简单介绍一下国旅运通。国旅运通作为中国差旅管理服务市场的领先者,通过对它的学习和模仿,进而掌握差旅管理服务市场的运行规则和盈利模式,是传统旅行社顺利转型进入商务旅游服务市场的关键。

领先企业案例剖析2:

国旅运通旅行社有限公司

(1)国旅运通简介

国旅运通旅行社有限公司,是美国运通公司(American Express)与中国国际旅行总社(CITS)于2002年3月在北京成立的合资公司,注册资本2500万元人民币,国旅占51%的股份,美国运通占49%的股份。

美国运通公司成立于1850年,是世界500强中唯一的旅游公司。它同时也为500强中70%的公司,以及全球数以千计的企业提供商务旅行、信用卡、财务策划和保险等多方面的服务。

资料显示,美国运通与国旅合作已近20年。自1979年美国运通公司在北京成立第一个代表处以来,一直是由国旅作为其在中国各地的旅游代理。1993

年，国旅成为美国运通公司在中国的旅游服务代理，为美国运通卡使用者提供旅游服务。此后，美国运通公司将全国18个国旅办事处发展成为运通旅游服务代理。1995年，美国运通公司与国旅签订了商务旅游合作协议，共同为在中国营业的外国公司提供商务旅游服务，其中包括预订机票、饭店，安排观光活动等。1997年，签署了第二个协议，将服务扩展到上海。合资公司建立的，是双方更亲密的接触。

(2)发展近况

2002年12月，国旅运通合资在上海设立其上海商务旅行管理中心——“国旅运通航空服务有限公司”，注册资金1500万元人民币。同时，运通方面宣称，其已经获得所有相关的经营许可权，2003年2月又创建了广州商务旅行管理中心。至此，其在全国的三大商务中心——北京、上海、广州都已经建立了自己的服务机构。

京、沪、粤三地的合资公司，主要是为跨国公司、地区性公司以及国内公司提供商务旅行管理服务，包括办理签证、订票等业务。目前旅游业务还不是核心业务，但是潜力很大。

以京、沪、粤三地为中心，运通下一步的计划里还涵盖天津、沈阳、大连、重庆等40多个城市。运通方面表示，考虑到成本问题，在铺设全国网络的计划推进过程中，运通会再次携手国旅总社，启动商务旅行特许加盟系统，利用国旅总社来扩展在华的服务网络。而国旅总社自然也是乐意的，国旅总社市场部一个高层管理人员告诉记者，运通每年1000多家旅行商将引进50多万名游客到国旅总社，联盟网络成员将作为国旅运通的指定接待商，进一步拓展了其入境旅游业务的规模。

据国旅运通高层管理人员透露，北京国旅运通（合资）旅行社有限公司2002年成立之后，业务开展顺利，销售额增长了200%，跨国公司的客户也由8个发展到20多个。“财富500强中70%的公司都是运通的客户，而在中国，我们要延续这种服务，哪个城市有跨国公司的身影，运通就要把触手伸到哪个城市。”

(3)客户定位

国旅运通的客户以进入中国的跨国公司为主，但是国内的大中型企业也具有很大的市场潜力。“美国目前已有720家公司在中国开设了分支机构”，中国大型企业的崛起也势必产生服务需求，因此客户群体包括：跨国公司的中国分支机构、拥有国外机构的大型中国企业和年差旅费用超过400万元人民币的企业。

(4)赢利模式

美国运通与国内旅游企业最大的区别，在于它是“旅游服务+金融服务”的赢利模式。这种综合性的竞争优势，是国内企业很难比拟的。

运通还意在金融上有所突破，一直在发掘具有赢利增长机会的公司卡及商务旅行社业务的合营项目，进行协商并予以实施。按照加入WTO开放时间表，到2006年才允许外资银行参与我国所有人民币业务，包括信用卡和贷款业务。可见，银行卡业务是外资银行逐步渗透开展中国业务的重头。此前有消息称，运通与交行商讨过银行卡的合作事宜，而且私人金融的合作更有想象空间。

运通每年直接来自旅游的收入仅占总收入的8%左右，为18.21亿美元，更多的收入来自其庞大的旅游服务网络衍生出来的运通卡和旅行支票服务。从1987年起，运通就向在华国际客户提供运通卡和旅行支票服务。目前，运通旗下的各种信用卡已经占据中国外来信用卡市场的40%，由24家国内商业银行代理销售的运通旅行支票，占有44%的市场份额。现在，运通产品和服务占中国每年旅游外汇收入的15%以上。

要把中国作为美国运通全球化金融服务网络的一环，在中国建立自己的旅游网络是拓展市场的关键。运通构建的旅游网络是为金融业务服务，而金融业务反过来又推动旅游网络的拓展。这种交叉互动业务，中国企业从未尝试过，目前，国家的金融政策也不允许。

五、进入中国商务旅游市场的切入点及赢利模式

如何进入中国潜力巨大的商务旅游市场，是每一个旅行社经理人都非常关心的问题。由于中国经济发展的阶段性和特殊性，中国国内的商务旅游市场还没有发展成熟，高端的国际商务旅游市场——世界500强在中国的合资企业和代表处被美国运通、卡尔森这些世界级的商务旅游服务巨头所把持。因此，商务旅游市场就成了中国旅行社界的“水中月亮”，看起来很美，但不能创造什么效益。现在国内对商务旅游理解上偏窄，导致视野上受限，从而在经营上也受到影响。这种不正确的观点导致中国旅行社始终不能把握住商务旅游市场，反而被携程、艺龙这些网络旅游企业占领了先机。中国著名旅游专家魏小安先生，曾就中国商务旅游的发展谈过5个观点，清晰地说明了中国的旅游企业完全可以根据中国商务旅游市场的实际特点，找到适合自己的切入点。

(一)关于中国商务旅游市场的专家点评——小安观点

观点1　小商小贩也有商务旅行活动

商务旅游的正确定义，应该是“以商务目的为主要目的的旅行活动”。所以，中国的商务旅游市场应该分为两种类型、两个层次。两种类型，是指国际的商务旅游和国内的商务旅游；两个层次，是指高端的商务旅游和中端、甚至低端的商务旅

游("小摊小贩的商务旅行活动")。

相应的,中国商务旅游的市场需求和产品供给,也分为两个层次。从需求上说,跨国公司、国内大型企业与中小型企业对商务旅游的市场需求是不同的。从产品供给上说,现在既有了像美国运通和卡尔森(CWT)在中国成立的合资公司,主要针对在华的跨国公司提供商旅产品及服务;也有了国内商务中介及旅行社这样的针对国内企业提供商旅服务的供应商。

美国运通曾预测,中国一年的商务旅行费用支出为42亿美元,占亚洲地区的17%。这一数字曾被广泛引述,但实际上这一数字仅仅包括了中国的国际商务旅行,而中国国内的商务旅行费用应该乘以5,即每年200多亿美元,实际可能还不止这个数字。

观点2　商旅服务外包是大趋势

除了在华合资商旅企业为跨国公司提供的商旅服务外(将国际商旅服务延伸进国内),国内真正的商旅服务还未开展起来。国内一些旅游网站、旅行社等提供的"机票+酒店"预订,仅仅是商务旅行服务的"初级产品",而比较完善、成熟的商旅产品应包括:为企业制订全年的差旅计划,按照客户需求,提供系列化商旅支持,即依靠专业化的水平、能力,专业化的分工和网络化经营,为客户提供全面的差旅服务。显然,只有专业化的企业才能胜任。

从国际上看,随着企业发展和管理需求的增加,寻求专业化的服务是大势所趋。一些大企业甚至将我们视为企业核心机密的财务,都交由专业的会计公司打理,这在我国企业看来是不可思议的。将企业差旅管理外包给专业性公司,从而享受到低成本、高质量、高效率的服务,是我国企业将来必须接受的现代企业管理理念。

例如,海尔以前每年接待参观者30多万人,为此不仅"陪人、陪精力,还赔钱",但自从自己成立了旅行社后,将参观者变成了旅游者,还兼管本企业的差旅服务,这种额外负担却变成了海尔发展"第三产业"的一个新机遇。当然,其他国内中小型企业还无此要求,但通过专业化外包服务却不失为良策。

观点3　外资示范效应将产生联动

现今成立的几家外资商旅服务合资企业,它们将完成对中国商旅市场的启蒙和教育。在它们的示范效应带动下,今后3~5年内,中国商旅市场必定发生翻天覆地的变化。

首先,外资巨头们对在华跨国公司提供服务,国际化的高端商旅服务的示范作用,将带动国内大型企业对此服务的需求增长,有了榜样的力量,他们会意识到自己小而全的自我服务模式必须调整,必须接受专业化的服务。再进一步,国内大型企业又示范带动国内中小型企业跟进。这是一个很自然的市场传递过程,也是一个必然过程。

目前的状态是，高端有人领头，但中低端还处于自发阶段。因为毕竟第一家中外合资商旅服务企业——国旅运通旅行社有限公司成立才仅仅一年多时间，今后，随着中外合资商务旅行社业务的逐渐展开，在市场中产生良好的示范效应后情况就不一样了。

观点4　高端服务模式并非高不可攀

美国运通、罗森布鲁斯等如果将服务对象延伸向国内大企业，他们不可能将原先的模式完全照搬，必须结合中国国情，进行本土化改造；同时为了降低运营成本，也必须逐步完成人才本地化过程。这个过程也恰恰是对中国进行市场培育和人才教育过程。

中国人学习国际商旅服务模式的过程不会花费太长时间。商旅服务国际模式并无太多的技术可言，不存在技术垄断，无非是物理网络化和电子网络化。物理网络化就是经营机构的网络化，而电子网络化就更简单了——现在中国 IT 业早跟上了发达国家水平，编个网络程序简直就是“小菜一碟”。

今后，中国商旅服务市场的竞争格局应该是：外资巨头进入中国主要瞄准的是跨国公司，而一旦我们将他们的经营模式学到手，并加以改造后，将迅速崛起一批自己的公司。他们可以不必染指高端国际市场，而可以在为中国本地大中小型企业的广阔天地里放手一搏。

就目前而言，对小企业的商旅服务可能还不在大家视野里，但如果一家商旅服务公司同时为50家以上的小企业服务时，就会形成一个大市场了。

观点5　政府差旅服务市场近在眼前

中国的旅行社应该盯住商务旅游，尤其是政府差旅服务市场。中国的旅行社应该及早转变思路，不能囿于眼前的观光旅游，仅限于一个市场打架，终究是没有出路的。政府采购，将差旅服务外包给专业性的旅行社，享受低成本、高质量、高效率的服务，何乐而不为呢？

中国加入世界贸易组织后，落实入世承诺，逐步将政府采购对世界市场开放，下一步就该是采购服务了——通过公开招标方式，选择最优秀的差旅服务、会议展览服务供应商。

大庆石油管理局每年差旅支出3个亿，如果寻求专业化的外包服务，每年至少可以节省一个亿，这就是近在眼前的市场。

目前，中国所以缺乏真正专业化的商旅服务企业，主要是市场发育还不够，但随着旅游行业竞争更趋激烈，分工更细化、更专业化将是大势所趋。目前，中国许多旅行社安于现状，客观原因是还“混”得下去，一旦“混”不下去了，自然考虑转型。今后几年，在沿海特大型城市，将随着市场发展涌现出一批本土的专业化商旅服务企业，其中又会崛起几家“领袖型”企业。

(二)中国旅游企业进入商务旅游市场的关键节点

目前,中国的旅行社企业都以观光团队旅游为主打产品,很多旅游企业已经储备了很多所在地的企事业单位客户名单,每年为这些单位客户提供外出奖励旅游和会议服务等商务旅游服务。这些企事业单位的订票、订房需求,也由当地的旅游企业提供服务。但是目前中国旅游企业提供的商务旅游服务都是最基础、最简单的单项预订服务,尚未形成遍布全国的旅游服务网络,服务还不能根据客户的足迹进行相应的延伸,没有让客户体会到高端商务旅游服务的魅力。因此,中国旅游企业进入商务旅游市场,还应该重点解决以下几个问题。

1. 切入点——目前掌握的企事业单位客户

目前,每个地方排名靠前的旅行社都有一批长期合作的企事业单位客户。分析这些已有合作关系的企事业单位,充分利用休闲旅游服务给客户留下良好印象,探讨这些客户商务旅游服务需求外包的可能性,在全部外包不能实现的情况下,为客户做好机票、饭店的单项预订服务,与客户签订包括"订房、订票、会议服务、奖励旅游、会展服务"等一揽子综合服务的商务旅游服务协议,首先为客户提供一个城市的单项商务旅游服务。

2. 从服务到管理——客户的差旅支出分析

为客户提供差旅费管理服务,就是要为客户节省差旅费的开支,因此,对客户的差旅费支出进行分析,在分析的基础上为客户提供差旅支出分析报告,进而提出差旅费管理的改进方案。首先分析客户的差旅费支出数据,根据客户的组织管理结构,从差旅费部门分布、主要出差员工名单、交通方式、目的地城市、差旅费时间分布等要素进行分析,初步掌握客户的差旅支出的基本特征,提交简单的客户差旅分析报告,以获得客户的信任。

3. 适当的金融工具——差旅费管理服务的支付手段

目前,旅游企业选定的差旅费管理业务客户,都是当地的好企业和政府事业单位,在金融机构拥有良好的信用记录,随着我国金融体制的改革,金融服务产品日趋多样化,旅游企业在为客户提供差旅费管理服务的同时,多采用半月结账或月结账的方式,如果不能有效地借助金融机构和使用金融工具,将无法应付该项服务所需的庞大现金流。因此,与金融机构进行充分的协商,利用客户良好的信用记录,找到恰当的金融工具,同金融机构和客户签订三方结算服务协议,力争在较短的时间内形成具有中国特色的差旅费管理服务模式和赢利模式。

4. 高素质的服务团队——差旅费管理服务实现的人力保证

差旅管理等商务旅游服务需要的服务人员素质,比传统旅游业务人员要高,服务模式基本成熟后,需要培养高效精干的后台服务团队和素质较高的商务旅游客户经理,尽快扩大客户范围,尽快实现规模经济效应。

5. 商务旅游服务联盟——商旅服务物理网络的快速建立

根据对客户商务旅游目的地的分析,尽快与前往频率较高的目的地的旅游企业同行签订商务旅游服务战略联盟协议,以成熟的商务旅游服务模式和合作供应、利益共享模式,通过连锁经营建立起具有中国特色的商务旅游服务联盟,力争尽快实现"客户的足迹走到哪儿,我们的优质服务就延伸到哪儿"的服务承诺。

6. 差旅服务管理软件——和国际接轨的技术保证

根据中国企事业单位的特点和服务模式,开发成熟的商务旅游服务管理软件,尽快实现商务旅游服务管理的网络化、规范化、自动化。目前,艺龙等企业在这方面已经做了很多有益的尝试,有的已经开发完成自己的初级产品。只有以信息技术为手段的网络化管理软件,才能真正实现中国商务旅游服务和国际商旅服务的接轨;同时,也才能建立一个商务旅游服务网站,在网络时代为客户提供包括800免费电话、商旅服务热线、网络预订等,多种形式的便利预订服务网络。

7. 恰当的赢利模式——商务旅游服务的利益体现

中国目前已经进入和准备进入商务旅游服务市场的旅游企业,都有着自身的竞争优势,根据自己拥有的资源,来设计恰当的营利模式,是企业获得服务收益的保证。这些营利模式基本上可以分为以下三种:

(1)资源批发型

国内有很多旅行社拥有自己的票台、自己的饭店、自己的车队,这种类型的旅游企业一般实力雄厚,可以凭借已经拥有或可以轻松获得的旅游要素资源,确立自己资源批发型的营利模式,充分利用自己的资源优势,将这些资源分销给当地和外地的合作伙伴,赚取旅游要素资源的批发收益,并且利用资源优势迅速地确立企业的销售网络和服务网络。

(2)终端制胜型

目前,中国绝大多数订房公司都属于终端制胜型企业,是纯粹的旅游要素分销机构。这一类型的企业充分利用互联网带来的发展机遇,通过网下人工签约的方式拥有多个饭店的网上分销权,充分利用互联网这个廉价的促销工具,采取网上促销和网下销售相结合的方式,来确立自己的客户群体。

(3)业务领先型

世界巨头美国运通和卡尔森,这些世界商务旅游服务巨头属于当之无愧的综合业务领先型企业。他们的营利模式已经渗透到为客户提供服务的每一个细节。商务旅游服务只不过是他们维系客户的一种方式,赚取利润的一个环节。世界级巨头和中国旅游企业的竞争根本不在一个层面上。国内的领先者携程、艺龙,已经从终端制胜型向综合业务领先型过渡，服务范围已经从订房，延伸到订房、订票、度假旅游，赢利点也已经从订房返佣向多种服务返佣发展，并且已经成功地延伸到了饭店开发领域，充分利用已经确立的客户优势，向控制资源的方向发展，向资源要效益。

六、商务旅游实务——主要商务旅游案例分析

(一)会议产品策划与操作手册

1. 会议策划

(1)需要做些什么

会议有各种类型，不同的会议需要不同的环境。召开会议是要达到一定的目的和目标，因此第一个重要步骤，是收集方方面面的信息，通过这些信息可以制订出旨在完成手头众多工作的计划。

(2)谁来筹划会议

从秘书到公司总裁，每个人多多少少都可能会参与会议的筹划，只不过有人是专职从事这项工作，有的则是兼职。无论是专职还是兼职，最终结果，是使会议顺利完成。会议筹划的工作效率，代表着主办单位或公司的工作水平。

(3)会议筹划者的职责

作为会议筹划者，要负责去做各种各样的工作。工作的多样性，反映出会议筹划者角色的多面性。会议筹划者在工作过程中需要注意以下事宜：

- 善于与人共事；
- 善于注意小节；
- 善于解决问题；
- 善于与人协商；
- 能够管理会议财务事宜；
- 能够安排恰到好处的菜单；
- 能妥善接待贵宾和外国客人；
- 熟知各种礼仪；
- 行事果断、执着。

(4)会议筹划者的任务

- 制订计划，确定必须要做的事项以满足会议的需要，并达到会议确定的目标；
- 制定会议议程；
- 了解可供使用的场所和设施情况；
- 选择或提议合适的场所；
- 检查并比较各项设施；
- 安排交通事宜；
- 协调会务工作人员的活动；
- 制定可行性预算或按既定预算安排有关工作；
- 确定各项工作的时间安排；
- 视察选定的场所和设施；
- 与各有关方面进行接洽(旅行社等)；

• 同会议发言人和各位贵宾进行联系。

(5)在筹划一个会议时,最好向上司、会议主办人或会议主席描述一下会议的目的和要求达到的结果,如果意见一致,即可进行如下筹划:

• 预计召开会议的日期;
• 会议预计召开几天;
• 打算在什么地方召开会议;
• 会议形式或程序是什么;
• 需要多大的场地;
• 将有多少人到会;
• 会议预算是多少;
• 打算选用何种级别的饭店和设施;
• 打算选用最高级的房间标准是什么;
• 谁来制作会议邀请函;
• 会议是否需要向与会者发放相关资料;
• 会议的发言人有哪些;
• 会议需要什么样的视听设备;
• 需要食品、饮料的酒会、招待会有几次;
• 与会者可否携带家属;
• 是否打算为与会者安排一些特别活动;
• 是否打算为与会者及其家属安排一些特别活动;
• 是否打算为与会者的家属安排一些特别活动。

2. 会议场所选择

选择一个能让会议组织者和与会者都满意的会议场所非常重要,面对众多的场所,到底怎样去选择呢?

(1)列出可供选择的清单

必须制作一个会议场所清单表。清单表上须注明会议要求的所有重要条件。如果清单设计得合理,表明出饭店条件的好坏,将大大便于各个场所的比较和选择。

(2)选择适合的场所类型

选择合适的会议场所,必须依据当地可提供的会议资源状况及该会议的程序、预计的与会人数、与会人员的背景情况,以及最重要的会议目的、目标和与会者的偏好等因素综合考虑。

① 饭店(按类型划分)

商务型饭店:

这类饭店无论在外部设计,还是在内部装修,以及可提供的先进通信工具、适合会务的商用场地上(有特定的商务楼层),一般都充分体现了现代商务高效、快捷的内涵。饭店既能接待小型会议也能接待大型会议,有一个或多个多功能厅,24小时全天候办公,有较强的服务能力,此外还有多个中、西式餐厅、各种商店、健身房、游泳池等设施。

度假型饭店:

这类饭店一般建在旅游胜地或海边,外部设计、园林规划、内部装修等,都充分体现了当地特色,集休闲、娱乐于一体。同时随着社会的发展,度假型饭店也能提供相应的会议设施、美食和各种代表地方和季节特色的活动。这些无疑都将大大方便会议单位。

②饭店(按地点划分)

位于市中心:

在选择位于市中心的饭店时,需考虑饭店与机场的距离(包括交通是否拥挤)。如果与会者来自国内或本地区,那么选择这样的饭店是明智的。会议筹划者一般喜欢选择位于理想的城市且设施和功能齐全的市中心饭店。这样与会者的随行家属便有很多活动可做。

位于市郊:

对于当地可驱车前往的与会者来说,这类饭店也是大受欢迎的。

(3)会议类型与场所的搭配

• 举办培训活动的最佳环境,是能够提供专门工作人员和专门设施的成人教育场所(公司的专业培训中心或旅游胜地的培训点)。

• 研究和开发会议,需要有利于沉思默想、灵感涌现的环境(培训中心或其他宁静场所最为适宜)。

• 重大的奖励、表彰型会议,一定要有档次,要引人入胜,会议的目的是对杰出表现者予以奖励。

对于交易会和新产品展示会,需要选择有展厅的场所,还要求到达会场所在城市的交通必须便利。

(4)现场参观注意事宜

①现场参观前,所应具备的前提条件:

• 报价方接受和同意会议明细表中各项事宜;

• 报价方应是候选名单中较好的一个;

• 对报价方拟订的合同条款基本能接受。

②亲临现场实地考察,所应注意的事项:

• 会见能作决策的人,这样有利于解决以后可能出现的交易问题;

• 只要可能,一定要在对方建议的日期去进行参观,最好不要在饭店客满时去参观,因为这会使饭店产生直接费用;

• 不要出于个人原因再次参观饭店;不要随带家属同行;

• 想一想,是以一个普通客人身份不宣而至,以检查饭店对客人的接待情况为好,还是事先通知饭店,以贵宾身份前往,以检查饭店是如何接待贵宾为好;

• 考虑另一家饭店作为“备选”。

3. 大型会议产品设计与操作

案例分析：

第一届中国旅游投资高峰论坛会

(1)会议议程策划

① 会议议程表(见表10-2)

表10-2　第一届中国旅游投资高峰论坛会议议程表

时间	事件编号	第一日	事件编号	第二日	事件编号	第三日	事件编号	第四日
7:30AM			6	早餐	14	早餐	22	早餐
9:00AM	1	注册登记	7	全体大会	15	全体大会	23	全体大会
10:00AM			8	休息	16	休息	24	休息
10:30AM			9	分散会议或并行会议	17	分散会议或并行会议	25	分散会议或并行会议
12:00Noon	2	自助午餐	10	午餐	18	午餐	26	休息
2:00PM	3	注册登记	11	分散会议	19	分散会议	27	午餐
4:00PM			12	自由活动	20	自由交流		
6:00PM	4	开幕宴会						
8:00PM	5	会议介绍	13	晚餐及文艺晚会	21	招待会		

议程表说明：

议程策划表，是为参加第一届中国旅游投资高峰论坛会而策划的方案。这个方案采用了全体大会、分散会议、并行会议及自由交流的形式，目的在于为与会各方创造更多的交流机会。安排会议介绍的主旨，是让与会者更加清晰地理解本次会议的主题及分批次解答与会者的各种问题。

事件说明：

- 事件1. 上午9:00开始会议注册，需要注意的是，事件3也是会议注册，全天注册给与会者更多的休息时间，以适应天气、恢复精力等，同时这也是考虑到与会者到达的时间各不相同。
- 事件2. 自助午餐，实际上是为事件1中已注册的与会代表准备的。
- 事件3. 下午的注册和上午是一样的，但是下午还安排了30分钟的会议介绍(详见会议介绍表)。进行会议介绍主要有两个目的：一是向与会者介绍上海这个繁华的大都市，由于该城市不断地进行改建，所以几年前来过该城的人会发现许多他们不熟悉的新建筑和其他引人入胜的景观。其次，由于会议的工作语言是中文，而部分与会者或 VIP 却来自非中文国家。

- 事件 4. 会议开幕式采取宴会的形式。主办方首席代表将在宴会上发表简短的演说，然后是晚宴，最后由一位具有较高声望的主体发言人讲话。

- 事件 5. 实际上，会议是在事件 4 结束后才真正开始。会议介绍为那些先前错过了介绍的与会者提供了另一个机会，只是获取信息的方式大大不同了。会议将单独准备一个公共休息室，这时，会务工作人员可以回答与会者关于策划和活动的问题。

- 事件 6. 每天早上，会议将为与会者和各位发言人提供中、西式早餐，以便他们在非正式场合更好地交流。

- 事件 7. 根据组织和与会者的特点，第一次全体大会讨论的主题，将涵盖旅游业、投资领域宏观的一面，主要是嘉宾发言、投资方发言、待投资方代表发言。

- 事件 8. 在这个时段里，会议为人们提供咖啡和茶。

- 事件 9. 这个时段里，分散会议和并行会议将同时进行。分散会议主要由投资方主持，投资方与待投资方的比例小于与会者双方的比例。并行会议作为分散会议的补充，主要是安排 1 ~2 间单独的会议室，以供投资方或待投资方单方研究策略使用。

- 事件 10. 午餐是会议的一部分，采用餐车自助的形式提供各种各样的食物，以满足不同宗教信仰、不同口味与会者的需求。

- 事件 11. 下午的分散会议同事件 9。

- 事件 12. 在这段自由活动的事件里，与会者可以参观上海的建筑景观及其他晚上开放的名胜景点。他们还可趁此机会为家人和朋友购买礼物。给与会者充分的自由活动时间，以免他们占用其他事件的时间来做这些事情。这样很有效，会议的出席率将得到很好的保证。

- 事件 13. 在大型的会议中，举办文艺晚会是会议的一个亮点。在这次会议中，文艺晚会从晚餐开始，然后根据与会者代表语言习惯的情况，由民族艺人用其语言演唱。这个活动将反映出中国是一个多民族的国家，同时也表示会议对每位与会代表的尊重。

- 事件 14 ~19. 会议第二天的安排与第一天相同（事件 6 ~11）。

- 事件 20. 这并非等同于事件 12 的自由活动，这段时间将为与会代表提供更大的公共交流区，促成投资方和待投资方同与会代表间更深的交流，以达成协议。

- 事件 21. 这个招待会将邀请除参加会议外的政府及各界代表，进一步扩大会议的社会影响力，为下一届的投资高峰论坛造势。

- 事件 22～25. 会议第三天的安排与前两天一样。
- 事件 26. 计划搭乘下午航班离开的与会者，可在这段休息的时间收拾行李，并在午餐前退掉饭店房间。所有与会人员也可利用这段时间修整一下，准备参加最后的午餐会。相关人员将作为 VIP 在午餐会上发言。这个发言人是会议工作人员根据会议主题和发言形式而精心挑选的。会议过程中曾经提到这位 VIP 的发言。
- 事件 27. 这次午餐时间比前两次延长了一个半小时，这一点在会议资料中的日程安排上有详细文字说明，并在前两天的全体大会上都已公布过了，同时会议也宣布了午餐结束的时间，以便与会者安排自己的行程。

② 会议介绍安排表(见表 10－3)

表 10－3　会议介绍安排表

房间：

日期：注册日

时　间	主　题	语　言	主持人
2:00PM	上海	中文	
2:30PM	会议	中文	
3:00PM	上海	英文	
3:30PM	会议	英文	
4:00PM	上海	中文	
4:30PM	会议	中文	

(2) 工作表单

① VIP 工作表(见表 10－4)

表 10－4　VIP 工作表

如何决定哪些人是 VIP
是否应设有专人负责联络 VIP
可能需要为哪些 VIP 采取保密措施
在会议中的 VIP 是否有可能引起骚乱或受到恐怖袭击

续表

会场是否有保安人员或安全措施
是否有必要设置专人负责与当地和全国的警察系统保持联络
是否有 VIP 需要国家安全局的保护
在为 VIP 提供安全保护方面是否需要一些专家的建议
是否需要对相关的房间进行彻底的检查
VIP 使用的房间是否要控制人员的进入

② 工作状态表(见表 10－5)

表 10－5　工作状态表

会议名称:第一届中国×××高峰论坛

会议日期:　　　年　　月

会议地点:中国上海

承 办 者:×××旅行社

责任时间:

工作	开始日期	完成日期	负责人	进展情况	核对
会议策划委员会					
会议选址					
市场营销					
会议预算					
发言者					
后勤人员					
登记注册					
会场后勤					
视听设备					
公关					
识别事件					
娱乐					
饮食功能					
相关事件					
评价和后继工作					
运作实现					
与会者记录					
陪同者					
安全保障程序					

(3)会议场所与功能性会场

① 会场需求表(见表10－6)

表10－6　会场需求表

日期	时间	人数	会场类型	数量	功能性需求

② 布置

- 布局；
- 主席台；
- 演讲台；
- 台布或桌裙；
- 会场请勿吸烟指示牌；
- 提供带有写字板的会桌；
- 在会场中央设置会标。

③ 出入交通

- 在会场所在的饭店大堂设置指示牌引向会场；
- 不同的会场设置不同的标牌，注明会场名称、会议编号、主要发言人。

④ 会场监控

- 设置会场监控人员监控不同的会场；
- 监控人员提前10分钟到场，检查安全隐患并严格监控会场。

⑤ 全体大会会场

- 确认时间安排；
- 全体大会前的活动安排：播放与会议相关音像及可烘托会议气氛的媒体节目；
- 注意放映节目时，将灯光调暗是否会影响后来的与会者寻找座位；
- 全体大会的就座原则是随意坐，但需为VIP留座，使用桌签或隔离带；
- 如果需要乐队，事先必须搭建舞台和准备谱架；
- 帘幕的控制，大窗户外的景观是否会分散与会者的注意力；
- 映像大屏幕应该保证所有的与会者都能看到画面；
- 是否需要设置发言台，发言台设在何处；
- 人工照明的形式和范围，这部分由场地提供者的电工负责；
- 是否需要同声传译。

⑥ 勘查会场注意事项

- 会场墙壁是否有图片；
- 会场中央是否有柱子；
- 屋顶是否需要悬挂吊灯；
- 是否需要使场地看起来更宽敞些；
- 是否需要季节性的装饰；
- 会场的高度是否合适；
- 会场的温度是否可以控制；
- 是否需要会场电话；

- 是否需要控制会场的音响系统；
- 会场是否出入通畅；
- 是否需要衣帽间；
- 发言人是否可以根据需要自行调节演讲台；
- 会场是否能够提供要求的设备；
- 会场需要多少麦克风；
- 会议是否需要录音；
- 会场需要设置多少过道；
- 会场外的噪声对会议的影响程度；
- 会场的色调是否影响与会者的情绪；
- 会场的形状是否合适；
- 会场的主光源是什么，如何控制；
- 会场是否铺设地毯或墙纸；
- 会场提供了什么样的座椅；
- 会场音响效果如何；
- 是否有可移动墙壁，墙壁是否隔音；
- 会场打扫的频率；
- 秘书处会议资料的储存。

(4)发言人管理表单

① 发言人管理表(见表10－7)

表10－7 发言人管理表

发言人姓名：	
地址：	
办公电话：	
住宅电话：	
移动电话：	
组织：	
部门：	
主管：	
会议：	
发言题目：	
发言日期：	
发言时间：	
备注：	

② 发言人费用安排表(见表10－8)

表10－8 发言人费用安排表

项目	是	否	金额	备注
1 酬劳或费用				
2 旅行费用				
3 补贴				
4 其他				
5 合计				总计：

③发言人旅行安排表(见表10－9)

表10－9　发言人旅行安排表

项　　目	发送日期	收到日期	备　　注
1　旅行预订			
2　房间预订			
3　视听设备			
4　规定声明			
5　发言人信息			
6　陪同人员			
7　其他			

④ 发言人其他安排表(见表10－10)

表10－10　发言人其他安排表

项目	姓名	邀请发出日期	邀请接受日期	备注
1　主持人				
2　介绍人				
3　发放材料人				

⑤ 针对发言人的邀请函(略)

⑥ 演讲稿建议表(略)

⑦ 发言人的材料清单(见表10－11)

表10－11　发言人的材料清单

• 旅行信息和预订表格
• 对视听设备的要求
• 与会者概况
• 录音(像)授权表格
• 秘书处的联系人
• 主办者的各项规定
• 住宿信息和预订表格
• 费用表格
• 会议材料
• 会议注册表格

⑧ 针对发言人的工作

- 安排发言人离开的时间；
- 是否送至机场；

- 是否安排记者访谈会；
- 是否安排接见与会者。

⑨ 后续工作

- 感谢信；
- 提供会议刊物；
- 是否要向发言人发送会议评估、评价表格；
- 是否需要专人制作发言人演讲备忘录以备存档。

(5)视听设备

① 人员设置

秘书处将设置专人负责会场的视听设备，在会议开始前准备好一切所需要的设备，若会场提供者没有设备提供，则需要负责人作出借用或租赁报告。负责人应很清楚设备提供商对哪些设备提供维护支持；应给视听设备上保险，以确保在出现问题时能得到一定的补偿。

② 基本视听设备需求(见表 10－12)

表 10－12　基本视听设备需求表

基本视听设备备选表
• 放映机 • 投影仪 • 录音机 • 提示板 • 黑板架 • 屏幕 • 摄像机 • 放映机(VCR) • 视频显示器

③ 辅助视听设备(见表 10－13)

表 10－13　辅助视听设备表

辅助视听设备备选表
• 适配器 • 粉笔、板擦 • 延长接线 • 麦克风(类型和数量) • 压缩式指物棒 • 电子指物棒 • 放映架 • 幻灯片传送盘 • 混音器

④ 支持和工具(见表10－14)

表10－14　支持和工具表

支持和工具备选表
• 醋酸纸 • 空白磁带 • 基本工具 • 彩色粉笔 • 钟表 • 衬纸 • 保险丝 • 贴纸标签 • 记号笔 • 遮蔽胶带 • 空白透明幻灯片 • 空白录像带

⑤ 工作人员

专人负责

由于视听设备比较昂贵，有必要派专人负责安全工作，包括登记设备的出入，以及在会议前后保证在会场中的安全。

放映员

按会场的需要决定是否指派放映员。

(6)餐饮服务

① 重要性

对会议中的餐饮服务而言，过多总是比太少好。餐饮服务对与会者能产生一种心理影响，尤其是在我国这种习惯于共同进餐的国家里，餐饮服务在会议中也可以创造社交机会，与会者能够彼此促进了解。

餐饮的重要作用，就是能给与会者一个休息的机会，即使在吃饭的时候有人发言，与会者也能够体会到一种积极的节奏改变。

对与会者来说，餐饮服务所带来的经济方面的好处是显而易见的，他们所支付的会议费用里，已经包含了餐饮费用。

② 协商

- 谁来联系餐饮服务；
- 谁负责在餐饮服务的单据上签字；
- 是否查阅过当地的餐饮法规；
- 什么时候出具人数担保；
- 菜单上的食品和价格是否固定不变；

- 考虑宗教信仰等问题是否需要特殊菜单；
- 是否有会议服务与餐饮相关；
- 餐饮服务是否有主题；
- 采用哪几种服务形式；
- 会议主办方对酒精饮料是否有什么规定；
- 会议地点对酒精饮料是否有什么规定；
- 对于酒水的配额以及控制；
- 在提供餐饮服务之前是否需要再次检查菜单；
- 是否需要使用餐桌饰品；
- 选择哪些场地提供各种餐饮服务；
- 是否需要餐饮后备计划；
- 餐饮过程控制。

③ 组织餐饮服务

- 是否需要餐券，是否需要指派专人收餐券；
- 是否可以购买额外的餐券；
- 是否使用桌签固定座位或自由入座；
- 安排主桌及其数量、入席者；
- 在会务资料中需要就餐饮服务提供说明；
- 餐桌的大小以及形状；
- 餐桌的布置；
- 餐饮过程发言人及其资料的准备；
- 是否需要指派专人控制环境因素；
- 安排好餐饮内容及提供服务的时间；
- 安排好餐饮和会议的衔接。

④ 主餐桌

- 安排主餐桌的必要性；
- 主餐桌的结构；
- 安排主餐桌的位置；
- 主餐桌人员的安排；
- 主餐桌麦克风、演讲台的安排；
- 主餐桌人员就座的顺序；
- 主餐桌人员的介绍顺序；
- 建议主餐桌不使用餐券；
- 主餐桌附近人员的控制；
- 主餐桌就座人员的安全保障体系。

⑤ 招待会

- 类型；
- 时间、地点；
- 会务资料上有关招待会的说明；
- 本会议的招待会将配合宴会举行；
- 招待会侍者人数的确定；
- 招待会上酒水饮料的提供；
- 招待会的费用控制；
- 招待会的菜单及小吃单；

- 与会议供应商签订成套服务的协议；● 招待会的参与者；
- 将最少参会人数通知招待会供应商的时间；
- 招待会上桌椅的提供和摆设；● 招待会的灯光控制；
- 会议之前招待会的协商报告；● 招待会的时间控制以及结束形式。

⑥ 宴会

- 宴会地点的装饰；● 宴会菜单的设计；
- 宴会上是否演奏国歌；● 宴会程序的设计；
- 宴会上音乐演出的安排。

⑦ 休息

- 会议期间休息时段的设计；● 休息时段的饮食提供；
- 秘书处安排专人负责休息时段；● 休息时段安排的时间长短；
- 休息时段安排的合理性；● 是否需要餐券。

(7) 陪同人员

- 会议是否接待陪同人员；● 陪同人员的类型；
- 陪同人员的接待方案；● 是否把陪同人员作为会议的一部分；
- 陪同人员的收费标准；
- 是否在市场宣传中吸引与会者携带陪同人员；
- 对陪同人员的登记；● 是否为陪同人员安排特别的会议；
- 是否为陪同人员单独设立活动室；● 对没有登记的陪同人员的处理。

(二) 商务旅游服务建议书范本

目录：

- 公司背景介绍；● 公司概述；
- 公司优势；● 服务内容；
- 服务解决方案；● 结束语。
- 附录

附录1 旅行档案； 附录2 服务流程； 附录3 业务操作规范。

1. 公司背景介绍

介绍公司的注册资金、接待能力、服务网络的完善化程度及其他服务要素。

2. 公司概述

(1) 企业概况

- 公司名称；● 公司注册地址；● 公司性质；
- 公司电话；● 公司传真；● 公司注册资金；
- 国税、地税号码；● 员工人数；● 服务网点；
- 订座系统；● 开户银行；● 名称；
- 账号。

(2)公司主要客户

3. 公司优势

(1)国际网络。可利用×××遍布全世界的旅行社合作伙伴,在全球范围内为客户提供辅助的海外援助和详尽的海外旅行服务。

(2)国内网络。可利用×××的国内网络,为客户提供全国性的商旅管理服务。国内网络不仅包含了北京、上海、杭州、南京、济南、郑州、哈尔滨、太原8个直属分公司,还可通过其合作伙伴覆盖中国国内其他30个城市。

(3)差旅数据的收集和整合。通过×××为商旅服务开发的指定软件,为客户提供适时的整合后的差旅管理信息,供客户参考并调整和制定相应的差旅政策。

(4)专业化。作为致力于为国内企业客户提供综合商旅服务解决方案的旅行社企业,×××商务会展部将专注于商务旅行综合服务市场,为客户提供专业的商务综合服务解决方案。

(5)产品优势。凭借×××接待大量国际游客积累的丰富的服务经验和统一的服务标准,可为客户提供全国范围内中外各航空公司市场上的最优票价和遍布全国的各种星级饭店的订房服务。通过×××专业的会议策划经理和专业的会展服务团队,为企业的会议策划和安排提供专业的高质量的服务。

4. ×××为客户提供的服务

(1)国际、国内机票服务

① 进行航班预订时,严格执行贵公司的差旅政策,首先向客户提供能够提供的市场最低票价。

② 及时以最快速度回复所有预订。

③ 为客户建议更为经济便捷的旅行安排。

④ 提醒员工及时出票。

- 记录最低建议票价,实际出票价及不能使用最低建议票价的原因;
- 为国际国内出差的员工提供里程累积的相关服务;
- 按航空公司要求提供服务退票服务;
- 提供航班变更信息;
- 公布热线号码,提供24小时服务;
- 提供机票确认、修改等相关服务;
- 每一张国内国际机票均附有旅行行程单,行程单上印制并公布有关服务号码和信息,便于出差人员联络;
- ×××将不时刊印有关航空公司特价、饭店物价等市场信息,供贵公司员工参考;
- 建立常客档案,格式见附件1。

(2)饭店预订、租车、会议及其他服务

① 饭店预订服务：

- 使用贵公司合同价，免费为贵公司出差员工预订饭店并提供信息；
- 需预订无合同价的饭店时，通过×××自有的遍布全国 2 000 多家的签约饭店及遍布全球的合作饭店，免费帮助贵公司员工选择优惠价格，并作预订及行程安排等；
- 提供预订变更、取消等服务。

② 租车服务，提供 Hertz 的全球租车服务。

③ 会议及特殊安排，×××将协助贵公司策划并安排大型活动，如会议及奖励旅游等，也可安排大型包机，私人商务包机租赁业务，还可安排机场取票，机场接送等特殊服务。

(3)提供各类差旅管理信息

为了协助贵公司管理和制定内部差旅政策，我们可根据要求提供各类管理信息。如：

① 公司差旅花费总表；

② 按部门或 Cost Center 划分的差旅花费表；

③ 按旅行目的地分类；

④ 按差旅花费最多的前 5 个航空公司分类；

⑤ 按没有接受最低建议票价的员工分类等。

(4)半月结账服务

×××完全有能力向贵公司提供半月结账服务。我们与航空公司通过 BSP 每周结账。每月的 15 日和 30/31 日，我们会将所有的结算单、相关材料（财务汇总报表和有效的旅行申请表）及我公司行业专用发票提交贵公司审核，确认无误后于一周内向我公司付款。退票在当月结算单中冲减。国内机票的退票收费标准根据航空公司规定，从 5% ~50% 不等，根据取消预订的时间或航空公司相关规定而定。

由于有能力为客户提供专业的差旅费管理服务，我们相信×××将比任何一家旅行代理商更有能力为贵公司在不影响商务旅行的前提下带来更大的差旅节省。

(5)指定客户经理

×××将指定一名客户经理为客户服务。客户经理将主要负责双方的信息交换和沟通联络，同时在费用控制、问题磋商及关系协调等方面，向客户提供直接的帮助。他/她的主要职责：

① 负责合作协议的具体履行；

② 负责保证客户服务要求的落实；

③ 对差旅数据进行分析，协助客户寻找差旅费用控制的切入点；

④ 协助客户了解如何通过调整旅行政策来减少差旅费用，提高效益；

⑤ 保证向客户提供的信息及资料的有效性和准确性；

⑥ 负责确立有效的旅客意见征询方法及反馈渠道；

⑦ 负责整理并分析产品及相关服务，并与客户的具体情况相联系，作出评价和推荐。

5. 服务解决方案

(1) 指定专门员工提供商务旅行服务，并建立常客档案(附件1)。

(2) 制定员工服务流程(附件2)。

(3) 制定针对客户的业务操作规范(附件3)。

(4) 分阶段、分城市向客户提供商务旅行管理服务。

- 首先在北京提供服务。实施时间为30~90天(同时分析客户的差旅数据，寻找、提供差旅成本节省方案)；
- 服务范围延伸到客户指定的城市，实施时间30天；
- 建立客户旅行服务中心(Travel Center)，90~120天以后，成立旅行服务中心，公布一个免费800电话，客户差旅安排人员，无论在哪个城市只需拨打同一个号码，便可得到旅行服务中心的服务，旅行服务中心在做好差旅安排以后，将在双方同意的时间范围内，通过网络向不同城市的客户差旅人员，提供配送服务；
- 定期进行服务满意度调查，不断改进旅行服务中心的服务。

6. 结束语

最后，感谢贵公司的信任，使我们有机会了解贵公司的业务需求，并为贵公司提供此份服务建议书。我们希望×××能够成为您所需要的、高品质的商务旅行服务商。

×××愿意与您一起共同发展！谢谢。×××××××××！顺祝

商祺！

7. 附录

附件1：

客户员工旅行档案

身份证姓名(中文)：	身份证号码：
护照姓名(英文)：	护照号码：
部门(/编号)：	职务：
核算成本部门：	Cost Center：
雇员编号：	办公电话：
传真：	E-mail：

续表

手机：		差旅秘书：	
办公电话：		传真：	
E－mail：		手机：	
员工航空旅行信息			
1. 航空公司		里程卡号码	
2. 航空公司		里程卡号码	
3. 航空公司		里程卡号码	
机上座位要求：	□靠窗		□走廊
餐食要求：			
其他要求：			
饭店：	□ 吸烟		□ 非吸烟

附件 2：

以成本控制为主的服务流程

旅行安排
- 客户通过电话、传真、E-mail 查询
- 服务人员答复查询，并提出建议
- 服务人员报价并列明相关限制条件

↓

预订
- 根据客户要求预订
- 提供行程及预订单，标明订座情况，如确认/候补等，并且提供票价和限制条件

↓

提醒服务
- 服务人员根据航空公司要求提醒客户最晚出票时限

↓

出票
- 客户提供有效签字授权的出票申请单

↓

提供财务报表
- 按客户要求填制销售报表

↓

结算
- 客户对报表核实无误后，通知我方开具正式发票

成本控制章样式	我方建议价： 实际出票价： 缘由代码：

附件3：

××公司商务会展业务操作规范

客户：

(1)接电话：总机在电话响三声之内接起电话，如负责该客户的业务员电话占线，应立即转给其他相关人员，或将客户的要求及联系方式记录下来，由业务员及时回复，缩短客户等待时间。休息时间打开手机，方便客户联系，尤其是中午外出，要求携带手机。

(2)业务员接起电话后，必须首先通报自己的姓名。如："您好，我是×××。"

(3)预订机票：按照客户要求设计最佳航线，并提供可能的候选方案。对于客户的VTP客人所要求的航班，应尽全力予以保证，实在无法解决的困难，应及时向主管经理汇报。

(4)报价：

① 国内票，须向订票人推荐客户有协议的国内航空公司。若提供国内折扣机票，必须将限制条件及时告诉客户。如客人需要传真或邮件确认，则要在确认件上注明预订机位的状态、限制条件。如推荐客人在机场取票，应在客人到达机场前，完成手续，尽量缩短客人在柜台的等候时间。

② 国际票，必须使用最新的航空公司运价，所有报价须仔细核实后通过E-mail或传真等形式报给客户，同时详细注明其限制条件及出票时限。报价以后，如遇航空公司机票价格变化，须调整我方报价，应及时以书面形式通知客人。

③ 饭店和租车，在预订机票的同时，主动询问客人是否需要饭店预订和租车服务。饭店确认后，要求注明取消时间。如果已经用客人个人信用卡Guarantee，必须以传真或电子邮件的形式，告诉客人饭店收取罚金的情况。

(5)出票：业务员将票价告诉出票组人员，他们将再次确认票价后出票。机票出完后，业务员应仔细检查旅客姓名、行程、日期等，确保机票的准确性。各组人员互相检查。

(6)送票：尽量满足客户要求，若不能保证及时送到，应事先和客户商量，特殊情况特殊处理。国际机票要求附行程单。

(7)退票：在当月结算单中冲减。国内机票的退票收费标准，根据航空公司规定，从5%～50%不等，根据取消预订的时间或航空公司相关规定而定。

(8)半月结账：每月的15日和30/31日，×××将所有的结算单、相关材料

(财务汇总报表和有效的旅行申请表)及我公司行业专用发票提交贵公司审核,确认无误后,于一周内向我公司付款。

(9)周末值班:须严格按照值班规定执行。及时处理 Quote,尽可能通知客人,如协议客户要求出票,要求值班人员与负责此客户的业务员联系,确认出票程序,不得擅自出票。如发现违反,公司将采取相应惩罚措施。

(10)回复:所有回复应及时,最多不超过一小时,或者在双方同意的时间内。

(三)企业外部培训

案例:

团队拓展训练操作手册

1. 企业外部培训需求分析

在一个企业的发展历程中,很多可以展现的辉煌,或许由于团队涣散而与其失之交臂。很久了,人们把心灵束缚起来,把自己规范到机械的管理中,任岁月催蚀信念的棱角与锋芒,用固执抵抗善意的合作。人们常常只在意工资和奖金,能激起兴奋的事已所剩无几。慢慢地,企业初创时大家精心培育企业文化的热情渐渐冷却了,看着同行业的竞争对手在不知不觉中形成的品牌,默然与无奈代替了刺激后所应有的正常反应。你可能没有信心面对现实,更别谈超越了。

面对激烈的市场竞争,很多人已经意识到激发人的潜能,再造团队精神,比获取专业知识更有价值。亲身体验式的培训比语言和文字更教人刻骨铭心。

“超越训练”就是用精彩的课程与来自个人心境的互动,创造“终生难忘”的“体验”,帮助参训者完成个人灵魂的洗礼和企业团队精神的整合。

拓展运动需要些冒险精神,所谓“冒险”按字面的解释即冒着危险。如果按词典的解释,即勉强做不一定能成功的事。自己想做不知是否能成功的事,但还是鼓起勇气去做,这就叫做“冒险”。虽然如此,冒险并非盲目地去做别人没有做过而且有危险的事。很重要的,是在采取行动之前,要谨慎小心地制订计划,并且做好充分的准备,尽量避免危险的发生。然后才去勇敢地挑战所剩 1% 无法预测的危险。

2. 拓展训练的意义

拓展训练并非体育加娱乐,而是对正统教育的一次全面提炼和综合补充。平时一说起提高素质,就是 MBA;就是各种证书和文凭,其实,知识和技能还只是有形的资本,意志和精神则是无形的力量。在何种情况下能使有限的知识和技能释放出最大的能量,如何开发出那些一直潜伏在自己身上,而自己却从未真正了解的力量,怎样才能弄清,您与他人的沟通和信任到底能深入到什么程度?这就是拓展训练的真正意义!

1995 年 9 月,新华社 150 位职工成为拓展学校的第一批学员。学校几乎每个周末都要接待一批学员。以公司、企业或事业单位的高层管理人员及职工为主的各界学员,对拓展训练产生了浓厚的兴趣。媒体也竞相报道,一时间拓展训练成为一种时尚。而公司或单位的领导人,则在这里实现了他们培养员工协作和团队精神的目标。

3. 拓展运动的保障条件

超越训练把安全保障作为培训的第一项重要责任,并时刻保持警觉,以专业的手段保证每个细节的绝对安全可靠。

在培训期间,安全保障是首要工作,所有户外活动均经过精心的设计与实验。各项户外活动的保护装备,均使用一流的专业器材,并由专业工作人员进行技术指导。富于经验的教员严格依照安全程序指导、监控活动的全过程。

参训人员应有的心理准备:

(1)积极主动参与各项活动,视成功为目标;

(2)愿意尽自己最大的努力接受各种新的考验,具有不屈不挠的精神;

(3)维护良好的团队士气,诚恳助人,敢于负责;

(4)体察组员的情感,主动沟通和交换训练。

4. 拓展训练的服务流程

需求分析——设计开发——运作实施——评估追踪。

(1)需求分析

① 咨询。拓展训练将安排培训顾问与参训负责人面谈,或电话采访培训组织者,以了解参训人员的业务关系、整体状况和具体培训目的。

② 企业文化调查。拓展训练企业文化调查问卷,是围绕企业的个人、团队和公司情况而设计的。

③ 课前说明。我们将在课前给所有学员一份具体的文字说明,来帮助学员了解培训课程。在安全方面我们将非常严格、认真地准备,作为整个流程的一部分,我们将要求所有学员填写好一份健康与安全表。

④ 安全保障:

- 所有学员,未经允许不得擅自离开训练基地;
- 每队学员 15 ~20 人,随队教练 1 名;
- 学员在训练期间必须听从教练指挥,不得擅自脱离集体;
- 教练有权取消不听从指挥学员的活动资格;
- 教练必须随时观察学员的行动,发现问题及时解决;
- 教练在组织学生进行离地一米以上的项目时,务必要给学员挂保险绳、系安全带;
- 教练务必要为学员讲解安全带的正确使用方法及器械的操作安全性能;
- 教练务必亲自检查学员安全带的使用情况,亲自检查保险绳是否磨损。

(2)设计开发

① 课程设计

我们将按照您的要求为您量身定做课程框架，再设计出具体的活动内容，并分别列出培训员所要引导和提升的要点，最大限度地达到课程效果（具体课程设计请见后附课程安排表，此表将根据课程所要求的效果和需求分析结果进行调整）。

② 课程安排表

A. 分组热身（破冰）

向学员讲述培训的内容及意义，激发他们的热情，然后通过一些有意思的游戏，帮助大家重新认识，增进相互之间的了解，使之更快进入团队角色。如：选队长、起队名、编队歌、画队徽、做队训、无声介绍等。

每队人数为15～20人。

B. 团队配合项目

项目一，电网

- 项目类别：团队配合项目。
- 培训目标：体会计划、整合、分配资源的重要性，认识每个人在团队中的角色及其作用，以及个人与集体之间的关系，体会到个人能力的发挥离不开团队的支持。

项目二，信任背摔

- 项目类别：个人挑战与团队配合。
- 培训目标：用刺激的活动来促进互相间的信任，并快速建立平等的人际关系和人与人之间最真诚的沟通和理解，克服心理压力，增强对伙伴的信任和友善，学会换位思考。

项目三，荆棘排雷

- 项目类别：团队配合项目。
- 项目描述：在一个直径5米的地面中间，有一个装满水的杯子，你要在蒙上双眼、手不接触地面的情况下取出杯子，而且滴水不能洒，想一想可能吗？团队的智慧可以把它变为现实。
- 培训目的：当团队遇到困难的时候怎样才能调动起大家的智慧，集思广益，让整个过程能够有组织、有计划地进行，又不会限制每个人的思维及表现。这是增强团队活力的重要途径。

项目四，越障

- 项目类别：团队配合项目。
- 项目描述：所有的人都要越过一个两米多高的障碍，并且不得碰到障碍，资源只有几根竹竿和几段短绳。
- 培训目的：在人与人之间的冲突中，如何求同存异，使大家为了一个共同的目标前进。领悟合理的方案对解决问题的重要性，以及如何获得合理的方案。

C. 竞赛项目

项目一,袋鼠跳

目的:通过一个竞技项目,来检验培训的收获,同时又增加培训的趣味性。

项目二,多人多足

目的:同上。

(3)运作实施

在对培训需求进行分析的基础之上,拓展训练会针对您的实际情况,展开关于团队协作、潜能激发、问题解决、决策能力等方面的经验式培训,并将我们"分析、实践、发现、引导"的运作流程贯穿始终,从而使参训者获得直接与间接的体验,完成预期培训目标。

运作实施过程的时间安排:

DAY1	18:30	学员到达基地报到;
	19:00	晚餐;
	19:40	培训热身。
DAY2	6:30	起床,洗漱;
	6:40	晨练(室外);
	7:40	早餐;
	8:30	项目培训;
	12:00	午餐;
	12:30	午休;
	14:00	项目培训;
	17:00	培训结束;
	17:30	返城。

(4)评估追踪

拓展训练并非体育加娱乐,而是对正统教育的一次全面提炼和综合补充。知识和技能还只是有形的资本,意志和精神则是无形的力量。在何种情况下,能使有限的知识和技能释放出最大的能量,如何开发出那些一直潜伏在自身,而自己却从未真正了解的力量,怎样才能弄清,您与他人的沟通和信任到底能深入到什么程度? 这就是拓展训练的真正意义。

×××拓展培训为大家精心设计了"拓展休闲、享受生活"的特色旅游活动,将度假村的会议休闲与营地或野外拓展培训巧妙地结合起来,活动内容更是丰富多彩,安排了以体育类游戏、与自然沟通类游戏、培训类游戏为主的多条精彩线路。

×××拓展训练坚信任何组织和个人的成功发展绝不会一蹴而就,而是如同一个漫长的旅途。我们提供的经验式培训课程,旨在使顾客获得持久的、可衡量的绩效改观。我们对每一个培训项目进行评估反馈,并将与您密切沟通,进一步深化学习效果,借此确保顾客的满意。

评估与追踪的过程包括:

- 培训结束评估 ;
- 专业培训报告 ;
- 转化过程评估;
- 追踪改进。

【本章小结】

商务旅游,是指以经商为目的,把商贸经营与旅游结合起来的旅游方式,也称商业旅游。商务旅游类型多种,有的是由商贸人员结合贸易特点,根据业务活动情况自行办理食宿和游览;有的是由业务接待方安排洽谈和旅游活动;还有的是委托旅行社综合安排服务。中国的商务旅游市场,得益于中国经济持续、稳定、快速的发展。这个潜力巨大的市场是中国旅行社行业实现第二次飞跃的巨大舞台。本章从实战的角度对中国商务旅游市场进行了深入的剖析,指出了中国旅游企业拓展商务旅游市场的切入点和营利模式;最后给出了3个已经在实践中得到成功,获得良好收益的实战案例,供旅游从业者和旅游企业管理者学习模仿,希望能帮助中国的旅行社企业快速进入中国的商务旅游服务市场。

第四篇

主题旅游产品篇

第十一章

主题旅游产品的设计与营销

本章导读

本章主要讲述主题旅游产品开发的流程及实战技巧。首先，分析目前主题旅游产品蓬勃发展的背景；然后，从理论和实战结合的角度，具体阐述主题旅游产品"市场分析——创意收集与筛选——概念性开发与测试——营销战略制定——业务分析——产品开发——测试性营销——正式上市"的开发流程。对旅游企业的产品开发与操作，具有较强的指导意义。

通过本章学习，您能够：

(1)了解目前主题旅游产品蓬勃发展的背景及其意义。

(2)掌握主题旅游产品开发的流程。

(3)领会理解开发流程八大环节的具体操作技巧。

(4)结合自身特点建立完善的主题旅游产品开发流程。

一、主题旅游产品蓬勃发展

(一)市场竞争催生了种类繁多的主题旅游活动

20世纪90年代初，旅行社行业还处于相对垄断经营阶段。旅行社只要抓住一年中的几个出游高峰，就可以获得丰厚的回报。因此，对旅游产品和市场的细分从未加以考虑。市场上出售的旅游产品，几乎千篇一律的全是既无优势又无特色的传统线路。

中国加入WTO之后，随着消费者的不断成熟、旅行社行业内部竞争的加剧，以及境外旅行社的大举进入，使旅行社认识到了市场细分和产品细分的重要性，旅行社开始根据自己的实力和对市场的把握，来设计打造属于自己的拳头产品，以参与市场竞争。细分产品和市场使得大量的主题旅游产品和大批的专卖店纷纷出笼。

(二)主题旅游产品成为提高竞争力的手段

在旅游行业的竞争由单纯的价格战转入品质和特色的比拼阶段后，旅行社变得成熟起来。他们纷纷开始寻找新的卖点，打造具有针对性的主题旅游产品来抢占市场。目前，旅行社推出的主题旅游产品大致有两大类别：一是，同一目的地、不同行程的系列旅游；二是，具有针对性的主题旅游。如婚庆、修学、保健、探险、休闲、夏令营等个性化、专业化的旅游。

旅行社针对一个主要目的地大规模出售系列旅游产品，主要是通过与航空、铁路部门的合作，大规模地推出包机、专列等大型旅游产品，一方面保证了在旅游旺季的大交通；另一方面由于批量购买的优势，降低了大交通要素的采购价格，让游客实实在在地得到了好处。旅行社还针对游客的不同需求，推出了同一目的地的不同行程、不同时间段的定制产品；既有走马观花式的产品，也有休闲度假式的产品；既有经济实惠的产品，也有豪华高档的产品；既有团队产品，也有散客产品，针对国内的商务散客和高端人群，还推出了“饭店 + 大交通”的自由人产品。

在专业化的主题旅游方面，近几年全国推出了很多新产品。如以花卉为卖点的洛阳牡丹花会；以修学求知为主题的“我到北京上大学”；以体育为主题的“龙马大战——北京之旅”；以革命教育为主题的红色之旅等。这些主题产品一经推出，就在市场产生了很好的反响，收到了很好的社会效益和经济效益。在旅游线路严重同质化的今天，推出主题旅游产品，已经成为各旅行社提高自身竞争力的重要手段。

（三）主题旅游产品的较强竞争力，得到了市场的广泛认同

中国旅游业现在还处于一个产品竞争阶段。旅游者对于品牌的认知程度较低。在这种情况下，旅行社除拥有大同小异的普通旅游产品外，必须努力开发有特色的针对不同目标市场的新产品，哪怕它的受众只是人群中的一小部分。产品细分后，旅行社经营的业务分工也会越来越细，将来各种专业的旅行社也会越来越多。一个旅行社经营一个或几个主题旅游特种产品。这个主题旅游特种产品经营下来，所对应的市场面看起来不大，但是因为只针对一个或几个专门的市场，所以在这个市场有一定的优势，具有较强的竞争力。主题旅游产品得到了市场的广泛认同。

在产品还未细分，主题旅游还未出笼之前，市场上所销售的线路几乎是同一个面孔，消费者根本没有选择的余地。带有个性化的主题旅游产品出现后，游客有了更为广阔的选择空间，出游更加方便。无论是系列化的主题旅游还是专业化的主题旅游，消费者根据自己的具体情况，如经济实力、旅游时间、个人爱好等，总能选到一款适合自己，让自己满意的产品。

（四）主题旅游产品的发展，符合国际旅游业的发展趋势

目前，美国旅游业的产品供给和我国有很大的不同，主要是因为美国的旅游市场已经非常成熟，急行军式的团队观光旅游产品，已经不能满足旅游市场的需求。

人们的旅游需求逐渐倾向于多元化和主题化。另外,美国的商务旅游产品已经构成了美国旅游市场的主导地位,这和美国发达的航空服务业和经济发达程度直接相关。休闲观光团体方式,只占美国旅行社产品的6%,商务旅行和休闲观光散客产品,才是美国旅行社的主要产品。

我国的旅行社业还是以休闲观光团队产品为主体。其中的一个主要原因,是我国在一开始就把票务代理和旅行社分开经营,分业管理,在一定程度上这是社会资源的浪费。旅行社业首先应该与航空票务代理,及其他客运代理进行整合。这必定是一个大的方向,进行整合的过程视乎旅行社业本身的成长,也视乎各自主管部门之间的协调。这是该行业未来最大的一次机遇,行业融合的过程,也是中国旅游产品逐渐标准化、规范化、个性化、主题化的一个发展历程。

综上所述,随着旅游市场的逐渐成熟和中国旅游业竞争状况的日益激烈,已经有越来越多的旅行社,开始探讨如何设计开发更能满足旅游市场需求的新产品,试图摆脱目前这种"产品同质化、削价竞争"的不利局面。很多旅行社把自己定位成旅游产品的开发商和批发商。目前中国旅游产品严重同质化的现状,给旅行社的专题旅游产品研发提供了广阔的市场空间。有远见的旅行社已经成立了产品研发部,专门负责专题旅游产品的研发,新的主题旅游产品像雨后春笋一样层出不穷,不断地对旅游市场进行细分,针对细分旅游市场开发的主题旅游产品,将成为中国旅游产品供给的主流。

二、市场分析

市场分析,是指对专题旅游产品的市场规模及满足该细分市场的旅游产品的竞争情况进行分析。市场状况分析必须包含下列内容:

(1)专题旅游产品细分市场的规模。

(2)与本公司有竞争关系的旅游产品销售量与销售额的比较分析。

(3)对有竞争关系的各类旅游产品市场占有率的比较分析。

(4)对细分市场消费者年龄、性别、职业、学历、收入、家庭结构的分析。

(5)对各竞争品牌专题旅游产品优缺点的比较分析。

(6)对各竞争品牌专题旅游产品市场区域与产品定位的比较分析。

(7)对各竞争品牌专题旅游产品广告费用与广告表现的比较分析。

(8)对各竞争品牌专题旅游产品促销活动的比较分析。

(9)对各竞争品牌专题旅游产品公关活动的比较分析。

(10)对各竞争品牌专题旅游产品定价策略的比较分析。

(11)对各竞争品牌专题旅游产品销售渠道的比较分析。

三、创意收集与筛选

(一)创意收集

适应旅游市场的专题旅游产品开发始于创意的形成,即系统地捕捉新的创意。好的创意往往要在很多普通的想法中去发掘,创意的发掘过程应该系统化。创意的来源主要有:

(1)公司内部:据不完全统计,超过55%的新产品创意来自公司内部。公司的销售人员就是一个很好的创意来源。他们每天与旅游者接触,可以得到旅游者的直接反馈。做得好的旅行社将员工的产品创意作为每个员工的考核内容,要求每个员工每月出一个产品创意方案,每月进行评选,优胜者可以获得奖励。

(2)客户:新产品开发主要来源于市场的反应,据不完全统计,有28%的新产品创意来自对旅游消费者的观察和询问。很多大的旅游经营商的市场销售人员(产品经理、区域经理),在进行市场调研过程中,把该地区重点组团社当年产品研发的重点摸清楚,将该社的市场细分作为调研内容。组团社的信息是当地旅游市场需求的真实反应。这样,根据代理组团社的产品需求进行新的产品研发,具有更强的针对性。

(3)竞争者:27%的新产品创意来自对竞争对手的分析,可以通过对其他旅游批发商(春秋国旅、各地办事处)的产品进行分析,了解其产品的销售状况,或者通过分析其往年和今年的旅游特色产品广告发布,来获得其产品的新线索;可以把别人已经用过的创意移植过来,分析该产品所针对的细分市场人群,调查该主题产品的市场效果,并在此基础上进行二次加工,提炼出新的服务细节卖点创意,来对产品进行更新换代,以更好地满足细分人群的特殊旅游需求。

(4)其他途径:旅游要素供应上,也能为我们的产品提供创意。例如,某地区新开了一个航班,多了某一种交通方式,如海南岛的火车轮渡、北京的水上公园等,都会为我们开发新的产品提供好的创意。

(二)创意筛选

创意收集,在于广泛采集大量的旅游产品新想法,下一步是对这些新的想法进行筛选,尽可能抓住好的创意,摒弃没用的想法。如果没有筛选,下一步的产品研发成本就会大幅度增加。因此,公司只能留下能为公司创造良好经济效益和社会效益的创意。目前做得较好的旅行社已经开始让自己的管理人员按照标准的格式,书写各种新产品的创意,以便进行分析比较。

(1)创意筛选要对产品的开发时间和成本、目标市场的大小、竞争状况、投资回报率等进行评估；

(2)分析该产品的研发投放市场是否能服务于旅行社的企业定位和品牌定位；旅行社的人力、物力、财力及运作经验是否可以确保该创意得以实现。

(3)新开发的产品是否和我们现在的旅游产品有冲突；是否能促进旅行社的核心业务；是否对提升旅行社的形象有利；是否可以充分利用目前已经掌控的资源。

四、概念性开发与测试

经过筛选，将留下来的创意发展成为具体的概念，把这些创意具体化，用某种能为消费者理解的术语加以表述。概念性测试用于对该主题旅游产品所针对的市场人群进行测试，通常新产品的概念，可以通过口头或图画描述的形式加以体现。旅行社市场销售人员要进行小范围的市场测试与调研，每个城市进行 50 个抽样调查，全国范围内各地不同城市至少取得 500 个样本，然后再根据抽样测试调查的结果，决定该产品的市场价值。目前，中国的旅游新产品开发还没有采取市场调研的方式，而主要是在操作经验和市场预测基础上进行的。

五、营销战略的制定

为了把产品引入市场，必须设计相应的营销战略报告书。营销战略报告，主要包括以下内容：

(一)营销目标的量化及作用

1. 营销目标的量化

- 所谓营销目标，就是指专题旅游产品在一定期间内(通常为一年)必须实现的营业额。营销目标一定要量化；
- 主题产品的市场定位；
- 营销预算；
- 几年内要达到的销售额、市场份额和利润额指标。

2. 销售目标量化的作用

- 为检验整个营销计划方案的成败提供依据；
- 为评估工作绩效目标提供依据；
- 为拟定下一次销售目标奠定基础。

(二)价格策略、分销渠道、营销媒体选择、广告投放策略

1. 价格策略

价格策略，主要是依据市场竞争中旅行社对主题产品的垄断程度而定。如果

垄断程度很高，旅行社在新产品中设计了很多同类产品所不能模仿的卖点，可以采取垄断定价策略，高出普通产品1.5~3倍的价格在市场推出；如果产品的垄断程度一般，卖点虽比其他产品多，但可复制性高，可以高出普通产品1.2~1.5倍的价格推出；如果和竞争对手产品差异不大、产品卖点不突出，可以普通产品价格的1~1.2倍定价。

2. 分销渠道

确定采取什么样的营销渠道，首先应考虑，是和当地的大社合作推出，还是独家推出；是选定重要客户共同推出，还是全面出击，与所有客户合作；是在所在省的各地市，采取一个地市选两家进行特许营销，还是采取非正常渠道进行营销，如婚庆旅游产品同"婚纱影楼、婚庆公司"联合推出等，针对不同细分市场的产品，应该设计不同的营销渠道。如"青少年修学产品"，如果能够取得当地教育部门、团市委部门的支持，既可借助政府的力量进行前期的宣传工作，还可以保证市场一定程度的垄断性。另外，应该注意和当地最好的学校建立良好的关系，一般情况下，最好的学校的学生消费能力也最强。

3. 营销媒体选择

媒体的种类很多，包括报纸、杂志、电视、广播、传单、户外广告等。要选择何种媒体？各占多大比例？广告的视听率与接触率有多少？营销媒体选择，即对当地的媒体进行分析，分析每一种媒体的优势和劣势；若能和某媒体的某个内容板块联合推出，采取软硬广告相结合的方式最好；分析每个媒体的读者群和我们的目标市场是否相符。一般情况下，大众旅游产品，应该在当地最有影响的媒体上推出。根据旅游产品的特点，一般不宜选择电视媒体。如果电视媒体愿意以垃圾广告时间来进行合作，可以考虑按一定比例分成的合作方式，如收客一人给50元等。与平面媒体的合作，则可考虑用收客量乘以单人次收费标准的形式合作。建议最好采用软硬广告相结合的方式，以增强广告的可信度和广告效果。

4. 广告投放策略

针对产品定位与目标消费群，决定相应的广告投放策略。根据旅行社定位的不同，广告策略主要有以下几种情况：

旅行社进行广告宣传，由客户代理旅行社收客，每收一个人，客户可得到事前定好的佣金。

由旅行社将产品特许给最重要、在当地最有影响的客户去做广告收客。广告费由客户自己承担，客人交由旅行社出团，客户得到批零差价的收益，旅行社则得到游客接待和批发的收益。

旅行社在所在市场全面铺开，由所有客户自由进行广告宣传收客，交到旅行社集中出团。

上述3种广告策略，可根据旅行社在当地零售商中的影响力和客户对旅行社的认可程度的不同灵活采用，终极目的，是确立旅行社在旅游产品市场中的领导地位。

5. 促销攻关策略

促销活动策略：旅行社推出专题旅游产品，其促销攻关的对象，是旅游行政管理部门、当地主流媒体、该地区重要的合作伙伴分销商，以及该主题旅游产品瞄准的细分市场的相关政府部门。如，妇联、老龄委、民政部门、团委等。

促销活动的方式主要有：与旅游主管机构的宣传部门联合召开新闻发布会，旅行社推出的专题旅游产品由当地主管部门认可，并由其邀请各主要媒体召开新闻发布会。这样一方面可以密切旅行社和当地旅游主管部门的关系；另一方面可以极大地提高旅行社的可信度，可成功地收到软硬广告一起上的良好效果。

促销攻关活动的目的，是为后期的市场开发奠定坚实的基础，创造旅行社的美誉度。

六、业务分析

业务分析，主要是对该主题旅游产品的销售额、成本和利润前景进行分析，考察类似产品的销售记录和市场反应，并对旅游者意见进行调查，估计出该主题产品推出后的最大和最小销售额，以便确定风险的范围。作出销售预测后，可以估计出产品的预期成本和利润。成本的估计由研究与开发、经营、会计和财务部门分别进行。主要包括以下内容：

（一）对公司影响的分析

（1）对公司形象影响的分析；

（2）与现有旅游产品兼容性的分析；

（3）推广形式分析；

（4）人力资源能力分析；

（5）推出时间分析。

（二）新产品评估

（1）目标；（2）预计收客人数；（3）预计营业额；（4）预计实现毛利。

（三）所需资源评估

（1）产品要素采购所需投资；

（2）产品经营所需人力成本：

- 现有全职人员：______元/人　　● 新增全职人员：______元/人
- 现有兼职人员：______元/人　　● 新增兼职人员：______元/人

（3）促销费；（4）宣传材料印制费；（5）广告费；（6）招待费。

七、产品开发

主题旅游产品，主要是瞄准某一细分市场人群的需求进行开发，具有较强的针对性。主要包括以下三方面的工作：

（一）分析该细分市场的需求，如生理、心理、行为需求，根据这些需求设计主题旅游产品的亮点——服务细节、特殊活动、专题卖点

如果某系列产品列入研发计划，即开始收集该系列产品所针对人群的资料。如，“青少年修学旅游产品”，即开始收集“青少年”各方面的资料，尤其注意收集其他旅行社已经推出的“青少年修学旅游产品”，对其进行分析；分析细分市场人群的心理需求，如青少年的求知需求、娱乐需求、健身需求、技能发展需求、业余爱好需求、追星需求、心理调节需求等，然后针对这些需求设计该系列产品的服务细节。确保旅行社开发的产品有一定的垄断性和不可模仿性。某项专题旅游产品开发的成败，取决于对该细分市场相关分析资料占有的多少，即该细分市场需求分析的准确程度。“我到北京上大学”的成功，就已经充分说明了这一点。但是目前的修学旅游基本上将“求知需求”放在第一位，忽略了该细分市场其他的需求。这为旅行社开发满足客户多重需求的旅游产品提供了广阔的舞台。要求旅行社系统开发的专题旅游产品，至少应该包含10个服务细节。

（二）把传统旅游产品中的旅游要素，针对该细分市场的需求进行资源卖点、服务卖点的提炼

设计好服务细节后，将相应的服务细节和不同旅游目的地的资源进行对接，提炼相应的产品卖点。

卖点提炼，首先要进行资源卖点的提炼，将该目的地旅游资源的特点进行提炼，尤其注意和其他旅游资源的类比，提炼“中国之最”、“世界之最”的卖点，以及该景点和其他类似景点的重点区别。在旅游过程中由旅行社的导游进行相应的审美教育。

其次，将我们设计的服务细节，用旅游者乐于接受的煽动性语言进行包装。

最后，进行该产品总体特色的提炼，即针对不同目的地城市进行整体的语言包装。整体的语言包装，即将目的地的旅游资源以高超的语言艺术、贴近细分市场人群心理需求的词句进行整体的描述，改变目前景点罗列的单一局面。确保客人在旅游过程中听到的导游词，区别于一般的旅游线路。

（三）制定针对该细分市场的营销广告推广策略

根据产品提炼的卖点，设计精练、打动人心、朗朗上口的广告语。设计相应的广告方案包括：报纸与杂志广告稿的设计（标题、文字、图案、新闻通稿），电视广告的创意脚本、广播稿等。针对专题旅游产品的特点设计相应的推广

策略。

八、测试性营销

市场测试,是旅行社在投入大量资本进行全国范围的新产品推广之前,获得产品营销的实际经验,发现潜在问题的必要手段。主题旅游产品的定位策略、广告设计、分销渠道的选择、价格策略、品牌的确定、包装水平、预算水平等要点,都要在测试性营销中加以评估。市场测试的结果可以调整对销售额和利润额的预测。

市场测试的规模因产品而定。就旅游主题产品而言,一般不涉及相关的硬性投入,如果旅行社对自己开发的专题旅游产品推广成功抱有极大的信心,可以不进行测试性营销;如果仿制已经成功的“我到北京上大学”之类的成熟产品,可以不用进行测试性营销,直接确定相应的市场战略,在旅行社系统内投放。目前,中国旅游界测试性营销采取的主要方式,是邀请各地的组团社或旅游批发商到旅游目的地踩点,对旅游产品的各个环节进行考查,由组团社对产品提出改进建议,同时产品设计者与组团社和各地旅游批发商建立业务合作关系,签订该产品的代理协议或销售协议。

九、正式上市

如果旅行社的专题旅游产品已经通过了上述环节,则需要作出何时、何地、向何人、以何种方式推出的决策。

1. 何时推出

旅行社推出相应的特色产品,必须在市场需求产生前2~3个月投放市场,向旅游分销商进行前期的市场宣传,以便分销商做好相应的销售准备。如,针对青少年的“暑期修学产品”应在4月份进行前期的市场宣传,在4月底正式推出。

2. 在何地推出

鉴于目前中国旅游市场的产品严重同质化,为了避免竞争对手抄袭产品,产品设计者对于新开发的专题产品在没有面世之前采取严格的保密措施,在前期的市场宣传中只透露一部分服务细节,并且和分销商签订相应的排他性合作协议,以确保旅行社推出的主题旅游产品收益的最大化;旅行社一般情况下会选择在旅行社系统内全面推出该产品,在竞争对手没有醒悟的时候建立自己的品牌优势和先发优势。

3. 向谁推出

旅行社的定位对于决定旅行社推广产品的对象具有直接影响。如果是组团社设计的产品,组团社会直接向旅游市场推出该产品;如果产品设计者是地接社或批发商,那么该产品不直接进入游客市场,而是向分销商推出旅行社的特色旅游产品。

4. 以何种方式推出

旅行社根据当时的市场状况、产品竞争状况及本社在当地的影响力,在综合考虑以上因素的基础上决定其在当地的产品推出方式。如,选择大众化还是专业化的报纸与杂志,及其刊登日期和版面大小;选择的电视、广播广告节目时段与次数等。另外,还要考虑 CRP(总视听率)和 CPM(广告信息传达到每千人的平均成本),同时根据市场销售状况和销售预算确定相应的促销活动。如,前 100 名优惠、抽奖、赠送礼品、折扣、推出会员卡等。

5. 销售管理

假如把主题旅游产品研发、投放市场看成是一种陆、海、空联合作战,销售目标便是登陆的目的。市场调查计划是负责提供情报,推广计划是海、空军掩护,而销售管理计划就是陆军行动了,在情报的有效支援与强大海、空军的掩护下,陆军的攻城略地仍须领先,才能获得决定性的胜利,因此,销售管理计划的重要性不言而喻。

销售管理计划包括:

(1)销售主管和职员的设置;(2)销售计划;(3)推销员的挑选与训练;(4)激励推销员;(5)推销员的薪酬制度(工资与奖金)。

6. 损益预估

旅行社推出的任何主题旅游产品,所希望实现的销售目标,除了极个别是为了打造旅行社在旅游市场上的美誉度外,绝大多数主题旅游产品实际上就是要实现利润。而损益预估就是要在事前预估该产品的税前利润。把该产品的预期销售总额减去销售成本、营销费用(经销费用加管理费用)、推广费用后,即可获得该产品的税前利润。

【本章小结】

21 世纪的中国旅游业,要真正强企拓业、赢得未来,必须注重在旅游产品开发上的创新。旅游活动应体现其历史性、艺术性、文化性,具有参与性和启智性的特色。根据细分旅游市场的特定需求,进行有针对性的主题旅游产品开发,是旅行社走出价格竞争,建立服务品牌的必由之路。本章借鉴著名营销大师科特勒的旅游产品开发流程的框架,结合国内著名旅游企业产品开发实战的经验,详细阐述了主题旅游产品开发的流程和八大环节，以及每个环节中应该注意的操作实战技巧，对于指导旅游企业在主题旅游产品开发、营销、品牌塑造上走出一条创新发展之路具有一定积极意义。中国旅游业目前处于一个旅游产品制胜的时代，谁在产品的研发上占领了先机，谁就赢得了市场，谁就走在了时代的前列。

第十二章

青少年教育旅游产品的设计与操作

本章导读

本章主要讲述如何根据青少年市场的生理、心理特点，开发青少年教育旅游产品，首先，明确教育旅游的定义，分析青少年成长过程中经常碰到的生理、心理问题；其次，重点介绍青少年教育旅游产品开发的现状和存在的问题，然后重点分析市场上流行的青少年教育旅游产品，指出教育旅游产品设计的几个关键环节；最后，介绍美国教育旅游产品开发的现状，同时结合实例，重点阐述教育旅游产品的营销方案。

通过本章学习，您能够：

(1)了解青少年教育旅游市场现状及其发展趋势。

(2)熟悉旅游市场上流行的几种教育旅游产品开发操作的思路。

(3)掌握教育旅游产品设计开发过程中的几个关键点。

(4)了解美国教育旅游产品的发展现状。

(5)清楚青少年教育旅游产品的营销创新。

一、教育旅游的定义

教育旅游，是以教育或学习为目的的旅游活动，寓教寓学于游于乐。其内涵包括：国际、国内的教育交流、访问、会议，教师休养度假，学生出入境修学旅游，以及寒暑假期间的各种内容、各种形式的夏(冬)令营、大学学府游、家长携子游(亲子游)、科技旅游、红色旅游、教育考察、文学旅游、国防旅游、科普教育游、景区观光游、教学科研游、书法观赏交流游、农业科技游、民族文化游和校长、教师培训等。

二、市场分析

(一)市场背景分析

当今世界，科学技术突飞猛进，知识经济已见端倪，国力竞争日趋激烈。教育在综合国力的形成中处于基础地位，国力的强弱越来越取决于劳动者的素质，取决于各类人才的质量和数量，这对于培养和造就我国21世纪的一代新人提出了更加迫切的要求。新中国成立以来，特别是改革开放以来，教育事业的改革与发展取得了令人瞩目的巨大成就。但我们也应该清醒地看到，由于主观和客观等方面的原因，我国的教育观念、教育体制、教育结构、人才培养模式、教育内容和教学方法相对滞后，影响了青少年的全面发展，不能适应提高国民素质的需要。

据统计资料显示，我国2013年毕业的大学生高达699多万人。大学生的毕业就业率迅速下降，往日象牙塔里的佼佼者为找到一个合适的工作而苦苦寻觅，很多大学生面临着刚毕业就失业的困境。另一方面，众多的企业都面临着人才匮乏的窘境，很多企业的老总不愿意招聘刚毕业的大学生到企业工作，普遍认为刚毕业的大学生眼高手低、实际工作能力差、跳槽频繁。人才市场的供求失衡到底说明了什么呢？很多家长辛辛苦苦地供孩子念完大学，到头来却找不到工作。大家都陷入了深思，思索如何破解这个难题。“马加爵杀人案”更是给我们的教育敲响了警钟，如何才能培养出21世纪的合格人才，成为每个中国人都应该关注的话题。

中国中小学生的素质教育，就更是一个热门话题了，据有关资料显示，中国目前有中小学生3亿人左右。这些孩子的教育状况如何呢？根据中国城市独生子女人格发展及教育的课题研究，经过对12个大中城市中3 349个独生子女及其父母的问卷调查发现，独生子女具有乐于交友、办事喜欢坚持到底、较好地接纳自己、社会道德素质良好、兴趣广泛等人格优点，同时也存在成就需要低、攻击性强、勤劳勤俭差、学习动机扭曲等较为严重的人格缺陷。

据有关方面对各国小学生每日劳动时间的统计，美国为1. 2小时，韩国为0. 7小时，法国为0. 6小时，英国为0. 5小时，中国才0. 2小时。三年后，当我们调查独生子女家务劳动状况时，竟然发现独生子女每日平均劳动时间仅11. 32分钟，比三年前还少！其中，每日劳动时间为零的占97%，1～10分钟的占47. 3%。许多家庭忽略了一个重要规律，即家务劳动时间与儿童道德发展密切相关。儿童家务劳动时间越长，其独立性越强，越有助于形成勤劳俭朴的品德。中国孩子责任心差、独立生活能力差的基本原因之一，便是参加劳动太少。

大量的调查数据显示，少年儿童素质上存在的缺陷主要反映在他们虽然有远大的抱负，却缺乏脚踏实地的奋斗精神；他们虽然争强好胜，却缺乏同困难作斗争的意志和毅力；他们享受着比上一代更多的照顾、关怀，却不乐意为创造新生活付出艰辛的劳动；他们在智力水平上有明显发展，但动手能力、实践能力却比较欠缺；他们成人感确立较早，但又在生活上过于依赖，不能自理；他们乐于接触社会，但却对社会实际的适应力较差。

一些人总是津津乐道于我们的基础教育学得有多深，我们在国际奥林匹克数理化竞赛中又拿了多少大奖，却恰恰忽视了中国学生在创造力上的缺失。未来的社会,知识的拥有量已变得不重要。信息化时代的到来,知识以爆炸的方式发展,谁也不可能拥有全部的知识。因此,过去是以读了多少书,积累了多少知识来衡量一个人受教育的程度,而今天,则要以是否具有应用知识的能力,是否能做出创造性的工作来衡量受教育的水平了。

许多教育学者也都在探讨如何对青少年加强素质教育,其中,利用小学生、中学生的寒暑假进行丰富多彩的教育旅游活动,是对青少年进行素质教育的重要手段。通过大家的努力,将国外先进的教育理念、教育方法、教育内容、人才培养模式引进国内,通过寒暑假的教育活动全面提高青少年的素质,弥补我国长期"重基础知识学习、轻实践技能培养"的弱点,学习国外专业机构关于青少年教育的运作理念,结合中国青少年教育的实际情况,开发满足青少年成长需求的多种教育主题旅游产品投放市场,希望借助寒暑假的青少年教育,全面提高青少年的心理素质和意志品质,让青少年在实践活动中提高自己的实际工作能力和操作技能。

(二)需求分析

针对学生市场这个特殊的群体,要开发出满足学生需要的教育旅游产品,必须仔细研究细分市场的心理需求。根据专家的研究,学生市场的心理需求主要集中在以下几个方面:

1. 学习心理提高

学习是学生的主要任务,也是学生心理社会化的主要途径。乐于学习,是学生心理健康的重要标志之一。学生通过学习获得知识、增长本领,取得优异的学习成绩,受到家长和教师的赞许,受到同学的好评,能够体验到成功的喜悦,激发强烈的学习兴趣和求知欲;同时在学习中也会遇到困难和挫折,体验到失败的痛苦,经受意志力的磨炼和考验。学习上的成功能增强信心,多次失败也能丧失信心。

学习心理提高,包括学习动机、学习态度、学习方法、学习习惯和考试心理辅导,目的在于引导学生通过积极主动的探讨,进而明确学习目的,端正学习态度,树立正确的学习动机,掌握科学有效的学习方法,养成良好的学习习惯,正确对待学习中的困难和挫折,帮助学生获得成功,体验成功的喜悦,从而形成坚定的学习信念和旺盛的进取精神。

2. 智力能力提高

智能的形成和发展,是人们认识世界、改造世界和创造未来的先决条件,也是学生身心健康成长的主导因素和重要标志。人在出生以后,随着机体的发育、成长,包括感觉器官、运动器官,特别是大脑发育的逐渐完善,人们的活动范围和实践领域不断扩大,对外界事物的反映也越来越广泛、丰富和深刻。人们在反映客观事物现象、本质和规律的过程中,逐步形成了认识能力,包括观察力、记忆力、思维能力、想象力和注意力。而以思维能力为核心的各种认识能力因素的有机结合,即构成了人们的智力。在认识现实、改变现实、创造社会财富的过程中,逐步形成人们的各种能力，包括认识能力、操作能力、创造能力和社会交往能力等。一个国家、一个民族，没有智能的培养和开发，一切都无从谈起，因而必须从儿童抓起。学生智能提高主要是智力因素的辅导、创新意识和创新能力的辅导。

3. 情感和意志提高

俗话说，人非草木，孰能无情。如果人类没有了情绪情感，就没有对真理的追求，也没有丰富多彩的精神生活和社会生活。意志是人所特有的高级心理现象，是人的主观能动性的集中体现。没有意志，任何美好的理想、宏伟的计划和伟大的战略决策，都不可能变为物质的现实，任何智慧和潜力都难以得到充分的发挥，因而既不可能有个人的美好未来，也不可能有国家和民族的美好未来。可见帮助学生学会调节自己的心态，克服悲观、怯懦、抑郁、紧张等消极否定的情绪情感，经常性地保持舒畅、喜悦、乐观、自信等积极肯定的情绪情感，形成良好的意志品质，保持生动活泼、蓬勃奋发的良好心态，对其身心的健康成长和未来发展具有十分重要而又深远的意义。其中情绪情感的辅导，尤其要重视移情体验的辅导，注意引导学生设身处地、将心比心，去体验他人的欢乐和痛苦，以培养学生的同情心和正义感，激发自觉的意志行动。

4. 个性心理提高

个性心理是一个独特的、多系统、多侧面、多层次和多级发展水平的开放性的结构系统。个性的全面发展，是实现共产主义社会的重要条件之一。一个人个性结构中的优势、潜力、特点或弱点，不仅制约着其社会活动的选择性、效能及未来发展的可能性，同时也往往是事业成败的决定性因素。比如三国时期诸葛亮的足智多谋、刘备的宽厚仁义、关羽的忠义和自负、张飞的粗中有细和刚烈暴躁、司马懿的多疑、周瑜的心胸狭窄等，都曾是功业成败的决定因素。此外，吕布身为三国时代第一猛将，辕门射戟一箭镇住十万大军，然而何故，中原之大，竟无其立足之地，以致白门楼身首异处？河北袁绍历四世三公，拥有雄兵百万，战将千员，可谓兵精粮足，何故却难成大业？究其根源，盖因其个性结构存在着致命的弱点所致。前者吕布有勇无谋，刚愎自用，见利忘义，失信于天下；后者袁绍多谋无断，“干大事而惜身，见小利而亡命”是也。古往今来，凡成就大业者，其个性结构都有其独特的优势、潜力和特点。如，思路开阔，灵活机敏，富有坚定的信念和创新意识，好奇心、求知欲强烈，求真务实、坚韧不拔，不怕困难、不怕挫折，勇于进取、敢冒风险，心胸开朗、豁达，富有幽默感等。学生个性心理辅导的根本目的，就在于帮助和促进学生的个性心理，包括兴趣、能力、性格和自我意识等各方面得到全面和谐的发展。

5. 日常生活中的心理提高

学生日常生活中的心理辅导主要包括社会交往辅导、休闲辅导、消费辅导和常识性的生活技能辅导。社会交往是人类意识发生、发展和形成的基本条件。运用言语的和非言语的符号系统交流思想、情感，总结和传播知识经验，表达物质的和精神的各种需要，是人类所特有的社会心理现象，也是协调各方面的人际关系，调动各方面的积极性，统一思想、统一意志，同心同德，团结协作，实现群体目标，取得事业成功的客观要求和必要条件。学生通过正常交往，一方面可获得友谊与爱，得到同伴的接纳、尊重、理解和赞许，从中体验到存在的价值和生活的乐趣，同时亦可学会更好地尊重他人、理解他人，关心和帮助他人，学会与人合作。这不仅有利于增长知识、增长才干，也有利于身心健康。休闲辅导、消费辅导和生活技能辅导，是我国现代社会生活提出来的新课题，是随着我国经济及各项社会事业飞速发展，收入和生活水平不断提高的结果，也是素质教育的客观需要。休闲、消费和生活技能方面的辅导，有助于培养学生健康的生活情趣、乐观的生活态度和良好的生活习惯。辅导的主要目的，在于帮助学生正确选择休闲方式，发展有益于身心健康的兴趣爱好，树立正确的消费观念，合理计划消费水平和消费行为，提高生活自理的能力。这一点对于广大独生子女来说，尤其必要。

(三)学生通常存在的心理问题

(1)情绪问题。学生存在的情绪问题，主要有沮丧、愤怒、恐惧、紧张、抑郁、急躁。

(2)意志问题。青少年存在的意志问题，主要表现为优柔寡断、不能克制自己、缺乏毅力、害怕挫折等。

(3)个性问题。青少年的个性问题，主要有懒惰、依赖、孤僻、任性、自卑、攻击性等。

(4)学习问题。学生学习方面存在的问题，主要有马虎、考试怯场、注意力分散、学习疲劳、不会听课等。

(5)交往问题。青少年交往问题，主要包括自我中心、不合群、对抗、嫉妒、斤斤计较等。

三、产品设计

教育旅游产品的设计是成功的关键，旅行社作为教育旅游市场的主力军，必须从上述青少年的心理问题分析出发，在产品设计的细节上下工夫，切实从活动设计上满足青少年学习心理提高、智力能力提高、情感和意志锻炼、个性心理提高的需求，开发出具有现代特色的适应新时期青少年成长要求的教育旅游产品。

(一)教育旅游产品的现状

随着教育改革的推进，越来越多的家长开始注重独生子女的素质教育，但在寒(暑)假期间对孩子有意义的活动并不多，而在假期对孩子放任不管，则会对他们的成长产生许多不利的影响，令家长和学校十分头痛。因此家长都希望自己的孩子能利用暑（寒）假增长知识、开阔视野，于是这几年各种名目的教育旅游产品——夏令营便火爆起来，参加活动的青少年逐年呈上升趋势。

据我们初步统计，夏令营名目繁多，有军事、英语、高校行、青少年自护、我能行、人文科学、科技、科普、地质、历史、环保、海外交流、体育、森林吃苦、减肥、探险、亲子等不下30种。

经过十几年的发展，夏令营在中国已经成为一项商业行为，但因为缺乏统一的组织和管理，绝大多数夏令营彻底变成了一个旅游团。这类活动千篇一律，内容大多是策划一个主题，挂靠一个国家单位，向全国学校发函，活动内容一般是某地开营，北京主要景点逛一圈，再加几个讲座。讲座场面乱哄哄，根本不管学生能不能听懂，效果好不好。于是关于夏令营的各种批评、讨论、赞扬的文章不断见诸报端。针对夏令营，家长们考虑的是其教育意义、价格和安全问题。但目前，这三方面都合适的，确实还没有。因此，市场亟待教育行政部门加强监管和规范。市场需要品牌夏令营的出现。

（二）教育旅游的特点分析

教育旅游是一个独特的品牌，据统计每年国内外教育旅游流动大军超过1亿人次，教师、学生及学生家长，在假期形成了旅游业的主力军。综观近几年的国内教育旅游，呈现出以下特点：

1. 发展速度——快

随着旅游业的发展，旅游市场的开发越来越细，学生出游日益受到重视，特别是各式各样的教育旅游层出不穷。近几年来，全国各地教育系统纷纷成立为教育服务的旅行社，目前已有100多家。各地旅行社也纷纷组织和接待教师、学生及学生家长的旅游团队，参加人数之多、涉及范围之广、影响之大，是其他旅游所不能比拟的。因而，教育旅游成为新世纪旅游业的一个新的经济增长点，并且发展前景更是为人们所看好。

2. 旅游时间——集中

我国大、中、小学都有较长的假期，寒暑假共有3个月，可以进行长线游。而1999年10月1日起实行的长假制度，又可以安排短程旅游。一项游客对旅游时间安排的调查统计分析显示：有近65%的旅游者将旅游安排在“寒暑假”和“节假日”。所以，学生旅游者一般利用比较集中的节假日等闲暇时间出游，具有明显的集中性。

3. 消费主体——大中城市青少年所占比重大

城镇地域性，决定了青少年旅游消费是城镇青少年独有的消费经济现象。这是与城镇青少年的消费观念、经济实力、消费环境和消费水平相适应的。对大多数农村居民的子女，旅游消费仍不具备条件。据国内一项调查资料显示。城镇青少年外出旅游的比重，占整个青少年旅游市场的85%以上。

4. 消费层次——向相对多层次、高层次转变

过去,人们旅游大多是为了消遣、休闲,即使增长见识,也是一种被动的接受。而现在各种教育旅游的兴起,特别是高校旅游、科技旅游、科普教育游、国防旅游等,科技含量高、文化品位高、参与性强,使得许多人在休闲娱乐的同时,增长了见识,丰富了知识,因而更能迎合现代人的口味。不但深受青少年朋友的青睐,而且也深受成年人的喜爱。时代在发展、国民生活水平在提高、全社会对学生教育的日渐重视等因素,使得教育旅游市场更加细分。如,夏令营就可以细分为植物科普夏令营、气象科普夏令营、海洋生物夏令营等。

5. 旅游方式——主要是群体活动

教育旅游的主要形式,是夏令营和各种形式的文化交流。由于参加旅游的人群中,青年学生占了很大一部分,他们当中经过精心策划准备,有明确的目的性,有计划、有步骤地完成自己旅游计划的人数目前并不多,而是从众心理较重,受相关群体影响大。因此,在同学、朋友的影响下,青少年集体活动的比例较大,而组织学生出游时,往往有家长团或教师团相伴随,这也是一般旅游团所没有的现象。

6. 发展前景——极为广阔

据国外一份抽样调查资料显示,在世界各旅游目的地,青少年旅游者占全体旅游者的比例为:美洲42.9%、欧洲49%、非洲34%、亚洲38.7%、大洋洲34%。而我国学生人数众多,总人数达到2.16亿人,全国学生平均出游天数约为5.5天,出游人均每天花费约77.5元,按10%的学生出游计算,即出游的人数为2165.54万人,则我国学生旅游花费一年总计可达92.2亿元,再加上一些学生家长和一些在学生时代因某种原因未能出游,而现在求知欲仍很强烈的成年人,这无疑是个庞大的且尚未被深度开发的客源市场。

(三)当前教育旅游产品存在的问题

1. 价格极其混乱,定价机制有待进一步规范

据报道,所有中小学几乎放假前天天都能收到组织暑期学生夏令营的宣传材料和广告,一些学校也组织学生参加业余美术、舞蹈、外语等培训班、补习班,以及各种类型的夏令营。报纸上的夏令营广告更是眼花缭乱,纵观这些夏令营,组织得一个比一个大,100人以上的大团队已成普遍现象;路越走越远,档次也越来越高,纷纷以"来回双飞,星级宾馆"吸引学生,价格当然不会低,每人每天100元、200元甚至300元以上,少则几百元,多则数万元,学生夏令营的消费已经超过了成人旅游团队。

在各种夏令营教育产品的广告中,一家旅行社"完全英语夏令营"打出的广告,是北京双卧7天完全英语夏令营2180元,而一些旅行社的双飞5天北京游却只有1800元左右,另一些双飞7天北京游的价格则达到2200元,一个中小学生参加暑期活动,日均消费额达300余元,价格之高令人咋舌。

出国夏令营的价格更是高得没谱。某业余艺校在“学知识、长见识”的旗号下，打出“暑期将组织15~18岁中学生赴澳大利亚出国夏令营”的费用，高达1.5万元，居然还用了“名额有限，欲报从速”的煽情词句。

2. 行程成人化

从内容上看，教育旅游产品的主题呈现两极分化的态势。如青少年夏令营产品与成人旅行团别无二致。尽管各大旅行社都大张旗鼓地主推夏令营游，但绝大部分夏令营游，实际上只是成人游的“翻版”。一位旅游界人士非常形象地用“穿鞋戴帽”来形容目前某些所谓的“夏令营线路”，这些“夏令营游”只是将以前的成人线路稍加变动，添上一些适合孩子游玩的行程，如北京游加上游览北大、清华等名校，再降低出游条件（如把双飞改为双卧）、降低价格，草草包装一番就美其名曰：“某某夏令营游”。

由成人线路改造过来的夏令营游，往往时间比较紧，在短短几天之内游览许多景点，成人一趟下来都觉得累，更何况孩子，这样只会让夏令营游成为“走马观花”之游。以现在火爆的“北大、清华游”为例，五六天的行程看似很长，但真正在北大、清华这些名校参观的时间只有一两个小时。这么短的时间，充其量只能到处看看，与北大的学生、教授，不能有实质性的接触和交流，很难说可以受到什么熏陶和教育。

3. 产品卖点荒诞离奇

有些教育旅游产品的发布机构，为了达到吸引消费者注意力的目的，在卖点设计上煞费苦心，怪招迭出。曾有一个“幼年财商训练营的产品”，就包括了向刚满5岁的孩子讲授“工作”、“金钱”与“人生价值”的关系；让孩子们学会诸如“5~10万元家庭存款的投资方法”、“商业促销手段分析”、“市区各大超市比较”等卖点，引导孩子们就“家庭投资理财”、“超市经营策略”等内容进行讨论，鼓励他们在还根本没机会弄懂“企业品牌规划”是怎么回事儿之前，就先行一步，自己动手尝试“企业组织网络图”、“企业名称”、“产品商标”等的设计，努力开发与日后做生意大有关系的各种“专业潜能”……简直是荒唐可笑。

4. 主办单位五花八门

由于教育旅游的火爆，使之成为主办单位五花八门的诱因，除了各大旅行社，其他机构看到火红的教育旅游市场，也眼红起来，纷纷参与进来。其中包括挂靠在国家机关名下的一些机构，如什么什么教育中心、科研中心等，还有很多的中介机构，如文化公司、传媒公司、信息公司等，都树起了夏令营的大旗。北京某高校的一个部门，每年通过授权某公司以该校名义开办夏令营，可以获得20余万元的科研和日常经费。一些小学也利用家长望子成龙的心理暗地里组织夏令营。一位小学生家长称，他的孩子在小学四年级就参加过学校组织的出国夏令营，14天花了2万元。甚至一些私人，如某些名校的在校大学生也以本校为依托，组织夏令营。

5. 服务质量与宣传相去甚远

很多不负责任的机构并不具备组织教育旅游活动的能力，他们的服务质量与广告宣传相去甚远，极大地破坏了教育旅游市场的品牌。有的学生家长为了提高孩子的英语水平，拿出自己几乎一个月的工资让孩子参加英语夏令营。学生家长认为，这种夏令营有外教全程陪同，既能长见识，又能提高孩子的英语水平，花再多的钱也值得。但是孩子却告诉父亲，外教玩的比孩子还投入，根本没什么机会练英语，而且甚至在北京连长城都没去。

有的海外英语夏令营产品宣传的，是组织学生去加拿大一中学交流访问，学生可以住进当地中学生的家里，和他们一起参加暑期活动，还能参观城里的多处景点。可是实际情况却是参加夏令营的孩子都被安排住进了当地一家中学附近的小旅馆，和中学生面对面地交流成了校园一日游，参观城里的多处景点也变成了随意观街景，交流、访问彻底变成了旅游观光。

诸如此类的教育旅游产品，在每一年的寒暑假教育旅游市场上都数不胜数。这样的活动不但不能起到教育的作用，而且长此以往，会极大地破坏教育旅游市场的成长。因此，教育旅游市场的规范治理迫在眉睫。

6. 安全无保障

教育旅游产品中最让家长揪心的，还是外出时孩子的安全。由于没有进行精心安排和产品设计，食物中毒、中暑，几乎也是每个夏令营中经常发生的事情。在炎热的夏季，孩子们贪食冷饮，再加上某些夏令营为了节约开支，安排的就餐地点并不是旅游局规定的旅游定点餐厅，就更容易发生以上情况。在很多景点都存在诸多危及孩子人身安全的危险因素，稍不注意就会发生意外。

（四）教育旅游产品的发展趋势

有专家指出，素质教育的含义是非常广泛的，它也具有一定的阶段性。具体地说，在中国，小学毕业前的孩子，最需要的是基础人格的培养。所谓基础人格，更多的是表现在潜意识中的价值观，以及爱心、是非判断标准、道德意识，以及人与自然的亲和能力等基本素质。这就需要孩子们有时间与不同的人相处、与自然相处。但是，由于学校平时课程安排比较满，所以户外活动的时间会比较少。这样，长假期间，家长们应该更多地注意让孩子回归社会和自然。比如带他们去旅游，或是参加各种展览等。在这个阶段，孩子们的求知欲往往是非常强的，所以，尽最大努力满足他们的好奇心，其实对他们的未来发展非常有利。与此相对应，教育旅游产品要想真正做大、做强，就必须遵循以下几项发展原则：

1. 产品设计主题化

在香港等夏令营游开展较为成熟的地区，每个夏令营都有一个明确的主题，有精心设计的行程，并且夏令营游览节奏较慢，一般都在 7 ~ 10 天。在这段时间里，组织者根据孩子的特点，精心设计多个主题供学生选择，如生物、地质、海洋、环境保护等夏令营，在时间安排上能做到长短结合，让中小学生在游玩、娱乐中学到知识，使学生在游览的每一天中都能有所收获。

第一，不能以常规旅游代替教育旅游，要围绕素质教育、爱国主义教育和文化学习，安排具有教育特色的内容。第二，要适应学生特点，寓教于乐，不要搞疲劳战术。第三，要取得教育机构的支持和帮助。第四，突破常规模式，将教育功能镶嵌在旅游过程的每一个环节，从起程开始就应将环保、理财、自理、自立等素质教育贯穿始终。这是对学校教育和家庭教育进行的形式独特的弥补和加强，切忌把主题旅游变相为一般旅游或一味地搞吃苦教育。

因此，针对以学生为主要市场的教育旅游产品，在设计的时候一定要区别于传统的观光休闲旅游产品，从小学生、中学生、大学生的客观需求和接受能力出发，安排与之相适应的服务项目和旅游景点。提炼出与之相对应的活动主题，使产品设计走向主题化，进一步树立教育旅游产品在市场中的形象。

2. 市场运作品牌化

目前，中国的教育旅游市场很大，很多旅游企业、培训机构都看中了这一块庞大的市场，但是由于急功近利的心态和中国服务业整体的不规范，导致了目前在市场上没有出现品牌化的教育旅游产品。旅行社界的主题旅游项目“我到北京上大学”在业界引起了一定的反响，但全年组团人数还没有突破一万人。这就说明中国的教育旅游产品的运作一定要实现品牌化，以品牌化、系列化的产品占领市场，争取更多的市场份额。

3. 服务流程规范化

教育旅游产品要想真正实现品牌化运营，关键是要实现服务流程的规范化，从产品的设计到基地的选择、分销网络的建立、服务人员的培训，再到整个服务流程质量的控制等，都要实现流程化和制度化，以确保服务规范化的实现，确定教育旅游产品的核心竞争力，真正实现品牌化。

4. 市场宣传透明化

素质教育已在全国推广，教育改革正紧锣密鼓地进行。面对逐渐发展起来的教育旅游浪潮，为了在市场上树立教育旅游产品的品牌，产品的宣传一定要实现透明化。教育旅游活动包含多少个项目、多少个景点，以及住宿、餐饮标准，专家服务的收费标准，安全员、辅导员、导游员的收费标准等。为了让消费者明明白白地消费，要和教育旅游产品的消费者签订国家标准的合同，以约束双方的权责利，避免不必要的法律纠纷。

5. 安全保证制度化

参与教育旅游的人群中，青少年和学生占了绝大多数。由于他们年龄小、自律性差，缺乏自我保护意识，所以，安全与否就成为教育旅游成败的一个重要环节。为了保证教育旅游的顺利开展，必须遵循安全第一的原则，制定切实可行的安全保障措施，在活动的每一个环节及时加强安全预防和保障措施，避免高风险活动项目，配备管理人员及随队医护人员，切记懈怠和侥幸，二者是诱发不安全因素的导火索。

6. 综合效益最大化

国家综合实力的提高，离不开全社会整体素质的提高，教育旅游是提高公众综合素质的一种方式，也是普及科学知识、弘扬精神文明，培养锻炼自立、刻苦、奋发精神及开阔视野、增长知识，激发爱国主义热情，推动社会文化发展的重要途径，通过开发教育旅游，能够带来巨大的社会效益。

随着市场经济的发展，公益性的教育旅游活动几乎不复存在。作为开发者，必然需要一定的投资或经济回报，因此，收取一定费用无可非议。

只有通过规范化的操作，中国的教育旅游产品才有可能逐渐稳步地发展壮大，最终成长为能长久连接家庭与社会商业网络的坚实桥梁，而不至于沦为家长和孩子们在生活经历中的惨痛教训，以及品牌企业在市场经营中的一声叹息。

（五）六类青少年教育旅游产品案例剖析

1. 求知类教育旅游产品

(1)英语学习类

随着中国改革开放的深入，英语学习的重要性已被每个家长所认识，为了能让自己的孩子在未来竞争中占据领先优势，许多青少年和家长投入了很大的财力和物力，来提高孩子的英语学习水平和英语学习能力。因此，众多的关于英语学习的夏令营就纷纷出炉了。

①按区域分类，有地方性的、有全国性的、也有洲际性——到澳洲、欧洲的英语夏令营。

②按收费标准分类，有普通型的、豪华型的。

③按时间长短分类，有一周的、两周的、四周的。

卖点提炼：

- 外教授课；
- 全英语环境；
- 原版电影；
- 互动交流；
- 著名大学背景；
- 教材赠送。

案例分析：

【美国全真课堂体验系列】1线——全真课堂＋东西海岸洛杉矶寄宿家庭两周体验营

推荐理由：

一周洛杉矶全真课程＋一周美国东西海岸游览，行程以体验美国初、高中课程为特色，与美国当地学生一起上课、一起活动；同时，入住洛杉矶寄宿家庭，学生可以充分领略中美教育文化差异，感受学校氛围，培养学业梦想，体验当地生活，多方面深入了解美国。

行程特色：

□ 1. 插班进入美国学校的全真课堂，与美国学生一起上课、学习、交流；

□ 2. 碰撞口语，结交朋友，参加丰富的课外活动，体验快乐轻松的美式教育；

□ 3. 与美国爸妈一起生活，探索中美家庭文化差异，感受原汁原味的美国生活；

□ 4. 走访哈佛、麻省理工、耶鲁、普林斯顿等多所世界名校，全面体验美国高校氛围。

具体行程：

第 1 天　北京→华盛顿

全天

乘机飞往美国首都华盛顿特区，抵达后入住酒店。

住宿：酒店

第 2 天　华盛顿

全天【博物馆日】

全天游览美国首都华盛顿特区，参观总统官邸白宫（外观）、宏伟壮观的国会大厦（外观），瞻仰杰弗逊纪念堂和林肯纪念堂，在纪念堂的墙上镌刻着许多影响世界的名言。接着，依次游览美国国家航空航天博物馆和国家自然历史博物馆。其中，国家航空航天博物馆是史密森尼博物馆群中最受欢迎的一个，这里陈列着莱特兄弟的第一架飞机，人类历史上的第一枚火箭、第一颗人造卫星、“阿波罗”登月舱、“哈勃”太空望远镜……在这里，绝大多数的展品都是珍贵历史原件，这些藏品记录了人类飞行史的每一步，见证了一个又一个的历史奇迹；国家自然历史博物馆是最受孩子们喜爱的博物馆，也是美国主要的自然史研究和教育中心之一，这里所展出的恐龙骨架、化石、海洋奇珍、罕见的宝石和矿物，能为孩子们补充他们无法在课堂里学习到的知识。

住宿：三星级酒店

第 3 天　华盛顿→纽约

全天

乘车经美国旧都费城前往美国第一大都市纽约，途中参观以本科教育闻名世界的普林斯顿大学。作为常春藤盟校之一，与其他学校不同的是，该校强调训练学生具有人文及科学的综合素养；校园内的后哥特式的建筑与现代建筑交相呼应，学生们不但能欣赏到优美的景致，还能在这里感受到普林斯顿严谨的欧式教育学风；在费城，学生们将走近独立宫（外观）和自由钟，1776 年 7 月 4 日正是在这里发布的《独立宣言》，宣告了美国政府的诞生；随后，参观的是美国历史上第一所从事科学技术研究和人文教育的宾西法尼亚大学，这里还是美国第一所也是目前世界首屈一指的商学院——沃顿商学院的所在地，漫步在惬意的校园里，无处不令人感到宾大浓郁的人文气息和哥特式建筑所营造出的肃穆和庄严。抵达后,入住位于新泽西的酒店。

住宿:酒店

第 4 天　纽约

全天

乘车前往美国的标志性建筑自由女神像(乘船环岛游,不上岛),瞻仰法国政府赠送给美国独立 100 周年的礼物。行走在“美国的金融中心”——华尔街,感受纽约作为经济之都的魅力。随后前往联合国总部大厦(外观),接下来,前往时尚地标第五大道,漫步于曼哈顿区最繁华的十字街头,感受纽约的优雅、华丽、时尚以及充沛的活力。晚上入住位于新泽西的酒店。

住宿:酒店

第 5 天　纽约→波士顿

全天

【名校参观日】

乘车前往“美国教育之都”波士顿。途径康涅狄格州纽黑文市,走访常春藤盟校之一的耶鲁大学,领略这里丰富的藏书和浓郁的文化氛围,该校也被称为“总统摇篮”。抵达波士顿后,探访哈佛大学,作为美国本土历史最悠久的大学,从哈佛大学里走出了多位美国总统,数十位诺贝尔奖得主,在郁郁葱葱的校园里,不但能感受到其浓郁的学术氛围,还将激励着学生们在其崇高及深厚的学术影响力里种下一颗“名校梦”的种子;随后前往位于查尔斯河畔的麻省理工学院,这里不但校园环境优美,更是全世界理科生向往的天堂,作为全球最负盛名的学府之一,这里强调让学生独立地去探索新兴问题,因此学生们可以感受到这里外向活泼和开放积极的学术氛围。

住宿:酒店

第 6 天　波士顿→洛杉矶

全天

乘机飞往“天使之城”洛杉矶。抵达后,入住寄宿家庭或酒店。

住宿:寄宿家庭或酒店

第 7 天　洛杉矶

全天

参加美国学校课程:

美国教育旨在以激发创造力为主,强调让学生主动参与实践,积极思考,勇于创新,鼓励自主学习,充分地让学生挖掘自己的兴趣领域。

为了更好地体验中美教育差异,学生们将走进美国学校,亲自去体验美国校园环境、同时可以参与到美国的课堂,充分感受不同的课堂氛围以及美国老师授课的不同方式,并认识到美国的校园作息,在短短的时间内,真真正正地做一回美国学生。

不同学校、不同班级,课程及活动内容将有不同,个别学校会根据教学计划安排户外活动,所有的课程内容将按照美国学校当下的教学计划来进行。若遇上美国学校的考试周或者美国公共假日,将根据实际情况来做相应调整。

课程结束之后:与美国寄宿家庭一起体验当地的 supermarket(超市),采购地地道道的美国商品,做一回美国小主人,多角度的融入西方文化。

住宿:寄宿家庭

第 8 天　洛杉矶

全天

参加美国学校课程:

美国教育旨在以激发创造力为主,强调让学生主动参与实践,积极思考,勇于创新,鼓励自主学习,充分地让学生挖掘自己的兴趣领域。

为了更好地体验中美教育差异,学生们将走进美国学校,亲自去体验美国校园环境、同时可以参与到美国的课堂,充分感受不同的课堂氛围以及美国老师授课的不同方式,并认识到美国的校园作息,在短短的时间内,真真正正地做一回美国学生。

不同学校、不同班级,课程及活动内容将有不同,个别学校会根据教学计划安排户外活动,所有的课程内容将按照美国学校当下的教学计划来进行。若遇上美国学校的考试周或者美国公共假日,将根据实际情况来做相应调整。

课程结束之后:安排户外活动。

住宿:寄宿家庭

第 9 天　洛杉矶

全天

参加美国学校课程:

美国教育旨在以激发创造力为主,强调让学生主动参与实践,积极思考,勇于创新,鼓励自主学习,充分地让学生挖掘自己的兴趣领域。

为了更好地体验中美教育差异,学生们将走进美国学校,亲自去体验美国校园环境、同时可以参与到美国的课堂,充分感受不同的课堂氛围以及美国老师授课的不同方式,并认识到美国的校园作息,在短短的时间内,真真正正地做一回美国学生。

不同学校、不同班级,课程及活动内容将有不同,个别学校会根据教学计划安排户外活动,所有的课程内容将按照美国学校当下的教学计划来进行。若遇上美国学校的考试周或者美国公共假日,将根据实际情况来做相应调整。

课程结束之后:前往南加州著名的商业中心自由活动,置身于当地繁华的商业气氛。

住宿:寄宿家庭

第10天　洛杉矶

全天

参加美国学校课程:

美国教育旨在以激发创造力为主,强调让学生主动参与实践,积极思考,勇于创新,鼓励自主学习,充分地让学生挖掘自己的兴趣领域。

为了更好地体验中美教育差异,学生们将走进美国学校,亲自去体验美国校园环境、同时可以参与到美国的课堂,充分感受不同的课堂氛围以及美国老师授课的不同方式,并认识到美国的校园作息,在短短的时间内,真真正正地做一回美国学生。

不同学校、不同班级,课程及活动内容将有不同,个别学校会根据教学计划安排户外活动,所有的课程内容将按照美国学校当下的教学计划来进行。若遇上美国学校的考试周或者美国公共假日,将根据实际情况来做相应调整。

课程结束之后:与寄宿家庭一起进行室内或户外的活动,度过一个美好而难忘的下午。

住宿:寄宿家庭

第11天　洛杉矶

全天

参加美国学校课程:

美国教育旨在以激发创造力为主,强调让学生主动参与实践,积极思考,勇于创新,鼓励自主学习,充分地让学生挖掘自己的兴趣领域。

为了更好地体验中美教育差异,学生们将走进美国学校,亲自去体验美国校园环境、同时可以参与到美国的课堂,充分感受不同的课堂氛围以及美国老师授课的不同方式,并认识到美国的校园作息,在短短的时间内,真真正正地做一回美国学生。

不同学校、不同班级,课程及活动内容将有不同,个别学校会根据教学计划安排户外活动,所有的课程内容将按照美国学校当下的教学计划来进行。若遇上美国学校的考试周或者美国公共假日,将根据实际情况来做相应调整。

课程结束之后:在领队老师的带领下,坐在校园的草坪上,全团一起分享课堂里的点点滴滴,也许那时,“我眼中的美国”已经变得更加精彩。

住宿:寄宿家庭

第12天　洛杉矶

全天

全天游览“世界上最快乐的地方”——迪士尼乐园,发现儿时动画片中出现的各种经典形象，如米老鼠、唐老鸭等，怀着童真的心体验各种精彩刺激的娱乐项目。

住宿：寄宿家庭或三星级酒店

第13天　洛杉矶

全天

全天游览“人类的造梦机器，世界电影的轴心”——好莱坞环球影城。到影片的拍摄现场，了解电影的制作过程，再现经典影片片段。观看别开生面的表演秀，体验影城内各种电影主题的游乐设施。随后游览好莱坞明星大道，感受这里的璀璨星光。在文氏中国戏院门口，无数明星留下了自己的手印和脚印，在奥斯卡颁奖礼举办地的杜比剧院（原柯达剧院），体会洛杉矶作为电影之城的魅力。

住宿：寄宿家庭或酒店

第14天　洛杉矶→旧金山

全天

乘机飞往“汇集东西方文化”的美国西岸名城旧金山，乘车前往参观飞架于海湾之上的巨大吊桥——金门大桥，漫步渔人码头欣赏街头表演艺术，登上世界最弯曲的街道九曲花街，感受它的设计独特，俯瞰旧金山城区。并且走访美国最负盛名的公立研究型大学——加州大学 Berkeley 分校，这里被誉为是美国最杰出的研究生培育基地。

住宿：酒店

第15天　旧金山→北京

全天

乘坐国际航班飞返祖国。

住宿：飞机上

第16天　北京

全天

顺利抵达祖国，结束美国之旅。

住宿：温暖的家

(2)天文知识类

细分市场：天文知识类，以爱好天文知识的青少年为消费对象。

活动内容：一般会涉及天文知识的学习，辨识星座，欣赏流星、彗星等内容。

活动特点：由专业老师带队，去专业的天文观测设施进行参观，进行实地观测，培养参与者探索宇宙的兴趣。

案例分析：

500年一遇，抓拍2009年日全食

2009年7月22日上午将发生一次壮观的日全食，是近百年里持续时间最长的一次，达到6.6分钟。这次日全食在长江流域如上海、合肥、苏州、杭州等地都能够观测到,其中安徽桐城嬉子湖是最佳观测点之一。如果天气晴朗,我们就能感受天一下变黑的感觉。此次桐城日全食初亏时间为8:18,10:52复圆,桐城处于全食中心带的中心线上,见食时间达5分31秒。届时,桐城将成为世界天文的“临时首都”。为使天津市的天文爱好者能够欣赏到这一天象奇观,天津科技馆和天津市天文学会联合合肥市科技馆共同组织了“皖之旅日全食”天文特色夏令营,现将具体事宜通知如下:

一、活动地点、时间

地点:安徽桐城嬉子湖畔

时间:2009年7月20~25日(共5天)

二、营员范围及人数

全市中小学生及家长,市天文学会会员优先报名,受当地接待能力限制,报名人数限制40人,儿童营员需家长陪同。

三、活动行程安排

7月20日(周一):在晚22:08从天津西站临时站乘T63次列车赴合肥,宿火车上。

7月21日(周二):上午9:08抵达合肥,午餐后,13:30在合肥科技馆安排天文讲座,培训日全食观测知识、参观合肥科技馆,天文培训讲座结束后,乘车赴桐城,晚宿宾馆。

7月22日(周三):6:30乘车赴嬉子湖观测点进行日全食观测活动,午餐后,下午参观桐城文庙、六尺巷等景点,晚宿宾馆。

7月23日(周四):7:00乘车赴天柱山考察,晚宿宾馆。

7月24日(周五):早餐后,返回合肥市区,参观市内景点,21:08乘T64次列车返回天津。

7月25日(周六):7:35抵达天津。

四、活动费用

(1)费用:1500元/人(含从天津到合肥的交通费、住宿费、餐费、服装费、资料费、景区门票、活动费、保险费)。

(2)关于餐费的说明:火车上餐费全部自理。

(3)因有的景点学生凭学生证收半费,所以学生营员请务必带学生证,半费返津后再另行退款。

五、报名事项

(1)报名时间:截止7月10日(如遇报名人数额满将提前截止)。

(2)报名时交全额活动费。

(3)报名方式:现场报名。每日9:00~17:00,如有需求请提前电话联系。报名地点:天津科技馆天文室(天津市河西区隆昌路94号),电话:022-28319830,

联系人：刘洁、苢萍。

(4)本次活动属长途旅行，且因日全食观测属当地热点旅游项目，当地要求很多项目预交押金。因此请报名人慎重考虑，报名后轻易不要退出。确有客观原因需要退出的，具体办法如下：

①6月30日前申请退出的，可全额退还活动费。

②7月12日后原则上不允许退出，有特殊原因并获得主办方认可的，最多退还全额活动费的70%。

③7月15日后全额不退。

六、其他注意事项

(1)本次活动许多时间在火车上度过，请自行备足火车上的必需用品。

(2)活动所在地比较炎热，请根据当地气候条件自行做好准备。

(3)火车卧铺由主办方根据营员身体状况统一合理安排，请营员务必相互体谅，恕不因铺位不同而补差价。

(4)当地宾馆住宿2人一间，由主办方统一安排。

(5)观测日全食所需的观测设备均由参加者自行携带，主办方只负责指导观测。

(6)天气原因不是人为能控制的，如果遇到阴天情况导致无法观测，则属不可抗力，组织者不承担任何责任。

2. 能力提高类教育旅游产品

(1)艺术类(小画家夏令营)

案例分析：

名家书画夏令营

一、课程简介

名家书画营是中国国防时代军旅夏令营与中国美术家协会联合打造的绘画艺术类夏令营，该夏令营不但具备时代军旅营的十大特色，而且完美地结合了专业绘画技术训练，更融入了皇家园林旅游景点。该营一经推出便收到全国各地家长的热情咨询，有的家长甚至来京做了实地考察。代理商也对此线路表现出了浓厚的兴趣和信心。

二、行程路线

第一天　整装出发

21:40 在合肥火车站肯德基门口集合，乘坐T64次列车(硬座)赴北京，次日10:11分抵达北京。

第二天　北京！您好！

09:00 进驻营地：长久以来的憧憬终于变成了现实，我们来到了充满神秘感的军营。一切都是那么新奇！英姿飒爽的教官挺拔如松，让我们不由得暗暗挺起胸膛。

10:30 整理内务:自己的事情自己做,自立就从把被子叠成“方块”开始吧!要竞选班长了,不要害羞,勇敢和自信是杰出青少年的必备品质。

14:00 开营仪式:我们穿着统一的迷彩服,整齐地坐成一排排一列列,气势如虹。快看!战士方队正向我们走来,真是训练有素啊!军体拳和跨越障碍表演更让我们惊叹不已!

20:00 军营夜话:军中流传一句话:“成果是总结出来的”。回顾一天的行程,总结不足,发扬优点,大家共同进步。

22:00 熄灯就寝:度过了精彩而充实的一天,现在该好好休息了,还有更精彩的明天等待着我们呢!

第三天　我是小小神枪手

08:30 学拳习武:首先进行列队训练,包括:立正、稍息、整齐报数、队列队形、步伐变换等,接着学习军体拳,我们个个摩拳擦掌、生龙活虎,跟着教官一招一式认真学习。

13:30 实弹射击:我们唱着嘹亮的军歌,雄赳赳气昂昂地把队伍开赴射击场,在学习射击要领之后,靶场上留下了我们人生的第一次“轰响”!

16:00 拓展训练:行为教育课——自信心、意志力专项训练(①学习兴趣的激发;②细节中的信心;③积极的自我暗示;④失败和挫折的价值性;⑤网络健康知识)。游戏:盲人方阵,用教练给的绳索围成一个面积最大的正方形。看似简单,但是当所有的人被蒙上眼睛的时候,你们会发现原来难度一点儿也不小,在这个游戏中大家将体会到团队的沟通、协调还真不能忽视。

19:30 神秘来客:主题交流——我的大学不是梦,来自北大、清华、人大等名校的优秀学子与你促膝交流,希望他(她)们的求学经历能给你带来一些启示,希望他们今日的成就能有助于你坚定奋斗的信念,他们拼搏的精神能给予你行动的激励。你有什么学习和成长方面的困惑需要和他(她)们交流吗?要做好充分准备哟!

第四天　我爱北京天安门

05:00 守望国旗:鲜艳的五星红旗伴随着东方第一缕霞光冉冉升起,我们仰望国旗,心潮澎湃——庄重地向国旗敬礼!

06:00 纪念英雄:天安门广场是当今世界名城中最大的广场,为新北京十六景之首,可容纳100万人举行盛大集会。人民英雄纪念碑屹立在广场的中央,它通过浮雕装饰生动而概括地表现出了我国近百年来人民革命的伟大史实。

08:30 探寻故宫:游览世界文化遗产——故宫,感受从红墙黄瓦透露出来的神秘而高贵的皇家气息,在这里让我们了解王侯将相的兴衰成败,感受古代人民在建筑艺术上的极高智慧和技能。

13:30 参观军博:军事博物馆是中国唯一的大型综合性军事历史博物馆,它展示了5 000年来主要的军事事件、军事人物以及现代中国国防建设的新成就。

16:00 拓展训练:行为教育课——情感强化与调节专项训练(①学习和生活的快乐本性;②接受的艺术;③情绪的控制;④如何爱护自己的心灵;⑤心态的调整)。游戏:荆棘取水,双脚不能进入圈中,所有队员要一起借助长绳为团队取出赖以生存的生命之水。

20:00 银色经典:在指导员的引导下,让小营员们进行一次"非常荧屏之旅"。通过别开生面的电影欣赏方式,从中得到领悟和启迪,以此激励人生斗志。同时,借电影欣赏发挥同学们的创意思维,提高观察力和情感交流。爱党、爱国、爱人民、爱军队不再是一个个响亮的口号,而成为发自内心的情感共鸣。

第五天　我是北京奥运精神传承人

08:30 科技殿堂:步入科技殿堂——中国科技馆,观摩现代科技成果,激发探索精神。从四大发明到磁悬浮列车、机器人指挥乐队,跨越千年的科技互动实践定会激发青少年探索科技奥秘的热情,提高和激发青少年的观察力和创新能力。赶快动手参与吧!

13:30 奥运场馆:走进2008北京奥运会主场馆——"鸟巢",在这里成功举行了世界瞩目的北京2008奥运会开闭幕式,它被誉为"第四代体育馆"的伟大建筑作品。我们将举行"我是北京奥运精神的传承人"主题签名活动。"百年奥运,中华梦圆"。奥运精神永恒不灭……

16:00 奥运场馆:走进国家游泳中心—— 幻彩"水立方"。它是世界上最大的膜结构工程,它的设计充分体现了科技、环保和人性化的结合,它成功承办了2008北京奥运会的游泳、跳水、花样游泳等比赛,给世界各地运动员留下了美好的印象和回忆,而今天它以完美的姿态展现在我们面前。

18:30 火炬传递:能够参与到奥运会的圣火传递一直是每个孩子心中的一个梦想,来自各个阵营的参赛者将分成多个团队,发扬奥运精神,围绕象征胜利的火炬,展开快乐的传递……在这里让我们度过一个难忘而有意义的傍晚。

20:00 名师讲堂:由中国政法大学、中国青年政治学院著名教授、学者讲授青少年法律知识,青少年在成长过程中所遇到的这样或那样的问题将通过互动、交流的模式得到解答,让小营员们在学习中感受快乐,在快乐中体验成长,在成长中收获知识。

第六天　圆梦北大、清华

08:30 叩响北大:步入百年名校——北京大学。流连于未名湖的湖光塔影、飞阁流丹,观赏随处可见的题词碑刻,感受这里作为中国优秀高等学府的人文气息和历史沉淀。这里代表着优秀与才华,这里代表着勤奋和责任,这里欢迎你将来也拥有一个光辉的名字——“北大人”。

10:00 名师讲堂:由北京大学著名教授、专家讲授北大校史、优良传统、学习方法和写作技巧等,答营员问。与大师对话,让思想翱翔蓝天。

13:00 漫步清华:水清木华90余载,清华大学蕴含着独特的精神魅力。“自强不息、厚德载物”的清华精神濡染着一代又一代的清华人,未来的你们也许也会成为清华大学的一员,为中华民族的伟大复兴而努力奋斗。

15:00 学子心声:与清华学子交流;参观清华学堂、二校门、荷塘月色、自清亭、闻一多雕像等。

19:00 拓展训练:行为教育课——团队沟通和领导力专项训练(①团队凝聚力;②双向沟通;③团队协作;④自我领导和管理;⑤体验共享)游戏:联合舰队,由“一群瞎子”、“一个瘸子”、“一个哑巴”组成舰队齐心协力前进,中途不能有任何人掉队。游戏:相依为命,每相邻两个队员的脚是捆在一起的,只有完全把自己托付给对方,才能互相支撑着走完全程!

20:00 篝火晚会:熊熊燃烧的篝火辉映着我们快乐的笑脸。我们唱啊、跳啊、手拉手做游戏,欢乐洋溢在我们稚嫩的脸庞,歌声飘荡在京城的夜空……

第七天　攀登长城做好汉

08:30 攀登长城:“天高云淡,望断南飞雁,不到长城非好汉,屈指行程二万。”早餐后,乘车前往八达岭长城游览,八达岭长城是开放最早的一段长城,全长3 741米,其战略地位非常重要,城墙高大坚固,敌楼密集,蜿蜒起伏,如巨龙盘绕。

09:30 争做好汉:举行“不到长城非好汉”主题活动,举行“我登上了长城”纪念活动。

13:30 国防教育:国防大学著名教授讲解中国国防知识,心理专家讲解心理课程等,增强青少年的国防意识和心理健康知识。

15:30 定向运动:定向运动起源于瑞典,培养学生独立分析、解决问题的能力和良好的逻辑思维能力。探险寻宝体育项目,给你惊险刺激的人生经历。

18:00 感恩教育:妈妈和老师都说:一个心怀感恩的人才是值得深入交往的人。自从我们呱呱坠地,就有许许多多的人关爱我们,爸爸、妈妈、爷爷、奶奶、外公、外婆、老师、同学……数不清的好人在关心着我们,感恩是我们的必备做人原则.在又苦又累又没有父母呵护的夏令营中,给感恩教育提供了一个良机。在主持人的引导下,在灯光、音乐等氛围烘托下,来自五湖四海的小朋友共同分享感恩故事,共同讲述父母舐犊之情。孩子们在自我反省和泪眼婆娑中,写下自己的感恩誓言,写下真情告白的家信遥寄远方的父母,让家长和孩子体验一种新的交流方式,必会给家人带来一份惊喜。也是一份家庭和学校教育无法提供的教学成果。

20:00 联谊晚会:安排“友谊地久天长”交流活动。我们彼此祝愿对方拥有美好的明天。与全国朋友一起,尽情狂欢,尽情歌唱,放松心情,放飞梦想。

第八天　辗转营区——走进艺术天地

08:00 进驻营地:呵!这个军营不一样,它更加神秘,有山、有水,风景秀丽……从今天开始我要做个军营里的小画家,长久以来的憧憬,变成了现实,一切都是那么顺利!

09:30 整理内务:我的小画板、我的画笔、我的随身物品……一切都要摆放整齐,军营里6天养成的习惯要坚持。班、营重新组,团结友爱向前走。

14:00 艺术人生:与艺术名家对话。在这里我们将第一次亲眼目睹艺术名家的风采,他们挥毫泼墨、他们指点江山,艺无止境,他们讲述艺术人生的酸甜苦辣和喜怒哀乐。艺术不是敲门砖,艺术不是试金石,艺术不是象牙塔。怎样学艺双赢,怎样分配时间,怎样提高效率,怎样缓解压力,各有各的"高招"和"秘诀",倾听吧。

16:00 艺海无涯:不愿当将军的士兵可不是好士兵。面对艺术名家,把各自的才华都展示出来吧!

19:00 艺术经典:在艺术名家引导下,让小营员们再进行一次"非常之旅"。通过电影欣赏的方式,从中领悟和学习艺术的真谛。

21:00 熄灯就寝:过了精彩而充实的一天,现在该好好休息了,更精彩的明天在等着你。

第九天　指点江山之艺术培训

08:00 静物速写技巧剖析:著名军旅画家为你讲解静物速写技巧,和你一起分享他多年来的创作经验和技巧,带你进入艺术的天堂,领略艺术的奥秘和规律,让您站在巨人的肩膀之上。

09:00 速写实战:大家听了画家们的解说,了解了绘画需要心到手到,你有什么样的心理感触呢?赶快动手画起来吧!不要害怕,还有名家老师在你身边,为你指导。你的作品也许会被我们收录,出版成册,成为永久的纪念和荣耀。

13:30 线描速写技巧剖析:由另一位著名画家为你讲解线描速写技巧,你准备好了吗?线描是一种很神奇的绘画技法,简单的勾画、繁杂的重复都能表达出不同的艺术意境。希望大家能抓住学习线描技巧的重点。

14:30 绘画实战:继续由名家老师为你们指导,这样的机会要好好珍惜,用心绘画,虚心请教。只有这样你才能画出好的作品,我们的画册已经为你留下空位,等着你了,加油啊!

19:30 作品评点:结束了一天的实战,大家把作品挂起来、展起来,互相交流一番吧,最后再由老师为你们点评打分。

第十天　探秘艺术写生

08:30 野外写生:写生是当好小画家的第一课。收拾行囊,我们出发了,来到美丽的中国美术家写生基地,呼吸自然之风,感受山河壮丽,在指导老师的引导下,用我们的画笔描绘美丽乐章。

12:00 野营适应:也许是我们第一次野营,很多事情,都需要自己动手做。扎帐篷、燃篝火、准备野餐……来吧,释放天性;来吧,放松心情;来吧,挑战习惯,参与就是胜利;来吧,野营适应,很容易的。

14:00 写生评点。

19:30 神秘来客:主题交流——《如何让艺术走进生活》来自中央美术学院、解放军艺术学院等名校的优秀学子与你促膝交流,希望他(她)们的求学经历能给你带来一些启示,希望他们今日的成就能有助于你坚定奋斗的信念,他们拼搏的精神能给予你行动的激励。你有什么学习和成长方面的困惑需要和他(她)们交流吗?要做好充分准备哟!

第十一天　画家宝地——皇家园林

08:30 颐和园:颐和园的建筑风格吸收了中国各地建筑的精华。它的水面占全园面积的3/4,前湖区烟波浩渺,西望群山起伏、北望楼阁成群;湖中有一道西堤,堤上桃柳成行,拱桥掩映其中;湖中三岛古典建筑风格各异;十七孔桥横卧湖上,造型十分优美。如人入画,如画成景,在如此宝地写生又如何呢?

13:30 圆明园:圆明园曾以其宏大的地域规模、杰出的营造技艺、精美的建筑景群、丰富的文化收藏和博大精深的民族文化内涵而享誉于世,被誉为"一切造园艺术的典范"和"万园之园"。如今,奇迹和神话般的圆明园已变成一片废墟,只剩断壁残垣,供游人凭吊。举行爱国主义宣讲活动。

16:00 书画交流:大家一起把画儿挂起来吧,点评交流一番。古人曰:三人行必有吾师。我们何不互取其长呢?

20:00 作品赏析。

第十二天　游览艺术圣地

08:30 参观中国美术馆:中国美术馆是以收藏、研究、展示中国近现代艺术家作品为重点的国家造型艺术博物馆。它收藏了各类美术作品近10万余件,是实施美育的重要艺术殿堂。我们要带着自己的画板和画笔,在这艺术殿堂里写生绘画,希望有一天我们的作品在这里展出,被这里收藏。

15:30 美术馆写生作品评点,由专业画家评点大家的作品。

19:00 小画家夏令营作品展,展品准备。

第十三天　展览出版

08:30 中国美术家协会评展中心展览,优秀作品收集整理出版成册。

13:30 军旅盘点:营员代表汇报活动收获;杰出青少年授勋,颁发优秀营员证书。营员们之间互相合影留言。这是一段特殊体验的结束,也是新生活的开始。

挥手告别严格要求你的教官,他们严谨的作风,坚毅的品质是你一生学习的榜样。再见了军营,再见了朋友……

14:30 闭营仪式,我把收获带回家,学习了这么久,分享的概念已经深入我们的心底,夏令营的成功、快乐、喜悦、悲伤一定也要和父母、同学们分享。

22:08 满载而归:满载收获回到家乡,又将开始新的历程,希望本次活动给你带来的感受能帮助你规划学业、锻造人生！我们愿分享你的欢乐和忧愁,我们会继续关注你的成长！永远祝福你！

(特别说明:本活动安排和服务条款可能会因为天气或国家政策性原因临时关闭等不可抗拒性因素作临时调整,夏令营组委会将保留最终解释权!)

第十四天　合肥,我回来了

09:08 抵达合肥火车站,夏令营圆满结束。

备注:

一、奖励

1. 凡本次活动期间创作的作品均可参加特设的评比活动;

2. 本活动由中国美术家协会评展中心负责评比;

3. 本次活动设立鼓励性一等奖一名、二等奖二名、三等奖三名、优秀奖若干名,凡获奖学生均发给证书及纪念品;

4. 获奖作品将被收录到《新时代精神——小画家作品集》结集出版。

二、自费项目

1. 参加名家书画营营员需自带绘画工具(含:三脚架、画板、画笔、画纸、橡皮等);

如有需求,夏令营组委会可提供代购服务,请在报名点填写订购单交纳费用,全套物品100元;

2. 如需订购《新时代精神——小画家作品集》,请在报名点缴费预订,定价:60.00元/本。

(2)能力拓展类

案例分析:

小记者夏令营

在这个信息时代里,会写、能说,沟通能力强是每个家长对孩子的希望,有不少家长担心自己的孩子胆子小,缺少交际锻炼,想让孩子开阔视野,培养外向的性格。而且我们发现,那些有判断力、理解力、领导能力的孩子也往往正是学生中的明星。针对社会对学生综合能力的需求,东方网小记者培训中心推出了"成长·沟通"系列公益讲座、系列小记者培训课程。

系列小记者培训课程分为基础课和专业课。"小记者训练营"(原来的新闻基础班)是唯一的基础课程。该课程使学生对新闻理论、新闻实践、电脑、新闻摄影、主持播音等方面有个整体的初步了解,并且让学员在开阔视野的同时,了解自己的兴趣和潜力。

“小记者训练营”注重学员的互动沟通锻炼，上课采用案例教学、小组讨论等形式，让孩子在愉快的学习氛围里，不知不觉地提高自己的综合能力，真正做到快乐学习。课程结束后，将颁发东方网荣誉证书，并可参加专业课程。能力出众者，将有机会加入“东方网小记者团”或择优推荐到多家主流媒体。

网页制作、Flash 制作、新闻摄影、新闻实践写作、主持人等专业课程，将在暑假期间开出。

“小记者训练营”2010 春季班

- 招生对象：小学三年级至初二的学生。
- 任课教师：东方网小记者团讲师、资深记者、摄影家或摄影记者、电脑专业人士。
- 2010 春季班：3 月 28 日 ~6 月 13 日，周日 13:00 ~ 15:00，5 月 2 日、9 日休息，共 10 次。
- 上课地点：威海路 755 号文新报业大厦 41 楼东方网培训教室。

3. 体育健身类教育旅游产品

(1)武术夏令营

案例分析：

快乐河南武术夏令营

活动背景：

继去年“快乐武术夏令营”在深圳成功举办之后，今年暑假“快乐武术夏令营”将移师河南，在少林武术发源地嵩山少林寺举办。让深圳这座大都市的孩子们领略当地农家的田园风光，让他们切身感受中国正统武术氛围，在一种全新的环境中陶冶都市孩子的心灵和情操。本期“快乐武术夏令营”为期 21 天，结营时全体营员将进行汇报演出，让 21 天的训练成果以崭新的面貌呈现在家长的面前！

活动特色：

1. “天下功夫出少林，少林功夫甲天下”。河南嵩山少林寺是建寺最早、影响最大的少林寺，始建于梁代，至今有 1500 多年历史。少林寺在唐朝初年就扬名海外，是中外游客仰慕的武林圣地。发源于嵩山少林寺的少林功夫更是威震四海，在国内外武坛独树一帜。

2. 走进当地农家，领略田园风光。此次“快乐武术夏令营”会走进当地农家，与练武之人吃住在一起。嵩山一向以植被繁茂、山势巍峨险峻、自然风光秀丽而闻名，素有“花果山”之美称。营员身处嵩山，不仅可以学到最正宗的少林武术，又可欣赏到嵩山的秀丽风景，感受一种与都市喧嚣生活截然不同的田园生活。在练习少林武术的同时又陶冶了情操，让身心做一次彻底的放松。

3. 专业教练团队，完备的安全保障。本期“快乐武术夏令营”总教练毕业于河南少林寺，是少林寺第三十二代皈依弟子；副总教练毕业于著名武术学校——塔沟武校，2001 年担任少林寺第一武术学院的教练，并曾担任过深圳电视台著名栏目《饭没了秀》的动作指导，有着丰富的武术教学经验。

活动宗旨：

强身健体，习武防身，弘扬中华武术。

学习内容：

少林拳基本功、常用套路练习（连环拳、阴手棍、少林刀），武术基本理论，武德修炼等。

开营时间：

2008 年 7 月 13 日到 8 月 2 日（21 天），第三期：2008 年 7 月 27 日到 8 月 16 日（21 天）。

收费标准：

4580 元/人（费用包括学费、教材费、住宿费、伙食费、保险费、往返交通费、参观景区门票费等）。

报名费 30 元；另外，器械费（拳套、脚板、棍）每人 200 元；练功服两套，每人 300 元。

住宿标准：

4～6 人标准间，室内舒适空调、24 小时热水，卫生间设有淋浴。

（2）减肥夏令营

案例分析：

2009 年北京青少年暑期减肥夏令营

承办方：北京世奇私人教练工作室

协办方：怀柔红栗山庄

近几年肥胖正严重威胁着我国青少年的正常发育和身心健康，中国居民营养与健康状况调查相关数据显示，我国青少年的肥胖检出率正以每 5 年翻一倍的速度增长，在北京、上海等大城市青少年肥胖率高达 20% 以上，几乎每 5 个孩子中就有一个小胖墩儿。身体肥胖的儿童，成年后患高血压、高血脂、高血糖的概率高达 48.6%。

肥胖不仅影响青少年的性发育和智力发育、导致身材矮小、还会导致自卑、自闭等多种心理疾病。肥胖少年儿童的减肥行动越早越好，肥胖每延长半年，慢性病的发生率就会提高，孩子生理发育的速度就会受影响，表现在男孩性发育迟缓，女孩可能出现不孕症！

本次夏令营在青少年减肥冬令营圆满成功的基础上（42 天平均每个孩子减重 15 公斤），运用国内领先的减肥技术、科学的运动和全面营养的低热量平衡饮食，减肥效果显著！

在现代忙碌的社会环境里，暑假期间父母通常没有时间陪伴孩子，沙发电视、日夜上网、饮食无节制和垃圾食品的陪伴，往往假期一过孩子又胖了一圈，本来就超重的孩子成了名副其实的“小胖墩儿”……

北京世奇私人教练工作室汇集国家健身一级指导员、国际瑜伽协会高级导师、亚洲体适能高级私人教练的精英团队，有着多年从事健身行业的经验。工作室一直以一对一成人式训练为主，今年第一次面向全国对青少年减肥特办“2009 年怀柔之旅”青少年减肥夏令营将在怀柔红栗山庄举行！

1. 环境优雅，安全放心

世外桃源的红栗山庄，令人有心旷神怡之感，是孩子们的乐园！

红栗山庄度假村，俯视卧佛山顶，东依雄伟的慕田峪长城，南与奇山秀美的红螺寺遥遥相望，西依茂盛的板栗林，北依层峦叠嶂的卧佛山。它被旅游区群山环抱，周边环境风景秀丽。春季，群芳争妍，山花烂漫；夏季，满山青翠，流水潺潺；秋季，红叶漫山，硕果累累；冬季，白雪皑皑。院内提供食宿安排，室内训练，院内有门卫 24 小时守卫，未经教练安排任何学员都是不允许私自外出的，所以绝对安全！

红栗山庄度假村位于慕田峪环岛一侧，慕田峪长城脚下。慕田峪长城旅游区位于北京市怀柔区境内，距京 73 公里。度假村内庭院典雅别致。舒适配套的标准客房，风格各异的餐厅包房，餐厅以农家饭菜、虹鳟鱼、野味烧烤为主。晚间万籁俱寂，游客可燃起篝火，引吭高歌，翩翩起舞。清晨则可登长城、观飞瀑、赏古洞、游泉水泳、捕小鱼虾，尽享返璞归真的超凡乐趣。

夏令营宿舍标准：标准间

2. 国际教练，科学减肥，专家体测

3. 寓教于乐，快乐减肥

减肥夏令营中，来自饮食、运动及心理指导的多学科导师团队，在确保安全、健康的同时，帮助孩子达到理想的体重。由专业游泳教练带队在水中进行有氧瘦身操，组织水球游戏和游泳比赛等；由专业健身教练在中心进行球类、器械类运动锻炼和形体训练；由专业拓展团队为营员组织户外拓展活动，培养团队协作精神和竞争意识。

4. 亲近自然，轻松减肥

在运动训练的同时，青少年减肥夏令营还安排了各种参观活动，如游览怀柔景区，享受大自然之美；攀登慕田峪长城，在清凉的山谷小溪中摸鱼、戏水、进行水上排球比赛；户外拓展训练，享受与大自然亲密接触的快乐。

5. 健康减肥，数字为证

为了准确跟踪营员的减肥情况，减肥夏令营安排了入营和出营两次体格检查，减肥夏令营中不仅有专家、营养师精心为营员设计的饮食干预，还有专业的教练进行合理的运动训练，以及生活老师对生活方式指导。

6. 课程设置

1）运动减肥课程：国家、国际级教练教授室内外有氧运动、器械运动、游泳、球类等。

2）文化课及假期作业专业教师辅导，让孩子体重下降，成绩不下降。

3）专业心理咨询专家讲授青少年心理学指导课程。

4）定期开展健康教育和感恩教育课程，让孩子在夏令营期间德、智、体全面发展。

7. 自备物品

假期作业、日记本、洗漱用品（牙具、毛巾）、泳镜（浅色）、泳衣、运动鞋（两双以上）、水杯、拖鞋、袜子等生活用品；

规定每日自己清洗毛巾、袜子等；

不能携带的物品：手机、游戏机、玩具、水果刀、小食品等。

8. 收费标准

收费10 800元/人（包括保险费及所有营中训练费用，不再额外收取）

另外，山庄内有家庭住房，如有年龄过小的孩子家长可以陪同前往，家长住宿自费。

（3）登山夏令营

案例分析：

学会生存、磨炼意志、完善自我——新疆首届青少年登山夏令营方案

一、活动背景及宗旨

以大自然为教室，以户外探索的活动为教材，让您的孩子在体验中，学习尊重他人与自然环境，学习包容与独立自主，学习领导与被领导，学习分享与回馈，让他们走出课堂、步入户外、脱离城市、拥抱自然。

二、山体介绍

在博格达峰南麓连绵起伏的群山中，有数十座海拔在4000～4500米的中山峰。其中有一座叫塔克尔巴斯（光头），海拔4446米，地理位置东经88度25.8分，北纬43度32.9分。

此峰为南北走向，是三个岔山谷的门户，属一座可望峰，西可望三个岔全景，东南是黑沟，西南面则是盐湖、柴窝铺、乌拉泊谷地；西北面是依次相连的4545峰、4670峰，群峰相连，颇为壮观。

塔克尔巴斯峰系南北走向，是整个该山系的南头。攀登路线在正南面，路线上主要是以岩石为主。其中路线分为三段，根据路线技术难度依次上升。第二段技术要求最高，有一段55°碎石坡面的横切约250米的距离，此段要求结组保护。另外，其他路线主要在山峰忍脊上行进。此峰的平均坡度在35°～65°之间，需系统的技术保护，是一座学习登山基本技术最理想的场地。

三、主办单位

新疆维吾尔自治区体育局、新疆登山协会

四、活动时间

2007 年 8 月，总开营仪式初步定在 8 月 13 日

五、参加对象：（人数限定均为 30 人）

★1. 少年 15～18 周岁（不参加登山活动，只参加登山技能训练）

费用：（少年组）500 元/人

体能训练日程：

8 月 8 日：（一）讲解山间的基本常识及山间危险和营地选择

（二）绳结：1. 布林结 2. 八字结 3. 交织结 4. 单双环结 5. 再压混合结 6. 牵引结 7. 渔人结 8. 蝴蝶结 9. 单双抓结 10. 水结

（三）安全带的使用

8 月 9 日：（一）固定点的设置，队员熟悉前一天的绳结，进行实地练习，上升；下降；相互保护，练习时，地形不宜过高过陡。

（二）教授上升下降时的各种方法，8 字、意大利半扣等。上升时所用上升器抓结等。

（三）缓坡的上升和下降（45°～60°）

（四）利用绳索保护和横切的运用。

8 月 10 日：（一）学员开始自己穿戴安全带，由教练仔细检查，确保安全后方可进行操作，选择固定点，打岩石锥，设定保护站，并打好绳结，开始下降上升。上方保护的几种方法和下方保护的几种方法。

（二）先锋攀登的几个要领。

（三）在 40°～60°的山坡训练应该注意什么？如何用结组保护自己。

（四）上方牵引的通过和保护，过河的几种方法。

（五）总结整个过程。

8 月 11 日：结合实地和三天的训练，进行实地登山。

8 月 12 日：登山活动、撤营

补充：1. 固定保护的设定和通过时的交换。

2. 下方保护常用的几种方法：

（1）五排法。（2）铁锁。（3）意大利半扣。（4）立式、坐式、半蹲式。（5）上升器与铁锁。（6）肩式。（7）收绳。

3. 牵引过河及水位线。

4. 上升下降时所遇到的意外及解救办法。

装备：（少年组）

1. 预备个人洗涮用品、保暖衣物等。

2. 集体装备:营地帐篷;炊事帐篷2顶;宿营帐篷10顶;铁索50个;岩石锥30个;下降器(8字形)15个;上升器15个;主绳50m 6根;附绳100m 6根;胸绳(安全绳)30根;安全带20条

★2. 青年组19~23周岁

费用:1700元/人

对参加本次登山活动的人员的要求:必须身体健康,无心、肺、脑疾病,慢性病等以及其他不宜进行高海拔活动的疾病(登山之前须进行全面的身体检查)。报名后与登山协会签订《登山活动协议书》。

登山行程:

8月8~12日:体能训练日程

8月13日 集体开营,前往三个岔,(临时建营)

8月14日 进入博格达四峰,BC选择营地、休整

8月15日 适应性调整及整理登山装备

8月16日 建立1号营地,运输登山装备,修路

8月17日 下撤

8月18日 登山装备运输C1

8月19日 建立2号营地,运输登山装备,修路

8月20日 突击顶峰

8月21日 下撤

8月22日 大本营休整

8月23日 返回,结束。

装备:(青年组)

1. 参加登山活动的人员须自行准备个人防寒装备及其他个人物品包括:羽绒睡袋、防潮垫、羽绒衣裤、防风衣裤、绒或毛衣裤、内衣3套、线衣裤3套、帽子、防风手套、绒毛手套2双、运动袜3双、毛袜2双、徒步登山鞋、球鞋、涉水凉鞋、35升背包、雪套、头灯、镀银墨镜、水壶、野外用小刀(瑞士军刀)、防晒霜(40SPF以上)、唇膏、防水旅行袋等。(由于山上气温极低,防寒装备必须保证质量,特别是羽绒衣裤、手套、袜子等;墨镜需有备用的。)

2. 集体装备:帐篷、主绳、附绳、铁锁、上升器、下降器、高山靴、冰爪、冰镐、冰锥、岩石锥、安全带;

3. 个人技术装备尽量自备,如需租用,组织方可提供个人装备租用(高山鞋、踏雪板)。

六、活动组织力量

由自治区体育局批准,登山协会相关教练与培训师均持国家体育总局颁发

的社会体育指导员证，所有户外活动均经过精心的设计与实验，我们使用一流的专业器材，且由持证并富有经验的培训师严格依照安全程序指导、监控活动的全过程。

七、活动的安全保障及所含服务

1. 大本营配置发电机、通信设备（专业超短波基地台，提供全程无间隙通信）、急救药品、氧气瓶等。

2. 餐食供应：早餐：牛奶、鸡蛋、稀饭、油饼、各种小菜等；午、晚餐：每餐两荤两素一汤，餐后供应水果（以保证队员的营养和体力恢复）；高山食品大会提供，建议个人根据自己口味酌情补充。

3. 高山协作人员：为保证队员尽量节省体力，增加安全系数和成功登顶的可能，攀登时每个队员只需背负个人的必备装备（睡袋、防潮垫、路餐、功能衣服等）即可。所有公共物资，包括高山帐、燃料灶具等物资的运输以及建营、撤营均由协作人员完成。

八、活动安排

8 月 7 日营员报到

8 月 8～12 日三天攀山前体能训练

8 月 13 日开营

8 月 14～22 日登山活动

8 月 23 日活动结束

训练地点为红沙滩

4. 意志磨炼类教育旅游产品

案例分析：

2009 年"学会生存，挑战自我"学生夏令营

一、夏令营活动的主题与特色

活动组织严密，内容丰富，特色突出，主要有以下四个主题：

第一主题：感受北京

感受北京文化古城的特有魅力，深入了解封建社会老北京的皇家生活与平民的简单生活。

第二主题：外教口语

(1) 轻松外教课可以培养学生的语感，强化其英文听说能力；

(2) 英文跳蚤市场教同学们学习理财观念，激发其学习英语的兴趣。

第三主题：独立生存

独立生活，学习与陌生的同学相处，能够培养其独立性格及独立分析问题的能力。

第四主题：挑战自我

各式各样的勇敢游戏，可以提高同学们的团队合作意识和沟通协作能力，并且使同学们在活动中勇敢挑战自己，成功战胜自我。

二、活动安排

医：专职医生常驻夏令营营地，全程陪同学生。

食：营养师专门为学生制定合理、科学的饮食标准。菜类丰富多样，京城特色菜、南北风味菜应有尽有。每人每天一瓶矿泉水。

住：小学组 4 人间，中学组 6 人间，生活老师 24 小时监管，外加同吃、同住、同玩。

学：资深外教倾情打造环球国际口语，学生能够了解中外文化差异，与外国人零距离接触。每班设一名外教 一名中教一名生活共三位老师，另配营长，助理营长管理学习生活。

保：入营期间提供意外保险、医疗保险。

第一期：2009 年 7 月 10 日—2009 年 7 月 17 日

第二期：2009 年 7 月 20 日—2009 年 7 月 26 日

第三期：2009 年 7 月 31 日—2009 年 8 月 6 日

第四期：2009 年 8 月 8 日—2009 年 8 月 13 日

费用：动车往返 2009 元/人，大巴 1580 元/人（赠送夏令营营服、营帽两套，赠送全体师生合影，学习生活剪影光盘一张）

详细行程安排及课程介绍：

第一天：乘高速动车组赴北京

第二天：你好北京，圆梦

领略北京大都市风情，感受首都文化气息，体会北京经济发展。导游员通过精彩地讲解，使小营员对祖国的首都——北京有一个更加直观与深入的了解。随后，入住我们的营地。

接触首都：参观在世纪之交我国建造的唯一标志性建筑——中华世纪坛外景，在这个象征着中华文明薪火世代相传的爱国主义教育基地，领会其所承载的深厚的人文精神与华夏民族思想。

艺术之旅：寻找昔日京城点滴，参观首都博物馆。来到世界级的艺术展馆，浓浓的艺术气息时刻包裹着你。音乐、美术、工艺、文化……首博为你展示了《历史文化篇》、《城建篇》、《老北京民俗展》等七个主题的馆藏精品，让你的每个细胞都沉浸在艺术的海洋里，为我们的艺术之旅留下最完美的一页。

安全演习：熟悉营地，给家里打电话报平安。在导游员带领下熟悉营地环境，如餐厅、服务部、公用电话处、医务室……与外教见面，进行英文影视欣赏以及全外教英文同步辅导。

今日素质提升：使营员有团队归属感、凝聚力、提高其适应能力。

第三天:我爱北京天安门

让你激动的一瞬间:庄严的升旗仪式！在庄严的升国旗仪式中,体会作为中华人民共和国小公民的自豪与光荣。上午参观天安门广场,瞻仰人民英雄纪念碑,在人民大会堂前合影;近距离接触中国音乐艺术的殿堂国家大剧院(外景)。

紫禁城解密:追溯中华大地渊源的文明——参观世界文化遗产"故宫博物院";游览中国古代皇家园林——景山公园。

都市魅力:前往著名的王府井步行街参观游览。在这条有着"金街"之称的商业街上,好好感受一下国际大都市的魅力吧！到全国著名的王府井图书大厦,寻找属于自己的知识宝藏。

了解北京民俗:坐北京特色的人力三轮车游胡同,逛四合院,在北京人家包饺子、吃晚餐与外教交流了解外国人眼中的老北京文化。

提高英语学习能力,敢于开口:经典美剧欣赏全外教英语口语交流深入理解内容。

今日素质提升:历史足迹,荡涤身心;提高自信心、树立积极乐观的心态,激发青少年探索科技奥秘的热情,培养青少年观察、发现、创新的科学观。

第四天:不到长城非好汉 奥运在我心中

参观游览:在长城脚下聆听长城的故事和历史,开展"不到长城非好汉"主题活动——攀登长城！了解长城的历史、修建知识、防御知识。

北京风味:品尝北京烤鸭。

奥运体验:前往北京奥林匹克中心区,驱车参观数字北京大厦、国家体育馆、国家会议中心、多功能演播塔。走进 2008 奥运会主会馆——鸟巢、水立方(外景);走过奥运的场地心中燃起了奥运圣火,身临其境体验北京 2008 奥运热潮,感受浓浓的奥运氛围。

品味北京:品尝北京特色东来顺涮羊肉,了解北京平民娱乐生活,观看天桥杂技。

英语学习:参加英文实战演练和英文话剧排练,在娱乐中让自己开口说英语。

今日素质提升:鼓励学生发表励志感言,激发勇夺第一！培养广大青少年团结、拼搏、进步的拼搏精神和与祖国"同呼吸,共命运"的民族自豪感和荣誉感。

第五天:我的大学,我的梦

相聚清华:参观清华大学校园,清华园让你感觉中国名校的风范;荷塘的涟漪让你想起朱自清笔下的荷塘月色。

相约北大:下午,北大优秀学长带领大家走进北大校园,感受北京大学厚重的文化学术氛围。在博雅塔下、未名湖畔体味百年北大的历史文化积淀;在百年讲堂里领略历史与今天的交融,感受北京大学丰富多彩的校园生活。

立志儿童剧欣赏:观看由宋庆龄儿童基金会表演的立志儿童剧,从中学到做人的道理。

科技探索：揭秘景泰蓝——了解中国国粹工艺手工作坊，通过观摩、听讲、触摸、询问，了解这项古老工艺的奥秘。

今日素质提升：寻找适合自己的学习方法，打造一套属于自己的学习方式。

第六天：再见，北京！

提高生存本领：与同学和外教一起去山地训练营（步步高，走钢丝，合力过桥，爬网，暗道，晃桥，望塔，同心圈，飞降，徒手攀岩等）挑战自我提高生存本领和相互协作能力。

再见北京：师生惜别，友情拍照，结束愉快的游学假期

今日素质提升：回顾心智成长历程，对生活进行思考，共同唱响"明天会更好"。

第七天：乘动车返家。

5. 综合类教育旅游产品

案例分析：

我到北京上大学

第一天　儿时一小步，人生一大步

自古英雄出少年，这回机会来了，不仅要自理、自立地生活，还要争取一定的社会角色呢？班长？队长？还是……

准备提醒：物品不要带得太多，因为这不是搬家，也不是去住在北京的大街上，所带的物品请参考《营员手册》。

集合出发：无论上车、下车，还是在车厢内，要自觉听从指挥，另外，请珍视这个练习交往能力的绝好机会。鼓足勇气，向你身边的陌生营友主动伸出手去："Hello！My name is……，I come from ……，How about you？"

具体安排如下：

第二天　爱我中华

8：00 在驻地早餐。9：00 整理营务、休息，恢复体力。11：30 午餐。

13：30 人民大会堂举行开营式

- 人民大会堂领导致辞；
- 营员代表致辞；
- 主办单位致辞；
- 全体营员宣誓；
- 授旗仪式。

14：30 人民英雄纪念碑前留影 天安门广场自由活动。

15：30 我爱北京天安门 登天安门城楼，感受祖国心脏的跳动。

17：30 驻地晚餐。20：00 休息。

第三天　走进清华园

8：00 早餐。

9：30 感受清华园的学海书香

- 聆听清华大学教授的谆谆教诲——《清华大学的历史》《清华校门永远为你敞开》；
- 与清华学子对话《梦想成真》《祝你成才》；　• 漫步清华校园。

12:00 午餐。

13:30 游览动物园，看国宝大熊猫、登狮虎山、逛鳄鱼馆、逗短尾猴……

17:00 晚餐。

18:00 清华、北大、师大等著名学府的哥哥、姐姐们在驻地与你畅谈学习。

20:00 休息。

第四天　不到长城非好汉

7:15 红旗飘飘，天安门守望国旗升起。

7:50 早餐。

9:30 放鸽长城，放飞理想，向往和平

- 览万里长城第一雄关——居庸关长城；
- 举办放飞和平鸽活动；　• 举办"不到长城非好汉"签名活动。

12:00 午餐。

13:30 登上毛主席的专机，追随伟人的足迹，梦回开国盛典，参观航空博物馆，了解祖国蓝天伟业的历史风云。

17:30 晚餐；20:00 休息。

第五天　沐浴北大

7:30 早餐。

9:00 求学北大　百年讲堂

- 北大教授为营员作专题报告——《求学之路》《最美不过师生情》；
- 与北大学子对话《我的大学》，自由提问、自由对话。

12:00 午餐。

14:00 走进科技殿堂——中国科技馆；从"飞鸟"的尝试到太空舱出现，人类的梦想不断变为现实，但其间的艰辛与苦难需要我们铭记，把永恒的拼搏化作我们坚毅的性格。

17:30 晚餐；20:00 休息。

第六天　动感之都

7:30 早餐。

9:00 浏览世界现存最大的宫殿建筑群——故宫，绵延千米的金瓦，会聚千年的文明，忠毅与奸佞在这里交织成一个个生动的故事，上演了一幕幕感人的史剧，让我们在这里一起来上一堂生动的历史课吧。

11:30 品味美式快餐麦当劳。

12:30 游中华第一街——王府井，从如今繁华时尚的街景中，唯一能够找到

“王府井”痕迹的，恐怕也只有那商业航母——新东安商场对面的一口井盖了。这口看似普普通通的古井是百余年前王府盛况的历史见证。

14:30 漫步海底世界，感受人鲨共舞的惊奇，体验穿梭海底的美妙，这里有憨厚的海龟、狡猾的食人鲳、神奇的海马……一切都超乎人们的想象。

17:00 晚餐。

18:00 “小小旅行家演讲大赛”。19:30“飞跃梦想——相约 2008”联欢晚会。

21:00 举行闭营式

- 营员代表谈收获；
- 辅导员代表谈感受；
- 导游谈体会；
- 主办单位领导致词；
- 为优秀营员、才艺营员颁奖。

21:30 休息。

第七天　北京速度

7:30 早餐。

9:00 参观中华世纪坛外景。

9:30 感受北京速度。

为了喜迎奥运，为把首都建设成国际一流的大都市，近几年北京发生着日新月异的变化，两广路的拓宽、四环路的通车、轻轨的开通、CBD 的崛起、奥林匹克场馆的规划……乘接待单位指定的车次离京，途中安排“友谊天长地久”交流活动。

第八天　满载而归

一段新的生活结束了，一段更新的生活开始了，但不要忘记我们，你的成长是我们关注的大事，时常把你最近的收获与我们共同分享，将使我们感到无限的幸福，可以是一篇作文，一张照片，一个电话，一声问候……

双飞:3498 元/人；单飞单卧:2980 元/人。

专家点评：

目前，“我到北京上大学”是中国教育旅游产品中唯一可以称得上品牌产品的一个典型范例。其在活动内容、文字包装、卖点设计、产品系列化等方面，都已经达到了相当高的水平。“我到北京上大学”在标准版的基础上，相继形成了高考备战版、非常阅历版，对中国教育旅游产品的标准化起到了很大的推动作用。

四、教育旅游产品设计需要注意的几个关键点

（一）家长需求和孩子需求的平衡

在目前应试教育的大环境下，考取理想的大学是每个青少年家长的最大愿望。为了孩子的成长，家长总是为孩子量身订制以学习内容偏多的寒暑期活动方案。

而孩子希望在寒暑假能够无拘无束地玩，在游戏中获得知识是孩子的最大愿望。因此，针对青少年的教育旅游产品，一定要照顾到家长需求和孩子需求的平衡，"补习班"式的夏令营，肯定无法调动孩子们的兴趣，但是游戏内容过多、没有兼顾学习内容的夏令营又很难打动学生家长的心。因此，在夏令营产品内容的选择和主题的提炼上，一定要注意兼顾学生家长和学生的心理需求。

（二）项目多少和价格承受力的平衡

在名目繁多的夏令营层出不穷的今天，教育旅游产品的设计者，为了吸引消费者的眼球，挖空心思设计出各种各样新奇的项目来以获得消费者的青睐。但是，中国整体经济发展水平不高，消费者的价格承受力不高，因此，频频出现"劣质产品"驱逐"优质产品"的现象。所以，作为教育旅游产品的经营者，在推出一项主题教育产品的时候，一定要考虑到消费者的价格承受力，不能贪多求大，一旦价格高出了消费者的预期，设计再好的产品也无法顺利地打开市场。

（三）项目新奇性和安全性的平衡

在实行计划生育的今天，青少年的安全对于家长来说是至关重要的。一个全新主题的教育旅游产品肯定能获得广大消费者的青睐，但是，在追求项目新奇性的同时，一定要注意青少年身体素质和心理素质的锻炼，在进行带有一定危险性项目的同时，一定要有严密的安全保障措施，以确保项目新奇性和安全性的平衡，让青少年在拓展能力、提高心理素质的同时，切实有效地避免任何危险。

（四）经济效益和社会效益的平衡

作为企业，追求经济利益是无可厚非的，但是因为教育旅游产品具有很强的文化背景，容易受到广大媒体的关注。因此，此类的产品注重获得良好的社会影响，这对打造产品的品牌和企业形象具有很大的好处。在产品设计过程中可以将"一人报名，捐给青少年基金会一元钱"，"每 40 人报名，免一名贫困生的费用"等形式，进行相应的宣传，在获得经济收益的同时赢得社会的认可。

五、他山之石——美国教育旅游产品发展简析

（一）美国夏令营的主要组织者

美国全国现有大、中、小学生七八千万人，他们每年暑期，大多会参加一些丰富多彩的暑假生活。其中，由童子军组织的夏令营规模最大、形式最多，也最受学生家长们的欢迎。

童子军是西方最大的青少年组织，由英国的一位将军巴登·鲍维尔在 1907 年创建。至今已是一个国际性组织，在全球 100 多个国家建有分支机构，成员有近 3000万人。童子军除在日常进行一些军事组织和技能训练之外，在暑期，要组织夏令营活动。美国童子军创建于 1910 年，创始人是威廉·鲍伊斯，至今全国已有几

千个组织，会员几百万人。

美国的学生夏令营是多种多样的，活动时间一般是2～4周，大多由政府、团体捐助，而适当收费，一般在200～600美元之间，不过，也有免费的。夏令营多采取野营式，到海滨、山区、森林、湖边，按军事组织编制，进行一些军事训练，再学习一些专业知识。美国每年组织这样的夏令营五六千个，参加人数有上百万之多。

（二）美国夏令营的主要类型

• 野营式夏令营　主要进行一些军事训练。如，行军、侦察、射击、野炊、野宿，锻炼儿童的勇敢作风和自立能力。

• 体育夏令营　主要进行一项或几项体育运动的训练。如，体操、射击、游泳、足球、篮球、自行车等项。

• 文艺夏令营　以学习文学、音乐、舞蹈、美术为多，以密歇根州英特洛中心组织的规模最大，每年吸收各国儿童2000多人参加。

• 科学夏令营　主要进行天文、地理、气象、动植物的观察记录、采集标本、实地考察，提高科学知识水平。北卡罗来纳州公爵大学组织的生物科学组最好，专门采集动植物标本。

• 病残者夏令营　一些慈善组织，专门为绝症病孩组织的特殊夏令营，增强他们愉快地生活下去的信心。麻省为此而开设的一个营地已有40多年历史，为残疾、癌症、艾滋病儿童举办过多个夏令营，让儿童在这里得到治疗、休养、运动，以恢复身心健康。

• 国际儿童夏令营　弗吉尼亚州莱格西有个国际儿童夏令营，每年有几百名各国儿童来此度假休闲，号称为“小联合国”。各国儿童在这里讨论重大问题，探求和平之路，交流学习和生活情况，加强了解，增进友谊。

• 电脑夏令营　近年来，随着电脑的普及，儿童对学习电脑的渴求，不少地方组织了以电脑为中心的夏令营，让孩子们学习电脑理论和操作技术，上网，制作网页，发电子邮件，开展文化娱乐活动。这样的夏令营主要由大学组织，6年前仅有一所学校，去年增加到27所，今年可能增到45所，吸收的儿童也越来越多。

（三）美国夏令营的主要特点

经实地考察研究获悉，美国夏令营发展有如下趋势：

1. 精美套餐多姿多彩

从内容上来看，孩子们放假，喜欢到海滨玩，那么海滨就是办夏令营的最佳场所；孩子们向往做明星，也想了解电影的制作过程，于是就有公司开办了“电影夏令营”；和海豚生活在一起是许多孩子所向往的，于是由海洋馆开办的“海洋世界夏令营”非常火爆。除此以外，还有“新闻夏令营”、“网络夏令营”、“航天夏令营”、“军事夏令营”、“艺术夏令营”等2500多种夏令营套餐。

2. 组织到位细致安排

国外的夏令营发展,已经相当成熟。例如,美国的夏令营协会,就是一个非营利性的教育组织机构。它共有会员500多家,在纽约和加州均设分部。一般在4~5月份,当年的夏令营免费宣传资料,就可以在每个公共图书馆与学生家长见面。这种介绍还可以在学校或社区中心见到。

另外,须特别提及的是,很多夏令营都把主办单位的工作人员情况放在网上,你一看就可以知道该夏令营的主持人是谁?每个工作人员的职责是什么?总督导编写好咨询问答,放在网上。这样,客人在网上就可以了解夏令营的方方面面。

3. 精心设计图文并茂

夏令营办得精彩与否,首先是看你编写的网页内容是不是吸引人。办好夏令营,首先要有一个好的网站,网站要办得生动活泼、图文并茂,这样孩子虽然没有去过那里,但在网上可以把你举办活动的地方看得一目了然。

好的构思、好的设计,会引起学生和孩子家长们的兴趣,好的礼品(纪念品)也是不能忽视的。很多主办单位都把自己设计的精美礼品放到了网上,让孩子们先睹为快。

4. 价格标准有高有低

从价格方面来看,国外的总体价格比国内高,但也因时间而异。例如,在美国圣地亚哥海洋世界举办的一个6天夏令营,营员要求是7~12岁学生。收费标准:6月28日~7月4日收费576美元;7月12~18日收费675美元;8月2~8日收费850美元;7月19~26日收费950美元。学校团体接待最少20人,最多56人,15名学生可有1名老师免费。他们的节目活动安排有1天、2天,还有5天的。

5. 时间安排有长有短

从时间的安排上看,国外的夏令营多在一两个星期,但也有三四天或长达一个月的。一个月的夏令营多安排在6~7月。

三四天或一个星期的夏令营,一般就在所在城市举办。一个月(四个星期)的夏令营多为环游美国夏令营或到欧洲、亚洲、南美的出国游学夏令营。佛罗里达州曾开创环游世界夏令营,为期3个月,收费两万美元,开始还怕没人报名,结果是报了800多人,全部爆满,甚至还有外州和外国的学生。

6. 出国考察渐成风气

过去的夏令营,孩子们大都在本地游。但现在的外国孩子由于有了钱,都希望到国外看看,开开眼界,于是很多专业旅行社和国外教育机构,也策划出很多新节目。

如,http://www.x-l-y.com/www.summerstudy.com主办的暑期学习夏令营,有3个星期到法国巴黎的美国大学学习节目。他们夸赞自己的节目,是A summer Like never Before。他们的夏令营,记有学分,晚上还有丰富的夜生活安排。

7. 宣传展示网上报名

好的产品有了之后,接下去就是市场开发和销售。销售的办法有很多,一是通过学校或公共场合加以宣传展示,还有的是直接网上报名。如佛罗里达国际大学,在学校的大厅里,到处都可见到不同的夏令营介绍。有"英国莎士比亚五日游"、"日本文化七日游"等。这些参观考察团有老师领队,学员的学习考察还算学分。很多美国公司已经把夏令营的报名表放在网上。在看了夏令营的介绍后,接下去就是网上报名。

"9·11 事件"的发生,使美国经济受到影响,旅游业亚太地区一枝独秀。亚太地区 2001 年增长 4%,中国增长 6%。一些大的旅游公司把组织"游学中国"作为一个新的项目来开发。如一家美国公司安排了"欢迎——你好,中国"节目。节目中安排了很多民俗内容,游北京、上海、西安,吃饺子、游胡同、学太极、住民舍等,中国访问 4 个星期(6 月 26 日 ~7 月 26 日)收费 50 000 美元。

8. 主题旅游一匹黑马

2005 年 3 月 8 ~10 日,正值夏威夷举办"第八届美日文化交流节"。这次活动举办的时间只有 3 天,日本出访的人员竟多达 5000 多人。"美日文化交流节"活动共选了 5 个会议场所。会场之一是夏威夷新建的展览会议中心,会场除设展外,还有各种不同的日本文化演出。仅开幕式就有 500 多名美国师生报名参加。其他的分会场还有夏威夷最大的购物中心——Ala Moana 购物中心、夏威夷艺术博物馆、夏威夷最亮丽的 wakiki 海滩。从主办这次活动的情况看,档次高、规模大,参加的有美国市长、州长、大公司总裁。而夏威夷的美国学生也看到了日本学生的新风貌,整齐、有礼貌、喜爱文化。

在观察了美国夏令营的市场后,我们还考察了儿童旅游。青少年旅游书籍出版方面也别具特色,不仅种类多,而且在设计上也与众不同。图书的设计有自己的独特风格,图文并茂,内容生动。

六、教育旅游的营销创新

(一)大型教育旅游产品的分销渠道建设

1. 区域分销策略

分销系统的本质,就是将产品与服务提供给消费者和商业客户的一些独立组织的集合体。因此,我们在进行大型教育旅游活动的分销时,必须借助中间机构,高效率地将产品向目标市场营销,并通过这些机构自身的业务联系、经验、专长和经营规模,获取仅靠一家企业所不能实现的规模效益。

大型教育旅游产品的分销,主要采取区域代理制,建立分销渠道。可以考虑优先发展在省会城市设立省级总代理,并根据实施效果,实行动态淘汰,逐步改变为俱乐部制，为确保总代理在省级城市具有垄断收客的地位，需具备以下几个条件：

(1)有在青少年教育旅游市场长期做下去的愿望和决心；

(2)企业具备一定的实力，最好在当地的散客市场占据较大的市场份额；

(3)具备一定的广告投入能力，与当地媒体有密切关系者可以优先考虑；

(4)和当地教育主管部门保持密切关系的旅行社(教委系统办的旅行社)；

(5)有青少年教育旅游操作经验的旅行社；

(6)愿意发展成为批发商的旅行社，并且有批发主题旅游产品的经验。

从教育旅游的业务合作中筛选合适的合作伙伴，第二年可以采取俱乐部制度，当俱乐部会员缴纳必要的会费后，可以长期得到产品的支持，一方面让加盟商进一步感受到加入教育旅游俱乐部带来的产品多样化的收益；另一方面进一步强化加盟商的定位。在中心城市的周边城市，做到每一个城市寻找一个代理批发商，该批发商在该地区拥有独家垄断经营的权利。

2. 专业营销渠道

(1)青少年活动中心或少年宫。每年的寒暑假，青少年活动中心或少年宫都要举办各种类型不同的技能提高班，为青少年提供艺术、体操、音乐、外语等各种类型的培训。这是青少年在寒暑假来临时最关心的地方之一，也是发布教育旅游产品的重要渠道之一。由于教育旅游产品都是远途户外产品，与青少年活动中心的室内技能提高型的产品形成一种互补关系，基本上没有竞争。所以，所在城市的分销商应该以合作共赢的心态同这些机构进行接触，占领这个高效的产品发布平台。

(2)学校(私立贵族学校)。学校，尤其是一些城市中的重点学校及收费较高的贵族学校的学生，是教育旅游产品重要的消费市场。因此，如果通过社会关系或相关渠道取得该校教务处或班主任等人的认可和支持，将其作为假期的一项主题活动向学生推荐，这样可以取得事半功倍的效果。另外，还可以采取在学校门口悬挂条幅、派人分发宣传手册的方式进行促销，这是无法取得校方合作情况下可以选择的促销手段。

(3)文具商店、麦当劳、肯德基等连锁快餐店及其他少年儿童用品商店。可以采用联合促销的形式与这些机构合作，采取给这些机构教育旅游产品优惠券的形式，由这些机构对外发布类似信息，或者印刷相应宣传材料，强化促销的效果。

(4)家庭日常消费品销售场所。采取合作营销的方式与之进行合作，宣传“亲子游”类型的教育旅游产品尤其有效，操作方式同(3)。

(5)教育主管部门。该活动如果通过社会公关取得教育主管部门的认同，对活动的推广有很好的效果，具体的公关手法可以采用与教育主管部门的下属事业单位合作推出该活动等，以此获得教育主管机构的支持。但是有相当大的操作难度。

(二)教育旅游的媒体运用策略和广告投放策略

面对资讯丰富的时代，如何使教育旅游的品牌集中传播到青少年及其家长，突显品牌“为人生定位，为成功加油”的价值，我们从青少年及其家长的生活特征、消费行为，以及接触媒体频率、媒体曝光率等因素出发，以低耗高效为原则，侧重地面传播，辅以媒体支持，为教育旅游产品量身定做有效的媒介优化组合方案。

要对每个城市媒体的优势和劣势进行认真的分析。大型教育旅游活动前期投入的广告费用不大，因此，采取合作式营销是最好的办法，主要是通过平面媒体广告（报纸）和直接邮寄方式来进行广告投放，如果广播、电视媒体有意合作，也可以考虑。另外，一方面可以建立“教育旅游主题”网站，通过网站进行网络促销；另一方面还可投入一定的力量进行产品手册的散发工作。

选择当地影响最大的一家平面媒体，如，在当地发行量最大的报纸，结合大型教育旅游产品的特性，与该报的生活类、教育类板块合作，记者在我们提供的新闻通讯稿的基础上写一些类似于软广告的稿子，向目标消费者深入介绍教育旅游产品的品牌内涵，为建立消费者的信任度和忠诚度而全年连续刊发。软文撰写要符合以下要求，其中尤以前三项为重点：

（1）从不同角度介绍教育旅游产品的创意过程及优异品质；

（2）事件行销及专题促销活动的跟踪连载报道；

（3）目标消费者感想及建议的提炼总结；

（4）特殊终端客户的肯定与支持。

通过持续性的宣传，提高广告的可信度和影响力。报纸副刊开辟“为人生定位，为成功加油”等类似标题的专栏，定期刊登青少年素质教育的专访。另外，还可以采用漫画、有奖竞答等方式，来进行大型教育旅游产品的宣传，提高读者的兴趣。广告费支付的方式采用收到一个营员支付多少钱的形式来实现。与当地影响力最大的报纸进行合作是最好的宣传手段。这种媒体宣传策略，一方面可以通过媒介的集中投放达到预期的宣传效果，另一方面，也节省了广告费用的支出。

如果当地最大的平面媒体不愿意合作，也可以考虑与当地电视台合作，由电视台利用垃圾广告时间做投入。旅行社出产品，设立收客热线，按照收客数量的多少给电视台提成。这样一方面降低了宣传成本；另一方面，也降低了宣传投入的风险。

电台广播：选择交通台、生活频道、文艺频道等，青少年关注度较高的节目进行集中投放，以硬广告或软文朗诵的形式，传播品牌信息。在信息干扰少的城市郊区市场使用，效果较好。

另外，配合媒体的造势，宣传海报和大型教育旅游产品手册等，也都是推广产品的重要媒体选择。这种软硬广告相结合的投放方式，可以大大提高广告的可信度、增强广告效果。

（三）公关活动设计

公关活动设计，是教育旅游主办方力图通过第三方的支持树立自身积极的形象和获得青少年偏好的活动过程。由于青少年追求的目标,是如何更轻松快乐地玩,家长则追求自己的孩子学到多少东西。因此,我们的公关活动一定要在孩子、家长之间找到一个恰当的平衡点。

1. 营销型公关活动可以促成以下目标:

(1)建立知名度。通过媒体的新闻报道引起家长及学生对大型教育旅游产品、服务、组织或创意的关注。

(2)建立信誉。通过媒体报道来传播大型教育旅游产品及服务信息,公关活动可以增进旅行社的信誉。

(3)激励销售队伍和销售代理商。公关活动能有助于提高销售队伍、销售代理商的热情,对新产品/服务的积极的新闻报道,会给顾客、公司员工、代理商留下深刻的印象。

(4)降低成本。公关活动比直接邮递和媒体广告花费更少。公司的促销预算越少,利用公关活动来建立知名度的可能性就越大。

2. 主要公关活动

(1)与新闻界保持良好关系。与新闻界交往的目的,是让新闻媒体报道那些有新闻价值的信息,营销宣传是我们要达到的主要目的,即在出版物和广播媒体上推销一种产品和服务,确保其占用的是编辑的版面,而非花钱买来的版面。推出大型教育旅游产品本身,就是一件具有新闻价值的大事。媒体在企业发布这个大型活动信息时进行报道,可以确保该项产品一进入市场,就能得到公众的关注。

(2)产品宣传。针对青少年素质教育市场的大型教育旅游产品,通过全国各地的合作伙伴在当地投放,具有一定的新闻价值,媒体肯定感兴趣,并可以帮助我们推出该项新产品。

(3)公司宣传。大型教育旅游产品所针对的对象,是青少年素质教育市场。通过对青少年及关心孩子成长的家长的有针对性的宣传,可以树立青少年教育旅游服务专家的形象,从而通过舆论的宣传,提升教育旅游主办企业的整体形象。

(4)游说。与政府打交道,以促进对教育旅游活动的推广。大型教育旅游产品是各地教育管理部门和团委都非常关注的事情,应该与当地团委及教育管理部门的下属机构合作,共同推出这个产品,并将其作为一项加强青少年素质教育的主题活动向社会推出,由当地主管部门认可并由其邀请各主要媒体,举办新闻发布会,以求利用政府的资源进行宣传,达到合作营销的目的。这样,一方面可以密切加盟者与当地教育主管部门、旅游主管部门及团委的关系;另一方面可以极大地提高加盟者在当地组团市场上的可信度,可以成功地收到软硬广告一起上的良好效果。

(5)咨询。为青少年寒暑假活动安排和素质教育进行专题咨询,这种咨询活动可以和报纸、电台、电视台的有关栏目一起合作,达到利用专业媒体、专门栏目进行推广的目的。

(四)大型教育旅游产品营销推广活动设计

营销推广,包含各种短期的用于鼓励购买或销售产品和服务的激励手段。为了较好地推广某个专题旅游活动,我们设计了各种能刺激市场做出快速、强烈反应的促销工具,其中包括面向消费者的推广和面向代理商、中间商、推销员的推广。

1. 针对消费者的推广

推广工具主要包括:样品、赠券、赠品、顾客酬谢、售点陈列、竞赛、彩票和游戏等,目标参加对象:青少年及其家长。

(1)向青少年提供真情咨询服务,时间,全年不间断。与广播电台相关栏目(收费热线电话)合作,开通青少年心理咨询热线,设立青少年心理咨询专家,免费提供青少年成长过程中遇到的种种问题咨询,为青少年素质教育提供合理建议。

(2)参加送品牌文具及青少年喜闻乐见的玩具等,在青少年中,通过品牌文具和高档玩具,间接树立大型教育旅游产品的品牌形象。

(3)路演促销,“为人生定位、为成功加油”,“行万里路、读万卷书”。时间与地点:5~7月间的6个周末,分别选择在广场、步行街及大型超市门口等人流密集场所举行。

2. 面向中间商的推广活动

(1)推销佣金。对选定的青少年活动中心、学校等中间商,要留有足够的佣金空间,每输送一个营员给组委会,可以获得30~50元不等的佣金。佣金可以用旅游券、酒店免费住宿、购物卡、现金等形式。这样才能充分调动中间商的积极性。

(2)合作广告。与中间商进行合作广告,大型教育旅游产品的广告中,可以出现合作者的名字,如,“指定文具店”等字样,在塑造自我品牌的同时,让合作伙伴受益。同时要求对方在进行广告宣传时,出现“买名牌文具、送教育旅游”字样,还可以配合中间商进行相关的活动策划。

(3)免费名额。由合作者推广“大型教育旅游产品”时,可以制定大量免费的政策,例如,输送40个营员,送一个名额,该名额作为对合作者的奖励。

(4)有价奖券。为青少年活动中心、文具店、肯德基(麦当劳)等单位制作一种大型教育旅游产品会员卡,持该会员卡的人报名参加大型教育旅游产品,可以获得一定额度的优惠。或者为上述单位提供有价奖券,根据在上述单位消费的金额,可以获得30~50元不等的奖券,该奖券在参加大型教育旅游产品时可以使用。

【本章小结】

青少年教育旅游是一个被旅游界普遍重视的市场，但是由于旅游市场的普遍不成熟和教育旅游市场条块分割的现状，至今没有形成有影响力的著名品牌。青少年教育旅游具有发展速度快、旅游时间集中等六大特点。因此，在开发青少年教育旅游产品的时候，一定要遵循产品设计主题化、市场运作品牌化、服务流程规范化、市场宣传透明化、安全保证制度化、综合效益最大化六大原则，才能开发出全面满足青少年教育旅游市场需求的品牌产品。同时，吸收发达国家教育旅游产品开发的经验，进行青少年教育旅游产品的营销创新，也会对中国青少年教育旅游市场尽早规范、形成品牌产生一定的推动作用。

第十三章

老年旅游产品的设计与操作

本章导读

本章首先分析老年旅游市场需求和形成的动因，介绍老年旅游产品供给的现状和发展趋势，指出老年旅游产品设计与操作的6个关键环节，然后对市场上流行的4种老年旅游产品进行案例剖析，最后向读者讲述从实战案例中总结出来的老年旅游市场的营销策略。

通过本章学习，您能够：

(1)了解目前老年旅游市场的特点和心理需求。

(2)熟悉老年旅游产品设计存在的问题及未来发展趋势。

(3)掌握老年旅游产品开发设计的关键环节。

(4)从实战案例中总结分析目前老年旅游产品设计的技巧和操作经验。

(5)学会应用针对老年旅游市场的营销策略。

近年来，我国老年人口不断激增，截至2013年已达2.02亿人，占社会总人口的14.8%，世界老龄人口的1/5，亚洲老龄人口的1/2。进入21世纪后，我国已经全面跨入老龄国家的行列。快速增多的老年群体产生了巨大、强烈、迫切的消费需求，养老服务、老年旅游、老年用品、老年文化教育等领域迅速发展。“银发产业”，即集中为老年人提供产品和服务的产业，正在发展为国民经济的重要组成部分之一。

随着社会进步和经济收入的提高，老年人正在逐步抛弃“重积蓄、轻消费”，“重子女、轻自己”的传统观念，花钱买健康、花钱买潇洒正在成为现代老人的时尚追求。由于我国老年人口基数大，经济收入逐年增加，显示出强烈的购买欲望，因此，我国老年市场具有不可估量的开发潜力。

另一方面，在中国独特的计划生育政策下，如今的一对年轻人要照顾4个老人，加之社会上竞争的激烈，工作压力的增大，使得越来越多的年轻人无暇照顾父母，对父母的孝心，很容易集中体现在更加舍得为老人花钱，对一些大笔开支更加大方等方面。大部分人都希望父母能有一个舒心健康的晚年生活，能够解除自己的后顾之忧。由于现在物质需求基本满足，所以有越来越多的人倾向于送父母出门旅游，开阔视野、结交朋友。故而，年轻一代的消费观也在间接地影响着老年人的旅游动机和出游决策。

从旅游业内部来说，由于具有天然的季节性，开拓“夕阳红”旅游市场，对于调节淡旺季波动，提高资源的综合利用率，具有十分重要的意义。在国外，出游的老年人可占到旅游总人数的70%，而我国经常出游的老年人则不足10%，老年旅游的增长前景十分诱人。

旅游活动具有的许多特点，使老年人觉得这是晚年应当进行的一项非常有意义的活动。

首先，旅游可以开阔老年人的视野，增长知识。老年人游览祖国的名山大川，到处走走看看，既可以了解各地、各民族的风土人情、饮食习惯，又可欣赏古代建筑艺术、名家碑碣等。

其次，可以陶冶情操，享受人生。我国名胜古迹繁多，秀丽的山川无数，各地的风俗民情迥异，每到一地，都会使人耳目一新，感慨万千，这对于调节精神，提高老年人的文化修养都非常有益。

第三，可以锻炼体魄，促进老年人的身体健康。置身于名山胜水，既能消除疲劳，又能增强呼吸系统的功能，促进机体的新陈代谢。

最后，旅游活动还能调剂老年人的生活，为其增添乐趣。各地的美味佳肴、风味小吃，可使老年人大饱口福，既可调剂老年人的口味，又可增加老年人的营养。同时，老年人外出旅游往往是与老友新朋共度美好时光，可使老年人心情更加舒畅，对消除老年人的孤独感颇有益处。

一、老年旅游市场分析

(一)老年旅游活动的特点

1. 老年人的旅游、探亲地点，大部分在本地、本市

如，广州市一半以上的老年人在本市范围内旅游、探亲；到本省其他地方，外省、港澳台、外国旅游、探亲的老年人比重，基本上依距离近远呈递减趋势(分别为9%、4.36%、1.17%和1.57%)。这表明，老年人旅游、探亲以近距离为主，中、远距离为辅。

2. 年龄较低的老年人外出旅游、探亲的居多

随着年龄的增高，老年人外出活动的方便程度减弱。老年人旅游、探亲的人数及其比重，依年龄的增大而呈减少趋势。在本市旅游、探亲的老年人中，60～64岁者占31%；65～69岁、70～74岁者分别占26.4%和24%；75～79岁的占13.6%；80岁及以上者仅占4.7%。到其他地方旅游、探亲的老年人，60～64岁者，占29%～50%，而80岁以上者则仅占0～7%。老年人旅游、探亲多寡，最明显的年龄界限是75岁。

3. 老年人旅游、探亲地点的远近，与其社会经济地位高低有相当密切的关系

受教育程度较高、退休前从事脑力劳动为主的职业，以及收入与支出水平较高的老年人，旅游、探亲的距离更远，外出活动的范围更广。

(二)我国老年旅游市场的形成动因分析

1. 我国老年人口比率逐年提高

由于我国人均寿命不断提高，目前老年人已达 2.02 亿左右，而且还以每年 3% 的速度递长。以上海市为例，2013 年，上海户籍 60 岁及以上的老年人已超过 387.62 万人，占全市总人口的 27.1%。比上年新增 20.30 万人，老龄化程度进一步提高。到 2015 年上海的老年人口将突破 400 万，平均每 3 个人中就有 1 个老年人。我国老年人口比率的不断提高，为旅游市场提供了源源不断的客源基础，为我国旅游企业创造了新的市场契机。

2. 生活质量的提高，为老年人出游提供了良好的身体保证

过去老年人外出旅游比例小的根本原因，是随着年龄增长，老人身体状况不支。随着社会的发展和生活水平的不断提高，人们的平均寿命也在提高，今天的老年人，同过去同龄的老年人相比，身体状况大为提高。国际旅游科学家联合会一项研究报告表明，中老年旅游市场不但正在以超出整个旅游市场平均增长率的速度增长，而且将在今后的旅游市场中占据重要地位。

3. 充裕的闲暇时间和良好的经济基础，为老年人旅游提供了更加有利的客观条件

(1)老年人有充裕的闲暇时间。调查资料(广州市)显示：

①老年人闲暇时间很长。城镇老年人平均每天的闲暇时间为 4.75 小时，仅次于睡眠时间 7.9 小时，高于家务时间 3.41 小时和工作时间 0.64 小时。

②闲暇时间在分配上有所侧重。老年人的闲暇时间 2/3 用于娱乐交往 3.17 小时，1/3 用于体育锻炼 1.58 小时。

③老年人闲暇时间及安排，存在性别上的差异。男性老年人的闲暇时间为 5.18 小时，比女性老年人的 4.17 小时多 0.87 小时；男性老年人花费在娱乐交往、体育锻炼上的时间分别为 3.45 小时和 1.73 小时，均多于女性老年人 2.88 小时和 1.43 小时。此数据以 75 岁为界。

④老年人闲暇时间随年龄的增大而呈现出先增后减的变化趋势。如，60 ~ 64 岁、65 ~ 69 岁、70 ~ 74 岁三个年龄段的闲暇时间，分别为 4.74 小时、4.87 小时和 4.91 小时。闲暇时间与年龄增加成正比；75 ~ 79 岁、80 岁及以上年龄段的闲暇时间分别为 4.41 小时和 4.17 小时，与年龄增加成反比。

充分开发老年人的业余闲暇时间，可以很大程度上扩大老年旅游市场的规模；而且老年人的闲暇时间不受节假日的限制，可以大幅度增加旅游项目在非热点时段的经济效益。

(2)老年人旅游具备较好的经济条件。首先,老人离(退)休在家,有固定的收入;其次,儿女多已参加工作,他们会定期或不定期地给老人一些数目不等的“零花钱”,以示孝心,尤其那些由于工作原因不能经常回家的儿女,会更多地以经济给予方式来弥补感情支出的不足。

4. 我国旅游业的迅猛发展,为开发老年旅游市场提供了必要条件

近几年中,我国旅游业获得较大发展,各景区及旅行社的专业水平也不断提高,其综合能力(包括产品开发、服务水平、营销水平等)较以前有了很大进步。中国目前已经出现了一批开发老年旅游服务的专业旅行社。老年旅游产品已经成为旅行社的重点业务之一。全国旅游软硬件设施的日趋成熟,为开发老年旅游市场提供了强有力的条件保证。

(三)老年人心理需求分析

旅游产品的开发和设计,离不开对目标市场需求的精确把握。根据相关研究,老年旅游者的心理需求主要表现如下:

1. 婚姻生活的需求

无配偶的老年人群(离婚、丧偶、独身),在生活上的孤独感很强,婚姻状况对老年人的日常生活尤为重要。老年人双方在家庭中互相扶持与照料,无论是在物质生活上还是精神生活上都能获得一定的满足。这是子女的照料所无法替代的。因此,社会和子女,应当理解老年人对婚姻生活的需求,尽可能使老年人拥有一个幸福的晚年。

2. 合家欢乐的需求

大部分老年人对幸福生活的定义都比较简单,只要有一个和睦融洽的家庭,对他们来说就是最大的满足了。虽然老年人常会与同住的子女晚辈发生冲突,但如果能得到子女们对其生理与心理上的照料,老年人在心理上就会得到极大的安慰。家庭的天伦之乐,能驱散老年人情感上的孤独和生活中的寂寞,是老年人生活幸福满意程度的关键。

3. 才智发挥的需求

许多老年人在科学、艺术、技术等领域具有丰富的经验和智慧,发挥老年人的才智,是老有所为的关键。许多城市老年人退休后感到空虚和忧虑,能够找到发挥其才智的岗位,是老年人实现人生价值、得到社会认可的最好方式。在新的岗位上,老年人能够感受到生活的意义和存在的价值。同时,开发老年人智力市场,也是解决社会劳动力水平低下,经验不足问题的良方。

4. 学习欲望的需求

老年人在学习过程中,能够保持或提高智能,以达到保持健康大脑的目的。同时,丰富的学习内容、轻松的学习形式和最新的时代信息,能使老年人更多地了解社会,理解年轻人的心态,在心理上保持年轻,在观念上与时俱进。因此,提供更多的老年人学习场所，是消解老年人晚年生活贫乏、单调的有效途径。

5. 娱乐休闲的需求

老年人参与丰富多彩的娱乐生活，在同龄人的交往中他们能够更多地得到肯定、得到相同的感受。这是使老年人保持健康、乐观心态的最好方式。老年人不适合过于激烈的娱乐活动，而参加一些舒缓的旅游观光活动则能满足其生理和心理上的多重需求。

（四）老年人消费特点分析

老年期是心理成熟期，与青年人相比，冲动型的热情消费和粗犷型的盲目消费相对较少，而理性的、科学的消费行为则相对较多，总体来看，老年人的消费趋于实惠化。例如，在饮食方面，老年人比较讲究食物的营养成分，要求简便而合理；在穿着方面，老年人注重大方合体、穿脱方便；生活用品方面，老年人的消费取向是“适用、方便、安全、价实”。虽然老年人的消费行为相对比较滞后，但老年人口的消费却也相对比较稳定，一旦形成消费倾向，就不容易轻易改变。这将促进整个老年消费市场的稳定。

1. 服务消费的需求比重大

随着年老力衰，老年人的自我照料减弱，就更需要得到来自他人的服务。同时，老年人对服务质量的要求较高，也是其消费的一大特征，目前许多老年旅游活动中，未考虑年龄消费心理，使许多老年人在消费过程中遭遇不愉快的经历，进而影响了行业的发展。

2. 消费需求层次逐步提高

日本老年学家上野千鹤子，在《高龄化社会》一书中将老年市场分为3个部分：“老龄者老衰市场”，主要满足老年人的生理需求，如护理服务等；“老龄者退休市场”，主要满足老年人宗教信仰、社交活动等发展型需求；“老龄者兴趣市场”，主要满足老年人的精神需求，如老年人怀旧心理、返璞归真倾向等。老年人在进行消费决策时，总是先满足生存资料的需求，然后再考虑享受和发展资料的需求。但随着生活条件的改善，老年人的购买力也明显增强，生存资料以外的消费需求也大大增强。这是老年人市场的一大潜力。

3. 家庭利益首要原则

老年人与青年人相比，在消费上更注重家庭的整体利益。对大多数经济水平中等的老年人来说，其收入首先是以储蓄形式，用于随着年龄的增加而增长的医疗及其他生活费用，更有相当多的老年人把自己的积蓄用于贴补子女。因此，老年人的消费结构往往不是依照自己本身的需求来设定的。他们的消费需求总是先考虑家庭的最高利益，兼顾了家庭和自己未来的长远利益。只有当家庭利益得到保障时，老年人才会将多余的精力与财力用于消遣休闲之用。

根据这些需求，“夕阳红”旅游产品设计中将充分体现以人为本的原则，开发出满足老年旅游者特定需求的专项旅游产品,形成真正意义上的老年旅游品牌产品。

二、老年旅游产品设计的现状和趋势

(一)当前老年旅游产品存在的问题

中国老年旅游市场的潜力很大,老年人的出游需求非常强劲,但是老年旅游周期长,节奏慢,花钱少;另一个方面,做老年旅游业务成本很高(旅游保险高、配备随团保健医生),而收费却较低,考虑到利润率太少,很多旅行社对这块市场开发踟蹰不前。国内大部分旅行社不愿调整自己的经营战略去迎合这一新的市场,以至于出现对于"香喷喷的大蛋糕"却无人问津的局面,这就给许多老年人出游造成了障碍。

由于我国还没有出现为老年人进行专业旅游服务的旅行社,绝大多数旅行社还是把主要目光盯在传统的观光组团旅游产品上,没有针对老年人的特殊需求开发适销对路的旅游产品。有时旅行社因为老年人的年龄问题、健康问题、服务的个性化问题而拒绝向老年人提供旅游服务。旅行社不愿主动开辟老年市场,主要是老年旅游团队的消费能力不强,旅行社利润低下。目前国内旅游市场竞争激烈,旅行社的利润越发微薄。于是,从游客的旅途消费中提取回扣就成为旅行社"弥补损失"的必然行为。旅游者购物、看表演,参加一些自费活动都能使旅行社有所收获。而老年人的消费行为则比较谨慎,一般不会因为有导游的介绍而产生购物冲动,这就使旅行社很难赢利。因此,旅游单位大都在使用"56 岁以上老人加收若干元,甚至在一个团队中老年人的比例不能超过20%"的"行规"。由此可见,旅行社之间盲目恶性低价竞争,是导致旅游市场不愿接纳老年人的根本原因。

如今市场上的老年旅游产品普遍存在以下问题:

(1)老年旅游产品价格混乱,定价机制有待规范;

(2)行程、内容不能充分考虑老年人的特点;

(3)项目卖点没有考虑对象的接受程度;

(4)老年旅游活动主办单位没有形成品牌效应,市场比较混乱;

(5)服务质量难以保障,安全措施不够健全。

(二)老年旅游产品的发展趋势

1. 品种创新

从旅游经营者角度讲,旅游产品品种的创新,就是旅游资源、旅游设施、旅游服务重新组合,改进原有产品,打造新产品,使旅游产品在品种上最大限度地满足老年人的需求。品种创新主要包括:以医疗健身为主要目的的旅游形式;适合老年人的游览娱乐型旅游形式;旅行社与社区联合的社区旅游产品;全新养老理念的老年生态旅游产品,以及适应老年人兴趣与爱好的知识型旅游产品。

2. 品牌创新

旅游品牌是旅游消费者在购买旅游产品时最重要的指标，良好的品牌，标志着产品的质量和信誉。老年消费者在选择旅游产品时，也必然倾向于选择知名品牌。

旅行社在设计、经营老年旅游产品时应力求主题鲜明、内容充实、线路合理、劳逸适度，符合老年人的生理和心理特点。在整体旅游服务过程中，既提供标准化的服务，又提供个性化的服务，两者结合，体现出具有浓郁人情味的人性化特点。打响品牌知名度，要在服务质量上、管理水平上和产品特点上下工夫，创造出与众不同的品牌特色。

3. 服务创新

老年旅游群体是旅游需求旺盛，接待要求更高、更复杂的群体，需要在传统服务上不断创新。老年旅游消费具有多元化、个性化的突出特点，旅游企业要在不断提升传统项目及服务水平的基础上，进一步拓宽服务领域、创新服务方式。有条件的企业可以建立客户需求信息系统，成立专门的老年人旅游服务站，开办热线服务，积极开展上门服务、电话订购、网上订购等方式。服务创新就是强调不断改进和提高服务水平和服务质量，不断推出新的服务项目和服务措施，力求使老年消费者满意。

对于中国老年旅游消费者，各旅游管理部门与消费者协会，应当做好理性旅游宣传教育工作，指导老年旅游消费者签订规范化的旅游合同，合理消费、正确维权。在旅游消费过程中，饮食、住宿、娱乐、乘坐交通工具等要适合老年人的特点，注意劳逸结合，特别是要配备经验丰富的优秀导游人员，同时配备随团保健医生。

三、老年旅游产品设计的六个关键环节

(一)线路设计、项目安排要合理

旅游企业要根据老年人的需求特点，科学设计旅游线路。在这方面，上海老城隍庙旅行社的经验是可取的，即坚持以下原则：长短线相结合，以短线为主；大众实惠游和豪华游结合，以实惠游为主；传统游和特色游结合，以特色游为主。

在项目设计上，也要充分考虑老年人的特定需求。首先，老年人一生经历丰富，往往对一定文化、历史积淀的名胜古迹等感兴趣，寻古者较多。因而，像故宫、名人故居、历史博物馆、近现代遗址、遗迹、人文发祥地等，比较适合。其次，对于自然景观的选择，要寻找条件适宜的地方，严寒、酷暑都应尽量避免，选择地质地貌景观、海滨海滩、瀑布、湖海，尤其是森林、植物园、野生动植物等景观尤为适宜。例如，安徽省徽州区蜀源村的养生旅游，自前年向上海等大都市推出以来，养生度假的老年人成批来到该村，吃农家饭、住农家小楼，收费不高，服务周到。徽州区蜀源村休闲、养生基地的医疗所，坚持每晚到接待户家中，探视每位到该村休闲的老年

人,查问身体状况。这一举措已扩大至该市各休闲、养生地。

(二)主题旅游要重点强调

旅游已经成为当今老人的一项重要休闲方式,有的老人已游遍了北京、桂林等重要旅游城市,那里的景点对他们已失去了吸引力,于是便呈现出猎奇或寻求心灵宁静、渴望亲情的特色旅游活动。目前需求看好的项目有:

寻根访祖游。这是在社会激烈竞争状态下,人们渴求亲情,希冀松弛,寻求依托的产物,越来越多的老年人热衷于寻根访祖,以慰多年思乡之苦。

异地疗养游。随着各地老年公寓服务内容的不断完善,老年人要求异地旅游和疗养的愿望日益增强。旅行社应积极与异地的老年服务机构及医院合作,采取定期与不定期相结合的方式,开展交流服务,使两地的老人有机会进行异地旅游、疗养。

体育锻炼游。这在身体较好的老年体育爱好者中十分时兴。旅行社可根据四季气候的不同,组织适时的体育活动。对于经济条件较好的老年游客,旅行社可组织在有条件的景区进行一些体育比赛的项目,将体育锻炼与旅游有效地结合起来,恰恰体现出了体育旅游的魅力。

(三)出游定价要合理

60 岁以上的老人,都是从新中国成立初期走过来的,他们大多养成了节俭的生活习惯。因此老年旅游必须低价入市,在保证赢利的情况下提高服务质量。当然,针对一部分消费水平较高、对旅游产品要求较高的老年游客,也可以推出价格较高的豪华线路产品。

(四)出游组团形式要多样化

老年旅游市场最常见的是组夕阳红团,即整团均为一定年龄段的老年人。他(她)们处在同一时代,因而最大的优点是沟通容易,方便互相理解、相互帮助。老年旅游专列就是其中一种。2002 年 6 月 26 日中午,青岛市迎来的有史以来第一列老年人旅游专列,602 名来自石家庄市的老年游客以青岛为起点,进行了为期 10 天的山东半岛之旅。据了解,乘该次老年旅游专列观光的老年朋友均为老党员、老干部,年纪最长者已有 82 岁高龄,最年轻的也是年过花甲,其中多数老人是第一次出远门。

另外,还可编亲子团,即由几名子女陪同一到二位老人同行,这样既可沟通两代人之间的感情,也可在旅游过程中保证对父母的照料,也让子女多了几分安心。

对于较低龄且身体很好的老年人,还可考虑带着孙子(孙女)旅游。这种隔辈形式既解决了老人照顾晚辈的需要,又可跳出原环境到外面走一走,既能使孩子见到世面,又能使老人身心得到放松,进而增强两代人的感情。

也可编入一般团,这对于心理上独立的老年人不失为是一种佳选。他们与年轻人在一起,可满足心理上的年轻感、独立感,而且有利于多数人对于个别老年人的帮助和照顾。

（五）导游服务要优质

服务在旅游行业中的重要性不言而喻。对于老年游客这一特殊群体，拥有一支高素质的导游队伍，提供优质服务，对开拓和占领市场更具有战略意义。

对于老年游客的服务，导游人员应倾注更多的情感因素。也许老年游客正是由于儿女们都忙于工作，缺少应有的关爱，感到寂寞，才产生旅游动机。导游人员在提供优质服务的同时，再注入对老年游客的一片关爱，那么这位游客也许就成为旅行社的回头客。顾客接受优质服务后产生满足感，将会以个人为中心向四周的亲朋好友辐射，这就是营销学中著名的“口碑效应”。这种效应的结果，是可能将使旅行社拥有一个潜在的顾客群体。

这就要求老年旅游团的导游，不仅要有基本的导游知识和讲解技巧，更要具备一种高度的责任感和良好的职业道德，还应了解常见病的急救方法。如果有条件，最好配有随团医生，可以保证一些突发情况，能在最短时间内得到有效解决。当然，还要适应老年旅游的要求，推出相应风格的导游。例如，青岛市旅游局独辟蹊径，招聘老年导游员，要求是身体健康，文化程度在高中以上，形象气质好，会说标准普通话。招聘老年导游员最看重的，就是他们丰富的生活阅历，如今青岛已成为奥运伙伴城市，老年人比年轻人更了解青岛的历史和现状。再者，出门旅游的老年人越来越多，老年旅游团在市场中所占的份额亦日益增长。老年导游员与老年游客更有共同话题，更容易沟通。老年导游员主要是在市内带团，如果是去崂山，他们也会再配备一名年轻导游员。

（六）要注重安排食宿、交通和购物

应尽量避免旅游活动行程安排上的不规律性，在行程的住宿安排中，应尽量选择地处僻静区域的宾馆，只有安全、卫生、舒适，保证老年人休息好，才能缓解一天的疲惫感，使老年人在第二天能够精神饱满地开始新的旅程。饮食要有规律，注意按老年人的胃肠特点选择食品，一般应以“清淡酥软”为主，遇到有忌讳的顾客，更应特殊照顾；交通方式上也是如此，以陆路为主，安全舒适是必要保证。而对于消费弹性最大的购物，可以有针对性地选择一些店家，导购一些如有金婚、银婚意义的纪念品、宝石等。

四、老年旅游的安全问题及保障措施分析

老年旅游产品之所以难做，首先是难在一个“安全性”上。老年人身体机能开始退化，无论是在视听系统、伸展性还是平衡力上都在下降，而且稍微碰撞跌倒，就可能引起骨折、淤血、脑震荡等严重后果，甚至危及生命。如果旅途中稍有不慎，发生意外事故，将给旅行社带来诉讼纠纷，以及声誉上的沉重打击。这也是许多旅行

社不敢涉足老年旅游市场的重要原因。

（一）安全保障对老年旅游的意义

加强老年旅游安全的防范与保障，满足老年游客的个性化需求，不仅是发展老年旅游的基础，而且能促进国内外老年旅游市场的发展，提升旅游产品的形象。

1. 旅游安全是发展老年旅游的基础

旅游安全是旅游决策的要素之一，而老年人对安全问题尤为关注。有调查表明，年龄与安全关注度之间呈正相关关系。旅游者年龄越大，其安全意识越强，对旅游安全的关注也就更强烈。当得知某旅游地不太安全时，老年人往往偏向于取消计划。相比而言，年轻人的安全意识则比老年人要薄弱得多。产生这种现象的主要原因是：相对于其他年龄段的人群，老年人的适应能力低、抵抗力弱、自理能力差。

2. 提高老年旅游产品的质量

老年人特殊的生理条件和心理特点，决定了他们对旅游安全具有独特的需求。要满足老年游客个性化的安全需求，让他们感到安心、满意，必须提高旅游产品的质量，加强老年旅游安全的防范与保障。

3. 促进国内老年旅游市场的发展

目前，国内老年旅游市场正在兴起，但与国际老年旅游市场相比，国内老年旅游市场仍有待开发。而且，我国正在步入老龄化社会，老年旅游市场有着广阔的发展空间。但是我国目前仍处于大众化旅游阶段，旅游企业往往只是提供标准化的旅游产品，无法满足老年游客的个性化需求。这在一定程度上阻碍了老年旅游的发展。因此，加强老年旅游安全的防范与保障，是促使国内老年旅游市场发展与飞跃的必要条件。同时，也将吸引更多的国际老年游客来华观光。

4. 提升旅游产品的形象

与其他年龄段的旅游者比较，老年游客对旅游安全具有更高的要求。加强老年旅游安全的防范与保障，满足老年游客对安全的严格要求，能提升旅游产品的安全形象，消除其他年龄段旅游者对安全的顾虑，促进旅游市场的发展。

（二）老年旅游的不安全因素分析

导致老年旅游出现安全问题的因素多样而复杂，既有老年游客自身的原因，也有外部的原因——旅游环境、旅游企业和旅游管理部门中存在的不安全因素。

1. 老年游客自身的不安全因素

老年人特殊的生理条件和心理活动规律，是造成老年旅游不安全的重要原因。老年人体弱多病的特点，使老年人外出旅游不安全。因为在丰富的旅游活动中，某一个细小环节存在安全隐患，都有可能导致老年游客生病或者发生安全事故。如气候条件的微小变化，对其他年龄段的旅游者影响不大，却容易让老年游客感冒或者水土不服，甚至旧病复发。因此，体弱多病的老年人要求更为安全舒适的旅游产品，需要更为方便快捷的医疗服务。

老年人容易引起旅游不安全的心理特点有两种：一是老年人记忆力下降，健忘，导致老年人在下车、退房或游览途中，常会忘记拿行李或是遗失贵重物品，从而引发财物上的不安全事件；二是老年人在情绪表现和情感流露上更倾向于自抑，容易引起疾病。因为人在悲伤或者焦虑时，胃肠蠕动减弱、消化液分泌减少、身体各器官功能失调，从而引发疾病。

2. 环境中的不安全因素

一般而言，目的地与常住地之间，在温度、湿度、大气构成、地貌和地质构造等方面存在着差异，两地之间的动植物种群也是大相径庭。而且，有些风景区内的自然环境复杂多变，从山脚到山顶，植物种群从阔叶林转变为针叶林。同时，各地的自然环境孕育出独具特色的饮食习惯，如川菜麻辣、粤菜清淡。复杂多变的环境，要求旅游者有较强的适应能力和抵抗力。这与老年人体弱多病的生理特点相矛盾，容易发生安全事故。

3. 旅游企业中的不安全因素

(1)安全设施设备不完善

由于折旧年限、安全使用年限、资金问题等方面的原因，旅游安全设施设备存在老化、配套不齐全和产品质量合格率低等现象。

(2)企业安全管理不到位

首先，虽然多数旅游企业设立了专门的旅游安全管理机构或设有专人负责安全管理工作，但至今尚有为数不少的旅游企业，甚至是特别需要安全监控的旅游景区，连专门的安全管理人员也没有。其次，是旅游安全管理职能不明确。旅游企业负责安全管理的工作部门，多数是由负有治安保卫性质的保安部兼管，而不是具有专门安全管理职能的“安全处”。再次，多数旅游企业与公安、消防部门建立了联系，客观上形成了旅游安全联动系统，但这种联动的效果并不理想。因为这只是一种隶属管理关系，一旦发生旅游安全问题，容易出现相互推诿的现象。而且，这种联动系统不包括旅游地居民、医疗系统。因此，当老年游客在旅游途中生病时，往往无法及时得到优质的医疗服务。

(3)安全意识薄弱

虽然旅游管理部门对员工进行安全培训，但由于培训方式单一，多是课堂讲解，安全培训流于形式，安全培训内容不实用。这些因素造成旅游从业人员没有意识到安全问题的重要性，安全意识和安全操作技能难以提高，不能及时发现安全隐患并提出警告。

4. 旅游管理部门中的不安全因素

旅游管理部门监管不力，给老年旅游者带来安全隐患。监管不力主要表现在，对违规的旅行社、酒店查处不力，导致黑导、黑店的存在；对旅游企业监管不力，使企业的安全生产意识薄弱，没有对安全设施设备进行定期检查，没有及时更新不合格的设施设备；对投诉不认真处理，使老年游客受到伤害却无法得到赔偿，这在无形中纵容了企业的违规、违法行为。

（三）老年旅游的安全防范与保障措施

1. 提高老年游客的旅游安全意识和防范能力

老年游客应从出游前与旅游途中两方面提高安全防范能力。在出游前，老年游客应到医院做全面的健康检查，并将各项检查结果记录在便于随身携带的病历卡上，以便发生旅游安全事故时，旅游地的救援医生能迅速了解老年游客的身体状况，以提供及时准确的医疗服务。除此以外，老年游客要根据自己的生理特点，选择或安排慢节奏的旅游线路。还要向保健医生咨询相关的旅游安全注意事项，向曾去过旅游目的地的老年朋友征求建议，做到安全防范工作的有的放矢。

在旅游途中，老年游客要特别注意个人卫生和饮食卫生，谨防病从口入；一旦感到身体不适，立刻告诉导游或游伴，暂停旅游活动，多加休息；若仍感到不适或病情加重，应立刻到当地的医疗机构寻求帮助。

2. 加强旅游企业的安全防范与保障措施

可从改变旅游企业的安全观念与制度，改进企业的安全设施与设备及提供个性化、人性化的旅游产品等三个方面，来加强旅游安全的防范与保障。

首先，加强对企业所有员工—— 上至总经理，下至普通员工的安全意识培训，并且用制度将安全意识培训的各种形式予以固化。

其次，旅游企业应及时从各种渠道筹集必要的资金，以更新安全设施、设备。有条件的旅游企业还应淘汰落后的设施、设备，购买先进的安全预警设施和安全处理设备。整个老年旅游的硬件设施，从材质上要有特殊的防滑要求，色调要起到提醒老年人注意的作用。

最后，旅游企业要开发和提供个性化、人性化的老年旅游产品。随着老年旅游市场的迅速发展和酒店竞争的白热化，少数中小型酒店可向老年旅游酒店转型。老年旅游酒店可针对老年人的生理特点设计客房，针对老年人的饮食特点制作菜肴；对酒店的员工进行培训，让员工对老年人的生理和心理特点有正确的认识，提供人性化的服务，特别是能意识到各种安全隐患，并及时采取有效解决措施；聘请保健医生，提供24小时的医疗保健服务，提供各种老年疾病的常用药和急救药，并与附近的大医院保持密切联系。酒店服务要个性化，旅行社服务也需个性化。上海、广东等地已有一些旅行社开始组织夕阳红旅游团，以其慢节奏的旅游线路和配备随团医生而受到广大老年旅游者的欢迎。

3. 加强旅游管理部门的安全管理工作

针对旅游管理部门监管不力的问题，应引入安全责任制，把监管责任落实到具体的行政管理人员。除此之外,旅游管理部门还应开展以下安全管理工作。

首先,加强旅游安全统计并张榜公布。加强旅游安全统计,可使研究人员从中总结出老年旅游安全的特点,发现老年旅游中不安全的规律性环节。统计资料向社会公开,以提高老年游客的安全意识和旅游企业的安全生产意识。

其次,建立由旅游管理部门牵头,由旅游地居民、旅游从业人员和旅游企业、公安、医院、消防、保险、交通等多部门、多人员参与的社会联动系统。这样,当老年游客发生安全事故时,才能及时得到救援。

最后,是完善旅游保险。这是做好安全事故善后工作、维护老年游客合法权益的保证,也是社会联动系统的基础。

五、四类老年旅游产品案例剖析

(一)观光型

1. 类型

从距离来看,既有跨省、跨国,甚至跨洲的长线旅游,又有本地及其附近地区的短线游;从时间来看,有半月游、十日游,一周游和一日游;从档次看,分为经济型和豪华型。

2. 运作特点

在传统观光旅游线路的基础上,针对老年人的特点,放松节奏、减轻强度,强调旅途的安全性、舒适性,价廉物美。

3. 卖点提炼

(1)周期长,行程丰富;

(2)花钱少,价值高;

(3)开眼界、长知识,生活变得多姿多彩;

(4)在旅途中结交同龄朋友,消除孤独感;

(5)全程有医生陪同,安全放心;

(6)交通工具舒适直达,无旅途疲劳奔波之感;

(7)菜肴清淡适口,价格实惠。

案例分析1:(国内旅游)

广西北海——老年人观光度假的最佳选择

近年来随着人们生活水平的提高,旅游热已是势不可当,而一些老年人,已从工作岗位上退了下来,儿女们也已长大成人,操了一辈子心也该让自己轻松一下了。到祖国的大好河山去走走看看,是不少老年人的心愿。但是,他们年老体迈,行动迟缓,参加旅游时很难和青壮年一样爬山涉水。所以,老年人旅游既要照顾到他们旅游的兴趣,让他们尽性而归,又要注意他们的身体,不能过度劳累。

北海是老年人度假的胜地

1. 空气、环境好

北海属亚热带季风性海洋气候,平均气温22℃,是一个冬无严寒、夏无酷暑的好地方。一年四季草木不枯,鲜花盛开,冬天最冷的时候也不下4℃,而且北海是中国最大的城市氧吧。在这里负氧气离子是内地的50~100倍。

2. 人少

市区面积957平方公里,人口约45万。这里地广人稀,不会有拥挤的人群,不会有太多的喧闹。

3. 交通便利

海、陆、空齐全。直达的高速公路,优良的航班,众多的海上航线,为您提供舒适、安全的服务。

4. 物价低

这里虽然不是购物的天堂,但这是一个产海鲜的天堂,能让你享受到无比美味的海鲜。这里所产的干海味制品闻名全国。另外,还有物美价廉的各类水果。

5. 房价低

这儿拥有众多的酒店,这些建在海边的花园式的酒店让您倍感舒适和惬意,在翠绿的花园和呼啸的海边上散步让您感觉自在而心旷神怡。

下龙湾是越南北方著名的疗养胜地

对于老年人来说,在下龙湾最享受的莫过于当他们坐在那古香古色的木船上吹着海风,船在海上的小山中穿梭,人坐在船上喝杯清茶,哼点小曲,看着青青的山、蓝蓝的海。此情此景会把他们这辈子的开心事都引上心头。

岸上那众多的有异国情调的咖啡馆也会让他们情真意切地拉上自己的老友三三两两地坐在一起诉说陈年旧事。

推荐线路:

组织老年人旅游责任重大。要组织好老年人旅游团,首先要制定一个详细的旅游指南。将行程详细告知老人们。旅游景点不必太多,要精中求好。其二,要指派一些责任心极强的导游人员照顾老人,当然有随团医生最好,以确保老年人在旅游期间的安全。另外,老年人在旅游期间自己也要备好常用药及其他安全用品,积极配合导游服务人员,以保证自己玩得放心,游得舒心。

线路一:南宁、北海生态游

第一天　南宁接团,游青秀山,住南宁。

第二天　南宁乘车前往北海,游银滩,去还珠堂观看世界贝类珊瑚展览馆,住北海。

第三天　游北部湾广场、海滨公园、海底世界(自费),晚观音乐喷泉,住北海。

第四天　红树林一日游,住北海;

第五天　返回温暖的家。

线路二:北海、越南下龙湾、河内、南宁七日游

第一天　抵达北海,住北海。

第二天　游北部湾广场、海滨公园、海底世界(自费)、银滩、晚观音乐喷泉,住北海。

第三天　北海乘车往东兴,中越友谊大桥过境越南芒街,观北仑河风光,边贸市场,芒街乘快艇前往下龙, 住下龙。

第四天　乘船游世界八大自然遗产之一下龙湾,下午乘车往河内,游西湖,住河内。

第五天　游巴亭广场、主席府、故居、胡志明陵、军事博物馆、驻越中国大使馆、还剑湖、下午乘车返下龙,住下龙。

第六天　下龙乘快艇返芒街,回国东兴乘车返南宁,住南宁。

第七天　游青秀山,中餐后返回温暖的家。

线路三:北海、越南下龙、吉婆岛休闲度假游

第一天　抵达北海,住北海。

第二天　游北部湾广场、海滨公园、海底世界(自费)、银滩、晚观音乐喷泉,住北海。

第三天　北海乘车前往东兴,中越友谊大桥过境越南芒街,观北仑河风光,边贸市场,芒街乘快艇往下龙, 住下龙。

第四天　乘船游海上桂林——下龙湾,游船抵达吉婆岛,游森林公园,漫步富有西方文化的沙滩,逛西方与越南文化相结合的海堤街,住吉婆岛。

第五天　乘游船返下龙湾,观下龙市容市貌,晚上,参观越南皇家公园,尽情地观看越南水上木偶戏、斗鸡、民族特色歌舞表演等。住下龙。

第六天　下龙乘快艇返芒街,回国东兴乘车返南宁,住南宁。

第七天　返回温暖的家。

老年人游北海小贴士:

1. 爱运动的老年人可以一大早到北部湾广场散步,每天早上有很多的老年人在这里晨练,打太极拳、跳迪斯科、练太极剑。在夜幕下的沙滩上散散步或小跑一下您会得到一种难得的身体换氧的方法。

2. 晚上可以到海门广场听听当地民众自发的京剧、粤剧演唱。

3. 晚上的长青公园内有好几个露天的舞场,市民都兴致勃勃地闻歌起舞。

4. 不下海游泳的老年人可以在沙滩上放风筝,在绿荫下下棋,在沙滩上打一场门球也不错。您还可以勇敢地换上泳装晒晒太阳,让皮肤变得更健康。

5. 喝点东园家酒,这是活络筋骨、强身健体的保健酒。

6. 有钓鱼雅趣的,可自备鱼竿,北海冠头岭的海边由于游人较少、海水清而浅,是钓鱼的好地方。在这里钓鱼往往会有另外一种惊喜,因为您不会知道有时钓上来的是鱼还是螃蟹。

案例分析2:(出境旅游)

美国东西海岸、大瀑布十四日夕阳红老年游

尽揽美国东西海岸主要景点,东岸进西岸出,行程安排宽松合理。

* 区别于常规行程,涵盖了著名的尼亚加拉大瀑布,优胜美地国家公园,赫式古堡等特殊景点。

* 签证费用另计:1500 元/人

具体行程

第一天　上海/首尔/纽约

从上海搭机前往被誉为"美国大苹果"的城市——纽约,抵达后专人接机。入住酒店休息。(晚上若有时间,可以参加自费活动——纽约市夜游,欣赏美国最大城市的迷人夜景。纽约越夜越美丽。)

住宿:当地三星级酒店　　　　　　　　　　　　　交通:飞机

第二天　纽约

乘车前往纽约市区观光,包括:前世贸中心遗址(外观)、世界金融中心——华尔街、建筑风格古典庄严的美国早期议事厅——联邦厅(外观)、17 世纪欧洲移民建立的老殖民区、帝国大厦(外观)等。结束后,搭乘曼哈顿观光游轮,沿着哈德逊河至东河,经自由女神岛,在象征美国自由精神的标志——自由女神像前摄影留念;登岸,继续市区观光,参观美国表演艺术的殿堂——林肯中心(外观)、人潮汹涌的第五大街、并漫步格调高雅的洛克菲勒广场。

住宿:当地三星级酒店　　　就餐:早餐、中餐、晚餐　　　交通:巴士

第三天　纽约/费城/华盛顿

驱车前往宾州,直达美国革命的诞生地——费城。参观自由钟、独立厅(外观)、旧国会大厦(外观)等。结束后,驱车前往美国首都华盛顿特区,游览国会大厦(外观)、白宫(外观)、林肯纪念堂、越战纪念碑、韩战纪念碑以及世界最大的艺术、文化、科学中心——史密斯桑尼亚博物馆群

住宿:当地三星级酒店　　　就餐:早餐、中餐、晚餐　　　交通:巴士

第四天　华盛顿/大瀑布

告别多姿多彩的华盛顿特区,驱车北上,经宾州,前往美加边境的尼亚加拉瓜大瀑布。沿途欣赏美丽风光,途经康宁玻璃中心,参观热玻璃的制造过程,这项工艺会使人大开眼界。夜幕低垂时,车抵尼亚加拉大瀑布,入住酒店休息。

住宿:当地三星级酒店　　　就餐:早餐、中餐、晚餐　　　交通:巴士

第五天　大瀑布/洛杉矶

白天的瀑布景色雄伟壮丽,与七彩缤纷的夜景截然不同,又各有千秋。未见其

影，先闻其声，气势如万马奔腾，又似春日雷鸣，令人叹为观止！（可自费搭乘“雾中少女号”，徜徉在波涛起伏的湖面上，水花迎面扑来，更能增添一份震撼力）。游览完娟秀雅致的山羊岛后，前往水牛城，搭机飞赴美国西海岸最大城市洛杉矶。抵达后，热情的导游将在行李认领处等候您的到来。

住宿：当地三星级酒店　　　就餐：早餐、中餐、晚餐　　　交通：巴士

第六天　洛杉矶

早餐后，市容观光：明星大道、中国戏院、音乐中心等。午餐后，游览环球影城，是全球最大的电影、电视制片厂，全年游客如织。游园车载着您，经过生动逼真的电影场景，使您有身临其境的感觉；《水世界》等真人表演，令人叹为观止。

住宿：当地三星级酒店　　　就餐：早餐、中餐、晚餐　　　交通：巴士

第七天　洛杉矶/丹麦村/赫氏古堡/圣弗朗西斯科

清晨，搭乘豪华大型旅游巴士自洛杉矶出发，沿着黄金海岸开始三天两夜的知性之旅。大约中午时分到达丹麦城。古老的风车，北欧式的建筑勾勒出小村淡淡的轮廓，离开这可爱的小城后，沿着黄金海岸北上，抵达美国报业巨子斥资千万美元所修建的赫氏古堡参观（外观）。透过薄雾，西班牙式的建筑群依稀可见，掩映在山峦之间的古堡越发显得庄严和神秘。傍晚，抵达旧金山。

住宿：当地三星级酒店　　　就餐：早餐、中餐、晚餐　　　交通：巴士

第八天　圣弗朗西斯科

早餐后，游览金门湾、金门大桥、渔人码头、唐人街、艺术宫等。夏日白雾冷风总爱与金门湾的入海口纠缠在一起，笼罩住海湾里起伏的山丘。诗情画意一般的金门大桥飞跨金门湾，连接圣弗朗西斯科北边的马林郡与红木森林；橙红色长龙卧波，更成为圣弗朗西斯科著名的商标之一。沿海湾讨生活的渔夫销声匿迹，渔人码头已成为观光圣地。或自费乘游轮出海，畅游海湾。俄罗斯山的陡峭，反而成就了伦巴街独特的九曲十八弯。

住宿：当地三星级酒店　　　就餐：早餐、中餐、晚餐　　　交通：巴士

第九天　圣弗朗西斯科/优胜美地/费雷斯诺

早上，驱车前往著名的优胜美地国家公园，作为大自然的杰作之一，优胜美地靠近内华达山脉的地理中心地区。巍峨雄伟的花岗岩，气势磅礴的瀑布和宁静的山谷，使优胜美地从任何一个角度看上去都宛如仙境一般。下午，前往弗雷斯诺，在宁静的小镇上稍作休息，有机会可以自行品尝美国特有的蓝宝石石榴，其果皮呈大红色，果形果色相当美观，果肉呈蓝黑色，甜酸可口。

住宿：当地三星级酒店　　　就餐：早餐、中餐、晚餐　　　交通：巴士

第十天　弗雷斯诺/拉斯韦加斯

早上，前往内华达州世界著名的赌城拉斯韦加斯，抵达后参观威尼斯人酒店。晚上可自费夜游拉斯韦加斯，感受赌城灯光璀璨的夜生活。大家可欣赏著名的耗

资千万的天幕,贝拉吉奥喷泉及 Rio 空中花车等表演。

住宿:当地三星级酒店　　就餐:早餐、中餐、晚餐　　交通:巴士

第十一天　拉斯韦加斯/西峡谷(玻璃桥)/拉斯韦加斯

全天自由活动,或者自费乘车前往西峡谷游览。峡谷的壮观让您不得不赞叹大自然的神奇伟大。您还可自费参观位于大峡谷西缘的一大新建筑物“玻璃桥”。在桥上,你可以欣赏到720°的大峡谷景观,桥下美景尽收眼底,使人心情激动、叹为观止。下午,返回拉斯韦加斯。

住宿:当地三星级酒店　　就餐:早餐、中餐、晚餐　　交通:巴士

第十二天　拉斯韦加斯/直销购物中心/洛杉矶

早上,离开拉斯韦加斯前往洛杉矶,回洛杉矶前经拉斯韦加斯 Premium Outlet 工厂直销购物中心采购价廉物美的世界名牌。在前往洛杉矶沿途中欣赏沙漠风光,在沙漠小镇巴斯托小休,傍晚时分抵达洛杉矶。晚餐后,送往机场。

住宿:飞机上　　就餐:早餐、中餐、晚餐　　交通:巴士

第十三天　洛杉矶/首尔

搭乘航班, 返回甜蜜的家园, 祝旅途愉快!

住宿:飞机上　　就餐:早餐、中餐、晚餐　　交通:飞机

第十四天　首尔/上海

搭乘航班抵达上海,结束愉快的旅程。

就餐:早餐　　交通:飞机

费用包含:

1. 机票:豪华客机往返经济舱机票。
2. 酒店:行程表上所列或同级酒店(以两位成人共用一房为原则)
3. 膳食:行程中所示用餐。
4. 交通:采用专车,及行程内所列之各种交通工具。
5. 景点:行程上所列第一景点门票。
6. 行李:每位限携带手提行李1件及托运行李1件(重量不超过20KG,具体详情视乎航空公司而定)。

※美国所有酒店都无法加床,如单人报名,我社会尽量安排拼房,但如出现单男单女需补单房差。

费用不包含:

1. 个人护照费用
2. 燃油附加税
3. 美国签证费
4. 个人境外消费
5. 行程内除了自由女神和环球影城,优胜美地之外的其他景点需要门票

6. 导游、随团领队、酒店服务员、司机服务费，美金 6.00 元/天/人

7. 旅游签证费用

8. 个人旅游保险(本公司强烈建议旅客购买旅游保险，以保障旅客利益)

9. 行程意外观光节目或自费活动项目

10. 各国酒类、汽水、洗衣、电报、电话及一切私人性质之费用

11. 因罢工、台风、航班取消或更改时间，交通延阻及其他不在本公司控制范围内情况所导致的额外费用

自费项目：

赫氏古堡(24 美元/人)，玻璃桥(32 美元/人)，大峡谷西缘(90 美元/人)

保险：

建议购买境外人身意外保险(30 元/人)、航空保险(20 元/人)

其他提示：

签证须知：

美国签证面试领区划分：

1. 北京领区：北京、天津、河北、湖北、河南、山东、山西、陕西、甘肃、青海、内蒙古、新疆、江西、湖南

2. 沈阳领区：辽宁、吉林、黑龙江

3. 成都领区：云南、贵州、四川、重庆、西藏

4. 广州领区：广东、广西、海南、福建

5. 上海领区：上海、江苏、浙江、安徽

申请美国旅游签证请提供下列资料：

1. 完整填写的个人资料表格

2. 6 个月内拍摄的 2 张 50×50mm 白色背景彩色露耳正面照

3. 有效期半年以上因私护照(护照末页本人签名)，日期从出发日起算

4. 个人资产证明至少 10 万元(存款、房产、车产、股票及有价证券等证明本人财产的证明及配偶名下的资产)

5. 存折和存款证明(至少 10 万元)

6. 法人提供营业执照副本原件，非本公司法人可提供复印件并加盖公章

7. 在职证明(请用公司抬头纸打印并加盖公章领导签字，样本由我社提供)

8. 中英文名片各两张

9. 身份证、结婚证、户口本原件、国外著名景点合照、近期全家福照片

10. 退休人员请提供退休证原件，无须提供以上个人公司资料

11. 学生请提供学校在读证明(用学校抬头纸打印并加盖学校公章)，学校简介彩页，学生证原件

重点申明：

1. 申请人需满足：未申请过美国移民，无任何不良记录的当地居民。

2. 凡申请过美国签证的客人，无论其申请是否被拒签，都要如实说明。

3. 请在报名时递交护照、报名表、照片、名片和其余资料的复印件。

4. 培训时请务必携带所有资料原件，我社人员有权在审核资料后决定是否协助您申请签证。

5. 请您务必最大限度提供相应资料以有利于您的签证申请。具备以上资料并不能保证客人获得美国签证，在办理过程中因材料不准确而要求客人补充材料的可能。

6. 我社保留因使馆签证要求的变化而相应调整须知条款的权利。

特别提示：

1. 团队机票一经确认出票，不得退票，不得改签，全额损失；

2. 团队旅游原则安排同性或夫妻一间房间，如出现单男单女，请夫妻务必配合轮流拆房住；

3. 团队一般16人以上发团，不满16人发团不安排领队；

4. 特殊团队独立成团价格另议；

5. 客人出发前损失，机票一旦开出即全额损失，其他情况具体请电话咨询；

6. 以上价格不含司导小费、单房差、个人境外消费以及不可抗拒因素带来的价格变化。

（二）疗养型

人到老年，时间宽裕，在生命机能进入衰退期的时候，往往有一种莫名的困倦和烦恼。各种与年纪有关的疾病不期而至。如，高血压、冠心病、肺心病、糖尿病等。医学研究表明：优美的景观可使大脑皮质出现一个新的外来的活动，从而消除精神紧张和心理矛盾，稳定情绪，改善睡眠和食欲，对于长期因过度紧张或心理失衡而引起的某些心身疾病具有良好的治疗作用。温泉含有丰富的微量元素，对机体有特异性医疗作用，主要是对中枢神经系统的镇静作用和植物神经的平衡协调作用。另外，整洁舒适的生活环境，配以适当的文体活动，如唱歌、跳舞等，也可缓解疗养员平时紧张的心理，对调节植物神经功能紊乱有较显著的作用。

这两年，很多老年人将旅游与养病结合起来，玩也玩了，病也养了，一举两得。据了解，海南各地的老年公寓几乎都已爆棚。《海南日报》上就曾有人撰文说：“随着越来越多的内地老人来海南养老，养老业可以作为一种新的产业在海南发展。”老人们在这里充分享受温暖的阳光和洁净的空气，尽享晚年之乐。每年当气候变冷后，很多老人成群结伴飞往南方。他们在那里少则住一两个月，多则住完整个冬天。不少“候鸟老人”甚至干脆就在海口或三亚买了房子，准备在那里长期养老。也有不少老年人以每月几百元左右的价格，租下私人房屋居住，一般要住3~4个月的时间才返回家乡。

1. 运作特点

将疗养与旅游相结合,尤其适合老年人。

2. 条件要求

疗养地对自然环境要求很高,一般需要空气新鲜、流畅,含有大量负离子;光照时间长,紫外线充足;风景秀丽,山水幽静,人口密度小,环境污染少的地区。一些著名的海滨疗养地,如北戴河、海南岛、厦门鼓浪屿等,内地,包括昆明、杭州、庐山等都能满足这些条件。

3. 卖点提炼

(1)玩也玩了,病也养了,生理心理都舒服。

(2)学习养生知识,增加保健意识。

(3)安排体检。

案例分析:

海南老年养生十日游

出发城市:北京　　目的城市:海南

线路天数:10 天　　计划人数:20 人

行程特色:

- 专为老年人设计的产品,让您感受好气候、好空气、好海水,天天与大海接触,越活越年轻!
- 5 天旅游 +5 天养生(四星标准酒店)=10 天老年朋友的健康养生旅程!
- 选取海南最具代表性的精华景点行程 + 老年特色疗养,张弛有度,全程无强制消费!旅游与休闲相结合!
- 参观海南特产加工厂,让您目睹制作的全过程!
- 游览期间提供随团医护人员,每人每天赠送矿泉水 1 瓶,并赠送旅游人身意外险!

行程安排:

第一天　北京/海口(飞行 3.5 小时)

北京乘飞机前往海口,抵达海口美兰机场。导游专车接机。沿途欣赏椰城美景。入住酒店。

第二天　海口/三亚

早餐后,乘车赴三亚(车程 3 小时左右)。沿途欣赏椰梦长廊,游览国家 4A 级风景名胜天涯海角(含门票电瓶车)、南天一柱、大(小)东海旅游区。享受沙滩日光浴,自费体验各种水上娱乐项目(潜水、摩托艇)等。午餐后,前往生态茶艺馆,欣赏茶文化表演,了解海南五指山生态茶苦丁的保健功效。

第三天　三亚

早餐后,游览国家 5A 级景区南山文化旅游区(含电瓶车、含素斋),登长寿谷,呼吸海岛新鲜空气,感受热带雨林的原始、神秘、刺激。体验“福如东海长流水、寿比南山不老松”的情怀。登百岁阶,向上走长命百岁,向下走返老还童;观百寿堂,找寿数寿;看寿倒三松,感受南山福寿文化;参拜谷顶“无量寿佛”,祈求长寿健康,参观被称为天下第一龙砚“日月腾飞龙凤砚”。观望108米高的海上观音佛像,游览“慈航普渡园”和“如意吉祥园”等景观。或自费参加放生、植树、放飞和平鸽、小月湾自驾等独具南山特色的旅游活动……

午餐后,享用南山自助素斋。参观黎村苗寨(约40分钟),体会古朴而浓郁的原始黎苗民俗风情。之后,前往鹿回头山顶公园,游览土特产超市,自由选购海南特产。

第四天　三亚/兴隆

早餐后,领略“天下第一湾”的神采。体味“三亚归来不看海,除却亚龙不是湾”的山海经四部曲,蝴蝶谷、贝壳馆、中心广场、亚龙湾沙滩(约90分钟)。根据时间,乘车赴兴隆(车程3.5小时),入住兴隆金叶桃源度假酒店或同级。

第五天　兴隆

早餐后,乘车赴琼海(车程1.5小时左右),沿途欣赏万泉河,参观红色娘子军纪念园(约40分钟)的和平广场、娘子军塑像、娘子军陈列馆等。参观博鳌论坛会址外景、玉带滩游船、唱响李双江的“我爱万泉河、我爱五指山”。乘车赴兴隆(车程1.5小时左右),游览兴隆热带植物园,品尝兴隆特色咖啡,观赏数千种珍稀热带植物。入住兴隆温泉酒店。可自费享受小鱼温泉或观赏红艺人表演。

第六到九天:兴隆

充分享受自由空间,快乐地休闲疗养度假

特色活动:

疗养期间,我们将为老人专门安排:(1)参观海南特色椰饼加工厂 (2)参观海南咖啡加工全过程

休闲娱乐服务安排:

1. 晨练:6:40—7:40(医疗保健操及24式太极)

2. 湖边垂钓:09:00—11:00(免费配备专用鱼竿、特制鱼饵,优惠计费垂钓战利品并免费加工)

3. 拔河比赛:10:00—11:30(分组进行,有友好啦啦队热情助阵)

4. 乒乓球:全天候免费开放

5. 棋牌室:全天候开放、按使用时间优惠计费,自由搭档,重在娱乐。

6. 自行车:全天候开放,按使用时间优惠计费,骑自行车游览兴隆小镇,一睹华侨农场的风采。

7. 果园采摘:15:00—17:00(游览私家果园,感受泥土气息,采摘水果收费优惠)

8. 卡拉OK:20:00—23:00(卡拉OK外场独立使用,大联欢,随心唱,啤酒畅饮)

9. 阳光咖啡温泉浴:15:00—16:30(独立泡池,享受咖啡温泉,健身益神)

10. 深情留言:结束疗养前,由酒店管理人员亲自赠送纪念品,疗养团领队代表总结这几天的疗养收获和感受,以文字或照片的形式留在酒店,并对接待和服务提出宝贵意见。

第十天　海口/北京

早餐后,搭乘航班返回北京,结束愉快之旅!!

报价包含:

1. 交通:往返飞机票(机场建设费),游览期间空调旅游巴士

2. 酒店:四星或同级酒店双人间标准,独立卫生间,自然单间,报名如出现单数,请相应补交房间差价(自备日常用品:牙膏、牙刷、毛巾、香皂等)

3. 膳食:旅游期间,八正餐四早餐(五日游),正餐八菜一汤+餐后水果,早餐五点一粥,疗养期间,八正餐五早餐,正餐两荤两素,餐三点一粥

4. 门票:行程所列景点的首道门票

5. 导游:当地导游服务

6. 保险:旅行社责任险和旅游人身意外保险

报价不包含:

1. 北京机场接送、航空保险;行李物品保管及托运行李超重费

2. 洗衣、电话、饮料等个人消费

3. 行程之外的观光节目、行程中未提及的费用、自费项目、酒店住房单间差价

4. 因交通延阻、罢工、大风、大雾、航班取消或更改时间等不可抗力原因所引致的额外费用

友情提示:

1. 客人自愿取消的项目费用一律不退还

2. 行程供参考,将根据具体航班和实际情况调整出发时间与行程。但保证不减少游览参观项目,不降低服务标准

3. 最终航班车次抵离各地的时间及地点请以交通票据为准

4. 出发当日请随身携带好个人有效证件(身份证、军官证、教师证等)

5. 最终行程以出团计划为准,最终出团计划通常在出发的前一天提供

6. 由于天气、交通、自然灾害等诸多人力不可抗因素所造成的行程延误或产生的费用由客人自理

7. 由于政府原因,或当地大型活动所造成的酒店住房、景点参观、行程等变更或取消,请您给予谅解

8. 取消及变更要求请以国内旅游协议书为准

9. 注意安全,特别提醒,贵重物品请随身携带保管

10. 请携带防雨、防晒、防蚊虫叮咬用品和常用小药品

11. 自费景点价格:鱼疗温泉168元/人,南湾猴岛138元/人,大小洞天138元/人,《浪漫天涯》歌舞160元/人

(三)兴趣型

对老年人来说,退休回家意味着真正拥有了属于自己的时间,能够享受属于自己的休闲生活。不少老人选择重新回到学校,他们或者徜徉书法绘画,或者沉醉音乐舞蹈,甚至有些人不甘落后,学起了电脑上网。可以说,老年大学是真正的兴趣型的学校。老年人的求知欲望与功利性有明确目的的学习完全不同,老年求知更加接近于自我完善、自我发展的最高层次的需要。

旅游不仅是一种娱乐方式,也是一种学习方式,古人讲"读万卷书,行万里路"。开展兴趣型的旅游,显然针对的是特定兴趣群体的特殊需要。它的规模不会很大,但对细分市场的号召力却十分强大,主题鲜明,形成与普通产品极大的差异性,从而实现高价值、高价格、高利润。如果开展得好,也具备良好的社会效应与企业形象宣传作用。

1. 运作特点

具有特定兴趣爱好的老人结伴出行,开展具有主题特色的旅游活动。

2. 促销手段

可考虑与老年大学合作,开展学员的修学旅行。

3. 卖点提炼

(1)寓学于玩,其乐无穷;

(2)结交知音,相互切磋;

(3)主题活动明确;

(4)旅途活动根据需求量身打造,参与性强;

(5)结束后形成相应成果。

案例分析:

2010年"夕阳红"安徽池州老年摄影之旅

行程安排:

第一天　早上7:00上海发车,大约在中午11:30到达丫山风景区(门票80元/人)。午餐后先拍摄万亩牡丹花,再拍摄千亩石林景区。

第二天　早上7:00用餐,7:30发车赴池州市(车程约1.5小时)拍摄有江南阿里山之称的"九华天池"景区(门票80元/人,活动时间3小时),午餐后赴秋浦河风景区(漂流加渔村门票78元/人),活动时间一下午加晚上篝火活动。

第三天　早上7:00用餐,7:30发车赴池州市区,拍摄唐代诗人杜牧诗中原址——杏花村景区(门票88元/人,活动时间1.5小时)。然后,去市区内的平天

湖景区(免费),该湖是杭州西湖面积的3倍。午餐后返沪,大约在晚上7:00到达上海,全程圆满结束。

服务标准:

1. 交通:空调大巴往返
2. 住宿:宿宾馆二人标准间
3. 用餐:两早餐五正餐(85元/人)
4. 门票:景区门票按挂牌价3~4折自理
5. 导游:导游全程服务

(四)情感型

老年人对于和睦情感的需求高于一般人,生活阅历的积累,使他们更容易与人相处,生活压力的顿然减轻,也使他们容易产生失落感,从而更加依赖情感的安慰;家庭生活对老年人来说显然至关重要,中国的国情是双职工家庭,平时忙于工作,将小孩托付给父母的时间较多,于是老人家与孙辈的感情更为浓厚;无配偶的老年人(离婚、丧偶、独身)在生活上的孤独感很强,很需要伴侣的相互照料、体贴,以满足物质上及精神上的需要,故而,老年人对婚姻的需求,应该得到社会及子女的支持。

1. 运作特点

通过旅游活动,加深老年人和他们所爱的人的感情联系。

2. 卖点提炼

(1)感受人间真情,夕阳无限温暖;

(2)找寻一份情感的寄托;

(3)有"家"就不寂寞;

(4)再次焕发青春。

案例分析1:(合家欢乐型)

我带爷爷奶奶科普行

今年的暑期祖孙科普行特意选择了浦江源头安吉,是因为旅程安排很休闲惬意,在轻松中让祖孙尽享自然风光,符合老少共游的特点。

活动主办方对记者说"祖孙行"这样的形式还是第一次尝试,考虑到孩子们放假在家,爷爷奶奶又是陪伴他们的"主力军",何不让孩子们带着爷爷奶奶一起出门过一个愉快、有意义、有收获的暑假,同时又能享受旅途中的祖孙亲情。这次活动主办方为整个活动精心设计了丰富多彩的活动,如:篝火晚会、主题摄影赛、最佳亲情祖孙拍档评选等,在整个行程中让祖孙充分体验亲情情趣、科学乐趣、自然生趣、农家田趣。

据悉这次为期3天的"祖孙科普行"不仅包含所有安吉湖州的著名景点,如大竹海、龙王山、飞英公园等,还将在旅程中介绍科普知识,举办科普小竞赛等。让孩子们跟爷爷奶奶在游玩的同时,能学到不少科普知识。

主办方希望这样的活动今后能够每年暑期都举办,让老人们和孩子们在愉快的环境下学到知识、体验绿色生活。

孩子们,带着爷爷奶奶一起参加科普行吧!

行程安排:

第一天　早晨人民广场出发,车赴湖州,参观飞英塔、莲花庄,午餐后车赴安吉自由活动,晚餐后进行科普知识小竞赛。宿农家。

第二天　早晨安排晨练,早餐后车赴龙王山,探寻黄浦江源头,亲手测试水质,午餐后认识各类农作物,并下田共享农趣,晚餐后安排篝火晚会。宿农家。

第三天　早餐后车至大竹海、安吉镇,午餐后安吉镇自由活动,下午返回上海人民广场,结束游程,返回温馨的家。

收费标准:

单人288元、祖孙两人538元、祖孙三人778元。

提供标准:

空调旅游车;

二早餐五正餐(其中二早餐三正餐为农家特色餐);

所列景点第一门票;

住宿:

3~4人房,干净卫生(提倡环保,请自带洗漱品);

全程导游服务;

旅行社责任险。

案例分析2:(交友型)

中老年人夕阳红交友旅游线路广西云南三卧十三日游

推荐理由:

春城昆明、风情大理、魅力丽江、山水桂林、休闲北海……您将在假期的结伴同行中寻觅到您长久以来所期盼的友情。

行程特色:

本次活动只允许中老年人参团,绝不是常规拼团(各种年龄层次都有),以便游览途中步调一致。

特别安排——乘小游船游览洱海(含洱海保护费);游览云南风情之彝人古镇、喜洲民居;游"丽江古城",夜游"束河古镇";乘坐游船游览漓江风光;参观您最喜爱的刘三姐大观园

美食安排——桂林米粉(早餐)、啤酒鱼(晚餐品尝)。

行程安排:

第一天　17:30,在重庆菜元坝火车站问询处见"99夕阳红"旗帜集合,发放:

火车票、旅游帽、旅游胸牌,然后在陪同导游的带领下登上2652次列车(硬卧)。(19:12发车,以火车实际离站时间为准)。

第二天 火车上自由活动,沿途欣赏云贵高原风光!晚上21:18抵达昆明,入住宾馆。(昆明——四季如春,久负盛名的“春城”;四季花开,也是闻名全国的“花都”。)

第三天 早餐后,车览昆明市容市貌。前往游览大观公园(约1.5小时),登“万里云山一水楼”——大观楼,凭栏远眺滇池、西山的美景;赏180字的天下第一长联,其气势宏大、意境深远。参观云南省药材公司。可自费游览:民族文化村(自费:100元/人,约3小时),这个村集云南25个少数民族于一体,了解各民族的建筑风格、民族服饰、民族风俗,观赏激光喷泉、水幕电影、民族歌舞、大象表演,品尝民族风味小吃,购买民族工艺品。中餐后,游览翠湖公园(约1小时),翠湖水光潋滟,绿树成荫,楼现波心,环境优美,是昆明城内的一颗绿宝石,有“城中之玉”的美称。然后,漫步于被誉为昆明象征的——金马碧鸡坊、东西寺塔文化街(约40分钟),在这里您可随意逛那些极富民族特色,惟妙惟肖的泥塑,让您在开怀一笑之余了解原汁原味的老昆明风俗。参观景兰珠宝商场。随后乘车前往大理,入住宾馆。

第四天 早餐后,前往游览彝人文化古镇(大约1小时),以彝式的风格情调为主,把彝族的文化穿插其中,可谓处处是景观,处处有典故。随后,乘小游船游览洱海(已含洱海保护费30元/人,大约1小时),领略“船在碧波漂,人在画中游”的诗一般的意境;您还可以登上小普陀岛。中餐后,乘车前往丽江(丽江,世界文化遗产,被誉为“东方威尼斯”、“高原姑苏”),途中参观新华民族村(大约40分钟)。抵达后,夜游丽江古城,当晚自费品尝丽江当地特色小吃:丽江粑粑、东巴烤鱼、纳西烤肉、酥油茶等。晚上,可以自费欣赏大型民族舞蹈诗画——丽水金沙(自费:140~180元/人,约2小时),以舞蹈诗画形式,荟萃滇西北高原民族文化气象、亘古绝丽的古纳西王国的文化宝藏,择取最具代表性的文化意象,全方位展现丽江独特而博大的民族文化和民族精神。

第五天 早餐后,乘车前往游览拉什海高原湿地风景区(约2小时),那里,有古老的茶马古道,有唱着纳西民歌的豪放马夫,有成群的过冬候鸟……随后返回,重游丽江古城(已含丽江古城维护费80元),漫步古城青石路上,眼前呈现出一幅古朴、典雅、幽静的画面:纳西风格的民居鳞次栉比,清清的溪流穿城过巷,一座座小桥如彩虹般横跨小溪,排排垂柳在清风中摇曳;无数小巷弯弯曲曲,纵横交错,恍若迷宫。在“权镇四方、形如官印”的丽江四方街漫步,那是丽江古城最繁华的地方,极具民族特色的各式商品琳琅满目。参观佳吉螺旋藻配送中心。远眺奇丽壮观、终年积雪的玉龙雪山。晚餐后赠送游览电影《千里走单骑》的拍摄地——束河古城(约1小时)。

第六天 早餐后,乘车返大理,游览大理古城(约1小时),城内流淌着清澈的溪水,到处可见古朴典雅的白族传统民居。漫步驰名中外的——洋人街,这里是外国游客在大理的散集地、外国友人旅居大理的温馨家园。随后游览全国最大、最原始的白族民居群——喜洲(约1小时),这里以典型“三坊一照壁”及“四合五天井”的白族庭院格局为主,兼有一向二坊、二向三坊、五福寿、六合同春、走马转角楼等格局;在民居内欣赏白族歌舞表演,品尝一苦、二甜、三回味的著名的白族三道茶。远观大理“文献名邦”的象征——崇圣寺三塔。然后乘车前往楚雄,入住宾馆。(大理——“风花雪月”,同样名满全国。东临洱海,西枕苍山,城楼雄伟,古朴幽静。)

第七天　早餐后,乘车返回昆明。中餐后,市内自由活动,可以前往“云南十八怪——鲜花论斤卖”的全国最大的鲜花批发市场——联佳盟花市,购买如意鲜花、干花。晚餐自费品尝昆明当地的特色风味小吃。晚上乘坐2638次空调列车(硬卧)前往南宁。(19:31发车,以火车实际离站时间为准)

第八天　早上08:48抵达南宁火车站,早餐后,乘车前往有“东方夏威夷”之称的北海,游览:国家4A级风景区、有着“天下第一滩”之称的——北海银滩(约2小时),这里以“沙细白、浪柔软、水温净、滩长平、无急流、无生物害、无鲨鱼”而享誉天下!在这里,您可以尽享休闲:漫步沙滩、拥抱大海、淋浴阳光。也可以自费乘坐“明珠号”游船(船票自理180元/人,大约2小时。在船上免费享受海上垂钓,贝类螺类海鲜自助烧烤,各式棋类、麻将,望远镜眺海景,异国风情歌舞表演、民族舞蹈及各种形式的表演节目。参观南珠基地,了解北海特产——南珠的养殖、生产、加工、销售过程。观金庸题词的“外沙海鲜岛”。晚上,自费品尝北部湾的丰盛肥美海鲜(约150元/人)。

(北海——具有亚热带滨海风光,景观丰富、空气清新、高负离子、气候宜人。)

第九天　早餐后,游览具有亚热带风情的北部湾广场(约30分钟),以及被誉为“广西第一雕”、北海城市代表及象征的“南珠魂”城雕。随后,乘车返回南宁,车观市容市貌。中餐后,乘火车(硬座)前往“山水甲天下”的——桂林。晚抵达桂林,入住宾馆。

第十天　早餐品尝桂林米粉。随后游览4A级风景区、桂林城徽——象鼻山(约1.5小时),游览水月洞、朝阳亭、象鼻岩、云崖轩,亲身领略“水底有明月,水上明月浮;水流月不去,月去水还流”的美妙景色。参观星峰厨具店。随后前往游览明代藩王皇家府地——靖江王府(也称为“桂林王城”,约2小时),这里浓缩了最近几百年来桂林的历史和文化,正所谓“阅尽王城知桂林”,随后登上被誉为“南天一柱”的——独秀峰,俯瞰桂林全貌,“桂林山水甲天下”的词句就是刻在这里。参观戴比尔斯珠宝店。然后前往阳朔,晚餐赠送品尝阳朔一绝——啤酒鱼。途中可自费游览世外桃源(80元/人,约1.5小时)。

(桂林——以其独有的特点:“山奇、水秀、石美、洞异”著名海内外。)

第十一天　早餐后，乘车前往兴坪古镇码头，乘船游览——漓江风光（兴坪/渔村/兴坪，约2小时）：沿途欣赏黄布倒影、兴坪佳境、浪石仙境等特色景点，亲身体验"分明看见青山顶，船在青山顶上行"的奇妙意境。远观陆上十里画廊——高田风光景区，远眺骆驼过江，乖熊山等景点，在田野间放飞心情，体验人与自然的完美结合，享受健康悠闲的乐趣。可以自费游览：4A景区——银子岩风景区（自费：90元/人，约1小时）。随后返回阳朔，漫步著名的"中国洋人街"——阳朔西街（约1.5小时）：这里，时刻都会看到不同国籍不同肤色、操着不同语言的老外，谈笑风生，款款而来。漫步在古朴中透着异域情调的青石板街道上，纯粹的放松心情，将休闲进行到底……还可自由选购具有少数民族特色的手工艺制品如蜡染、刺绣等。随后返回桂林，晚餐后可自费参观由张艺谋导演的大型山上实景演出——《印象刘三姐》（自费：200元/人，约1.5小时）。

（阳朔——中国第一旅游名县。"桂林山水甲天下，阳朔堪称甲桂林"，不到阳朔，就不算到了桂林。）

第十二天　早餐后，游览刘三姐大观园（约1.5小时），这里，既能观赏刘三姐演艺厅里演员们生动形象的歌舞表演，还能亲自体验广西壮、侗、苗、瑶等民俗风情及生活情趣。参观茗坊茶艺馆。随后漫步与威尼斯相媲美的桂林环城水系两江四湖——榕杉湖景区（约1.5小时）：日月双塔、音乐林荫道、水晶玻璃桥、古南门。这里绿树、亭台、水榭、曲桥、湖光，浑然一体，俨然一派人间仙境。中餐后，前往桂林火车北站，乘坐K651次空调快速列车（硬卧）返回重庆（13:34发车，以火车实际离站时间为准）。

第十三天　在火车上欣赏祖国大好河山！早上08:29抵达重庆龙头寺火车站，结束愉快的旅程！

服务标准：

1. 交通：重庆→昆明→南宁、桂林→重庆为火车硬卧票，南宁→桂林为火车硬座票，景区间使用当地空调旅游车。

2. 住宿：当地普通宾馆双人标准间[产生单男单女调配三人间（加床）或客人自行补足单房差]。丽江的宾馆没有空调。

3. 用餐：十早餐十七正餐（正餐八菜一汤，十人一桌，当地口味）；赠送品尝：桂林米粉、（阳朔）啤酒鱼！

4. 门票：所含景点门票为第一道门票（自费景点除外）。请务必携带：身份证、老年证、离休证等有效证件。

5. 导服：重庆起止专业导游全程陪同，旅游当地专业优秀导游服务！

费用不含：

旅游意外险，航空保险，景区索道，自费、娱乐项目及增加行程外景点的门票、车费、导服及私人消费。

备注信息：

本次活动特别提醒：

1. 参加本团的人则视为参团本人的身体健康情况足以适应此次旅行活动，在此次旅游活动过程中若因本人的身体健康方面原因造成的各种意外或不便，概由本人自行负责。

2. 本团共安排8个购物店（写在行程当中），每个购物店需40～60分钟，客人自愿消费。

3. 导游推荐自费景点及自费娱乐项目，由客人自愿选择参加。整团客人中超过半数同意参加则团队前往该自费景点，未参加的客人请在景点外自由活动；不足半数游客参加，则不前往该自费景点，想参加的游客只能放弃或自行前往。

4. 旅游途中自动离团者（包括自动放弃用餐），我社概不退还任何费用。（整团放弃，须与导游协商）

中老年旅游注意事项：

1. 报名时请告之本人联系电话（开通漫游的手机）及家属联系电话（能随时联系上的）以备紧急之需。

2. 中老年人出游，临行前最好做一次身体检查，征得医生、家人的同意。

3. 准备这次旅行的常用药物，为了避免遗忘，最好提前放到旅行包中，并在旅游过程中及时服药。

4. 各地天气气候不一致，会出现昼夜温差较大的情况，衣物一定要带足，并及时添加，不要嫌麻烦。

5. 最好准备一双柔软舒适的便鞋或运动鞋，一把方便携带的折叠雨伞（太阳伞），以及太阳镜、防晒霜等用品。

6. 因为此次旅行中的景点门票都是按老年人优惠门票价格核算，所以请务必带上身份证、老年证、离休证等。

7. 在旅游途中，要保管好自己的随身物品，贵重物品随身携带，房卡（或钥匙）也要保管好，以免麻烦。

8. 在旅游途中，要注意安全，在餐厅、宾馆等地方要防滑倒，洗澡时，先将毛巾铺到门口地板上，以免有水滑倒。

9. 乘坐交通工具时，也要注意安全，若有晕车现象，请提前告知导游或司机。

10. 旅游行程中，要听从导游的安排，注意遵守时间，以免让团友久等，特殊单独行动时，要告知导游。

11. 在旅游过程中，应该随时掌握天气信息及自己的身体状况，及时添减衣物，防止气候多变，受凉感冒。

12. 在旅游过程中，如果发现身体不适，请及时告知导游。

13. 乘坐火车出游，在中途停靠站时，请不要随意下车，以免走失，到达目的站后,陪同导游会通知您。

14. 领到旅游帽、旅游胸牌后,请一定要佩戴上,以便导游带好队伍,也便于您分清自己的团队。

15. 如果在旅游途中迷路掉队,您的旅游胸牌上有陪同导游及当地导游的联系方式,请及时联系。

16. 请客人于指定时间到指定地点集合,若因客人自身原因造成误火车,产生一切后果由客人自行负责。

17. 我社有权在不减少景点的情况下,根据实际情况调整景点游览顺序。

18. 旅游途中自动离团者(包括自动放弃用餐),我社概不退还任何费用。

19. 如遇人力不可抗拒因素造成的行程延误或变更所产生的费用由客人自理,本社协助安排协调。

六、他山之石——国外老年旅游发展简析

从国家旅游局公布的、1998 年来华旅游的外国旅游者年龄结构来看,超过 51 岁的老年人的比例,占全部来华旅游者的 22.3%,仅次于商务旅游活动为主的中年组的 46.5%。根据最近一次世界老年人旅游大会的资料,美国人口中约 1/5 的人,年龄超过 55 岁。他们当中有 47% 的人有过远程出游的经历。可见,老年人已构成了旅游人口中颇具规模的一支队伍。

从老年人的消费水平来看,在旅游人群中,老年人的消费水平并不低,而且消费潜力大,特别是发达国家。目前,美国 65 岁以上老年人占全国人口的 12.5% 左右,2050 年将达到 20.7%,同时,随着社会的进步,老年人退休金收入也将随之增加,而另一方面,他们的开销却比年轻人少得多。子女已远离他们,社会保险免去了他们的后顾之忧。所以许多身体健康者,往往选择昂贵的航空和游船来旅游。他们给旅游企业带来了高额利润。

七、专家建议——老年旅游市场的营销策略

(一)媒体运用策略和广告投放策略

传统媒体有三大类:电视、广播和报纸。现在则涌现出了第四个——互联网,其影响也日益深远。旅游广告需要根据不同媒体的不同的特点进行投放。如电视旅游广告,可充分利用声音和影像,对表现旅游形象有得天独厚的优势;而报纸和杂志广告较适合篇幅长、内容复杂的文字性广告信息;广播信息的回忆性效果虽不及以上几种媒体,但其可以灵活更改信息内容,对于价格变化等波动性较大信息的传播比较有利。收费方面,电视广告最贵,其次为报刊,广播最便

宜。由于老年旅游广告针对的是老年消费者,需要充分考虑老年人的认知特点。老年人收看电视的随机性强,而且对信息的记忆力有限,不太容易受电视广告的影响。因此,电视广告可选在一些老年人收视率较高的节目前后播出。而广播,能在一天中多次滚动播出,更容易传达给更多的老年受众,而且老年人的旅游受价格因素的影响较大,因此要充分重视广播广告的促销效果。由于老年人大多数有订阅报纸的习惯,报纸广告的方式也十分有效。老年人可按照自己的阅读习惯选择阅读,并可重复阅读,可以更详细、更全面地了解旅游信息,这符合老年人决策时间较长,理性购买的特点。旅行社可选择一份在当地有影响的报纸长期进行广告宣传。

广告投放,要考虑到老年人的特殊需求,诉求要集中。理性方面,强调旅程的安全性、舒适性和价值性;感性方面,抓住老年渴望交流,寻找感情寄托的需要。广告形式要温馨动人,考虑到老人的接受习惯,尽量采取传统方式,避免过于跳跃、前卫的词语和画面。

由于老年网民的比重也在不断提升,近几年随着智能手机和微信应用的不断普及,一定要高度重视网络广告的作用。

(二)公关活动设计

(1) 选择"重阳节"前后,安排探望孤寡老人的活动,树立良好的企业形象。

补充阅读:

国旅敬老爱心大行动

春节前夕,大街小巷都洋溢着过年前的节日快乐气氛,位于公馆镇郊区的公馆镇敬老院也一改往日的清静,充满了欢声笑语。茂名国旅的员工在总经理费明龙女士和常务副总经理吴卡达的带领下,带着礼物来到敬老院,给老人们拜个早年,同时也给每位老人捐赠了50元现金。36名孤寡老人拉着费明龙女士的手,就像亲近自己的儿女一样,互相亲热地拉着家常。敬老院的陈院长感慨地说,老人们鳏寡孤独,都很希望有人能来看望,可以陪他们拉拉家常,让他们重温往昔与家人相处的感觉。国旅员工对老人们嘘寒问暖,陪他们尽情闲谈,让老人们度过了快乐而又温馨的一天。茂名国旅一直以来支持、关心老人和社会弱势群体,该社主动发动、联合其他十几个商家组成了长者俱乐部,现已发展会员一千多人,全心全意为推动我市老年事业的发展出一份力量。

(2)选择一批特殊公众,如老年人中知名度较高的老电影演员、老模范,以及居委会的老干部等,不定期地向他们寄送宣传资料和最新信息,充分发挥他们的模范示范和口头宣传作用,以树立企业良好的口碑。

(3)每年组织一次老年旅游知识大奖赛活动,加深公众对老年旅游的了解,与有关媒体合作,不定期组织过去参加过组团活动的老人现身说法,联谊、座谈,听取意见。

(4)借助老年协会、老年科协、老年大学、老年网站，以及各单位的退休管理委员会等团体组织的力量，组织客源，合作开展旅游活动。

(三)推广活动设计

(1)因为老年人家庭利益至上，可考虑进行家庭整体促销，如一旦购买此次老年旅游，下次老人的直系亲属购买旅游产品时，可获一定程度的现金减免。

(2)在老年人喜欢进行晨练的公园、绿地设摊位进行宣传，发放宣传资料。

(3)与保健品企业合作，以旅游活动冠名权的方式，拿到企业的产品赞助，赠送每位出游的老人保健品一份。

(4)在出售非老年旅游产品的时候，向其父母赠送老年旅游俱乐部会员卡，凭卡，老人可在一定期限内获得优惠价。

(四)有关促销策略的其他建议

(1)改变老年人传统消费观念是旅游促销的重要任务。为进入尚待开发的我国老年人旅游市场，旅游企业促销，要着眼于改变老年人的传统观念，激发老年旅游市场的潜在需求。我国传统的老年人重积累、轻消费，重子女、轻自己，节衣缩食，舍不得为自己花钱。旅游企业促销应力求改变这些观念，刺激新需求，让老年人建立“我已为社会、为子女作出了应有的贡献，现在是我舒适健康安度晚年的时候了”的理念。

(2)促销人员在老年旅游产品促销过程中，要做到“换位思考”，设身处地为老年消费者着想，仔细回答他们提出的问题。总之，对老年人要使用拉家常式的服务。

(3)在不同地区进行老年旅游促销，应采取不同的形式。对经济发达地区的老年旅游者特别是国际旅游者，应注重宣传我国五千年灿烂文化、具有中国特色的民族风情。如已列入世界文化遗产，位于滇西北泸沽湖的摩梭族人的母系生活。尽管这里交通不便，但每年还是吸引了大批外国游客，特别是欧洲游客。针对日本人的崇佛习俗，苏州的“寒山撞钟”，引来日本游客如织。对于经济不够发达地区的老年旅游者，在促销时应充分考虑到他们的经济状况和他们的心理特点，即“花费少点，看的地方多点。”尽量多安排一些景点，既可以是一系列优美的自然风光游，也可以是一连串名胜古迹游，又可以互相交织穿插。

【本章小结】

由于旅游业具有天然的季节性，开拓“夕阳红”旅游市场，对于稳定淡旺季波动，提高资源的综合利用率，具有十分重要的意义。在国外，出游的老年人可占到旅游总人数的70%，而我国经常出游的老年人则不足10%，老年旅游的增长前景十分诱人。很多旅游企业已经把老年旅游市场作为企业的经营重点和重要的目标客源市场。本章从操作实战的角度出发,讲述了老年旅游市场的特点、老年旅游产品设计的现状及未来发展趋势,重点分析了四类市场流行的老年旅游产品,最后结合案例,重点阐述了针对老年旅游市场的营销策略。对旅游企业规范老年旅游产品开发操作的流程,提高企业的竞争力具有一定的借鉴和指导意义。

第十四章

婚庆旅游产品的设计与操作

本章导读

本章主要讲述婚庆旅游市场的特点及如何根据这些特点进行婚庆旅游产品的开发与营销。首先,明确婚庆旅游的内涵和定义,分析婚庆旅游的特点,归纳梳理婚庆旅游市场存在的问题及未来发展趋势;然后以案例剖析模式,分析婚庆旅游的一个产品案例;最后结合实战案例,阐述婚庆旅游市场的营销策略。

通过本章学习,您能够:

(1)了解中国婚庆旅游的发展现状。

(2)熟悉婚庆旅游市场的发展趋势。

(3)掌握婚庆旅游产品设计的关键环节,并学会在产品设计中加以应用。

(4)通过国内婚庆旅游典型案例,把握婚庆旅游产品的包装特点。

(5)结合区域市场特点,应用婚庆旅游产品营销策略。

随着我国婚庆旅游文化的改变和青年人文化品位、审美观念、消费水平的变化,时尚、浪漫、个性化已经成为现代人对婚礼的追求。中国作为人口大国,每年有百万对以上的新人喜结良缘,同时伴随着超过千亿元的婚庆消费,据不完全统计,上海市73%的新人结婚消费(不含房产)已达10万元以上,婚庆消费市场每年消费额达150亿元。规模巨大的婚庆消费,将给相关产业创造无限商机,蜜月婚庆旅游是婚庆消费非常重要的一部分。我国目前每年约有1200万对新人结婚,这部分人愿意把自己31%的积蓄用于婚庆消费,67.66%的新人安排蜜月旅游,婚庆蜜月旅游的市场需求量很大,市场前景广阔。全球每年的婚庆消费达数千亿美元,而在美国、欧洲和日本等国家和地区,大约有99%的新婚夫妇会外出度蜜月,其中各自有68%、85%和98%比例的新婚夫妇会选择出国度蜜月。巨大的婚庆蛋糕,吸引了越来越多的旅行社加入婚庆旅游的行列。"婚庆中国"、"豪华游轮香江蜜月游"……不同的婚庆旅游主题系列产品使得旅游市场显得爱意绵绵,无限温馨。

在"十一"黄金周期间,各大旅行社都不约而同地推出各种特色蜜月旅行,精心策划的婚庆活动、值得终身回味的浪漫游乐,让更多的新人跃跃欲试,心甘情愿地掏钱。而一些旅行社甚至不满足于"蜜月旅行",开始从过去仅是推介蜜月游线路，开始转向整个婚典的策划与组织，从点缀角色，主动介入婚庆市场中，并将其作为旅行社拓展服务空间的新亮点。如“婚庆中国”活动，就力求让每一个婚典都独具特色，从哈尔滨、北京到杭州，不同地方推出不同的婚庆活动，满足新人们多元化的需求。业内人士认为，婚礼需要订餐、订房、订车，而蜜月旅游过程中也需要景点门票、交通、饭店等预订。其实，这些都是旅行社的强项。因此，在进军婚庆市场过程中，旅行社有着不可忽视的竞争优势。婚庆旅游对于旅行社来说，是一个新兴的旅游市场。旅行社可以充分利用自身拥有的优势，结合准确的市场分析，设计出系列化的婚庆旅游产品，推动婚庆旅游服务向专业化的方向发展。

一、婚庆旅游概述

旅游是经济发展的重要推动力，是世界上最大的产业。其从业人员占全球就业人员的10%。与传统产业比较，旅游业因其对资本、土地、劳动力、技术等要素的要求相对宽松，及其在资本运行风险和投资回报率方面的显著优势，而越来越成为经济发展的新亮点，被称为“经济推动器”，而婚庆旅游又是旅游行业中发展最为迅速的细分市场之一。在国外，婚庆旅游已经比较成熟，随着经济的发展，我国婚庆旅游也正呈现出巨大的发展潜力。

（一）婚庆旅游的内涵

婚庆旅游，是近年来在国内旅游界经常出现的词语，但还没有一个非常权威的定义和解释，且在为数不多的研究文章中，婚庆旅游的内涵也很不确定。一些研究者认为，婚庆旅游是以新婚夫妇为主要对象的旅游细分市场，它是把婚庆活动与旅行、游览结合起来的一种旅游形式。现代旅游业的发展使婚庆旅游的内涵和外延都有所扩展。婚庆旅游不再局限于旅游结婚活动，它涵盖了所有与婚庆有关的个人或集体旅游活动，具有多种表现形式。笔者将这一概念界定为：婚庆旅游，是指以婚庆为目的，将婚庆活动与旅行游览相结合的一种复合型的旅游活动。对于复合型的理解，首先，从旅游者的出发动机考虑，旅游者以婚庆活动为主要目的，所以区别于一般的观光度假旅游。其次，它是婚庆活动的复合型，从接待宾客、婚典设计、婚典执行、旅游活动等，都可以列入婚庆活动的范畴，围绕这几类活动的旅游行为，都可以视为婚庆旅游活动范畴。最后，它是旅游者的复合型。常常是主要婚庆新人带着家人一起出行，共同进行婚庆活动以及观光、度假旅游活动。

（二）婚庆旅游产品的特点

1. 独特性

“真诚的爱情比金石坚，似朝霞升现在山之巅；你笼罩了辽阔的大地，使花的芬芳香遍人间。”婚庆旅游的主要对象是新婚夫妇，婚姻对他们来说是人生最浪漫、最温馨的时刻，随着当代年轻人思想观念的转变，追求一种个性化的婚礼成为一种趋势。因此,婚庆旅游一定要有一个独特的定位,给参与者一个全新的感受,这是第一位的。

2. 季节性

“十一”——共和国的生日,向来也是新人们首选的结婚吉日。长假制度实行以来,新人们举行婚礼又比以往增加了一份从容。假期的延长,带来了婚庆旅游市场的持续火爆。据不完全统计,“十一”黄金周大概占到了全年婚庆消费的30%,也就是说每年大概有360万对新人选择在这7天里举行婚礼。

3. 复合性

婚庆旅游是以婚庆为主题的旅游活动,其目的是让婚庆活动办得更加有个性,更加富有时代感,而且通过到不同的国家或地区旅游,让人生这一美好时刻留下深刻记忆。因此,旅游目的地、旅游主题及婚庆活动的安排要相辅相成,不能仅仅为了婚庆而忽视了旅游地或旅游节目的选择,这样就会使婚庆旅游失去活力。

4. 休闲性

新婚燕尔,新人需要更多的时间在一个相对私密的空间里享受旅游与婚姻带来的曼妙感受,而不是急匆匆地赶场子、闹哄哄。婚庆旅游注定要以休闲为主。例如,不久前的“玫瑰婚典”,为欧陆蜜月精心策划了经典行程,新人们可以感受法兰西的浪漫、品味德国的醇厚、尽享瑞士的悠闲、体会奥地利的典雅,还将登上欧洲屋脊——少女峰,在冰天雪地的童话世界里,欣赏欧洲最长的阿力斯冰川和阿尔卑斯山透彻心扉之美。

5. 娱乐性

人类生活的目标,无论什么信仰、无论什么国家,大概都可以归纳到一个口号上,那就是“追求幸福”,尤其是新婚夫妇更重于此。婚庆旅游的一个贯穿全程的主题,就是整个行程给人以幸福的氛围,提供更多的健康娱乐节目,让新人参与其间,保持身心的快乐。

(三)婚庆旅游消费者的心理需求分析

近几年结婚的新人,一般大都出生在20世纪八九十年代。他们除注重传统的喜庆热闹外,还具有以下3点消费心理特征:

1. 要求体面

20世纪八九十年代出生的人争强好胜,特别是举办婚礼,更不愿比别人差,具有很强的虚荣心。因此铺张浪费和攀比之风愈演愈烈。如果婚庆旅游中不使用名牌产品,他们会有低人一等的感觉。新人在自己的婚礼之前,一般都多次参加过同学或者朋友的婚宴。因此,别人的婚宴就成为他们日后婚庆消费的参照物。

2. 追求个性

20世纪八九十年代出生的人一般都喜欢标新立异,体现自己的与众不同。婚庆,是他们向最亲密的朋友和亲人展示体面的场合,因此不会轻易放弃这个张扬个性的最佳机会。他们在选择婚庆旅游时,也不再千篇一律,而是要体现自己的品位和个性。

3. 经济合算

虽然现代年轻人的工资较高,但他们要用于买房、买家具和交际等方面的大宗开支却非常集中。因此,他们的手头并不宽松。现代人越来越趋向于理性,新人在婚庆消费时,往往要求在不失体面的前提下尽量节省。虽然婚姻是一个人一生中的头等大事,但也要看自己的经济实力,量力而行,没有必要死要面子活受罪。"简单一点,开心就好",代表了绝大多数思想开放的年轻人的想法。毕竟结婚只是婚姻生活的开端,要长远考虑,而不必在意别人说什么。越来越多的新人们在筹办婚事时,不再满足于盲目追随和效仿别人,而是愿意花有限的钱,办出无限的意义,真正办一个属于自己的婚礼,使婚礼成为人生旅程的新起点。

(四)当前我国婚礼流行的五大趋势

1. 婚礼庆典模式

婚庆模式呈现个性与多样、怀旧与时尚、注重情感与追求浪漫并存的格局。婚庆服务机构从传统的简单服务开始向重视婚礼文化层面、注重婚礼策划方向转变,通过专业婚庆服务机构操办婚礼成为趋势。一批专业婚庆公司的市场实力将进一步显现出来。

2. 婚礼择日择时

婚礼择日择时,逐步摆脱传统理念、地域风俗的束缚,将逐步从"假日经济"的拥挤空间向外延伸,这一现象将会引起与婚礼相关的诸多社会经济行业的密切关注;只有再婚才在晚间举行的习俗,也已成为过去。现代人更钟情于迷人的夜晚,许多新人主动将自己的婚礼选择在晚间举行,这样可以更合理地利用资源,避开白天各种资源的紧张,可以更好地展示自己的个性。刘强家住外地,结婚时到场的除父母外,就是两个人各自的同学、好友。他们没有摆酒席,而是选择在一个夜总会包了专场,让同学、朋友们尽兴地唱、尽兴地跳,以自己的行动破旧俗,立新风,彰显个性,成为新一代婚庆理念的代表。

3. 婚礼的场所

随着回归自然社会风气的形成,举办婚礼的场所,正从基本单一的室内模式向庭院、园林、湖光山色等更有意境的自然与人文景观场所发展。一些反应敏锐的商家,已经开始就婚庆场所事宜与婚庆公司达成合作意向。传统的婚礼多数是在饭店或室内举行,在团团围坐的氛围里,为新人举杯同庆。而现在以天地为证的户外婚礼,是时下最流行的婚礼形式。新人在完成传统的接新娘仪式后,所有参加婚庆的人士都来到户外(最好是有草坪的地方)举行证婚仪式(包括嘉宾及家长致祝福语,新人誓词,切蛋糕、开香槟等)。人们尽情享受自助美食,孩子们在草地上欢乐嬉戏,亲朋好友在秋高气爽的天气下惬意交谈,穿戴整齐的服务生穿梭在人群中,为宾客提供各色美味佳肴。而新郎新娘则在灿烂的阳光下亲密地牵着手,在优美动听的音乐中跳一支舞，走过翠绿的草地，接受亲友的祝福。这样的结婚仪式是否让你心动？

4. 新人酷婚礼

休闲婚礼，新郎把新娘接到布满鲜花的饭店举行证婚仪式，中午以茶点为主，晚上正餐以自助餐为主，在宽大的娱乐室中打牌、卡拉OK、游泳、休息，一直玩到尽兴为止。烛光婚礼，这种婚庆形式庄严而温馨。新人在追光灯的引导下，从黑暗中走到主席台点燃烛台，然后点燃酒席上的每一盏烛光，也点燃了新人幸福的生活之光。海滨婚礼，是今年推出最酷的婚礼，马尔代夫的海岛是情侣举行仪式的地方，海边的五星级饭店，为新人精心准备了一切。浪漫的海滩、如画的海景，挽手新娘体验二人世界的美妙，一切是那么自然和谐，这样的仪式相信你一定刻骨铭心。

5. 场地装饰

当代新人更加注重创造婚礼现场的氛围，将舞美、灯光、展板、道具等引入婚礼场地的装饰；纱幔、布艺、鲜花、工艺品等，都将成为新人装点婚礼的热衷选择。

6. 婚宴

当代婚宴需求，从经济实惠型向注重文化品位方向发展。在色香味的基础上，又为传统佳肴赋予纳吉、贺喜的新意，将会成为餐饮业争夺婚庆市场的重要方式。

二、婚庆旅游市场的现状和未来发展趋势

（一）目前婚庆旅游市场存在哪些问题

1. 行业缺少规范和标准

我国的婚庆旅游服务还是一个崭新的行业，如婚庆旅游服务中的摄像师，应该具备什么样的标准，应该拍哪些内容、拍多长时间、从何时开始拍，用什么型号的摄像机等。全国各地的婚礼主持人，都说自己是金牌主持人，十大名嘴，其真实水平无法衡量。婚庆旅游行业从业人员文化素质普遍偏低，且多为兼职，增加了规范管理的难度。

2. 虚假广告，价格圈套

由于婚庆旅游是将婚礼活动和旅游活动进行了有机的结合，因此对于传统的旅游企业来说，如何进行相关婚庆活动的设计，成为活动成败的关键，在传统旅游产品价格战的影响下，婚庆旅游市场领域也出现了虚假广告和价格圈套。如，一些婚庆旅游的服务单位夸大宣传，摄像、结婚照的效果与样本不符。有的婚庆旅游公司在广告上说“有自己的车队”、“有新款加长车”等，其实所有的车都是临时雇用别人的，有的是公车。还有的公司甚至打出低于成本的价格吸引顾客，“一辆奔驰车500元”，连成本都收不回来。

3. 从业人员素质不高

婚庆旅游的复合型，决定了服务人员必须具有很高的综合素质和专业水平，在

婚庆旅游服务过程中,常常可以看到一些不应该出现的现象。如,一些人根本不懂婚礼婚俗,诸如“结束”、“用掌声送新人一程”、“二鞠躬”等这些婚礼避讳的用语,经常能在婚礼庆典上听到。对婚礼文化缺乏认识,有的婚礼上竟然以“梁祝”、“泰坦尼克号”的旋律为背景。缺少对婚礼真正意义的认识,认为伶牙俐齿是主持人的第一要素,喜庆热闹是婚庆的第一要素。有的旅行社在进行婚庆旅游服务的同时,没有进行导游的培训,极大地抹杀了婚庆旅游的主题,将婚庆旅游和传统观光旅游一样对待,导致婚庆旅游消费者的不满。

4. 婚庆企业缺乏整体品牌意识

由于婚庆旅游服务是一个新的服务领域,又由于婚庆行业“门槛低、见效快”,一次性消费、行业合作关系和管理结构较为松散的特点,让不少人浑水摸鱼,造成近两年来婚庆行业纠纷不断、官司不断。婚庆旅游要想形成真正的品牌,需要服务品质有保证的旅游企业与婚庆服务企业相互结合,共同打造婚庆旅游服务的品牌。

(二)婚庆旅游发展的两大趋势

1. 婚庆公司与旅行社强强联合

近年来,到国外举办婚礼或度蜜月,逐渐成为都市年轻一族结婚“新时尚”,市场需求日趋旺盛,“旅行社 + 婚庆公司”的经营模式,因此在北京、上海等大城市应运而生。这一新兴的婚庆旅游经营模式,既有利于旅行社进一步开发新的旅游产品,也有利于形成婚庆习俗的时代特征。抽样调查表明,被访消费者愿意将储蓄的31.54%用于结婚消费支出,适龄青年中这一比例更高达91.2%。北京婚姻登记处的统计数据也显示,北京每年有不少于8万对新人结婚,其中80%的新人会选择在居住地饭店举行结婚仪式,然后外出蜜月旅游,20%的新人会免掉婚宴,直接选择蜜月旅游,每对新人蜜月旅行的花费一般在2~5万元之间。

国内旅行社以前到国外举办婚礼、度蜜月的线路,往往只是普通线路,借蜜月招牌招徕顾客,并没有根据新婚夫妇的时间安排、游览需要,推出真正以“浪漫新婚”为主题的特色产品,而且大多过了结婚高峰期就结束。而旅行社与婚庆公司联手推出的“出境蜜月游”安排,则以带有吉祥意味的大象代替豪华汽车;证婚人为新人戴上寓意白头到老的泰式联姻环;中式的拜喜堂与泰式的来宾播撒吉祥水仪式相穿插;泰国柚木角楼装饰成新人的洞房,将异国婚礼的特色与中国婚礼的亮点有机结合在一起,符合年轻一代求新求变的口味,因此深受欢迎。例如,2002年,中国妇女旅行社和北京紫房子婚庆公司联手推出的“情缘之旅泰国游”,新人参团价为8288元,亲友参团为5800元,比一般泰国游收费高出50%,但报名者还是络绎不绝。一位姓徐的团员对记者说,所有节目均有精心细致的设计和体贴入微的专业安排,虽然价格比普通游要高一点,但浪漫、省心又新颖,总的感觉是物有所值。而且,把办酒席的花销省掉,用在出国增长见识、开阔视野上,对今后的工作也有好处,何乐而不为?

“旅行社 + 婚庆公司”经营模式出现的原因,有出境旅游市场不断升温、城市居民收入不断提高、传统婚俗逐渐破除等因素,但更重要的是市场细分的结果。它不仅使两家不同行业的企业在同一个合作平台上共享客源,优势互补,同时也可通过双方核心资源的联合,强强联手,提高各自在行业内的竞争实力。旅行社通过与专业婚庆公司的合作,提升了产品的知名度,更重要的是增加了有针对性的专项服务,提高了旅游项目的含金量,增加了利润。

我国加入WTO后,公民出境旅游目的地的限制逐步放宽,越来越多的欧洲国家在我国设立旅游办事处,出境旅游市场发生了深刻变化,婚庆旅游这一新兴市场的发展空间不断扩大,行动快的企业必将率先受益。因此,旅行社应将新婚夫妇作为一个独立客体仔细研究,开发出更有针对性,真正以"浪漫新婚"为主题的旅游产品。在旅行线路、饭店、景点及服务方面,提升产品的专业品质,将旅行社的蜜月旅行巧妙地融入婚庆公司提供的婚庆一条龙服务中,线路设计及风格处理上,均着意于"浪漫"、"热烈"捕捉新人内心的感觉。另外,还应规范管理,使整个旅行活动的内容,体现健康向上的精神,寓教于乐,引导年轻人正确认识西方文明,树立正确的人生观和价值观。

2. 旅行社与银行联姻

上海知名品牌——玫瑰婚典与上海银行携手推出"申卡伴你畅游欧洲"活动,充分展示了旅行社与银行联手共创婚庆旅游服务新品牌的魅力。在巴黎戴上结婚钻戒、拍摄婚纱照,上海人结婚又多了一份精彩,该活动作为中法文化交流年的特别节目,组织了百位新人,在充满浪漫气息的巴黎街头盛装游行,在魅力无限的塞纳河上举行盛大的玫瑰婚典,畅游欧罗巴,领略欧洲的自然风光和人文历史,为中法文化年喝彩。玫瑰婚典以中法文化交流年为契机,组织百位中国新人欧陆之旅,在浪漫之都巴黎举行玫瑰婚典,展现上海新人的魅力,凸显上海当代年轻人的勃勃生机和朝气。

此次活动是上海银行与玫瑰婚典携手承办,上海银行申卡信用卡将伴随新人畅游欧洲。上海银行特别针对玫瑰新人推出优惠便利服务。只要拥有申卡,就可享受快捷的存款证明便捷服务,当您在时尚之都潇洒购物时,可以申卡为担保,统一办理退税,免去了烦琐的手续,尽享购物之欢。购物之后,保留对账单,凭对账单新人还可参加抽奖,另有一份惊喜相随。

三、婚庆旅游产品案例剖析

案例分析1:

(一)大型婚庆活动产品(节庆活动):经典欧陆——哈尔滨婚庆游

哈尔滨婚典全程文案

第一天 新人报到注册

各地新人在机场或车站将受到工作人员的迎接。"婚庆中国"的醒目迎接牌

(旗)、装饰一新的空调车、欢快的民族乐曲以及热情的工作人员,将会给新人带来不一样的感受。

抵达宾馆后,走入房间,红“双喜”字和“龙凤”剪纸、大红色的电光烛台将给新人以步入了新婚洞房之感。梳妆台上,两杯散发着清香的玫瑰花茶,更让房内充溢着温馨的气息。红色的喜帖上,有着此次活动的时间安排,同时也把每天清晨morning call、用餐和出发时间以醒目字体特别标出,以提示新人注意休息。

第二天　浪漫婚典

我们在电视中看到了太多太多的新娘身着洁白的婚纱步入教堂,在神像的面前,在唱诗班肃穆的歌声中,在亲友的祝福中羞涩地说了声“我愿意”……今天,他也将挽着您的手一起步入这神圣的教堂。高高的穹顶,耸起的钟楼,我们仿佛真的来到了异域他乡。当你也轻轻讲出了“我愿意”的那一刻,幸福包围着你、伴随着你,你也吸引着众人祝福的目光……

走出中国最有名的圣索菲亚大教堂,堂前的广场将留下您靓丽的身影。这幸福的时刻也将留在您一生的记忆中。夜幕降临的时候,一场盛大的晚会在等待着您。歌声与欢笑,将为您再添一份喜悦。

第三天　美丽的亚布力

也许您听说过“亚布力”,但您知道它的原意吗?亚布力旅游度假区,地处哈尔滨以东,黑龙江省尚志市行政区内,距哈尔滨市195公里,距离牡丹江市120公里。亚布力原名“亚布洛尼”,即俄语“果木园”之意,清朝时期曾是皇室和贵族的狩猎围场。它可不仅仅是著名的滑雪场,这里的夏秋之际,风清气和、天高云淡、林海远足、草原骑马……您可以畅游于大自然的怀抱,体验浩渺神奇的森林风光。当晚上点起一堆堆篝火的时候,当火光映红了您和他的脸庞,让大家一起欢唱。

第四天　泛舟天印湖

“清澈的水质、波光粼粼,优美的环境,景色宜人,湖上泛舟,优哉游哉,享受着生活的美好。”听了这番描述,您以为您在西子湖畔吗?不,这里是亚布力的天印湖。那是一泓别有情韵的水,充满了神奇的色彩,传说是天神留下的一处脚印,后经人工筑堤而成。就让这美丽的传说护佑着天下有情人的幸福吧。吃完了特色农家宴,让我们返回哈尔滨,在这城市的最后一晚,数一数天上的星,看一看彼此的心……

第五天　启程返家

新的生活又开始了,温馨和美满在前方呼唤着……

(二)哈尔滨婚典特色活动

(1)神圣的教堂婚礼:上帝的使者为我们主持神圣的仪式,为新人踏上红地毯祝福。

(2)特色喜宴:冰城东北特色喜宴,品味爱情美味。

(3)经典的欧式风情:圣索菲娅教堂、亚布力、风车山庄、中央大街,立体音乐奏响婚礼进行曲。

(4)天印湖温情荡舟:轻舟荡漾,湖边的芦苇吹来了温柔的微风,天印湖倾听新人的呢喃。

(5)爱情美酒——玫瑰酒:宏大的玫瑰婚典,大家一起畅饮充满爱情滋味的玫瑰酒。

(6)名嘴主持隆重婚典:著名节目主持人的到来,为新人的爱情送上欢歌笑语,衷心祝福一对新人爱情天长地久。

(7)花车巡游:让世人见证新人的婚典,让鲜花相伴新人的蜜月,众人的目光凝聚在新人身上,众人的祝福围在新人心头,让新人的幸福在最灿烂的阳光下,相伴永远。

(8)名人证婚:爱情是甜蜜的,婚姻是神圣的,祝福是真诚的,著名人士×××和新人一起为爱情祈福,为幸福歌唱。

(9)新房布置,爱意浓浓:独具匠心、精心布置的温馨洞房平添您蜜月之旅的愉快。

(10)地方婚俗,独具特色:感受民族千年文明积淀,体味地方真挚婚庆习俗。

(11)充裕的休息时间:胜似闲庭散步,爱为红袖添香,甜蜜、温馨的美梦,您可以夜夜享用。

(12)星级住宿,钻石级服务:钻石级的服务,为您的蜜月之旅增辉,而且让您的婚典如指间钻石一样永远镶入记忆之中。

(13)全程消夜陪伴:美丽的夜晚您不会孤单,除了爱人无微不至的关怀,美味可口的夜宵将伴随您的美好夜晚。

(14)全程甜蜜时光拍摄,留住幸福一刻(专业人员、专业摄录、专业制作、专为蜜月):瞬间浪漫的时光,将会成为您永远甜蜜的回忆。

(三)产品剖析

产品特点:经过分析,我们会发现整个婚庆产品以“天人合一”为核心,深入大自然,具有时代的气息,极富北欧风情,无论是泛舟还是野外歌舞,都符合了当代旅游的趋势。这个产品对生活在城市中,但又渴望大自然的新人具有极大的吸引力。这个旅游产品的目的地选在北国冰城哈尔滨,在旅游目的地的选择上也别具匠心。因为哈尔滨给人的印象就是晶莹剔透,豪爽中带着淳朴,由于与俄罗斯较为接近,其民俗特色也带有一些俄罗斯风情。最后,由于整个行程的成本相对较小,因此,也打出了相对有竞争力的产品价格。这对产品的推广很有帮助,真可谓是“物美价廉”。

卖点设计:贴近自然、北国风光、美丽传说、名家主持、欧式风情。让山山水水见证自己的爱情,用图片记录蜜月的全程,这种形式更加时尚。

案例分析2:

一生有你大型主题蜜月婚庆团——上海到海南蜜月旅行

行程安排:

第一天 快乐飞翔

上海飞往海口,准备开始浪漫之旅,一路"快乐飞翔"抵达海南省省会海口市,领略"椰城"浪漫的南国风韵。在机场由接机导游为新人们献上花环,乘车前往蜜月第一爱巢休息。

住宿:金海岸或同级

第二天 同舟共济

用过早餐,新人们戴上美丽的花环,自己动手装扮旅游婚车,布置此行流动的家。第一站前往文笔峰道教文化苑,这是集旅游、观光、休闲、娱乐、文化研究为一体的大型文化主题景区,它传承中华道教古典文化的风姿神韵,秉承"大道和谐、尊道贵德"的宗旨,以古典雅致的建筑风格、风光秀美的山水意境及深厚丰富的人文内涵远迎八方四海游客的到来。之后,出发至博鳌亚洲论坛永久会址,乘船登上"吉尼斯之最"——世界上分隔海、河最狭窄的沙滩半岛——玉带滩,这里也是世界上河流出海口自然景观保持最完美的地方,只有身临其境才能真正感受三江三岛交汇的神奇!(游览时间60分钟)午餐后,一路欣赏海南母亲河——万泉河美景,随后,前往亚诺达雨林游览。亚诺达雨林是一个集观光度假、体验参与、休闲娱乐为一体、可持续发展的文化中心,是具有国际水准的综合性、复合型生态文化休闲度假主题景区。同时也是海南省第一个充分展示和表现海南热带雨林"绿色生态文化"的综合性主题景区。

住宿:香水湾度假酒店或同级

第三天 海誓山盟

早晨于酒店内享用中式早餐,餐毕乘车赴南海明珠——三亚游览天涯海角,刻有"天涯"、"海角"、"南天一柱"的巨石雄峙南海之滨,极目远眺,海天一色,无穷无尽,此情此景让新人四目相对,海誓山盟……所有这一切尽由随团摄影师收入光碟。正当新人们心醉神迷、意犹未尽之时,由导游带往具有海南民俗风情的黎族村寨去体验别具地方特色的黎族婚礼。举行完别开生面的婚礼后在鹿回头山顶公园聆听动人的爱情传说,在夫妻树下系上"同心锁",郑重许下"白头偕老,恩爱一生"的誓言。晚餐自费品尝"生猛海鲜"风味大餐(150元/人)。

住宿:海悦湾酒店或同级

第四天 水中良缘

早餐后,前往昌源水晶大世界,选一个漂亮的水晶坯料,为心爱的人亲手磨制一份"爱之物语"魔幻水晶戒指,不过,先别急着送,等到了大东海,勇敢的新郎带着温柔美丽的新娘潜入神奇的海底世界，以大海作教堂，潜水服作婚纱，牵手海底，再来个浪漫的海底婚礼！这时，再拿出备好的戒指，由潜水教练当一回神父，见证新人们交换婚戒（潜水费用自理）的神圣场景。然后，赴南山，由VIP专用通道进入南山佛教文化苑，览集中外园林、佛教文化于一体的福泽之地，观108米南山海上观音风采（游览时间120分钟），品尝南山素斋。外观世界小姐选美总决赛会址——美丽之冠，一睹世界级选美赛场风采。晚上在咖啡馆用完二人浪漫烛光红酒晚餐后举办月光沙滩联欢晚会。

住宿：海悦湾酒店或同级

第五天　二人世界

今天，好好感受一下属于情侣们甜蜜的二人世界吧，穿行于南海情侣路——椰梦长廊，前往蔚蓝大海中的苍翠岛屿、放逐心灵的世外桃源——西岛海上游乐世界（含往返快艇），尽情玩转海岛；返海口送机，返回您温馨的家！

服务标准：

1. 交通：往返民航正班飞机（含机场建设费）
2. 住宿：全程五星酒店蜜月大床房，赠送两晚五星海景大床
3. 门票：精华景点大门票（不含特殊消费及自理娱乐项目）
4. 用车：全程空调旅游车导服
5. 含基金30元/人
6. 用餐：全程含七正餐四早餐（含水果宴、烛光晚餐、南山素斋），正餐八菜一汤，早餐五点一粥（其中晚餐每桌两瓶啤酒一大瓶可乐或雪碧软饮佐餐），饭后新鲜水果
7. 保险：旅行社责任险
8. 友情推介（自愿自理项目）：体验潜水260元/人，海鲜风味餐150元/人（价格以实际挂牌为准）
9. 侠客游蜜月精品：一生有你大型主题蜜月婚庆团——上海到海南蜜月旅行

温馨提醒：

1. 行程中所含的景点门票、酒店住宿、餐饮安排及其他标准在不可抗力的原因下如未能达标，我社将不退还任何费用。赠送标准在节假日期间及旅游旺季将不能保证。

2. 赠送项目、景区如不去我社将不做出任何换点及退款处理。在旅游途中因客人自身原因或人力不可抗拒因素造成费用的增加均由客人自理，请备注于客人行程中。

3. 在保证全程景点不减少的情况下，旅行社最终保留调整行程先后的权利。

4. 折扣机票，不可退票、更改。请成人带好有效的证件（身份证）；

5. 空调旅游车由海南省旅游汽车运调中心统一调度，用车保证每人一个正座，如需加大车型需补车位差价。

四、婚庆旅游产品设计需要注意的几个关键问题

食:如果在婚庆旅游产品中有代表爱情甜蜜、白头偕老等新人们欣赏的特色菜肴,将为整个产品增色不少;另外根据其需求,安排相应的饮食结构,最好与普通旅游团的用餐分开,或者采用旅游目的地特色菜肴;或者安排爱情消夜品牌命名,尽量体现喜庆和吉祥。许多产品在为品牌命名时,为自己的产品赋予了浓厚的婚庆文化。“今世缘”白酒、“双喜”烟草等产品,都依靠喜庆品牌名称获得了市场的青睐。包装体现喜庆和方便两大特色。红色是婚庆永恒的色彩,如果再以金色相配,更加突出喜庆气氛,婚宴中红色包装的可口可乐,比蓝色包装的百事可乐更受欢迎就是最好的诠释。方便性,也是产品实现的极好突破口。市场呼唤带有喜庆文化的婚庆品牌,但是专一婚庆品牌根本无法满足消费者的个性化需求。他们要求价格、包装、种类、品牌等多样化,这是单个品牌所无法满足的。

旅途中进餐,口味宜清淡并富有营养,少吃生冷油腻食物、不喝生水、不吃变质食品,以免发生肠道传染病。口渴时尽量饮茶或喝矿泉水,多吃水果,就餐时不饮或少饮酒,切忌醉卧他乡。备足必需的食品,尽量避免在车站商店或沿途停靠站购买食品或当地土特产品。

住:大床房将是最基本的要求,另外根据各地民族特色对新房进行简单装饰:如玫瑰花、花瓣铺床、龙凤烛、剪纸及其他有民族特色的装饰。新人住房装饰用品是婚庆旅游中不可缺少的一部分。它不仅是人们物质生活的需要,而且是精神生活的需要,因为它直接影响人们的视觉和触觉器官,使人产生愉快、温暖、安静的感觉。房间的装饰是一个重要的心理调节器。要使装饰布和谐美观,必须利用窗帘、墙布、地毯和床上用品等几个大面积的装饰品,结合家具色彩,确定一个主色调,使之构成室内总的主色调。主色调,是给人的第一印象,要避免色彩对比过分强烈和复杂,防止影响整体的统一。要以一个颜色为依据,其他的颜色必须服从这个主导色。陪衬色,就是对主色调起烘托作用的色彩。一般来说每个房间都应该有个趣味中心,也就是说突出房间的重点,让人一进入房间,就能被它吸引。如卧室的布置可以床为中心,即床上纺织装饰用品的色彩可以鲜艳、丰富些;会客室可以沙发为中心,即沙发罩、茶几台布等纺织装饰品的色彩可以丰富艳丽些。这个趣味中心可以说是房间的重点色彩,而其他一切色彩则起陪衬作用。重点色彩鲜艳时,陪衬色则不宜鲜艳夺目,应该用中性色彩。点缀色,起画龙点睛的作用,常用于小面积的纺织装饰品。当墙布、窗帘、地毯等已形成一个和谐统一的色调时,则电视机套、枕巾等可选用鲜艳、明快,且对比较强的色彩。这种处理方法的效果,如同一首既有高音又有低音的音乐一样优美,但是点缀色不能用得太多,一两处即可。

就一般习惯来讲,窗帘、墙布、地毯等几大件纺织装饰品,在色彩上有它自身的

特点。墙布一般不宜用鲜艳的色彩，而宜选用浅淡、柔和偏冷的色相。如苹果绿、粉绿、湖蓝等色。这些色彩有扩大空间、衬托家具的作用。对于小面积的房间，墙布的色彩应选择与家具的色相统一，而明亮度较高的为宜。窗帘如用双层，则透明的一层色彩宜浅，外层不透明的一层色彩宜深。

行：很难出彩，在座位的安排上注意新人的搭配，对新人的巴士进行简单的装饰，做成花车。

游：设计一些独具特色且有纪念意义的活动，是产品中最大的亮点。如飞艇空中巡游、潜水、地下盟誓、划船、手拉手骑马、骑大象、登山，在有纪念意义的地方结同心锁、盟誓(山盟海誓)、在神圣(圣山、圣湖)的地方举办集体婚礼活动等。

购：可以安排豪华的有爱情纪念意义的购买纪念品活动。

娱：新人才艺展示——情歌对唱，在行程中能控制的音乐播放，以婚礼进行曲及各种情歌为背景音乐，其他娱乐活动。

五、婚庆旅游营销秘籍

婚庆旅游的分销渠道策略主要有：

(1)实行区域总代理制度，形成婚庆旅游的全国分销网络。

(2)充分利用婚姻登记处、婚纱影楼、婚庆服务公司、喜糖分销点、花店、家具店、星级饭店、家电连锁店等专业分销渠道。

①婚姻登记处。每对新人都必须在婚姻登记处完成自己神圣的联姻法律保证。政府机关原则上是不允许进行商业宣传，但可通过赠送宣传品、设计精美的喜帖与年历、百年好合婚庆俱乐部会员卡、有价奖券等小礼物公关，争取工作人员对隐性宣传品发放的配合。如，每对新人成功注册后，可获赠写有祝福话语和产品信息的喜帖式贺卡与一套用于布置新房的大红"喜"字，使其对旅游公司的婚庆旅游产品留下先入为主的好印象。而登记处悬挂的婚庆旅游产品精美年历、海报，办公桌上的台历等，也在无意间起着品牌的提示作用。

具体回报方式，如果是在婚姻登记处张贴婚庆旅游海报、摆放产品手册、赠送喜帖，可一次性支付一笔赞助费，数字根据谈判情况灵活掌握，但不宜过多。也可采取婚姻登记处推荐一对新人参团，可获得一定数额佣金的形式来体现。另外，还可以通过与婚姻登记处工作人员的深入沟通，拿到3个月内登记结婚的新人名单，采取邮寄喜帖、产品手册，然后以电话营销的方式进行数据库营销。由于直投目标明确，可以获得较高的成功率。回报方式可以采用一次性买断的方式，即拿到名单，支付一笔费用，但也不宜过高，数字可以灵活掌握。

②婚纱影楼、婚庆服务公司。现在新人走向神圣的婚姻殿堂，拍婚纱照已经成为必需的程序，婚纱照的消费额度从几百元到几千元不等。因此婚纱影楼是玫瑰

婚典世纪情缘大型婚庆旅游主题活动的主要分销渠道。每个中心城市婚纱影楼的数量都有几十个,根据我们的产品定位,旅游公司将优先选择排名在前10位的婚纱影楼合作,可采用双向合作、联合促销的方式介入。

首先,在影楼的促销中,主动提出将婚庆旅游活动的喜帖作为赠品,送给每对拍照的新人,以博取影楼的好感。其次,说服影楼同意在店内张贴海报,留出专门一角供婚庆旅游活动产品进行陈列布置,发放喜帖及促销信息,承诺给目标消费者以实在的利益。合作方式主要有:与婚纱影楼的产品合二为一,将拍摄婚纱照和婚庆旅游结合起来,整合成一个统一的产品来销售,可以实现新人异地拍摄婚纱的愿望,主要针对高端市场;通过在婚纱影楼贴海报、摆放婚庆旅游产品精美宣传册,向新人赠送以玫瑰婚典为主题的"喜帖",引起拍照新人的关注,加上影楼服务员的热情促销,提高新人的兴趣。

③与当地著名的喜糖分销点或经营部联营。采用将喜糖与酒折扣搭售的方式,在让消费者享受优惠与方便(喜糖、喜酒一次购全)的同时,不经意间挤走竞争品牌,抢得市场先机。有鉴于此,我们迅速将此模式提炼并推广,将玫瑰酒与喜糖捆绑销售,同时赠送玫瑰婚典、玫瑰酒产品手册和精美喜帖(隐性宣传品)。同时在喜糖分销点张贴婚庆旅游海报。

④其他。进一步开发花店、家具店、家电连锁店等新人筹备婚礼必须光顾的场所,采取与这些场所联合促销、利润分成的方式进行高密度促销,将婚庆旅游活动的品牌深入人心,努力做到品牌的树立和产品销售的有机结合。另外,星级饭店的餐厅和高档社会餐厅也是我们促销的重要场所,围绕"婚庆顾问,喜宴伴侣"的主题,协助饭店进行婚宴布置。与这些场所的合作主要是为了扩大主题婚庆旅游的知名度和美誉度,造成更大的社会影响。

综上所述,大型婚庆活动和婚庆制品的销售可以合二为一,这样一方面可以节约渠道建设的费用,另一方面也提炼升华了活动的主题。在具体操作过程中,必须采用旅行社传统分销渠道建设与专业分销渠道建设相结合的方法,同时,给旅行社合作伙伴——婚姻登记处、影楼、婚庆公司、喜糖分销点、花店、家具店、星级饭店、家电连锁店等专业分销渠道留以足够的利润空间,以刺激他们分销该产品的积极性,确保该渠道建立之后的有效性,确保婚庆旅游后续产品在该渠道能够得到足够的重视和有力的推广。

(3)选择恰当的媒体运用和广告投放策略,打造婚庆旅游品牌

①媒体运用策略。面对资讯丰富的时代,如何使婚庆旅游的品牌集中传播到目标消费群,一般情况下我们将在主要媒体类型,如报纸、电视、直接邮寄、广播、杂志、户外广告和互联网促销中进行选择。

采取合作式营销是最好的办法,主要是通过平面媒体(报纸)广告和直接邮寄方式来进行广告投放,如果广播和电视媒体有意合作,也可以考虑。有条件的旅游

公司可建立"婚庆旅游"相关网站，通过网站进行网络促销，另一方面投入一定的力量进行直接投递。

选择当地影响最大的一家平面媒体，如在当地发行量最大的报纸，结合婚庆旅游产品的特性，与报纸的生活类板块合作，记者在我们提供的新闻通讯稿的基础上写一些类似于软广告的稿子，向目标消费者深入介绍婚庆旅游的主办单位及品牌内涵，建立消费者的信任度和忠诚度，全年连续刊发。软文撰写要重点介绍婚庆旅游产品的创意过程及优异品质；事件行销及专题促销活动的跟踪报道；目标消费者感想及建议的提炼总结；特殊终端客户的肯定与支持等项内容，以提高广告的可信度和影响力。还应在报纸副刊开辟"婚庆顾问，人生伴侣"专栏，定期介绍婚庆礼仪知识。另外，可以采用漫画、有奖竞答等方式来进行玫瑰婚典的宣传，以提高读者的兴趣。广告费的支付方式，可采用收一对新人支付多少钱的形式来实现。

如果当地最大的平面媒体不愿意合作，也可以考虑与当地的电视台合作，由电视台用垃圾广告时间做投入，旅游公司出产品，设立收客热线，按照收客数量的多少给电视台提成，这样一方面降低了旅游公司的宣传成本，另一方面也降低宣传投入的风险。

电台广播：选择交通台、生活频道等，以硬广告或软文朗诵的形式，传播品牌信息，在信息干扰少的乡镇农村市场使用，效果较好。

与城市中的大型超市进行合作，在超市促销 DM 上登载产品优惠信息，有可能的话，于 9～11 月增设 DM 婚庆彩页，将婚庆相关产品（玫瑰婚典指定喜糖、喜酒、喜烟等）在目标消费群中进行集中传播。

另外，配合媒体的造势，旅游公司宣传海报和婚庆产品手册、精美的喜帖等，都是推广产品的重要媒体选择。这种软硬广告相结合的投放方式可以大大的提高广告的可信度和广告效果。

②广告投放策略。针对产品定位与新婚旅游者这个目标消费群，决定相应的投放策略。由于旅游公司的批发商定位，所以广告投放策略主要有以下几种情况：

- 第一种情况：在进行深入的市场调查后，如果同行对该活动的分销不感兴趣，则旅游公司进行平面媒体和直接投递进行广告宣传，由婚姻登记处、婚纱影楼、婚庆公司等专业中间商代旅游公司收客，收一对新人，中间商得到事前商定的佣金。

- 第二种情况：由旅游公司将产品特许给最重要、在当地最有影响的客户，指导客户确定正确的广告策略，采用软硬广告相结合，配合婚庆旅游产品宣传材料的投放，而宣传品印制费由旅游公司承担，其他的广告费由客户承担。客人交由旅游公司出团。客户得到批零差价的收益，旅游公司则享受游客接待和批发的收益。

- 第三种情况：在全国范围内全面铺开，把婚庆旅游活动，通过在《中国旅游报》上打广告，召集加盟者，由全国各地的旅行社同行进行分销，客户自由进行广告宣传收客,交到旅游公司接待。

上述3种广告策略,可根据旅游公司在当地零售商中的影响力和客户的认可程度不同而灵活采用。旅游公司将在《中国旅游报》这个旅行社同行广泛认可的报纸上做广告召集加盟者,并将以在各地市同行中找代理商的方法进行分销,同时,配以一定的广告投放,终极目的,是确立旅游公司在婚庆旅游产品批发市场中的领导地位。

(4)大型婚庆旅游产品取得成功的关键,是设计多种模式的公关活动

①新闻报道。与新闻界交往的目的,是让新闻媒体报道那些有新闻价值的信息,通过新闻报道达到营销宣传的目的,即在出版物和广播媒体上推广一种产品和服务,能确保其所占用的是编辑的版面,而非花钱买来的版面。旅行社推出的大型婚庆旅游产品是一件有新闻价值的大事,媒体在企业发布这个大型产品信息时进行报道,可以确保该项产品一进入市场,就能受到公众的关注。

②产品宣传。婚庆旅游是旅游公司在各地投放的针对婚庆旅游服务市场的新产品,为扩大公司及其产品的知名度和美誉度,迅速占领市场,可量力而行,投入一定成本,采取适当的广告形式,进行产品推广。

③公司宣传。因为大型婚庆旅游产品针对的是婚庆服务新婚市场,通过对即将踏上婚姻殿堂的新人的有针对性的宣传,可以树立旅游公司"婚庆旅游服务专家"的形象,从而通过舆论的宣传提升旅游公司的整体形象。

④政界游说。与政府打交道,以促进对该项活动的推广。旅游公司推出的大型婚庆旅游活动,是各地旅游行政部门都非常关注的事情,旅游公司应该与当地的旅游行政部门合作,共同推出这个产品,将其作为旅游局的一项主题活动向社会推出。旅游公司推出的专题旅游产品由当地主管部门认可,并由其邀请各主要媒体召开新闻发布会,利用政府的资源进行宣传,达到合作营销的目的。这样,一方面可以密切旅游公司和当地旅游主管部门的关系;另一方面可以极大地提高旅游公司的可信度,成功地收到软硬广告一起上的良好效果。

⑤咨询活动。为即将踏上婚姻殿堂的新人进行各种新婚方面的咨询。这种咨询活动可以同报纸、电台、电视台的有关栏目一起合作,达到利用专业媒体、专业栏目进行推广的目的。

(5)丰富的营业推广方式,可以极大地调动消费者、代理商和推销员的热情

营业推广包含着各种短期的用于鼓励购买或销售产品和服务的激励手段。为了较好地推广这个专题旅游活动,我们设计了各种能刺激市场做出快速和强烈反应的促销工具。其中包括面向消费者的推广和面向代理商、中间商、推销员的推广。

① 针对消费者的推广活动。推广工具,主要包括样品、赠券、赠品、顾客酬谢、售点陈列、竞赛、彩票和游戏等。推广形式如下:

一是，为新人提供真情回报（时间，全年不间断）。与相关机构（收费热线电话）开通婚庆热线，设立婚庆专家，免费提供婚礼相关问题咨询。为新人婚庆方案提供合理化建议。如，选择什么档次的酒楼，蜜月旅游线路咨询等。

根据新人婚庆预算进行全程婚庆策划，代办婚庆服务。如，花车礼服租借、主持人邀请、VCD拍摄及制作及蜜月旅行事宜联系等。享受折扣优惠，如，在指定饭店举办婚礼者，可享受特价婚宴让利优惠等。

二是，对参加婚庆旅游的新人赠送礼品。如，代表“爱情美满、幸福永久”的玫瑰喜酒等，在新人当中建立品牌形象。

三是，路演促销——“爱”，要大声说出口：

- 时间：×～×月间的3个周末。
- 地点：分别选择在广场、百货商店大堂及大型超市门口等人流密集场所举行。
- 目标参加对象：情侣夫妻档为主，母子父女档为辅。
- 策划思路：“爱你在心口难开”的时代已成为过去，新世纪的青年要敢于表达，有爱就要说出口。作为“婚庆顾问，人生伴侣”的婚庆旅游活动举办单位，希望能鼓励并见证各位对爱人真挚甜蜜的爱的表达，从而策划此案，以唤醒各位不轻易流露的内心情感。
- 活动方式：在主持人的煽情鼓励下，邀请情侣或夫妻档的任何一方上台表达对爱人的真情爱怜，语言最感人、最富创意，掌声最热烈者胜出，前三名给予奖励，参加者皆可获得带有玫瑰婚典的纪念品一份。现场另设展台进行婚庆用品（喜酒、喜糖等）的优惠让利销售。参加活动的观众参与，亦可获得参加婚庆旅游活动的优惠券。
- 活动反响：吸引了大批观众，主持人幽默热情，参赛者踊跃，现场气氛热烈、轻松、健康，通俗而不庸俗，留给大家美好的印象，同时能有效带动现场销售。

② 面向中间商的推广活动。

- 推销佣金：对选定的婚姻登记处、婚庆公司、婚纱影楼、花店、家具店、家电连锁店等中间商，要留以足够的佣金空间，每送一对新人，给婚庆旅游活动组委会以数额不等的佣金。这样才能充分调动中间商的积极性。
- 合作广告：与中间商合作进行广告宣传，广告中可以出现中间商的名字。如，“某婚庆旅游活动指定婚纱影楼”、“指定婚庆公司”等字样，在塑造自我品牌的同时，也让合作伙伴受益。同时，要求对方在进行广告宣传时，出现“婚庆旅游活动指定”字样。
- 有价奖券：为婚庆公司、婚纱影楼、花店、家具店等单位制作一种婚庆旅游活动的会员卡。持该会员卡的新人报名参加婚庆旅游大型活动，或购买指定系列婚庆用品，可以获得一定额度的优惠。或者为上述单位提供有价奖券，根据新人在上述单位消费的金额,可以获得100~500元不等的奖券。该奖券可以在参加婚庆旅游活动时使用。

③ 面对推销员的推广活动。可以制定面向推销员的推广奖励政策。如,推销竞赛、开瓶费、佣金返还等一系列政策。采用何种方式,可根据当地情况灵活确定。

六、国外婚庆旅游目的地介绍——巴厘岛浪漫风情婚庆游

位于印度洋爪哇岛西部的巴厘岛,是印度尼西亚17 654个岛屿中的一颗耀眼的明珠。全岛总面积5620平方公里,中间被火山横贯东西。巴厘岛作为一个热门的度假胜地,并没有被商业化冲击得不伦不类。相反,在吸收外来文明的同时,它一直保持着其独特的文化。岛上20多万座星罗棋布的庙宇,以及被当地人视为"神的住地"的火山,为这个碧海蓝天、花红草绿的"桃花源"增添了一丝神秘而古老的气息。每年,都有不少想远离尘嚣的游客到这里享受假期。

"巴厘岛浪漫风情婚礼"活动,是为新人量身定造的婚庆旅游产品,除了观赏巴厘岛优美的异国风光之外,还为新人提供精心准备的婚礼花车接送、教堂婚礼、顶级豪华五星级饭店、浪漫婚纱摄影等服务,让新人们体验人生中的巅峰浪漫。该活动并不局限于新人们参加,也可邀请自己的亲朋好友共赴巴厘岛为新人们祝福,对巴厘岛的异国风光有兴趣的游客,也可投身到这一浪漫旅程中来。

住宿:

在巴厘岛,从二星级饭店到五星级饭店随处可见,价格从每天20美元到几百美元都有。以下向您推荐几个价格合理且有特色的选择。

- TTaman Rosan酒店(三星级,约$23元/天),离Nurah Rai机场仅25分钟车程,园林景色幽雅别致,只有36个房间,不用担心游泳池变成"集体浴场"。最大好处是经济实惠,可让游客多留点"弹药"在其他娱乐项目上。

- Agung度假村(Bali Agung Village,三星级,约$32元/天),位于古它(Kuta)海滩不远处,附近是成片绿葱葱的稻田,颇有一种"稻香村"的感觉。除了普通房间,更有独立式小别墅让人独享一个真正自在的假期。

- 甜蜜海岸酒店(Legian Beach Hotel,三星级,$43元/天),整个酒店就是一个充满热带风情的大花园,巴厘式的茅顶屋和谐地散落其中,且每个房间都有独立阳台,让人尽览园林风光,静享蓝天白云和红花绿树的气息。

- Mercure Kuta酒店(四星级,约$51元/天),一边是宁静的古它海滩,一边是繁华的商业区,宜动宜静,如果伴一群朋友同游,在这里落脚是最好的选择。游人可根据各自的喜好,走出酒店大门,分别"向左走,向右走",寻找各自的快乐天堂。

- Tamukami酒店(五星级,约$63元/天),在巴厘岛,一般的五星级酒店都要80美元以上,Tamukami可算是价廉物美。除了舒适的大房间、豪华花园、游泳池

等五星酒店必备“硬件”外，这里的房间还提供手提电脑和网络接口，让人在这世外桃源里依旧可以保持与外界的联系，随时遥控事业王国。

• Nusa Dua 海岸酒店（五星级，约$ 87 元/天），除拥有无敌海景外，最令酒店员工自豪的是，自 1983 年开业以来，这里已经接待过不少国家元首。因此，酒店声称要让顾客拥有“帝王级”的享受。虽然价格比上面几家酒店要高，但多花一点，就可以过一把“国王”或“女王”瘾，也很值得呢。

玩乐：

众所周知，阳光与海滩是巴厘岛的“招牌”，而各种海滩活动，如游泳、橡皮船、沙滩排球等肯定是少不了的，而小型赛车、骑马、蹦极跳等各种娱乐项目也不少。以下介绍几个独具特色的旅游项目，爱玩的你不要错过哦！

• 潜水：比较好的潜水点都集中在巴厘岛的东岸。而在南部半岛，建议你还是乖乖待在岸上，因为那里的水世界没有什么看头。不同的潜水点价格也不同。一般来说，潜水一天的费用为 60 ~ 90 美元。为了让海底之旅安全尽兴，记得要找一间有正式牌照的潜水公司，那里有专业的教练。另外，别忘了办一个潜水许可证。

挑一个风和日丽的日子，悄悄潜入那蓝色的童话世界，穿梭于五光十色的珊瑚礁，对您身边可爱的热带鱼打个招呼。运气好的话，你还可以找到一艘不知年代的沉船，为您的海底旅程增添一丝神秘气氛。

除亲自下水外，您还可以选择乘坐小型潜艇到水下 60 英尺的地方，透过玻璃窗与鲨鱼会面，而且可以尽情拍照。行程为 1 个半小时，费用是 100 美元，5 ~ 14 岁的儿童半票。

• 游船夜宴：在繁星密布的天幕之下，一边欣赏小岛夜景，一边品尝各国风味齐全的自助餐，游船夜宴会令人有一个难忘的夜晚。船上还会有乐队助兴，游客可以尽情起舞，当然，也可以离开热闹的舞池，在隐隐传来的巴厘民歌中，跟你的“Honey”静静地临风伫立。游船一般在傍晚 6:00 出发，10:30 返回码头。船票为每人 40 美元左右，14 岁以下的儿童一般是半票。

• 漂流：除海上活动外，巴厘的河流也能带给您惊喜。与国内的漂流不同，这里的漂流根据刺激程度分级，游客可以根据自己的喜好选择。每次旅程为 56 ~ 85 美元，一般包括午餐。

• 民族歌舞表演：巴厘岛民很好地保留着他们的传统文化。因此，民族歌舞表演必定令你大开眼界。“大刀舞”、“火舞”、“罗摩衍那舞”都值得一看。

购物：

在巴厘岛，各种民族味十足的精致工艺品，如手织布、蜡染、木刻、石雕、传统面具、金银器等，令人爱不释手。不过，在这个历史悠久的旅游岛上，要做一个精明的消费者就要有点技巧了。

巴厘岛最热门的购物点在古它(Kuta)和里京(Legian)。这里店铺林立,商品齐全,在此“扫货”,可以节省不少时间。如果你要买那些土制小饰品和小摆设的话,千万不要在酒店的商场和免税商场浪费钱,那里的价格贵得惊人。不过,即使在普通的小店,也不要忘记要跟店主讲价,以保证物美价廉。此外,如果有人声称那是古董而漫天要价的话,你不是行家就不要轻易相信。而且,有些不法商人会用褪色的假货来冒充蜡染,所以一定要小心。此外,巴厘岛的手制陶餐具十分有名,从设计到制作都十分讲究,可别忘了挑一套哦!

饮食:

在巴厘岛比较好的酒店,早餐价格由每人8~30美元不等,正餐20~70美元。在酒店外的餐馆用餐,可以节省60%~80%,最经济的还是一些露天风味小摊,花上几千卢比就可以饱餐一顿。

习俗:

- 当地居民都很友好,但旅游者必须注意一些风俗,以免引起误会;
- 不要用左手握手;
- 不要用弯曲手指的方式请别人过来;
- 头部是神圣的,千万不要拍别人的头部,即使对方是小孩子;
- 当地人大多数信奉伊斯兰教,去餐馆进餐前,最好还是先看清楚是不是清真餐馆。

【本章小结】

婚庆旅游是旅游行业中发展最为迅速的旅游细分市场之一。随着我国经济的发展,婚庆旅游已呈现出百花齐放的趋势,既有政府出面举办的大型婚庆活动,也有企业开发的婚庆旅游产品。本章从实战角度出发,分析了中国婚庆旅游市场的特点,结合案例进行了婚庆旅游产品的评析,为读者介绍了实用性很强的婚庆旅游市场营销策略。本章可以帮助中国旅游界规范婚庆旅游产品的开发操作,启发产品开发者的灵感,为婚庆旅游市场提供更多个性鲜明、服务规范的特色产品。

第十五章

体育旅游产品的设计与操作

本章导读

本章主要讲述如何进行各种类型的体育旅游产品的设计与操作，首先分析中国体育旅游市场的特点，归纳梳理体育旅游产品开发的现状、存在的问题及未来发展的趋势。然后重点剖析市场流行的四类体育旅游产品，最后阐述体育旅游产品设计的几个关键问题。

通过本章学习，您能够：

(1)了解世界范围内体育旅游的发展概况。

(2)了解体育旅游市场的消费特点。

(3)掌握细分体育旅游市场的方法。

(4)明确体育旅游的开发现状与发展趋势。

(5)深刻理解成功的体育旅游产品案例，并能加以灵活运用。

(6)对体育旅游业发达的国家、地区，有一个基本的认识。

体育旅游是以从事某项体育运动锻炼为动机，达到增强体质、提高健康水平、促进病体康复和延年益寿为目的的旅游活动。它既是一种经济事业，也是一种文化事业，是体育与旅游的结合。

现代人物质文化生活水平的稳步提高和五天工作制的实施，带来了个人投资买健康观念的改变，健身娱乐正在成为越来越多的人的休闲时尚。这就带来了体育健身娱乐业的急剧扩张，体育旅游也成为社会投资的一个热点。

20 世纪初，以体育健身和各种闲暇娱乐为主体的休闲娱乐业，在一些国家初步形成规模。例如，美国在 1929 年时，休闲娱乐业占服务业国民收入的 8%，占全国国民收入总额的 0.93%；在 90 年代中期的英国就已有高尔夫球场 2350 个，每一球场有 1050 名会员；法国 1994 年冬季的滑雪者人数达 540 万，其中外国去的滑雪者 180 万人，占法国滑雪营业额的 78%。至 2001 年年底，全世界共有滑雪场 6000 个，滑雪人口 4 亿人，年收入 500 亿美元以上。

现在，国内的体育旅游项目大致可概括为观赏类和参与类。其中观赏类，一般都具有较高的审美性和观赏性。如，划水、攀岩、赛马、飞行特技、职业竞技体育，以及民族体育中的一些项目。如,摔跤、叼羊、舞龙、舞狮等。观赏性的体育旅游,也可称为体育参观旅游,由于体育比赛受到的关注程度很高,高级别、大型的、爱好者众多的体育项目比赛,更是如此。例如,奥运会、洲际运动会、全国运动会、世界杯足球赛、NBA 篮球赛、世界拳王争霸赛等,人们很希望能身临其境地去观看比赛。

参与类,一般都具有较高的趣味性和简单易学的特点,对参与者没有很高的要求,因此也深受大众的喜爱。其中又可分类为:

(1)一般体育项目:各种球类、游泳、飞镖等。

(2)野外活动:登山、漂流、定向运动、野外探险、雪上运动等。

(3)民族体育项目:武术、太极、赛龙舟等。

参与类体育旅游项目多、形式广,能够适应不同年龄、不同性别、不同职业人们的生理和心理要求,因此有着良好的市场。

从消费能力来讲,国外在人均收入达到 500 ~ 800 美元时,旅游消费将会开始急剧扩张。逐步富裕的人们开始考虑新的休闲娱乐和消费方式。2013 年中国 GDP 约合 91849.93 亿美元,人均 GDP 约为 6767 美元,东部沿海发达地区很多城市人均 GDP 超过了 10000 美元。大部分中国人已经具备了进行体育旅游消费的能力。

另外,2008 年北京奥运会和 2010 年广州亚运会的成功举办,对中国的体育旅游发展有较强的带动作用,对体育旅游的大发展带来新的机遇。首先因奥运会、亚运会等大型赛事举办而兴建的先进的体育设施、良好的赛事组织管理能力及人力资源的提升为体育旅游的大发展提供了良好的基础;其次体育这种“积极的生活方式”也成为生活的主流,并影响着人们的出游选择,全民对运动的热情是体育旅游游客形成的推动。再次因奥运和亚运而开展的治安、交通、环境、卫生等方面的整顿,营造良好的旅游环境,这是体育旅游开展的保障。由此可见,中国体育旅游市场潜力之巨大。

一、市场分析

(一)市场规模

发达国家非常重视体育与旅游的结合发展,在欧美,体育旅游已经形成了巨大的市场。瑞士仅滑雪旅游一项,每年接待外国游客 1500 万人次,创汇 70 亿美元左右;以“足球工业”为主的意大利,体育旅游的年产值,从 20 世纪 80 年代的 180 亿美元,已达到目前的 500 亿美元左右,产值超过了汽车制造业和烟草业;北京 2008 年奥运会的成功举办全面带动北京各类产业的发展。“绿色奥运”将促进北京的环保产业,绿色农业上一个新的台阶;“科技奥运”将给高新技术产业提供新的增长空间,2008 年实现增加值近 600 亿元;“文化奥运”使北京的第三产业发展达到新的水平,商业旅游、金融、保险和体育产业在现有的基础上巩固提高,会展业、新闻传媒业、物流业、信息服务业获得了空前发展，2008 年共实现增加值 3900 亿元，占当年 GDP 的 67.5%。这些都足以证明体育旅游业的蓬勃生机和巨大市场潜力。

随着改革开放的深入，人民生活水平的提高，对健身活动的要求趋向多元化，体育旅游作为一种可供选择的健身休闲方式，因其兼有娱乐、刺激等独特的魅力，受到了越来越多的人们欢迎，滑雪、漂流、攀岩、登山、沙漠探险、徒步游、自行车游、自驾车游、高尔夫旅游、武术健身游、海滨健身游等体育旅游项目在我国逐渐兴起。

据有关统计，至 20 世纪 90 年代末，我国的营业性漂流场所已达 150 多家。早些年，冰雪旅游对大多数中国人来说，还是陌生而神秘的。1995 年，国家旅游局在东北地区召开了第一次全国滑雪旅游研讨会，提高了有关部门对发展滑雪旅游的认识，宣告中国滑雪旅游的正式起步。1998 年，冰雪资源丰富的黑龙江和吉林，分别参与主办了一年一度的黑龙江省和吉林省滑雪节。

在体育旅游方面，除登山、滑雪、海滨游泳等传统项目外，近年来在我国一些地方，新的具有体育特色的项目，如漂流、攀岩、滑草、温泉浴，以及驾车旅游等项目也正在开辟之中。以体育为名的旅行社开始成立并开展相应的经营活动，部分省、市、区把发展体育旅游作为当地旅游经济新的增长点或重点。如安徽和浙江等省的旅游管理部门，把体育旅游定为当地旅游业开发的重点；甘肃省以举办丝绸之路汽车拉力赛，来刺激本省和西北地区旅游的升温；无锡市在太湖旅游风景区兴建一山地自行车赛场，增加新的旅游项目并形成特色，以保证旅游业的可持续发展；武汉市正在开发畅游长江的体育旅游活动，并准备将这一传统项目打造成为品牌等。

（二）体育旅游市场特征分析

根据消费者需求的差异性，体育旅游细分市场，可以从消费者的旅游动机进行划分。

体育旅游市场细分

体育旅游细分市场	细分市场产品
休闲体育旅游	钓鱼、登山、冲浪、骑马、打高尔夫球、跳舞、游泳等
健身体育旅游	打保龄球、打网球、健美、溜冰、打台球、潜水、打羽毛球等
体育观战旅游	观看奥运会旅游、观看亚运会旅游、观看世界杯旅游、观看 NBA 旅游、观看其他大型球赛旅游、观看其他大型运动会旅游等
刺激体育旅游	探险旅游、海底旅游、沙漠旅游、狩猎旅游、激流旅游、攀岩旅游、高山探险、森林探险、秘境旅游等
竞技体育旅游	帆船、滑雪、射箭、滑翔伞等
其他	参加各种大型体育赛事旅游、武术旅游、徒步旅游、热气球邀请赛旅游、冰雕雪橇旅游、沙漠汽车拉力赛旅游、骑骆驼旅游等

1. 休闲体育旅游市场发展潜力大

休闲体育旅游市场具有以下特征：

其一，用于休闲体育旅游的时间不等，总体上受年龄段影响明显，每周参加休闲体育旅游的时间较为分散（见不同年龄段每周参加休闲体育旅游的时间分布表）。资料显示，除了每周参加休闲体育旅游活动在2～4小时的比例为31%，其余比例基本在22%～24%之间。不同年龄的消费者用于休闲体育旅游的时间特征，总体上呈现随年龄变化而先增后降的一般趋势，26～45岁之间的消费者休闲体育旅游的时间总体偏少，而21～25岁的年轻人，显然是休闲体育旅游消费的主力军。

不同年龄段每周参加休闲体育旅游的时间分布

	小于2小时	2～4小时	4～8小时	大于8小时
18～20岁	32%	50%	7%	11%
21～25岁	10%	20%	35%	35%
26～45岁	36%	28%	16%	20%

其二，总体消费偏低，潜力尚待挖掘。根据一项消费者每年用于休闲体育活动的开支调查，接近70%的被调查者，目前平均每年的开支费用在60～240元之间，尚有两成多的被调查者每年此项开支不足60元，而开支超过360元的只有1%。从这个意义上讲，我国大众休闲体育旅游消费市场，目前还处于初级阶段。因此，未来的休闲体育旅游消费者主流，必然是大众型，而大众型消费市场特征的变化，是潜移默化的。

2. 健身体育旅游市场大众性强

大众性健身体育旅游已经为百姓所接受。大众对健身体育旅游有兴趣的理由，主要集中于锻炼身体和有利于发展共同兴趣两个方面。这一面与消费者目前的经济承受能力密切相关，但更主要的还是消费观念有待进一步提升。对于健身娱乐市场，其市场进入门槛较低，固定资产投资是主要的投入，经营成本主要是固定资产折旧和管理费，因而主营业务利润率较高。但是，受固定场所和宏观景气的限制，其销售（服务）增长受到局限。

从目前我国健身体育旅游的市场来看，面向中、低档收入的城市"白领"中青年消费者和家庭，创新一些薄利多销的健身体育项目，应该是健身体育旅游市场发展的首选。

例如，广州全民健身计划委员会和广州市体育局牵头，联合发售了20万张康复健身卡，建立起一个健身网络。这个服务网络现已建立300家服务网点，入网项目有保龄球、网球、台球、溜冰等20多个项目，还包括了一些商业、文化等综合设施。这样，持卡的消费者可以在不同地点进行消费，既可以到异地健身，又可以到异地进行旅游。这种经营方式既壮大了消费者队伍，又实现规模经营，大幅度降低经营成本,从而使健身体育旅游得以健康、快速发展。

3. 体育观战旅游市场面广

体育观战旅游,是指组织各项比赛活动的热心观众,观看国内外比赛的旅游活动。Greenand Chalip 的研究发现,是观赛者相互认同的一种亚体育文化精神,即对特定的运动项目的共同兴趣,而不是比赛场地本身吸引了大量的旅游者前往比赛场所。由于在体育比赛活动中,许多竞争激烈的场面非常激动人心,许多人把观看一场高水平的体育比赛所获得的刺激,看作是一种精神享受。观战者不仅参与赛事举办国的体育活动,还会参与东道主为他们特意准备的多种旅游活动。

目前,这类市场很大,男女老少都非常喜欢看高水平的比赛。例如,奥运会、世界杯足球赛、美国 NBA 篮球赛等大型比赛,都吸引了几千万名的观众前去观看。许多观众认为,到异地既可观看比赛,又可旅游,这种"一举两得"的消费心理在越来越多的消费者中普及起来。

4. 刺激体育旅游市场年轻化

刺激体育旅游,是指旅游者从未见过、听过或经历过,既标新立异又使人特别兴奋或惊心动魄的旅游活动。许多旅游者把获得各种刺激看作享受。因此,刺激体育旅游,也属于一种享受旅游。刺激体育旅游主要从消费者的心理需求来考虑,这类消费者喜欢新事物,渴望接受新思想、新信息,希望在旅游中得到新感受。

目前,刺激体育旅游市场主要来自青少年。因为青少年的消费心理需求正符合刺激旅游的心理需求。青少年心理需求具有以下特征:

一是,消费心理逐渐成熟。青少年思想活跃,富于幻想,追求个性,自我意识增强。

二是,消费行为稳定性差。青少年具有很不稳定的心态,消费口味也变化多端,是"最不忠诚的消费者"。

三是,消费心理可塑性强。青少年处于认识事物的学习阶段,易于接受新生事物。

四是,消费具有强烈的求知欲。青少年生活在信息时代,越来越感觉到知识和文化的重要性,不断拓宽自己的知识面,已成为青少年的共识。

五是,消费层次不断提高。随着国民经济的增长,家庭收入的增加,青少年的物质条件越来越好,购买力逐渐增强。

5. 竞技体育旅游市场起步晚,前景看好

现代人生活节奏的加快,工作压力的加大,生存空间的缩小,使许多人开始把兴趣转移到富有挑战性的竞技体育项目。在国外,竞技体育项目和娱乐业的结合,已有较长时间的发展,目前,在欧美国家已相对普及,参与的人数超过千万。如美国众多家庭所推崇的周末郊外旅游射箭娱乐，被称之为“绿色狩猎”项目，正受到越来越多的人的喜爱。在我国，竞技体育走上娱乐市场还比较晚，北京海淀体育中心、锡华俱乐部率先尝试了竞技体育旅游项目的经营，该娱乐中心开设的猎人俱乐部受到一些射箭和狩猎爱好者的欢迎，市场前景看好。市场的需求是竞技体育娱乐得以出现的基础，从这一点来说，竞技体育的发展极具潜力。

（三）体育旅游客源市场细分

体育旅游者，是为了满足精神享受或自我实现的需要，暂时离开长住地，以参加体育活动或观赏体育活动为目的，并在此过程中进行消费的人。对体育旅游客源市场可做以下分类：

1. 按体育旅游资源划分

按体育旅游资源，可将体育旅游者划分为山地项目型、水上项目型、冰雪项目型和空中项目型。

- 山地项目型体育旅游者人数较多，主要是依托山地资源开展体育旅游活动。这种类型的体育旅游者喜好的项目一般为登山、攀岩、越野、高山速降、高山探险、秘境探险、自驾车等。山地体育旅游包括的项目较多，一年四季都可开展活动，选择范围也很广。体育旅行社组织的体育旅游多为此类型。
- 水上项目型体育旅游者，主要是依托水体资源开展体育旅游活动。这种类型的体育旅游者多在夏季或温热带地区进行活动，喜好的项目有冲浪、滑水、潜水、帆板、漂流、溯溪、溪降、钓鱼等。
- 冰雪项目型体育旅游者，主要是以冰雪为依托开展体育旅游活动。这种类型的体育旅游者喜爱的项目，有滑雪、溜冰、冰帆、雪橇、冰雪雕塑等。
- 空中项目型体育旅游者人数不多，但这种类型的体育旅游者一般具有较高的经济收入。因为空中项目危险性大，对器材要求高，而这些器材价值也不菲。没有一定的经济实力是难于参加此类体育旅游的。这类体育旅游者主要开展滑翔伞等项目的旅游。

2. 按运动强度及危险性划分

按运动强度和危险性划分，可将体育旅游者划分为休闲健身型、技术竞赛型和冒险刺激型。

- 休闲健身型体育旅游者，一般喜欢运动量不太大、危险性较小、安全性较有保障的活动。他们往往喜欢参加钓鱼、打高尔夫球、打保龄球、打乒乓球、打网球、打羽毛球等活动。
- 技术竞赛型体育旅游者，一般都具有某项或某几项运动技能、技巧，在体育旅游活动中参与是目的，但名次也是重要的，有的干脆就是为夺取名次而参加体育旅游的。这种类型的体育旅游者喜好的竞技活动，一般有定向穿越、驾车越野、帆船、滑雪、溜冰、射箭、滑翔伞等。

• 冒险刺激型体育旅游者，不喜欢平淡无味的旅游项目，而热衷于冒险，喜欢通过惊险刺激的运动项目来挑战自我，在战胜自我中实现自我。这种类型体育旅游者热心的项目，有登山、攀岩、漂流、溯溪、探险、蹦极、热气球等。

3. 按体育旅游者年龄段划分

可根据体育旅游者的年龄，划分为老年体育旅游者、成年体育旅游者、青年体育旅游者、少年儿童体育旅游者。

• 老年体育旅游者，一般是指离退休干部职工和其他55岁以上的体育旅游者。这种类型的体育旅游者由于年龄较大，体力相对较弱，不太喜欢运动强度大、危险性大、刺激性强的旅游项目，较偏重于钓鱼、打球、骑自行车游、老年摩托车自驾等活动。他们在活动中打球通常不计名次，骑自行车游和摩托车自驾一般也是短距离的，在长距离骑游或自驾中每天的旅程也是相对较短。不少老年人十分热衷于体育旅游。他们可以避开旅游旺季开展体育旅游活动。这是体育旅游者中不可忽视的力量。

• 成人体育旅游者，年富力强、经历丰富，身体发育成熟，事业有成，有稳定的收入，但由于现代生活节奏与紧张工作的压力，他们也希望热衷于参加体育旅游，且适合于参加任何类型的体育旅游项目。由于工作和时间的关系，他们多利用周末和“黄金周”参加体育旅游活动，或是在假期中参加。

• 青年体育旅游者，是整个体育旅游者队伍中最富有生气的组成部分。他们思想解放、观念前卫、追求时尚，敢于挑战自我，善于表现自我，更喜欢参加竞技、刺激冒险的体育旅游。如探险、漂流、越野、蹦极、溯溪、登山等。他们人数众多，通常利用寒暑假参加体育旅游，这就容易形成这一时节的体育旅游高峰。

• 少年儿童体育旅游者，身体发育尚未成熟，经济上也不能独立，但望子成龙、盼女成凤的家长们也常让孩子参加一些体育旅游。这种类型的体育旅游者，一部分是随父母一道参加，还有一部分是由学校或共青团组织参加各种“夏令营”、“冬令营”和“训练营”。在他们的活动中，还常安排一些参观体育设施和体育赛事的观摩等活动。

4. 按体育旅游者消费能力划分

可划分为豪华型、标准型、经济型。

• 豪华型的体育旅游者，有较强的经济实力，一般说装备齐全完备、设备先进精良，用品中名牌众多，有较强的后勤支撑，安全保障较为充分，在体育旅游过程中追求舒适、服务高档，消费能力强，水平高。

• 标准型体育旅游者，具有一定的经济实力，在器材装备方面注重精简实用，并不在乎是否名牌，在体育旅游的服务接待和环境条件方面，要求不高，过得去就行，在消费方面不吝啬，但也不奢侈。

• 经济型体育旅游者，多为一些刚参加工作不久的青年职工和青年学生。他们器材设备简陋，花费上处处精打细算，力争少花钱多旅游，尽量不依赖体育旅游业的服务，以免多支出服务费用，能自己解决的事情就自己解决。

5. 按参与的性质划分

按参与的性质可划分为参与型和观赏型。

• 参与型体育旅游者，在体育旅游过程中是体育运动项目的直接参与者。

• 观赏型体育旅游者，参加体育旅游是为了观赏。如观看奥运会比赛、观看亚运会、观看世界杯、观看大型运动会或大型体育赛事。

二、体育旅游产品开发的现状和发展趋势

体育旅游市场虽然发展潜力巨大，但由于我国的体育旅游事业起步晚，无论从规模上，还是从发展程度上都相对落后，客观上，必然存在这样或那样的不足。其具体表现如下：

（一）体育旅游设施不完善

旅游设施，是指接待旅游者参观游览所需的物质设备条件。体育旅游设施，包括旅游交通工具和交通设备、旅游宾馆、旅游饭店、旅游商品专卖店，供旅游者运动和娱乐的设施以及为适应旅游者的不同需要和爱好而准备的各种设施。如，滑雪旅游者需要的滑雪板、缆车、滑雪服装和急救设备；登山旅游者需要的登山服装、宿营帐篷、专用食品和饮料等；水上运动必须具备的划艇、赛船、风帆、划水板、摩托艇、冲浪板、救生艇、急救车等设备。这些设施、设备都是为接待旅游者所必备的。体育旅游设施是否齐全、实用，服务是否周到，标志着体育旅游市场开发的程度，是体育旅游市场的硬件条件标准。在这方面，我国与先进国家相比，还有差距。

（二）体育旅游服务质量差

旅游服务，是指旅游部门利用一定的旅游设施或其他条件，为旅游者在整个旅行游览过程中提供各种服务的总称。包括饮食、住宿、交通、导游、翻译、购买商品等方面的服务。高质量的体育旅游服务，包括以下内容：体育运动器材规格齐全，能保证各种运动项目的需要；交通工具齐备、方便，能满足旅客对交通的需求；导游资料详细，宣传到位，使游客一目了然；食宿服务主动、周到、热情，使游客有宾至如归的感觉；保证各种体育用品、纪念品的供应，满足旅游者的购买需求。

旅游服务（产品）质量高低的标志，是指旅游者的满意程度、旅游产品供给和旅游目的地的社会效益和经济效益。优质旅游服务，应该是既能使旅游者满意，又能提高社会效益和经济效益。而目前，我们还存在着管理水平、服务质量差，游客

不满意等亟待解决的问题。

（三）体育旅游产品结构单一、形式老化、内容多年不变

不少来过中国还想再访的客人，往往因为没有合适的、能满足其寻求新经历的产品而作罢。面对国际客源对旅游目的地的苛求和游客自主意识的增强，我国体育旅游产品供给，目前还处于被动和力不从心的落后状态，长期以来一直实行包价形式的体育旅游产品，不能适应不同年龄的需求。另外，体育旅游产品质量下降，也是一个十分突出的问题，应引起高度重视。

（四）开发和推动国际体育旅游尚存在一些困难

国际体育旅游业，是高指标的消费行业，这意味着必须建立高于本国生活水平的各种旅游设施，其中包括机场、宾馆、高速公路、现代化体育设施和游乐中心等。这些高于本国生活水平的旅游设施，从效益和功能来看只能为外国游客所享用，而且国际旅游又是季节性很强的活动，所以往往造成投资大、收益差的一些不良经济后果。虽然这只是个别现象，但如果不采取措施加以解决，后果不堪设想。

三、主要体育旅游产品

（一）高尔夫旅游

产品名称：

大理苍海/丽江古城/玉龙雪山高尔夫五日游

出发城市：昆明

行程天数：5

价格：3520 元/人

具体行程：

第一天　昆明酒店

昆明机场接机，入住酒店。

第二天　大理

早上，乘机赴大理，乘感通索道游苍山大峡谷、清碧溪；游览蝴蝶泉公园、崇圣寺三塔，参观喜洲白族民居，品尝白族三道茶及歌舞表演。游览古朴的大理古城和充满异国情调的洋人街。

第三天　大理/苍海高尔夫/丽江

早餐后，前往大理苍海高尔夫球会挥杆 18 洞。中餐后，乘车赴丽江，游览世界文化遗产丽江古城、四方街，可亲身体验丽江古城“小桥流水人家”的休闲生活。

第四天　丽江/玉龙雪山高尔夫

早餐后，乘车前往玉龙雪山高尔夫球会挥杆 18 洞。中餐后，游览玉龙雪山国

家级风景名胜区:乘玉龙雪山大索道游览冰川公园,近距离体验最靠近赤道的雪山——玉龙雪山;沿途欣赏原始森林,观赏神圣的玉龙雪山、天然草甸牧场甘海子,以及冰山融化的白水河。

第五天 丽江/昆明

早上乘机返昆明,结束愉快的高尔夫之旅。

费用包含:

1. 相应星级酒店住宿费

2. 行程中的餐费(正餐:25 元/人,早餐在酒店用,自由活动不含餐)

3. 行程中的旅游车费、地区间的交通费及机场建设费、燃油税

4. 上述所列景点第一道门票

5. 优秀地方导游讲解服务费

6. 行程中所含球场的球费(含果岭、球童、两人一辆球车)

7. 10 万元旅游人身意外伤害保险

费用不含:

1. 省外到云南的往返交通费

2. 小费

3. 单人房差

注意事项:

1. 提前获得云南各景区的信息资料。

2. 要尊重当地民族的宗教信仰、生活习惯。

3. 如遇人力不可抗拒因素,所增费用由客人自理,且我社享有调整行程的权利,但不删减景点,产生单人房差由客人自理。

4. 关于预订:为保障双方的利益,凡预订我公司提供的服务均需预付所订项目的 30% 作为定金,我公司在收到定金后将为您安排所订的服务,未收到定金的订单视为无效订单。

卖点提炼:

周期适中,行程丰富;

线路安排合理,避免旅途奔波;

A、B 两种方案可供选择;

以球会友,消除工作压力。

(二)探险旅游

探险旅游,主要是指满足消费者涉险好奇的心理的旅游。其消费群体主要集中在那些年轻、富有活力,对新事物充满好奇的旅游者。他们有一定的经济实力,而且愿意到野外寻求一些都市所没有的刺激。如野外生存游。在旅途中大家通过合作求生存,不仅锻炼了团队合作精神,而且可以通过自己的亲身感受,对当地的

人文、地貌有所了解,丰富自身的实践经验。

运作特点:

通过探险活动,极大地满足旅游者寻求新鲜感受的心理。

卖点提炼:

- 周期长,行程丰富;
- 线路充满挑战性;
- 吃住均在野外;
- 探险性与知识性兼有;
- 培养团队合作精神。

案例分析:

产品名称:

(一)腾格里沙漠徒步探险

行程安排:

第一天　兰州/腾格里沙漠　◎帐篷

早上7:30从兰州出发,汽车行驶5小时后抵达腾格里沙漠水稍子旅游区,午餐(自理)后分发装备,学习扎营,搭建帐篷,下午自由活动(自费项目:滑沙、沙漠游泳、骑马、射箭、沙漠越野车……)。晚餐品尝沙漠特色餐,看沙漠落日。晚餐后,篝火晚会、民族歌舞、满天的星群将带你入眠!

第二天　腾格里沙漠/兰州　◎兰州

早晨,欣赏城市中难得一见的沙漠日出。早餐后,整理装备,在我们户外专业领队的带领下开始我们沙漠徒步探险(也可以骑马、骑骆驼、费用自理),2~3小时后,返回营地,稍作休息,我们就可以乘坐我们的空调大巴返回我们的家园了!

接待标准:

1. 导游:全程专业领队
2. 餐饮:公司提供一早一正餐,每天1瓶矿泉水
3. 用车:全程空调旅游车
4. 装备:公司提供户外装备:帐篷(2~6人等)睡袋、充气垫、专业背包
5. 其他:公司提供部分药品

注意事项:

1. 参加野外探险有一定的艰苦性,但是我们特别关注安全第一,探险路线事先已反复勘查过,沿途有训练有素的探险领队提供技术指导。

2. 参加野营活动要做好吃苦的准备,住帐篷、睡袋,高强度的体力消耗,对平常处于学习、工作状态的您是一次挑战。

3. 参加野营活动,我们建议你做好如下的准备:

(1)穿着方面:长短裤各一套,旅游鞋,保暖衣

(2)食品方面:选那些高热量、高能量、低重量、体积小的食品

4. 请带上手电筒、防晒霜、清凉油、雨伞

5. 此线路属于探险徒步线路，忌穿西装革履，请着休闲装

（二）山涧、马背、哈纳斯、禾木村摄影探险九日游

乌鲁木齐接飞机：宿昆仑宾馆或同级饭店。

第一天　乌市—天山天池—富蕴

景点：天池八景、火烧山、卡拉麦里自然保护区。

第二天　富蕴—布尔津—哈纳斯—贾登峪

景点：沿河谷观赏高山草原、花卉、布尔津河谷，宿贾登峪。

第三天　贾登峪—禾木河村

景点：白桦林、松林河谷晨雾、禾木河图瓦人村落、木屋名居，宿禾木河村。

第四天　禾木河村—黑湖

景点：高山花卉、湖泊、草原、雪山尽收眼底，宿黑湖畔，篝火，小木屋。

第五天　黑湖—哈纳斯

景点：黑湖又称千湖，大小湖泊错落有序，养鹿场，宿哈纳斯。

第六天　哈纳斯—布尔津

景点：观鱼亭，哈纳斯湖美景尽现眼前，宿布尔津。

第七天　布尔津—乌尔禾—乌鲁木齐

途经世界最典型的雅丹地貌魔鬼城，其离奇使人仿佛进入了梦幻的魔界；途中午餐，经克拉玛依百里油田；下午抵达乌鲁木齐市。

- 摄影团队装备：摄像机、照相机、录音机、笔记本电脑、野外餐具、野外炊具、帐篷、睡袋、雨披、备用水、防雨布、帆布水桶、应急灯、对讲机、海拔表、望远镜、绳子、打包带、防蚊罩、药品、渔网、渔竿、食品等。

- 个人自备装备：旅行背包、护目镜、防寒服、高腰旅游鞋、头灯或手电筒、手套、防晒油、水壶或保温壶、小刀、备用鞋、袜、垫等、个人药品、防蚊药品、高热量食品等（全程空调旅游车、住宿费用、景点门票、交通费、旅游野外餐、马费、家访、向导等服务费、保险费、入林费、通行证费全含）。

（三）健身体育旅游

现代人工作压力大，生活节奏快，在这种情况下健康的体魄成了人们共同的追求。传统的体育锻炼对“白领”而言没有太大的兴趣，现代人追求时尚的心理，促进了健身与旅游的结合，并逐渐演化成一种时尚。

运作特点：

使旅游者寓健身于游乐之中，在旅游中强健体魄，在健身中陶冶情操。

卖点提炼：

寓健身于休闲游乐之中；

价格适中，工薪阶层能够接受；

消费群体庞大。

案例分析：

产品名称：

1. 青岛美容健身三日游

第一天 上海—青岛。

第二天 青岛市内游——栈桥、八大关、滨海栈道、啤酒博物馆内品尝青岛各种风味特色美酒、五四广场、车观东海路雕塑街、海产品超市、银珠贝雕，下午自由活动（可酌情增游海上仙山——崂山，门票自理）。

第三天 即墨温泉游——金麒玉麟山庄内泡温泉、温泉健身游泳、美容泥疗、地坑疗养，青岛—上海。

- 交通乘豪华空调旅游大巴。

住宿：三星宾馆或同级双标房，宿 2 晚。

伙食：宾馆含早餐，正餐自理。

费用包含：

- 交通：飞机往返，空调旅游车（散客不满 10 人，当地为班车接送）；
- 住宿：宿 2 晚，三星宾馆或同级双标房；
- 门票：以上景点第一门票（含浴资费）；
- 导游：地陪导游讲解服务费；
- 保险：旅行社责任保险费。

海鲜大餐菜单（10 人 1 桌，30 元/人）：香炸基围虾、油泼扇贝、香葱炒八带、姜葱炒蟹、群菇烧海鲜、姜汁小海螺、海参烧蹄筋、原汁蛤蜊、椒盐皮皮虾、碧绿花枝叶、龙皇海鲜羹、炒时蔬。

费用不包含：

- 宾馆含早餐，正餐自理；
- 旅游者意外保险费自理。

2. 体育基地健身二日游

第一天 早上 8:30，乘车至清镇体育训练基地。

约 9:10 抵达，参观运动员训练场馆：击剑馆、举重馆、拳击馆、球类馆等。骑山地车，配备车帽，使用全国唯一标准越野跑 1860 米赛道。

12:00 与运动员一起享用运动员标准中餐，自由活动。

14:00 进行羽毛球、乒乓球各一小时训练，专业训练员指导，并可以请专业运动员陪练（费用自理），球拍可自带或租用。

17:00 烧烤，晚上自由活动，可选择卡拉 OK（费用自理）等娱乐活动，住宿运动员公寓或帐篷，提供睡袋、防潮垫、手电筒。

第二天 早上 7:30 起床，田径场晨练。

8:30 早餐。

9:30 进行网球一小时训练，球拍可自带或租用；钓鱼（渔竿自带或租用）。

12:00 运动员标准中餐。

13:00 巨龙风筝放飞表演，自己动手放风筝，自由活动。

16:30 乘车返贵阳。

报价:168 元/人。

（四）体育观战旅游

体育赛事是激发旅游爱好者旅游的动力，体育界的盛事也同时是旅游者的盛会。那些有一定经济实力，同时对体育赛事非常关注的体育爱好者，往往选择重大赛事亲赴现场，感受一下气氛，同时又能领略赛事举办地的风土人情。

运作特点：

适逢重大赛事，是激发旅游爱好者旅游的动力。

卖点提炼：

- 旅游、看比赛一举两得；
- 享受体育比赛带来的乐趣；
- 男女老少皆可参与。

体育观战游案例分析：

2010 年国际足联南非世界杯观战游

行程介绍：

第一到第四天　参考航班：约翰内斯堡

（游览行程在以下主题中选择）

主题 1：文化之旅——游览"黄金之城"约翰内斯堡：访问金矿城，探寻先民淘金足迹；参观约翰内斯堡股票交易所、市政厅、朱伯特公园等著名景点。

主题 2：探险之旅：前往匹兰斯堡国家公园，您可以观赏到大象、狮子、犀牛、羚羊、鳄鱼、河马等珍禽异兽，体会与大自然完美融合的独特感觉。

主题 3：奢华之旅：前往约翰内斯堡最负盛名的钻石加工厂，购买举世闻名的南非钻石。南非的拉斯韦加斯太阳城之旅：您可以在太阳城一显身手。

主题 4：激情赛事之旅：在约翰内斯堡观赏世界杯开幕式及揭幕赛（6 月 11 日南非 VS 墨西哥），享受贵宾款待，并在观赛最佳位置的商务坐席处体验现场激情，与南非共同见证世界杯历史！

主题 5：运动休闲之旅：全球领先的高尔夫球场尽享最佳高球体验。

主题 6：探险之旅：乘坐高空热气球，将南非美景尽收眼底。

第五到第八天　参考航班：开普敦

（游览行程在以下主题中选择）

主题 1：自然之旅 A：开普敦美景览胜：参观桌山、维多利亚 & 阿尔弗雷德码头区，游览克斯腾伯斯国家植物公园 B：康士坦尼亚葡萄酒庄：全球最好的葡萄酒产地之一,游览皇家葡萄酒店,品尝陈酿名酒。

主题2:探险之旅航海出征:沿大西洋南下,途经海豹岛,观赏上百只海豹聚集嬉戏;继续扬帆探秘,重温大航海时代好望角回忆;返程途经企鹅海滩,欣赏憨态可掬的南非斑嘴环企鹅群落。

主题3:激情赛事在开普敦观赏小组赛(6月14日 意大利VS巴拉圭),享受贵宾款待,并在观赛最佳位置的商务席位尽享现场激情!

主题4:探险之旅:乘坐直升机,将南非美景尽收眼底。

主题5:运动休闲之旅:全球设备领先的高尔夫球场尽享最佳高球体验。

接待标准:

1. 旅行期间全程四星级酒店住宿(两人一间标准),且全部为FIFA官方指定之酒店,确保您的全程安全。

2. 全程酒店自助早餐、团队午晚餐;若您希望外出就餐,则可为您推荐当地特色餐厅。

3. 全程经济舱往返机票。

预订须知:

1. 以上价格为标准系列,为标准服务等级,以上各条线路最少25人方可成团。

2. 旅行期间全程四星级酒店住宿(两人一间标准),且全部为FIFA官方指定之酒店,确保您的全程安全。

3. 全程酒店自助早餐、团队午晚餐;若您希望外出就餐,则可为您推荐当地特色餐厅。

4. "经典之旅"行程期间含午餐,"至爱推荐"行程期间午餐自理(可为您推荐)。

5. 国际足联官方贵宾款待计划。

四、体育旅游产品开发需要注意的几个关键问题

体育旅游与其他的旅游形式相比,除必须注重旅游的观光性、休闲性外,还应兼顾体育健身的运动性与刺激性。要使普通旅游者在体育旅游中,既能拥有旅游的快乐,又能享受体育健身的快乐,在体育旅游产品开发过程中以下问题是必须考虑的。

(一)充分体现趣味性

体育旅游一般都与体育项目有关,要使旅游者对所开发出来的旅游项目进行选择,在产品开发过程中,一定要充分体现线路及运动项目的趣味性,要能吸引目标消费群体。消费者都希望选择自己感兴趣的项目,以求在参与项目的过程达到健身的目的。

(二)充分体现刺激性

野外探险、海底旅游、沙漠旅游、狩猎旅游、激流旅游、攀岩旅游、高山探险、森林探险、秘境旅游等体育旅游项目,是勇敢者的最爱。为了寻求刺激,他们希望不

断地去探索具有挑战性的领域。这类旅游爱好者往往对极富挑战性与刺激性的线路充满兴趣。因此,在产品设计过程中一定要充分体现刺激性。

(三)充分注意运动强度的合理性

在健身体育旅游产品开发过程中,一定要充分注意健身和旅游的搭配比例。选择健身体育旅游产品的消费者锻炼身体,固然都是想要达到其一定的目的的,但这些消费者毕竟不是专业的体育运动员。因此,该类产品设计过程中,一定要注意运动量的合理性,否则不但不能达到休闲健身的目的,反而会造成身心疲惫。

(四)充分重视产品定价的合理性

不同类型的体育旅游产品有着不同的消费群体。因此在产品定价过程中,一定要考虑特定消费群的购买力。如,目前对高尔夫旅游,无论是境内游还是境外游,对刚刚富裕起来的一部分中国人而言,依然还是感到遥远,一方面,是消费习惯和价值观念的影响;另一方面,表明国内整体的高尔夫气候不够成熟。因此,从目前国内球场的经营情况来看,通过高尔夫旅游渠道来的客人,主要是境外客人,南方球场的常客大多来自东南亚一带,包括香港特别行政区、日本、新加坡、马来西亚、泰国等,国内客户不到三成。其多数集中于珠三角一带,还有北京、上海的少量客源。他们虽然不是价格敏感者,但在定价过程中,一定要注意与周边该类产品进行比对,以求合理定价。同时大众类健康休闲游,一定要体现经济实惠的特点,以求抓住更多的消费者。

五、他山之石——国外体育旅游发展简析

(一)国外体育旅游发展概况

早在1857年,英国人就已成立了登山俱乐部,该组织向登山爱好者和旅游者提供各种服务。1883年,在挪威、瑞士等国成立了滑雪俱乐部,为滑雪爱好者提供各种服务。1885年,英国又成立了野营(帐篷)俱乐部,主要是向喜爱野外活动的旅游者提供野外的食宿设施及相关服务。法国、德国在稍后的1890年,相继成立了休闲观光俱乐部,向旅客提供类似的服务活动。

19世纪后半期,消遣的概念开始产生。欧美国家随着人们生活水平的提高,闲暇时间增多,以及新观念和新文化的发展,休闲、度假、疗养、健身、娱乐活动,逐渐成为一种时尚。消遣旅游的足迹开始遍及世界各地风景秀丽和气候宜人的海滨、温泉、山区、峡谷、森林,以及著名的大城市。一大批集食、宿、游、娱于一体的休闲疗养胜地、度假中心、娱乐场所、休闲设施等,欣欣向荣地发展起来。室内的娱乐项目也开始出现骰牌、投镖、台球、桥牌、保龄球等;户外运动开始流行登山、滑雪、漂流等体育项目,以及赛马、垂钓、打猎、棒球、垒球、网球、高尔夫球、射击等休闲体育健身活动。

20 世纪初,以体育健身和各种闲暇娱乐为主体的休闲娱乐业,在一些国家初步形成规模。例如,美国在 1929 年时,休闲娱乐业占服务业国民收入的 8%,占全国国民收入总额的 0. 93%;在 90 年代的中期,英国就已有了高尔夫球场 2350 个,每一球场有1050名会员;法国 1994 年冬季的滑雪者人数达 540 万,其中外国去的滑雪者 180 万,占法国滑雪营业额的 78%。2001 年年底,全世界共有滑雪场6000个,滑雪人口 4 亿,年收入 500 亿美元以上。

20 世纪中后期,随着旅游业的快速发展,以及体育运动的普及,以体育运动为特色的旅游项目,在欧美国家得以迅速发展。人们所喜爱的高山滑雪、徒步登山、海边沐浴、帆船、冲浪,以及攀岩、漂流、探险等冒险刺激类项目,都是体育运动与旅游的结合。如,瑞士一座坐落在阿尔卑斯山脉的小镇达沃斯,就充分开发与合理利用当地自然条件,形成了一年四季均有的多种参与性体育活动的特色,发展成为世界著名的体育旅游胜地。

在亚洲,体育旅游开发也受到了重视,日本的许多旅游点,都设有相应的体育娱乐项目和设施,为旅游者提供体育健身服务。日本的体育旅游业以登山和水上项目为主。由于现代社会中人们更加热爱回归自然的活动,所以登山和水上活动(如潜水、帆板、钓鱼、滑水等)这类接近自然的项目,在日本日益受到人们的喜爱和参与。该市场产值保持着上升态势。韩国等以滑雪为特色之一的体育旅游也很活跃,吸引着大量海外游客。新加坡正在筹划将该国发展成为体育旅游中心。这里拥有良好的体育设施,如高尔夫球场以及水上运动场等。他们准备以此为基础,争取举办更多的大型体育比赛和体育活动,使体育旅游成为新加坡发展旅游业新的经济增长点。

除参与性体育旅游之外,观赏性体育旅游也随着人们对诸如奥运会、世界杯足球赛等大型国际比赛的与日俱增的热情而蓬勃发展起来。例如,大量的旅游收入给每届奥运会带来稳定的商机和丰厚的经济利益。1984 年洛杉矶奥运会的入境旅游者为 22. 5 万人;1988 年汉城奥运会的入境游客达 22 万人,直接有关的旅游收入达 14 亿美元;1992 年巴塞罗那奥运会吸引了 30 多万外国游客,旅游收入 30 亿美元;1996 年的亚特兰大奥运会锦上添花,入境游客达 35 万人,佐治亚州的旅游收入高达 35 亿美元;2000 年悉尼奥运会更是前所未有的旅游盛会,在奥运会举行的十几天里,有 25 万名外国人来悉尼观战,如果算上 1997—2000 年期间所有与奥运会有关的到访者,人数增加到了 150 万,仅在旅游业方面为澳大利亚带来的经济利益就高达 42. 7 亿美元。1988 年汉城奥运会时,数十万名海外观众前往观看比赛,掀起了韩国的“旅游热潮”。尝到了甜头的韩国人又力争到与日本共同主办2002 年世界杯足球赛,欲借此机会东山再起。面对被称为世界第一运动、拥有 10 亿名观众的足球比赛,举办世界杯最明显的好处,就是可以吸引大量游客,给本国带来不菲的经济利益。

（二）法国滑雪休闲旅游介绍

1. 罗讷河—阿尔卑斯山地区（RhÔne Alpes）—雪地

这里拥有全球最大的滑雪场地，总面积6000平方公里。这里的雪坡和越野赛道曾举办三次奥林匹克运动会：1924年夏慕尼冬季奥运会、1968年格勒诺布尔（Grenoble）冬季奥运会，以及1992年阿尔维贝尔（Albertville）冬季奥运会。每年12月初至5月，这里的雪地都会吸引达700万滑雪爱好者与旅游人士来此玩乐度假。

2. 度假胜地、住宿及其他

雪地上的生活多彩多姿，在罗讷河—阿尔卑斯山地区内，您可找到种类繁多的体育活动，度假村和雪地旅店更是数不胜数。过去50年间，发展了不少的时尚度假村。如，Tignes、La Plagne、Les Arcs、Val Thorens及Les Deux Alpes，先进设施应有尽有，饭店选择丰俭由人，欢迎各地游客到访，享受顶级滑雪乐趣。

至于传统的度假胜地，则仍然保留着传统风貌，迷人风采不减当年。三角屋顶的瑞士小木屋（Chalet）、老牌店，全部都可在这些度假胜地找到，包括夏慕尼（Chamonix）、高雪维尔（Courchevel）、Megeve、Val d'Isere、Meribel等。

住宿方面，由四星级饭店至自助旅馆或附设房间服务的瑞士小屋等，式式俱备，丰俭由人。交通方面，这里的交通网络极为完善，包括理想的地区火车网络、TGV高速列车、四通八达的公路及两个机场，使这个世外桃源可通达欧洲各地。

3. 法国滑雪胜地

（1）夏慕尼（Chamonix）

高度：海拔1035/3842米。

这个古老而又繁华的城镇，地处欧洲最高山脉——勃朗峰（Mont Blanc）（高达海拔4810米）的山脚下。游人不但可在此滑雪玩乐，还可尽情购物，享受多姿多彩的生活。

勃朗峰滑雪证，不仅能在夏慕尼范围通行，还可在Megeve、St. Gervais和St. Nicolas三个度假胜地使用。

具有冒险精神的滑雪者，可去著名的La Vallee Blanche雪道一试，全长20米，部分雪道还跨越冰河。

（2）高雪维尔（Courchevel）

高度：海拔1300/1550/1650/1850/2750米。

高雪维尔建于一个村庄之上，分为5层，是典型的度假村设计。为适应滑雪者需求，每座饭店的位置均经过精心安排，只需数步便可到达电梯及缆车。

度假村坐落在盆地之中，是Les Trois Vallees（三个村落）的其中一部分。各滑雪道共长5000米，乘电梯就可到达。Les Trois Vallees的雪道纵横交错，是全球最大的该类滑雪场。

高雪维尔拥有最大型的缆车,可容纳160名滑雪者;要享受多姿多彩的夜生活,此地也有各式丰富节目,让您在雪地与战友共度良宵。

(3)La Plagne

高度:海拔1250/1800/2000/3250米。

La Plagne共有10间度假屋,分布于海拔1200~2000米之高地,6间是现代建筑,其余4间是传统建筑,由斜道与电梯连接,还可通往其他娱乐场所。

滑雪新手可在此学习滑雪技巧,技术高超者则可在冰川上及雪地上驰骋。

(4)Les Arcs

高度:海拔1600/1800/2000/3200米。

Les Arcs位于终日阳光普照的Val d'Isere,在此可饱览邻近的壮丽山景。该度假村由3幢木房子组成,拥有全欧洲最好的滑雪道,挑战滑雪者的技术,刺激、新奇兼而有之。度假村内的商店、餐厅及娱乐设施一应俱全,同时,离居处不远。

(5)Megeve

高度:海拔1113/2350米。

是全欧洲最早设立而设备最好的滑雪度假村,面对勃朗峰,别名"Sunny Megeve"。因此地大部分时间都是阳光普照,Megeve是国际驰名滑雪度假胜地,每年都能吸引大量不远千里而来的度假者。

(6)Meribel

高度:海拔1450米。

位于Les Trois Vallees(三个村落)的心脏地带,是首个农舍建筑的度假村。

(7)Tignes

高度:海拔1524/3505米。

5个村落坐落于天然滑雪场,可使游客领略5种不同风味民风及滑雪乐趣。这里的Vanoise国立公园(Parc Naturel de la Vanoise)更是终年阳光充沛。

(8)Val d'Isere

高度:海拔1850米。

擅长滑雪的人,一定要到Val d'Isere一游。这里前身是Duc de Savoire狩猎场,后逐渐发展成为国际知名的滑雪度假胜地。不少滑雪冠军,如Jean-Claude Killy,都利用Val d'Isere的雪道练习。Tignes是Val d'Isere的姊妹滑雪场,有电梯、雪道及穿梭的巴士连接两地,而Val d'Isere本身就有3000米长的一级滑雪道。

(9)Val Thorens

高度:海拔2050/3300米。

Val Thorens是滑雪者梦寐以求的地方,最高海拔达2300米,西南边终日阳光充沛,是全欧高地雪场中最好的一个,其位于Vanoise国立公园(Parc Naturel de la Vanoise)的边沿,是Les Trois Vallees中最高的一处,远近景色尽收眼底。

雪场离饭店不远，又有165部电梯可到达该处。饭店较新潮，提供美味的法国菜，环境优美，是颇具法国风味的滑雪度假胜地。

【本章小结】

体育旅游是体育活动和旅游活动相结合的产物。本章从实战角度出发，分析了中国体育旅游市场的特点，阐述了体育旅游产品开发现状及未来的发展趋势，为读者介绍了市场上流行的高尔夫旅游、探险旅游、健身体育游、体育观战游四类产品的实际案例，最后简单说明了发达国家体育旅游发展的情况。本章可以帮助旅游企业深入地认识体育旅游市场，掌握体育旅游产品的开发操作技巧，提升企业的体育旅游产品开发运作能力。

附录　中华人民共和国旅游法

《中华人民共和国旅游法》已由中华人民共和国第十二届全国人民代表大会常务委员会第二次会议于2013年4月25日通过，现予公布，自2013年10月1日起施行。

中华人民共和国主席　习近平

2013年4月25日

目　录

第一章　总　则

第一条　为保障旅游者和旅游经营者的合法权益，规范旅游市场秩序，保护和合理利用旅游资源，促进旅游业持续健康发展，制定本法。

第二条　在中华人民共和国境内的和在中华人民共和国境内组织到境外的游览、度假、休闲等形式的旅游活动以及为旅游活动提供相关服务的经营活动，适用本法。

第三条　国家发展旅游事业，完善旅游公共服务，依法保护旅游者在旅游活动中的权利。

第四条　旅游业发展应当遵循社会效益、经济效益和生态效益相统一的原则。国家鼓励各类市场主体在有效保护旅游资源的前提下，依法合理利用旅游资源。利用公共资源建设的游览场所应当体现公益性质。

第五条　国家倡导健康、文明、环保的旅游方式，支持和鼓励各类社会机构开展旅游公益宣传，对促进旅游业发展做出突出贡献的单位和个人给予奖励。

第六条　国家建立健全旅游服务标准和市场规则，禁止行业垄断和地区垄断。旅游经营者应当诚信经营，公平竞争，承担社会责任，为旅游者提供安全、健康、卫生、方便的旅游服务。

第七条 国务院建立健全旅游综合协调机制，对旅游业发展进行综合协调。

县级以上地方人民政府应当加强对旅游工作的组织和领导，明确相关部门或者机构，对本行政区域的旅游业发展和监督管理进行统筹协调。

第八条 依法成立的旅游行业组织，实行自律管理。

第二章 旅游者

第九条 旅游者有权自主选择旅游产品和服务，有权拒绝旅游经营者的强制交易行为。

旅游者有权知悉其购买的旅游产品和服务的真实情况。

旅游者有权要求旅游经营者按照约定提供产品和服务。

第十条 旅游者的人格尊严、民族风俗习惯和宗教信仰应当得到尊重。

第十一条 残疾人、老年人、未成年人等旅游者在旅游活动中依照法律、法规和有关规定享受便利和优惠。

第十二条 旅游者在人身、财产安全遇有危险时，有请求救助和保护的权利。

旅游者人身、财产受到侵害的，有依法获得赔偿的权利。

第十三条 旅游者在旅游活动中应当遵守社会公共秩序和社会公德，尊重当地的风俗习惯、文化传统和宗教信仰，爱护旅游资源，保护生态环境，遵守旅游文明行为规范。

第十四条 旅游者在旅游活动中或者在解决纠纷时，不得损害当地居民的合法权益，不得干扰他人的旅游活动，不得损害旅游经营者和旅游从业人员的合法权益。

第十五条 旅游者购买、接受旅游服务时，应当向旅游经营者如实告知与旅游活动相关的个人健康信息，遵守旅游活动中的安全警示规定。

旅游者对国家应对重大突发事件暂时限制旅游活动的措施以及有关部门、机构或者旅游经营者采取的安全防范和应急处置措施，应当予以配合。

旅游者违反安全警示规定，或者对国家应对重大突发事件暂时限制旅游活动的措施、安全防范和应急处置措施不予配合的，依法承担相应责任。

第十六条 出境旅游者不得在境外非法滞留，随团出境的旅游者不得擅自分团、脱团。

入境旅游者不得在境内非法滞留，随团入境的旅游者不得擅自分团、脱团。

第三章 旅游规划和促进

第十七条 国务院和县级以上地方人民政府应当将旅游业发展纳入国民经济和社会发展规划。

国务院和省、自治区、直辖市人民政府以及旅游资源丰富的设区的市和县级人民政府，应当按照国民经济和社会发展规划的要求，组织编制旅游发展规划。对跨行政区域且适宜进行整体利用的旅游资源进行利用时，应当由上级人民政府组织编制或者由相关地方人民政府协商编制统一的旅游发展规划。

第十八条 旅游发展规划应当包括旅游业发展的总体要求和发展目标，旅游资源保护和利用的要求和措施，以及旅游产品开发、旅游服务质量提升、旅游文化建设、旅游形象推广、旅游基础设施和公共服务设施建设的要求和促进措施等内容。

根据旅游发展规划，县级以上地方人民政府可以编制重点旅游资源开发利用的专项规划，对特定区域内的旅游项目、设施和服务功能配套提出专门要求。

第十九条 旅游发展规划应当与土地利用总体规划、城乡规划、环境保护规划以及其他自然资源和文物等人文资源的保护和利用规划相衔接。

第二十条 各级人民政府编制土地利用总体规划、城乡规划,应当充分考虑相关旅游项目、设施的空间布局和建设用地要求。规划和建设交通、通信、供水、供电、环保等基础设施和公共服务设施,应当兼顾旅游业发展的需要。

第二十一条 对自然资源和文物等人文资源进行旅游利用,必须严格遵守有关法律、法规的规定,符合资源、生态保护和文物安全的要求,尊重和维护当地传统文化和习俗,维护资源的区域整体性、文化代表性和地域特殊性,并考虑军事设施保护的需要。有关主管部门应当加强对资源保护和旅游利用状况的监督检查。

第二十二条 各级人民政府应当组织对本级政府编制的旅游发展规划的执行情况进行评估,并向社会公布。

第二十三条 国务院和县级以上地方人民政府应当制定并组织实施有利于旅游业持续健康发展的产业政策,推进旅游休闲体系建设,采取措施推动区域旅游合作,鼓励跨区域旅游线路和产品开发,促进旅游与工业、农业、商业、文化、卫生、体育、科教等领域的融合,扶持少数民族地区、革命老区、边远地区和贫困地区旅游业发展。

第二十四条 国务院和县级以上地方人民政府应当根据实际情况安排资金,加强旅游基础设施建设、旅游公共服务和旅游形象推广。

第二十五条 国家制定并实施旅游形象推广战略。国务院旅游主管部门统筹组织国家旅游形象的境外推广工作,建立旅游形象推广机构和网络,开展旅游国际合作与交流。

县级以上地方人民政府统筹组织本地的旅游形象推广工作。

第二十六条 国务院旅游主管部门和县级以上地方人民政府应当根据需要建立旅游公共信息和咨询平台,无偿向旅游者提供旅游景区、线路、交通、气象、住宿、安全、医疗急救等必要信息和咨询服务。设区的市和县级人民政府有关部门应当根据需要在交通枢纽、商业中心和旅游者集中场所设置旅游咨询中心,在景区和通往主要景区的道路设置旅游指示标识。

旅游资源丰富的设区的市和县级人民政府可以根据本地的实际情况,建立旅游客运专线或者游客中转站,为旅游者在城市及周边旅游提供服务。

第二十七条 国家鼓励和支持发展旅游职业教育和培训,提高旅游从业人员素质。

第四章　旅游经营

第二十八条 设立旅行社,招徕、组织、接待旅游者,为其提供旅游服务,应当具备下列条件,取得旅游主管部门的许可,依法办理工商登记:

(一)有固定的经营场所;

(二)有必要的营业设施;

(三)有符合规定的注册资本;

(四)有必要的经营管理人员和导游;

(五)法律、行政法规规定的其他条件。

第二十九条 旅行社可以经营下列业务:

(一)境内旅游;

(二)出境旅游;

(三)边境旅游;

(四)入境旅游;

(五)其他旅游业务。

旅行社经营前款第二项和第三项业务,应当取得相应的业务经营许可,具体条件由国务院规定。

第三十条 旅行社不得出租、出借旅行社业务经营许可证,或者以其他形式非法转让旅行社业务经营许可。

第三十一条 旅行社应当按照规定交纳旅游服务质量保证金,用于旅游者权益损害赔偿和垫付旅游者人身安全遇有危险时紧急救助的费用。

第三十二条 旅行社为招徕、组织旅游者发布信息,必须真实、准确,不得进行虚假宣传,误导旅游者。

第三十三条 旅行社及其从业人员组织、接待旅游者,不得安排参观或者参与违反我国法律、法规和社会公德的项目或者活动。

第三十四条 旅行社组织旅游活动应当向合格的供应商订购产品和服务。

第三十五条 旅行社不得以不合理的低价组织旅游活动,诱骗旅游者,并通过安排购物或者另行付费旅游项目获取回扣等不正当利益。

旅行社组织、接待旅游者,不得指定具体购物场所,不得安排另行付费旅游项目。但是,经双方协商一致或者旅游者要求,且不影响其他旅游者行程安排的除外。

发生违反前两款规定情形的,旅游者有权在旅游行程结束后三十日内,要求旅行社为其办理退货并先行垫付退货货款,或者退还另行付费旅游项目的费用。

第三十六条 旅行社组织团队出境旅游或者组织、接待团队入境旅游,应当按照规定安排领队或者导游全程陪同。

第三十七条 参加导游资格考试成绩合格,与旅行社订立劳动合同或者在相关旅游行业组织注册的人员,可以申请取得导游证。

第三十八条 旅行社应当与其聘用的导游依法订立劳动合同,支付劳动报酬,缴纳社会保险费用。

旅行社临时聘用导游为旅游者提供服务的,应当全额向导游支付本法第六十条第三款规定的导游服务费用。

旅行社安排导游为团队旅游提供服务的,不得要求导游垫付或者向导游收取任何费用。

第三十九条 取得导游证,具有相应的学历、语言能力和旅游从业经历,并与旅行社订立劳动合同的人员,可以申请取得领队证。

第四十条 导游和领队为旅游者提供服务必须接受旅行社委派,不得私自承揽导游和领队业务。

第四十一条 导游和领队从事业务活动,应当佩戴导游证、领队证,遵守职业道德,尊重旅游者的风俗习惯和宗教信仰,应当向旅游者告知和解释旅游文明行为规范,引导旅游者健康、文明旅游,劝阻旅游者违反社会公德的行为。

导游和领队应当严格执行旅游行程安排，不得擅自变更旅游行程或者中止服务活动，不得向旅游者索取小费，不得诱导、欺骗、强迫或者变相强迫旅游者购物或者参加另行付费旅游项目。

第四十二条　景区开放应当具备下列条件，并听取旅游主管部门的意见：

（一）有必要的旅游配套服务和辅助设施；

（二）有必要的安全设施及制度，经过安全风险评估，满足安全条件；

（三）有必要的环境保护设施和生态保护措施；

（四）法律、行政法规规定的其他条件。

第四十三条　利用公共资源建设的景区的门票以及景区内的游览场所、交通工具等另行收费项目，实行政府定价或者政府指导价，严格控制价格上涨。拟收费或者提高价格的，应当举行听证会，征求旅游者、经营者和有关方面的意见，论证其必要性、可行性。

利用公共资源建设的景区，不得通过增加另行收费项目等方式变相涨价；另行收费项目已收回投资成本的，应当相应降低价格或者取消收费。

公益性的城市公园、博物馆、纪念馆等，除重点文物保护单位和珍贵文物收藏单位外，应当逐步免费开放。

第四十四条　景区应当在醒目位置公示门票价格、另行收费项目的价格及团体收费价格。景区提高门票价格应当提前六个月公布。

将不同景区的门票或者同一景区内不同游览场所的门票合并出售的，合并后的价格不得高于各单项门票的价格之和，且旅游者有权选择购买其中的单项票。

景区内的核心游览项目因故暂停向旅游者开放或者停止提供服务的，应当公示并相应减少收费。

第四十五条　景区接待旅游者不得超过景区主管部门核定的最大承载量。景区应当公布景区主管部门核定的最大承载量，制定和实施旅游者流量控制方案，并可以采取门票预约等方式，对景区接待旅游者的数量进行控制。

旅游者数量可能达到最大承载量时，景区应当提前公告并同时向当地人民政府报告，景区和当地人民政府应当及时采取疏导、分流等措施。

第四十六条　城镇和乡村居民利用自有住宅或者其他条件依法从事旅游经营，其管理办法由省、自治区、直辖市制定。

第四十七条　经营高空、高速、水上、潜水、探险等高风险旅游项目，应当按照国家有关规定取得经营许可。

第四十八条　通过网络经营旅行社业务的，应当依法取得旅行社业务经营许可，并在其网站主页的显著位置标明其业务经营许可证信息。

发布旅游经营信息的网站，应当保证其信息真实、准确。

第四十九条　为旅游者提供交通、住宿、餐饮、娱乐等服务的经营者，应当符合法律、法规规定的要求，按照合同约定履行义务。

第五十条　旅游经营者应当保证其提供的商品和服务符合保障人身、财产安全的要求。

旅游经营者取得相关质量标准等级的，其设施和服务不得低于相应标准；未取得质量标准等级的，不得使用相关质量等级的称谓和标识。

第五十一条 旅游经营者销售、购买商品或者服务,不得给予或者收受贿赂。

第五十二条 旅游经营者对其在经营活动中知悉的旅游者个人信息,应当予以保密。

第五十三条 从事道路旅游客运的经营者应当遵守道路客运安全管理的各项制度,并在车辆显著位置明示道路旅游客运专用标识,在车厢内显著位置公示经营者和驾驶人信息、道路运输管理机构监督电话等事项。

第五十四条 景区、住宿经营者将其部分经营项目或者场地交由他人从事住宿、餐饮、购物、游览、娱乐、旅游交通等经营的,应当对实际经营者的经营行为给旅游者造成的损害承担连带责任。

第五十五条 旅游经营者组织、接待出入境旅游,发现旅游者从事违法活动或者有违反本法第十六条规定情形的,应当及时向公安机关、旅游主管部门或者我国驻外机构报告。

第五十六条 国家根据旅游活动的风险程度,对旅行社、住宿、旅游交通以及本法第四十七条规定的高风险旅游项目等经营者实施责任保险制度。

第五章 旅游服务合同

第五十七条 旅行社组织和安排旅游活动,应当与旅游者订立合同。

第五十八条 包价旅游合同应当采用书面形式,包括下列内容:

(一)旅行社、旅游者的基本信息;

(二)旅游行程安排;

(三)旅游团成团的最低人数;

(四)交通、住宿、餐饮等旅游服务安排和标准;

(五)游览、娱乐等项目的具体内容和时间;

(六)自由活动时间安排;

(七)旅游费用及其交纳的期限和方式;

(八)违约责任和解决纠纷的方式;

(九)法律、法规规定和双方约定的其他事项。

订立包价旅游合同时,旅行社应当向旅游者详细说明前款第二项至第八项所载内容。

第五十九条 旅行社应当在旅游行程开始前向旅游者提供旅游行程单。旅游行程单是包价旅游合同的组成部分。

第六十条 旅行社委托其他旅行社代理销售包价旅游产品并与旅游者订立包价旅游合同的,应当在包价旅游合同中载明委托社和代理社的基本信息。

旅行社依照本法规定将包价旅游合同中的接待业务委托给地接社履行的,应当在包价旅游合同中载明地接社的基本信息。

安排导游为旅游者提供服务的,应当在包价旅游合同中载明导游服务费用。

第六十一条 旅行社应当提示参加团队旅游的旅游者按照规定投保人身意外伤害保险。

第六十二条 订立包价旅游合同时,旅行社应当向旅游者告知下列事项:

(一)旅游者不适合参加旅游活动的情形;

(二)旅游活动中的安全注意事项;

(三)旅行社依法可以减免责任的信息;

（四）旅游者应当注意的旅游目的地相关法律、法规和风俗习惯、宗教禁忌，依照中国法律不宜参加的活动等；

（五）法律、法规规定的其他应当告知的事项。

在包价旅游合同履行中，遇有前款规定事项的，旅行社也应当告知旅游者。

第六十三条 旅行社招徕旅游者组团旅游，因未达到约定人数不能出团的，组团社可以解除合同。但是，境内旅游应当至少提前七日通知旅游者，出境旅游应当至少提前三十日通知旅游者。

因未达到约定人数不能出团的，组团社经征得旅游者书面同意，可以委托其他旅行社履行合同。组团社对旅游者承担责任，受委托的旅行社对组团社承担责任。旅游者不同意的，可以解除合同。

因未达到约定的成团人数解除合同的，组团社应当向旅游者退还已收取的全部费用。

第六十四条 旅游行程开始前，旅游者可以将包价旅游合同中自身的权利义务转让给第三人，旅行社没有正当理由的不得拒绝，因此增加的费用由旅游者和第三人承担。

第六十五条 旅游行程结束前，旅游者解除合同的，组团社应当在扣除必要的费用后，将余款退还旅游者。

第六十六条 旅游者有下列情形之一的，旅行社可以解除合同：

（一）患有传染病等疾病，可能危害其他旅游者健康和安全的；

（二）携带危害公共安全的物品且不同意交有关部门处理的；

（三）从事违法或者违反社会公德的活动的；

（四）从事严重影响其他旅游者权益的活动，且不听劝阻、不能制止的；

（五）法律规定的其他情形。

因前款规定情形解除合同的，组团社应当在扣除必要的费用后，将余款退还旅游者；给旅行社造成损失的，旅游者应当依法承担赔偿责任。

第六十七条 因不可抗力或者旅行社、履行辅助人已尽合理注意义务仍不能避免的事件，影响旅游行程的，按照下列情形处理：

（一）合同不能继续履行的，旅行社和旅游者均可以解除合同。合同不能完全履行的，旅行社经向旅游者作出说明，可以在合理范围内变更合同；旅游者不同意变更的，可以解除合同。

（二）合同解除的，组团社应当在扣除已向地接社或者履行辅助人支付且不可退还的费用后，将余款退还旅游者；合同变更的，因此增加的费用由旅游者承担，减少的费用退还旅游者。

（三）危及旅游者人身、财产安全的，旅行社应当采取相应的安全措施，因此支出的费用，由旅行社与旅游者分担。

（四）造成旅游者滞留的，旅行社应当采取相应的安置措施。因此增加的食宿费用，由旅游者承担；增加的返程费用，由旅行社与旅游者分担。

第六十八条 旅游行程中解除合同的，旅行社应当协助旅游者返回出发地或者旅游者指定的合理地点。由于旅行社或者履行辅助人的原因导致合同解除的，返程费用由旅行社承担。

第六十九条 旅行社应当按照包价旅游合同的约定履行义务，不得擅自变更旅游行程安排。

经旅游者同意，旅行社将包价旅游合同中的接待业务委托给其他具有相应资质的地接社履行的,应当与地接社订立书面委托合同,约定双方的权利和义务,向地接社提供与旅游者订立的包价旅游合同的副本,并向地接社支付不低于接待和服务成本的费用。地接社应当按照包价旅游合同和委托合同提供服务。

第七十条 旅行社不履行包价旅游合同义务或者履行合同义务不符合约定的,应当依法承担继续履行、采取补救措施或者赔偿损失等违约责任;造成旅游者人身损害、财产损失的,应当依法承担赔偿责任。旅行社具备履行条件,经旅游者要求仍拒绝履行合同,造成旅游者人身损害、滞留等严重后果的,旅游者还可以要求旅行社支付旅游费用一倍以上三倍以下的赔偿金。

由于旅游者自身原因导致包价旅游合同不能履行或者不能按照约定履行,或者造成旅游者人身损害、财产损失的,旅行社不承担责任。

在旅游者自行安排活动期间,旅行社未尽到安全提示、救助义务的,应当对旅游者的人身损害、财产损失承担相应责任。

第七十一条 由于地接社、履行辅助人的原因导致违约的,由组团社承担责任;组团社承担责任后可以向地接社、履行辅助人追偿。

由于地接社、履行辅助人的原因造成旅游者人身损害、财产损失的,旅游者可以要求地接社、履行辅助人承担赔偿责任,也可以要求组团社承担赔偿责任;组团社承担责任后可以向地接社、履行辅助人追偿。但是,由于公共交通经营者的原因造成旅游者人身损害、财产损失的,由公共交通经营者依法承担赔偿责任,旅行社应当协助旅游者向公共交通经营者索赔。

第七十二条 旅游者在旅游活动中或者在解决纠纷时,损害旅行社、履行辅助人、旅游从业人员或者其他旅游者的合法权益的,依法承担赔偿责任。

第七十三条 旅行社根据旅游者的具体要求安排旅游行程,与旅游者订立包价旅游合同的,旅游者请求变更旅游行程安排,因此增加的费用由旅游者承担,减少的费用退还旅游者。

第七十四条 旅行社接受旅游者的委托,为其代订交通、住宿、餐饮、游览、娱乐等旅游服务,收取代办费用的,应当亲自处理委托事务。因旅行社的过错给旅游者造成损失的,旅行社应当承担赔偿责任。

旅行社接受旅游者的委托,为其提供旅游行程设计、旅游信息咨询等服务的,应当保证设计合理、可行,信息及时、准确。

第七十五条 住宿经营者应当按照旅游服务合同的约定为团队旅游者提供住宿服务。住宿经营者未能按照旅游服务合同提供服务的,应当为旅游者提供不低于原定标准的住宿服务,因此增加的费用由住宿经营者承担;但由于不可抗力、政府因公共利益需要采取措施造成不能提供服务的,住宿经营者应当协助安排旅游者住宿。

第六章　旅游安全

第七十六条 县级以上人民政府统一负责旅游安全工作。县级以上人民政府有关部门依照法律、法规履行旅游安全监管职责。

第七十七条 国家建立旅游目的地安全风险提示制度。旅游目的地安全风险提示的级别划分和实施程序,由国务院旅游主管部门会同有关部门制定。

县级以上人民政府及其有关部门应当将旅游安全作为突发事件监测和评估的重要内容。

第七十八条 县级以上人民政府应当依法将旅游应急管理纳入政府应急管理体系,制定应急预案，建立旅游突发事件应对机制。

突发事件发生后，当地人民政府及其有关部门和机构应当采取措施开展救援，并协助旅游者返回出发地或者旅游者指定的合理地点。

第七十九条 旅游经营者应当严格执行安全生产管理和消防安全管理的法律、法规和国家标准、行业标准，具备相应的安全生产条件，制定旅游者安全保护制度和应急预案。

旅游经营者应当对直接为旅游者提供服务的从业人员开展经常性应急救助技能培训，对提供的产品和服务进行安全检验、监测和评估，采取必要措施防止危害发生。

旅游经营者组织、接待老年人、未成年人、残疾人等旅游者，应当采取相应的安全保障措施。

第八十条 旅游经营者应当就旅游活动中的下列事项，以明示的方式事先向旅游者作出说明或者警示：

(一)正确使用相关设施、设备的方法；

(二)必要的安全防范和应急措施；

(三)未向旅游者开放的经营、服务场所和设施、设备；

(四)不适宜参加相关活动的群体；

(五)可能危及旅游者人身、财产安全的其他情形。

第八十一条 突发事件或者旅游安全事故发生后，旅游经营者应当立即采取必要的救助和处置措施，依法履行报告义务，并对旅游者作出妥善安排。

第八十二条 旅游者在人身、财产安全遇有危险时，有权请求旅游经营者、当地政府和相关机构进行及时救助。

中国出境旅游者在境外陷于困境时，有权请求我国驻当地机构在其职责范围内给予协助和保护。

旅游者接受相关组织或者机构的救助后，应当支付应由个人承担的费用。

第七章 旅游监督管理

第八十三条 县级以上人民政府旅游主管部门和有关部门依照本法和有关法律、法规的规定，在各自职责范围内对旅游市场实施监督管理。

县级以上人民政府应当组织旅游主管部门、有关主管部门和工商行政管理、产品质量监督、交通等执法部门对相关旅游经营行为实施监督检查。

第八十四条 旅游主管部门履行监督管理职责，不得违反法律、行政法规的规定向监督管理对象收取费用。

旅游主管部门及其工作人员不得参与任何形式的旅游经营活动。

第八十五条 县级以上人民政府旅游主管部门有权对下列事项实施监督检查：

(一)经营旅行社业务以及从事导游、领队服务是否取得经营、执业许可；

(二)旅行社的经营行为；

(三)导游和领队等旅游从业人员的服务行为；

(四)法律、法规规定的其他事项。

旅游主管部门依照前款规定实施监督检查，可以对涉嫌违法的合同、票据、账簿以及其他资料进行查阅、复制。

第八十六条 旅游主管部门和有关部门依法实施监督检查,其监督检查人员不得少于二人,并应当出示合法证件。监督检查人员少于二人或者未出示合法证件的,被检查单位和个人有权拒绝。

监督检查人员对在监督检查中知悉的被检查单位的商业秘密和个人信息应当依法保密。

第八十七条 对依法实施的监督检查,有关单位和个人应当配合,如实说明情况并提供文件、资料,不得拒绝、阻碍和隐瞒。

第八十八条 县级以上人民政府旅游主管部门和有关部门,在履行监督检查职责中或者在处理举报、投诉时,发现违反本法规定行为的,应当依法及时作出处理;对不属于本部门职责范围的事项,应当及时书面通知并移交有关部门查处。

第八十九条 县级以上地方人民政府建立旅游违法行为查处信息的共享机制,对需要跨部门、跨地区联合查处的违法行为,应当进行督办。

旅游主管部门和有关部门应当按照各自职责,及时向社会公布监督检查的情况。

第九十条 依法成立的旅游行业组织依照法律、行政法规和章程的规定,制定行业经营规范和服务标准,对其会员的经营行为和服务质量进行自律管理,组织开展职业道德教育和业务培训,提高从业人员素质。

第八章 旅游纠纷处理

第九十一条 县级以上人民政府应当指定或者设立统一的旅游投诉受理机构。受理机构接到投诉,应当及时进行处理或者移交有关部门处理,并告知投诉者。

第九十二条 旅游者与旅游经营者发生纠纷,可以通过下列途径解决:

(一)双方协商;

(二)向消费者协会、旅游投诉受理机构或者有关调解组织申请调解;

(三)根据与旅游经营者达成的仲裁协议提请仲裁机构仲裁;

(四)向人民法院提起诉讼。

第九十三条 消费者协会、旅游投诉受理机构和有关调解组织在双方自愿的基础上,依法对旅游者与旅游经营者之间的纠纷进行调解。

第九十四条 旅游者与旅游经营者发生纠纷,旅游者一方人数众多并有共同请求的,可以推选代表人参加协商、调解、仲裁、诉讼活动。

第九章 法律责任

第九十五条 违反本法规定,未经许可经营旅行社业务的,由旅游主管部门或者工商行政管理部门责令改正,没收违法所得,并处一万元以上十万元以下罚款;违法所得十万元以上的,并处违法所得一倍以上五倍以下罚款;对有关责任人员,处二千元以上二万元以下罚款。

旅行社违反本法规定,未经许可经营本法第二十九条第一款第二项、第三项业务,或者出租、出借旅行社业务经营许可证,或者以其他方式非法转让旅行社业务经营许可的,除依照前款规定处罚外,并责令停业整顿;情节严重的,吊销旅行社业务经营许可证;对直接负责的主管人员,处二千元以上二万元以下罚款。

第九十六条 旅行社违反本法规定,有下列行为之一的,由旅游主管部门责令改正,没收违法所得，并处五千元以上五万元以下罚款；情节严重的，责令停业整顿或者吊销旅行社业务经营许可证；对直接负责的主管人员和其他直接责任人员，处二千元以上二万元以下罚款：

（一）未按照规定为出境或者入境团队旅游安排领队或者导游全程陪同的；

（二）安排未取得导游证或者领队证的人员提供导游或者领队服务的；

（三）未向临时聘用的导游支付导游服务费用的；

（四）要求导游垫付或者向导游收取费用的。

第九十七条 旅行社违反本法规定，有下列行为之一的，由旅游主管部门或者有关部门责令改正，没收违法所得，并处五千元以上五万元以下罚款；违法所得五万元以上的，并处违法所得一倍以上五倍以下罚款；情节严重的，责令停业整顿或者吊销旅行社业务经营许可证；对直接负责的主管人员和其他直接责任人员，处二千元以上二万元以下罚款：

（一）进行虚假宣传，误导旅游者的；

（二）向不合格的供应商订购产品和服务的；

（三）未按照规定投保旅行社责任保险的。

第九十八条 旅行社违反本法第三十五条规定的，由旅游主管部门责令改正，没收违法所得，责令停业整顿，并处三万元以上三十万元以下罚款；违法所得三十万元以上的，并处违法所得一倍以上五倍以下罚款；情节严重的，吊销旅行社业务经营许可证；对直接负责的主管人员和其他直接责任人员，没收违法所得，处二千元以上二万元以下罚款，并暂扣或者吊销导游证、领队证。

第九十九条 旅行社未履行本法第五十五条规定的报告义务的，由旅游主管部门处五千元以上五万元以下罚款；情节严重的，责令停业整顿或者吊销旅行社业务经营许可证；对直接负责的主管人员和其他直接责任人员，处二千元以上二万元以下罚款，并暂扣或者吊销导游证、领队证。

第一百条 旅行社违反本法规定，有下列行为之一的，由旅游主管部门责令改正，处三万元以上三十万元以下罚款，并责令停业整顿；造成旅游者滞留等严重后果的，吊销旅行社业务经营许可证；对直接负责的主管人员和其他直接责任人员，处二千元以上二万元以下罚款，并暂扣或者吊销导游证、领队证：

（一）在旅游行程中擅自变更旅游行程安排，严重损害旅游者权益的；

（二）拒绝履行合同的；

（三）未征得旅游者书面同意，委托其他旅行社履行包价旅游合同的。

第一百零一条 旅行社违反本法规定，安排旅游者参观或者参与违反我国法律、法规和社会公德的项目或者活动的，由旅游主管部门责令改正，没收违法所得，责令停业整顿，并处二万元以上二十万元以下罚款；情节严重的，吊销旅行社业务经营许可证；对直接负责的主管人员和其他直接责任人员，处二千元以上二万元以下罚款，并暂扣或者吊销导游证、领队证。

第一百零二条 违反本法规定，未取得导游证或者领队证从事导游、领队活动的，由旅游主管部门责令改正，没收违法所得，并处一千元以上一万元以下罚款，予以公告。

导游、领队违反本法规定，私自承揽业务的，由旅游主管部门责令改正，没收违法所得，处一千元以上一万元以下罚款，并暂扣或者吊销导游证、领队证。

导游、领队违反本法规定，向旅游者索取小费的，由旅游主管部门责令退还，处一千元以上一万元以下罚款;情节严重的,并暂扣或者吊销导游证、领队证。

第一百零三条 违反本法规定被吊销导游证、领队证的导游、领队和受到吊销旅行社业务经营许可证处罚的旅行社的有关管理人员,自处罚之日起未逾三年的,不得重新申请导游证、领队证或者从事旅行社业务。

第一百零四条 旅游经营者违反本法规定,给予或者收受贿赂的,由工商行政管理部门依照有关法律、法规的规定处罚;情节严重的,并由旅游主管部门吊销旅行社业务经营许可证。

第一百零五条 景区不符合本法规定的开放条件而接待旅游者的,由景区主管部门责令停业整顿直至符合开放条件,并处二万元以上二十万元以下罚款。

景区在旅游者数量可能达到最大承载量时,未依照本法规定公告或者未向当地人民政府报告,未及时采取疏导、分流等措施,或者超过最大承载量接待旅游者的,由景区主管部门责令改正,情节严重的,责令停业整顿一个月至六个月。

第一百零六条 景区违反本法规定,擅自提高门票或者另行收费项目的价格,或者有其他价格违法行为的,由有关主管部门依照有关法律、法规的规定处罚。

第一百零七条 旅游经营者违反有关安全生产管理和消防安全管理的法律、法规或者国家标准、行业标准的,由有关主管部门依照有关法律、法规的规定处罚。

第一百零八条 对违反本法规定的旅游经营者及其从业人员,旅游主管部门和有关部门应当记入信用档案,向社会公布。

第一百零九条 旅游主管部门和有关部门的工作人员在履行监督管理职责中,滥用职权、玩忽职守、徇私舞弊,尚不构成犯罪的,依法给予处分。

第一百一十条 违反本法规定,构成犯罪的,依法追究刑事责任。

第十章 附 则

第一百一十一条 本法下列用语的含义:

(一)旅游经营者,是指旅行社、景区以及为旅游者提供交通、住宿、餐饮、购物、娱乐等服务的经营者。

(二)景区,是指为旅游者提供游览服务、有明确的管理界限的场所或者区域。

(三)包价旅游合同,是指旅行社预先安排行程,提供或者通过履行辅助人提供交通、住宿、餐饮、游览、导游或者领队等两项以上旅游服务,旅游者以总价支付旅游费用的合同。

(四)组团社,是指与旅游者订立包价旅游合同的旅行社。

(五)地接社,是指接受组团社委托,在目的地接待旅游者的旅行社。

(六)履行辅助人,是指与旅行社存在合同关系,协助其履行包价旅游合同义务,实际提供相关服务的法人或者自然人。

第一百一十二条 本法自2013年10月1日起施行。

主要参考文献

[1](美)菲利普·科特勒等著．谢彦君译．旅游市场营销．北京:旅游教育出版社,2002.

[2]史晓明．旅游产品设计与经营．北京:中国建筑工业出版社,2004.

[3](美)伯克,(美)雷斯尼克著．叶敏等译．旅游产品的营销与推销(第二版)．北京:电子工业出版社, 2004.

[4](英)斯瓦布鲁克,(英)霍纳著．程尽能等译．商务旅游．北京:旅游教育出版社,2004.

[5](英)耶尔(Yale P.)著．程尽能等译．旅行社经营业务．北京:旅游教育出版社,2004.

[6]陈放．中国旅游策划．北京:中国物资出版社,2003.

[7]国家旅游局人事劳动教育司．旅行社经营管理．北京:旅游教育出版社,2004.

[8]上海春秋国际旅行社．现代旅行社管理．北京:中国旅游出版社,2002.

[9]黄莱鹏．旅游销售技巧．广州:南方日报出版社,2002.

[10](英)斯沃布鲁克,(英)霍纳著．俞慧君,张鸥,漆小艳等译．旅游消费者行为学．北京:电子工业出版社,2004.

[11]唐洪广,贾金思．中国商务旅游经营与发展．北京:中国旅游网, 2003.

[12]杨吉春, 周珂．论体育旅游的市场特征．广州:体育学院学报,2003(3).

[13]苏肖晴．关于中国发展体育旅游的几个问题．福州:福建师范大学学报,2003(2).

[14]张强,柳伯力．国内外体育旅游业发展概况．成都:四川体育科学,2003(2).

[15]李香华,钟兴永．论体育旅游的经济功效．岳阳:云梦学刊,2003(1).

[16]陈俊青,欧阳明胜．论我国体育旅游的作用及发展对策．赣州:赣南师范学院学报,2003(3).

[17]常华军,韩晓燕．我国体育旅游现状及前景浅探．北京:体育文化导刊,2003(1).

[18]田祖国．我国西部地区体育旅游发展研究．南京:南京体育学院学报,2003(6).

丛书策划：丁海秀　安颖侠

责任编辑：安颖侠

图书在版编目(CIP)数据

旅游产品设计与操作手册/张道顺编著．—北京：旅游教育出版社，2005．10(2015．6)

(中国旅行社职业经理人实战丛书)

ISBN 978-7-5637-1320-2

Ⅰ．旅… Ⅱ．张… Ⅲ．旅游商品—市场营销学 Ⅳ．F590．8

中国版本图书馆CIP数据核字(2005)第115302号

中国旅行社职业经理人实战丛书

旅游产品设计与操作手册

(第4版)

张道顺　编著

出版单位	旅游教育出版社
地　　址	北京市朝阳区定福庄南里1号
邮　　编	100024
发行电话	(010)65778403 65728372 65767462(传真)
本社网址	www.tepcb.com
E-mail	tepfx@163.com
印刷单位	北京甜水彩色印刷有限公司
经销单位	新华书店
开　　本	787×960　1/16
印　　张	24.75
字　　数	398千字
版　　次	2015年6月第4版
印　　次	2015年6月第1次印刷
定　　价	38.00元

(图书如有装订差错请与发行部联系)